ACCESO GRATIS *a la Lectura en la Nube*

Para visualizar el libro electrónico en la nube de lectura envíe junto a su nombre y apellidos una fotografía del código de barras situado en la contraportada del libro y otra del ticket de compra a la dirección:

ebooktirant@tirant.com

En un máximo de 72 horas laborables le enviaremos el código de acceso con sus instrucciones.

LA UNIVERSIDAD DOMEÑADA

Primeros concursos y oposiciones patrióticas a cátedras de derecho (1939-1945)

Procedimiento de selección de originales, ver página web:
www.tirant.net/index.php/editorial/procedimiento-de-seleccion-de-originales

LA UNIVERSIDAD DOMEÑADA

Primeros concursos y oposiciones patrióticas a cátedras de derecho (1939-1945)

YOLANDA BLASCO GIL

tirant lo blanch
Valencia, 2024

En caso de erratas y actualizaciones, la Editorial Tirant lo Blanch publicará la pertinente corrección en la página web www.tirant.com.

© TIRANT LO BLANCH
EDITA: TIRANT LO BLANCH
C/ Artes Gráficas, 14 - 46010 - Valencia
TELFS.: 96/361 00 48 - 50
FAX: 96/369 41 51
Email: tlb@tirant.com
www.tirant.com
Librería virtual: www.tirant.es
DEPÓSITO LEGAL: V-671-2024
ISBN: 978-84-1056-286-8

Si tiene alguna queja o sugerencia, envíenos un mail a: *atencioncliente@tirant.com*. En caso de no ser atendida su sugerencia, por favor, lea en *www.tirant.net/index.php/empresa/politicas-de-empresa* nuestro procedimiento de quejas.

Responsabilidad Social Corporativa: http://www.tirant.net/Docs/RSCTirant.pdf

Índice

Presentación

El sistema educativo era la clave, siempre es la clave. Lo supo la II República española, que hizo grandes esfuerzos en su modernización, y lo supo el régimen de Franco. Porque sí: la ideología franquista se impuso de forma rápida y absoluta por la fuerza de las armas y también mediante la represión en todos los estamentos nacionales. Pero como su aspiración era la de permanecer en el tiempo, quiso rediseñar todo el sistema educativo español para adaptarlo a su ideario y prolongarlo de ese modo durante generaciones; y la universidad era una de las instituciones que había que domeñar.

Esta tarea de refundar la educación en España la inició la dictadura desde antes incluso de terminar la guerra civil y afectó a todos los niveles de la enseñanza, primaria, media y universitaria. Sus objetivos eran claros: en primer lugar, eliminar cualquier vestigio de las fórmulas que, durante medio siglo y a partir de la creación de la Institución Libre de Enseñanza, habían comenzado a calar en la sociedad española y habían llevado su cultura a una memorable edad de plata. Luego, una vez borrada la herencia y la memoria de ese tiempo de modernidad e internacionalización podían plantar en el terreno educativo las bases ideológicas franquistas.

Esas bases inspiraron un sistema educativo fundamentalmente autoritario, dogmático y doctrinal. Sus principios buscaban que los hombres y mujeres perdieran todo sentido crítico, se acostumbraran a la obediencia ante el poder y asumieran los dogmas del partido único y del catolicismo imperante en la época. Incorporaba abiertamente los principios del nacionalismo español y de aquella iglesia a las aulas. Y se distinguía también por ser abiertamente clasista y sexista. Para ello, ofrecía escuelas nacionales separadas para las clases obreras y colegios religiosos para las clases acomodadas -o estudiantes beneficiarios de becas-, quienes, de hecho, podrían acceder a los estudios superiores, sin apenas mujeres.

La del primer franquismo era una universidad concebida para las élites. Sin sentido crítico, apegada a los viejos dogmas, obediente ante el poder, encerrada y sin más horizonte que mirar que su propio pasado requería un profesorado seleccionado para ello. Personas capaces de seguir estos principios bien por convencimiento ideológico, bien por conveniencia y cálculo para ascender.

En esta investigación se hace el recuento detallado de quiénes fueron los hombres que se ocuparon de aquella tarea en las facultades de derecho.

Los que, durante esos primeros años de la dictadura de Franco, ocuparon las cátedras que habían quedado vacantes por la muerte, la separación forzosa o el exilio de sus antiguos propietarios. Se han revisado los expedientes administrativos para averiguar cuáles fueron los méritos que presentaron, el examen que realizaron, el tribunal que los juzgó y las valoraciones que merecieron.

Es mucho más que un ejercicio de revisión administrativa. Se trata de diseccionar los mecanismos que utilizó la dictadura para transformar, dominándola, toda la institución universitaria en España. Y se trata también de comprobar cómo los méritos, los temarios, los tribunales y las valoraciones estaban orientados, desde el inicio, a lograr ese objetivo de obtener unas facultades sin sentido crítico y sin investigación, en general, dóciles ante el poder político y orientada a perpetuar el poder de las élites. Así como el de las instituciones o asociaciones afines al régimen que dominaron las aulas en la posguerra.

El texto se acompaña con imágenes actuales de lugares históricos, nuevos escenarios de un antiguo pasado, para visibilizar los espacios de conocimiento, de represión y del exilio. Las fotografías son de Ana Teresa Ortega Aznar, profesora de la facultad de bellas artes de la Universidad Politécnica de Valencia, premio nacional de fotografía 2020. A quien agradezco su generosa colaboración.

I. En busca de la nueva universidad del régimen

La guerra civil duró dos años, ocho meses y quince días. Pero sus consecuencias seguirían presentes durante décadas en la universidad española[1]. Los vencidos fueron expulsados de la institución, los vencedores la ocuparon íntegramente[2].

La vida académica fue interrumpida durante el desarrollo de la contienda. Al reanudarse, hubo un intento de aparentar normalidad[3]. Pero a poco que se observe es posible constatar que la fractura ocasionada no pudo ser más evidente. Como muestra, las actas de la facultad de derecho de la universidad de Valencia, redactadas en el ámbito de la legalidad republicana, terminaban el 14 de marzo de 1938. En ellas puede leerse:

> En la Sala de profesores de la Facultad de Ciencias Jurídicas, Políticas y Económicas de la Universidad de Valencia, a las once y media de la mañana del día catorce de marzo de mil novecientos treinta y ocho, previa citación y bajo la presidencia del Sr. Decano accidental D. José Orúe, se reunieron en Junta de Facultad los Sres. expresados al margen:
>
> Catedráticos y auxiliares, D. Galo Sánchez, Manuel Batlle, Francisco Vives Villamazares, Ros Pallarés; escolares, Srta. Carrasco, Srta. Muñoz; secretario, Sr. Rodríguez Muñoz[4].

---

1 Dedico este libro a la memoria del profesor de historia del derecho y de las instituciones Bartolomé Clavero. A Mariano Peset por su magisterio. A mis alumnos y alumnas.

2 Julio Álvarez del Vayo, *La guerra empezó en España (Lucha por la Libertad)*, México, Editorial Lucero, 1940. Julián Zugazagoitia, *Guerra y vicisitudes de los españoles*, Buenos Aires, 1940; edición con prólogo de Francisco Bustelo, Barcelona, Crítica, 1977. En el marco internacional, Ismael Saz Campos, *Fascismo y franquismo*, Universitat de València, 2004. Una síntesis, Enrique Moradiellos, *Historia mínima de la guerra civil*, Madrid, Turner, 2016.

3 Último periodo académico antes del cierre de la universidad en Jorge Correa Ballester y Javier Palao Gil, "La Facultad de Derecho de Valencia en el primer tercio del siglo XX (1900-1938)", *La enseñanza del Derecho en el siglo XX. Homenaje a Mariano Peset*, Madrid, Dykinson, 2004, pp. 129-180.

4 Libro de Actas de la Facultad de Derecho de la Universidad de Valencia, 1 de febrero de 1933 a 2 de junio de 1950, acta de 14 de marzo de 1938, p. 34. Archivo

Las siguientes actas son de 1939 y se redactan tan solo tres días antes de dar por finalizada de manera oficial la guerra, el 29 de marzo de ese año. En ellas queda expuesto que el profesor de derecho civil Manuel Batlle Vázquez, procedente de la universidad de Murcia y agregado a Valencia en septiembre de 1937, ocupó junto con los quintacolumnistas el edificio de la sede histórica de la universidad, situado en la calle de la Nave, y se autonombró rector por el Partido Nacional de España[5]. Para dar pátina de legalidad al hecho, él redactó y firmó el acta de su toma de posesión y, en el mismo documento, designó decanos a diferentes profesores elegidos de entre los miembros que habían sido expulsados por la República debido a su actividad contra ella. Para derecho eligió a Salvador Salom Antequera, que tomaría posesión del cargo el 24 de septiembre de 1941, cesando Ricardo Mur y Sancho quien "desde la liberación de la ciudad" desempeñaba el decanato[6]. Para la facultad de ciencias, auténtico baluarte del conservadurismo y antirrepublicanismo, nombró a Francisco Beltrán Bigorra, juez

---

personal de María Fernanda Mancebo.

5 Yolanda Blasco y Jorge Correa, "Nacionalcatolicismo y posguerra", en *La Facultad de Derecho de la Universidad de Valencia,*1499-1975, prólogo de Carlos L. Alfonso Mellado, coordinadores Mariano Peset y Jorge Correa, Universitat de València, 2018, pp. 323-358. Este libro que ahora presento es la suma de mis investigaciones sobre oposiciones a cátedra de derecho que comencé en mi tesis doctoral, dirigida por Mariano Peset, 1996. En ella analicé las de fines del XIX, y continué en 2005 con las llamadas oposiciones patrióticas a partir de 1940. Algunas de éstas fueron estudiadas en colaboración en unas primeras y ya lejanas versiones. Ahora se completan y añaden otras que presento. En los años transcurridos desde entonces he continuado investigando diversos aspectos de la universidad española. En este lapso he logrado una mejor comprensión de varios problemas que fueron apuntados. Algunas cuestiones fueron desarrolladas con posterioridad y adaptadas para publicaciones específicas. Todos estos esfuerzos han sido reformulados dando lugar al presente texto. Ahora el objetivo es tratar el primer periodo de la posguerra hasta 1945. Respecto a las fuentes, los legajos del Archivo General de la Administración (AGA), sección Educación, fueron consultados por mí inmediatamente después de transcurrido el secreto de 50 años, por lo que en principio se recoge la antigua numeración del AGA, salvo consultas posteriores. Con la nueva catalogación las oposiciones de derecho van con la signatura: (05) 001. 003, delante del número de caja y legajo. Quiero manifestar mi agradecimiento a los compañeros con los que publiqué algunas oposiciones, María Fernanda Mancebo, Jorge Correa y Tomás Saorín, que iré citando en nota.

6 Libro de Actas de la Facultad de Derecho de la Universidad de Valencia, 1 de febrero de 1933 a 2 de junio de 1950, primer documento del curso 1941-1942, p. 35.

instructor de la depuración universitaria valenciana[7]; para filosofía y letras a Francisco Alcayde Vilar, que formaba parte del Centro de cultura valenciana, desde 1934; nombró al obstetra y ginecólogo Miguel Martí Pastor decano de medicina, quien sería presidente de la Real academia de medicina de Valencia, 1943-1948. El acta fue firmada por veinte profesores, entre catedráticos y auxiliares, siete administrativos, varios profesores del conservatorio y dos de instituto. De la facultad de derecho estuvo presente en el acto el catedrático de internacional José Ramón de Orúe, decano accidental, puesto que José María Ots Capdequí, de historia del derecho, había partido al exilio. Firmaron otros tres catedráticos de derecho: el de instituciones de derecho romano Joaquín Ros Gómez, de penal José Arturo Rodríguez Muñoz y de civil José Viñas Mey. Junto a ellos tres auxiliares: Elías Ros Pallarés y Francisco Bonet Ramón, ambos adscritos a las cátedras de penal y mercantil y Miguel Hernández a la de canónico. Pese a apoyar el acto con su firma, Ros Pallarés marcharía finalmente con el gobierno republicano a Barcelona, última capital de la República, pues era asesor jurídico del ministerio de guerra. Días más tarde, por decreto del 12 de abril, fue nombrado rector el catedrático de economía y hacienda José María Zumalacárregui y Prat, 1939-1941, hasta su traslado a Madrid. El nuevo rector era a la vez presidente de la comisión gestora de la diputación. La universidad y el gobierno de la administración provincial quedaban unidas.

El bando vencedor ocupaba la institución académica y su modelo se dejó notar en la universidad desde los primeros momentos. La inauguración del curso 1939-1940 en Valencia se celebró en octubre. En ella, Francisco Alcayde, el nuevo decano de filosofía y letras fue el encargado del discurso "El concepto de nación según José Antonio", que parte de la idea de nación como unidad de destino en lo universal... Al año siguiente la apertura académica no estuvo más alejada de la ortodoxia franquista. En esa ocasión el protagonismo recayó sobre el decano de derecho, el civilista Salvador Salom, cuyo tema trató "La responsabilidad aquiliana de los propietarios de edificios y de los arquitectos y contratistas, según el Código

---

7 Francisco Beltrán Bigorra, antiguo militante de la Derecha Regional Valenciana, participó junto con el grupo de quintacolumnistas en la ocupación de la universidad de Valencia. Durante la guerra fue separado de la cátedra, destacado antirrepublicano condicionó gran parte de los procesos de depuración al convertirse en juez y parte. En Jaume Claret Miranda, *El atroz desmoche. La destrucción de la Universidad española por el franquismo, 1936-1945*, Barcelona, Crítica, 2006, pp. 337-338.

civil español"[8]. Concluía que el dueño que cede un edificio, en usufructo, habitación, arrendamiento, o encarga su construcción, conservación o reparación a un arquitecto, o contratista, será responsable para con terceros de los daños por la ruina total o parcial del edificio, al no haber hecho reparaciones necesarias o por defecto de construcción. Se trataba de un asunto estrictamente jurídico, precedido por unas páginas sobre "La labor realizada por la Universidad durante el pasado curso y Misión de la Universidad en el nuevo Estado Nacional Sindicalista". Hablaba de la docencia y de la misión investigadora de la universidad que, según el movimiento nacional, incorporará "el sentido católico, de gloriosa tradición y predominio en España a la reconstrucción nacional, sin tolerar que desde las aulas se ponga en cuestión la religión, el interés público, la unidad, la seguridad y la prosperidad del Estado".

Los discursos del sindicato fascista de los estudiantes, Sindicato Español Universitario (SEU), incidían sobre lo mismo. Ese curso 1940-41 el discurso fue leído por el camarada Guzmán Zamorano Ruiz, jefe del distrito universitario del SEU de Valencia[9]. En los siguientes cursos, 1942-1943 a 1945-1946[10], éstos estarían a cargo de Rafael Cerezo Enríquez. Eran pura propaganda del régimen en plena guerra mundial y a su fin, una exaltación a la lucha de estudiantes para el exterminio bolchevique, la formación falangista como salvación, con mención a los muertos por la causa, al himno de Falange y canto oficial de la dictadura "Cara al sol...". Al enfrentar el problema universitario éstos lamentan que tras la guerra hayan encontrado una universidad defectuosa, no en consonancia con sus ideales. Por eso, tienen una finalidad clara y falange es la única organización que toleran y

---

8 Salvador Salom Antequera, "La responsabilidad aquiliana de los propietarios de edificios y de los arquitectos y contratistas, según el Código Civil español", *Anales de la Universidad de Valencia*, vol. 17, cuaderno 129, 1940, pp. 7-78.

9 Guzmán Zamorano Ruiz, "Discurso leído en la solemne apertura del curso académico 1940.1941", *Anales de la Universidad de Valencia*, año XVII, 1940-1941, Valencia, Imprenta Hijo de Francisco Vives Mora, 1940, 12 páginas.

10 Rafael Cerezo Enríquez, "Discurso leído en la solemne apertura del curso académico 1942-1943", *Anales de la Universidad de Valencia*, año XIX, 1942-1943, Valencia, Imprenta Hijo de Francisco Vives Mora, 1942, 16 páginas, pp. 7-14; "Discurso en la solemne apertura del curso académico 1944-1945", *Anales de la Universidad de Valencia*, año XXI, 1944-1945, Valencia, Imprenta Hijo de Francisco Vives Mora, 1944, 17 páginas, pp. 7-16. Él mismo en 1945-1946 leyó el discurso de inauguración del curso académico, destacando la importancia de la pertenencia al SEU de todos los estudiantes.

en la que tienen fe ciega, no es "una de esas estúpidas agrupaciones liberaloides de que nadie se acuerda":

> ... a los que se nos opongan para defender intereses bastardos, les trataremos, no con la dialéctica de nuestros puños y nuestras pistolas, porque ni siquiera eso merecen, sino con la oratoria despectiva del tacón de nuestras botas embarradas en los campos de batalla[11].

Ellos aspiran a que la falange controle por la fuerza a todos los estudiantes y profesores, como "hombres imbuidos de espíritu Nacional Sindicalista" que hagan de su carrera la revolución..., con juramento, que no promesa, de prestar servicio a España, al partido único y al caudillo.

Desde falange intentan subir los ánimos. Recuerdan la frase del general Agustín Muñoz Grande, en la jura de bandera de la División Azul[12], aquel año de 1941 para luchar contra la Unión Soviética:

> Mi general, decidle a vuestro Führer, que los españoles le han prometido fidelidad y que cuando un español promete una cosa, la cumple hasta la muerte.
>
> ¡Arriba España! [13]

Los voluntarios cumplirían la fórmula hasta la muerte o mutilación en muchos casos -gratificados a su vuelta con licencias, estancos de tabaco, exenciones-, pero la impresión de los mandos alemanes sobre los soldados no fue nada halagüeña; los vieron indisciplinados a la par que sucios...[14]

En las universidades la guerra había supuesto la paralización de la enseñanza en toda España y su puesta en marcha, una vez terminada la contienda, tuvo protagonistas diferentes, pero un espíritu similar. Cada centro tuvo sus propios discursos, aunque en todos ellos se podía percibir un mismo propósito: refundar la institución para conseguir que estuviera enteramente al servicio de los valores del nacionalcatolicismo franquista. Y había que hacerlo a la mayor brevedad posible.

---

11 "Discurso leído por el jefe del distrito universitario del SEU, en la solemne apertura del curso académico 1942-1943"..., cita pp. 12 y 13.

12 Conocida como División Azul por el predominio de falangistas. Algunos de ellos, entre otras razones, buscarían avanzar en el escalafón.

13 "Discurso leído por el jefe del distrito universitario del SEU, en la solemne apertura del curso académico 1942-1943"..., cita p. 14.

14 Xavier Moreno Juliá, "Franco y la División Azul"; *Historia y Vida*, nº 511 (septiembre 2019); Sergi Vich Sáez, "Segunda guerra mundial. La chocante instrucción alemana de la División azul", *Historia y Vida*, nº 664 (julio 2023).

Una muestra de lo sucedido la encontramos de nuevo en la universidad de Valencia, concretamente en las actas de la junta de derecho que se reanudaron a comienzos del curso 1941-42, donde puede leerse en el siguiente párrafo la admiración profesada al "Glorioso Movimiento Nacional":

> A las especiales circunstancias en que, por fuerza, tuvo que desenvolverse la vida universitaria de los meses que siguieron al término de la gloriosa guerra de liberación, y a la intensa vida docente desarrollada en los cursillos que se dieron para recuperar el tiempo perdido en los años de la guerra, se debe, sin duda alguna, el que no se haya dejado constancia de la vida de la Facultad desde el mes de abril de 1939 al de octubre de 1941[15].

El texto lo firmaba Alfonso García-Gallo, que había sido nombrado secretario de la facultad de derecho, a propuesta del decano, y tomó posesión del cargo en octubre de 1941; actuaba como vicesecretario el auxiliar temporal Francisco Vives Villamazares, que más tarde se dedicaría al tribunal de menores. El profesor García-Gallo, secretario en esos primeros años de posguerra, de 1941 a 1943, era historiador del derecho, hombre cercano al Opus Dei que, además de ser quien controló durante muchos años la asignatura, resultaría una figura omnipresente en los tribunales de oposiciones. Su ascenso será rápido y cargado de arbitrariedad, en agradecimiento por los servicios prestados al régimen.

En ese primer documento, García-Gallo dedica unas pocas páginas a resumir la actividad de todo el curso 1941-1942, intentando mostrar normalidad en la provisión de las cátedras vacantes, en las clases, el profesorado, en los exámenes, cursillos y conferencias, la biblioteca, las pensiones a los catedráticos o en el marco de la fundación del catedrático de político Rafael Olóriz Martínez. Era como si la guerra hubiera sido un simple paréntesis sobre el que pasar con rapidez y la vida académica arrancara sin más dificultad. Pero la realidad era muy diferente: la universidad española reiniciaba su actividad prescindiendo de muchos de sus más brillantes docentes e investigadores[16].

---

15 Libro de Actas de la Facultad de Derecho de la Universidad de Valencia, 1 de febrero de 1933 a 2 de junio de 1950, primera acta del curso 1941-1942, pp. 34v y 35.

16 Libro de Actas de la Facultad de Derecho de la Universidad de Valencia, 1 de febrero de 1933 a 2 de junio de 1950, primer documento del curso 1941-1942, pp. 35-39. Yolanda Blasco Gil y Jorge Correa, "Nacionalismo y posguerra...", pp. 323-325.

DEPURACIÓN Y EXILIO DEL PROFESORADO

La posguerra supuso para los vencidos el silencio, la muerte, el exilio tanto en el exterior como en el interior o la separación de sus cátedras[17]. Lo que significa que la universidad en España prescindió de personalidades con carreras académicas brillantes, la mayoría con carácter internacional y que, en muchos casos, correspondían a los mejores académicos de su materia.

---

[17] La bibliografía sobre el exilio es extensísima: desde la parte americana, Mauricio Fresco, *La emigración republicana española. Una victoria de México,* México, Editores Asociados, 1950; Patricia W. Fagen, *Transterrados y ciudadanos. Los republicanos españoles en México,* México, FCE, 1975; Ascensión Hernández de León Portilla y otros, *El exilio español y la UNAM: coloquio,* México, UNAM, 1987; Clara Lida y José Antonio Matesanz, *La Casa de España en México,* México, El Colegio de México, 1988; Clara Lida, (comp.), *México y España en el primer franquismo, 1939-1950,* México, El Colegio de México, 2001; Fernando Serrano Migallón (coord.), *Los maestros del exilio español en la Facultad de Derecho,* México, UNAM, 2003; Andrés Lira González, *Estudios sobre los exiliados españoles,* México, Colegio de México, 2016; Dolores Pla Brugat (coord.), *Pan, trabajo y hogar. El exilio republicano español en América Latina,* México, INM/Centro de estudios migratorios/INAH/DGE Ediciones, 2007; Aurora Díez-Canedo, *Enrique Díez-Canedo/ Alfonso Reyes. Correspondencia 1914-1943.* Edición y estudio introductorio, Aurora Díez-Canedo, México, Fondo Editorial de Nuevo León/ UNAM, IIFL, CEL, 2010; VV.AA., *Estudios y testimonios sobre el exilo español en México. Una visión sobre su presencia en las Humanidades,* Amando Pavón Romero, Clara Inés Ramírez González y Ambrosio Velasco Gómez (coords.), México, Bonilla Artigas-CONACYT, 2016; Elisa Speckman Guerra, *Penalistas españoles y ciencias penales en el México de mediados del siglo XX,* Madrid, Dykinson, 2022. En la otra orilla, los trabajos pioneros de José Luis Abellán (dir.), *El exilio español de 1939,* 6 vols., Madrid, Taurus, 1976-1878. Javier Rubio, *La emigración de la Guerra Civil de 1936-1939,* 3 vols., Madrid, 1977. Y otros tantos trabajos de investigadores, como Consuelo Naranjo Orovio, *Cuba, otro escenario de lucha. La Guerra civil y el exilio republicano español,* Madrid, CSIC, 1988; Alicia Alted Vigil, *La voz de los vencidos. El exilio republicano de 1939,* Madrid, Aguilar, 2005. Una panorámica del exilio republicano, María Fernanda Mancebo, *La España de los exilios. Un mensaje para el siglo XXI,* prólogo de José Luis Abellán, València, Universitat de València, 2008. Jorge de Hoyos Puente, *La utopía del regreso. Proyectos de Estado y sueños de nación en el exilio republicano en México,* Santander, Universidad de Cantabria, 2012; José María López Sánchez, *Los refugios de la derrota: el exilio científico e intelectual republicano de 1939,* Madrid, CSIC, 2013; VV.AA., *Diccionario Biobibliográfico de los escritores, editoriales y revistas del exilio republicano de 1939,* José-Ramón López García y Manuel Aznar Soler (eds.), Barcelona, Renacimiento, 2016; José Luis Mora García, *La familia Zambrano: orígenes onubenses, emigración y exilio,* Madrid, Fundación María Zambrano, 2022; Antolín Sánchez Cuervo, *El otro descubrimiento: el exilio intelectual español y su vocación americana,* New York, Peter Lang, 2022, entre otros muchos.

Para los vencedores, por el contrario, el fin de la guerra supuso el inicio de unos tiempos de ascensos vertiginosos. Las plazas, ya fueran cátedras, decanatos o rectorados, que habían sido vaciadas resultaron inmediatamente ocupadas. El premio sería la pertenencia al Consejo Superior de Investigaciones Científicas, CSIC[18], también dependiente del ministerio y desde donde se controlaría el panorama universitario.

El Consejo absorbió los servicios de la Junta para Ampliación de Estudios e Investigaciones Científicas, JAE. Lo anunciaba la revista de educación nacional *Información Universitaria*, con referencia a la orden 18 de abril de 1940[19]:

> Constituido el Consejo Superior de Investigaciones Científicas, creado por Ley de 24 de noviembre de 1939, procede que asuma las funciones que dicha Ley y el Decreto de 10 de febrero de 1940 le encomiendan.
>
> En su virtud, este Ministerio ha dispuesto:
>
> Primero.- El Instituto de España traspasará el Consejo Superior de Investigaciones Científicas en el plazo de ocho días los servicios, locales, efectos y documentación procedentes de las extinguidas Juntas para Ampliación de Estudios y Fundación Nacional de Investigaciones Científicas que no se hallen actualmente bajo la dependencia directa del señor subsecretario, según la Orden de 23 de noviembre último ...[20]

Junta para Ampliación de Estudios, 1907-1939
Actual CSIC, 1940-
Proyecto "Lugares del saber y exilio científico"

---

18 Pueden verse las *Memorias del CSIC de la Secretaría general,* en los años estudiados en este trabajo 1940-1946, en línea: memorias CSIC narrativas (1940-1962). José Ibáñez Martín, *Labor de un año en el Consejo Superior de Investigaciones Científicas,* Madrid, 1941.

19 BOE 28 de abril de 1940.

20 Revista *Información Universitaria,* Madrid, año I, nº 12 (6 de mayo de 1940), pp. 181-182.

207
206
205
204
203
202
201
119
118
117
116
105
104
103
102

Mientras el nuevo régimen se hacía con el poder, hombres tan importantes para el derecho en España como Rafael Altamira[21], Mariano Ruiz-Funes o Niceto Alcalá-Zamora, entre otros muchos profesores republicanos que también habían sido pensionados por la JAE, buscaban el modo de sobrevivir en el exilio haciendo valer sus conocimientos y sus trayectorias internacionales. Por otra parte, José María Zumalacárregui había sido destituido con el gobierno de la República como rector en Valencia (29 de marzo, 1930-4 de mayo, 1931) por desafecto. Su hijo mayor fue fusilado por participar en el golpe de estado... Él sería el encargado de iniciar los expedientes de depuración de los profesores universitarios. Después se trasladaría a Madrid donde hizo una importante carrera: primero como presidente del Consejo de economía nacional y más tarde como consejero del Banco de España, director del Instituto Sancho de Moncada del CSIC, miembro de la Academia de jurisprudencia y legislación y de la de ciencias morales y políticas, así como procurador en cortes. Reunió todos los cargos.

Tiempo después, el catedrático de medicina José Puche, rector en Valencia durante la guerra, escribió desde su tierra de acogida en México que con la derrota republicana no solo había desaparecido un gobierno sino toda una cultura... Si bien, había ya precedentes de depuraciones en España[22]. Durante el agitado siglo XIX el ministro Orovio había separado de la cátedra a Emilio Castelar en 1865, y durante la Restauración borbónica se cesó a Francisco Giner de los Ríos y a otros. En el siglo XX, el dictador Primo de Rivera mandó al destierro a Miguel de Unamuno y al penalista Luis Jiménez de Asúa. Pero habría que remontarse a las purgas del monarca Fernando VII durante la década ominosa de 1823-1833, en su segunda vuelta al absolutismo, para encontrar una represión similar a la que se llevó a cabo en la administración del estado y en la universidad de la posguerra.

---

[21] Del peligro que corría la vida de Rafael Altamira existe el testimonio de Eugenio Vegas Latapié en sus memorias: "En cierta ocasión, se me acercó un falangista, cuyo nombre he preferido olvidar, para decirme que estaba dispuesto a dar el paseo, si yo se lo ordenaba, al profesor don Rafael Altamira, antiguo vocal del Tribunal Internacional de la Haya. No sólo me opuse rotundamente, y en términos de indignada violencia, sino que hice responsable a aquel individuo de lo que pudiera ocurrirle al prestigioso historiador". Eugenio Vegas Latapié, *Los caminos del desengaño: memorias políticas 2 (1936-1938)*, Madrid, Tebas, 1987, p. 75. En Ignacio Ramos Altamira, *Rafael Altamira y Crevea y su contribución a la educación popular y la escuela pública española*, tesis doctoral, Universidad de Alicante, 2021, cita en p. 720, nota 927.

[22] Beatriz Souto, *La libertad de cátedra y los procesos de depuración del profesorado. Desde principios del S. XIX hasta la Constitución de 1978*, Madrid, Marcial Pons, 2005.

Hubo depuraciones por parte de ambos bandos[23], pero la franquista fue más dura, prolongada, definitiva[24]. La depuración alcanzó casi la tercera parte del escalafón de catedráticos[25].

Desde el exilio, el penalista Mariano Ruiz-Funes criticó duramente la política universitaria del franquismo. Como vicepresidente de la Unión de Profesores Universitarios Españoles en el Extranjero (UPUEE), con sede en México tras el breve periodo de Francia -antes de la ocupación nazi-, denunció a la universidad española, tiempo después, en varias revistas como *Las Españas*:

> Los profesores universitarios españoles fueron depurados y sometidos. La depuración privó a unos de sus cátedras y descendió a otros de categoría.

---

23 Glicerio Sánchez Recio, *La República contra los rebeldes y desafectos. La represión económica durante la Guerra Civil,* Universidad de Alicante, 1991; *Justicia y guerra en España. Los tribunales populares (1936-1939),* Alicante, Diputación Provincial de Alicante-Instituto de Cultura Juan Gil-Albert, 1991. José Rodríguez Olazábal, *La administración de justicia en la Guerra civil,* Valencia, Institució Alfons el Magnànim-Centre Valencià d´Estudis i d´Investigació, 1996. Pascual Marzal Rodríguez, "La depuración de la Administración de justicia durante la Segunda República", *Universidades, Colegios, Poderes,* Jorge Correa (coord.), Universitat de València, 2021, pp. 597-612. Ramón Salas Larrazábal, "El Ministerio de Justicia en la España Republicana" y Pelai Pagès i Blanch, "La administración de Justicia en Catalunya durante la guerra civil española (1936-1939)", ambos en *Justicia en guerra. Jornadas sobre la administración de justicia durante la Guerra Civil Española. Instituciones y fuentes documentales,* organizadas por el Archivo Histórico Nacional, sección "Guerra Civil", Salamanca, del 26 al 28 de nov. 1987, Madrid, MECyD-Dirección General de Bellas Artes y de Conservación y Restauración de Bienes Culturales, 1990, pp. 17-46 y 47-64, respectivamente.

24 Joaquín Tomás Villarroya, "Amnistías e indultos durante la Segunda República", *Cuadernos de política criminal,* 13 (1981), pp. 89-118. Jacinto Toryho, *No éramos tan malos,* Madrid, Guillermo del Toro, 1975; *Del triunfo a la derrota. Las interioridades de la guerra civil en el campo republicano, revividas por un periodista,* Barcelona, Argos Vergara, 1978. Julián Casanova, "Una dictadura de cuarenta años", en *Morir, matar, sobrevivir. La violencia en la dictadura de Franco,* Julián Casanova, Francisco Espinosa, Conxita Mir y Francisco Moreno (coords.), Barcelona, Crítica, 2002.

25 Juan Antonio Alejandre, *El régimen franquista: dos estudios sobre el soporte jurídico,* Madrid, Dykinson, 2008. Yolanda Blasco Gil, "Soporte jurídico de las depuraciones", Josefina Cuesta (dir.), *La depuración de funcionarios bajo la dictadura franquista (1936-1975),* Madrid, Fundación Francisco Largo Caballero, 2009, pp. 28-49; "La supresión de los heterodoxos. Defensa de las libertades universitarias desde el exilio republicano español", *Autonomía universitaria y exilio académico,* México, Bonilla Artigas, 2018, pp. 123-151. Una bibliografía más extensa puede consultarse en mis trabajos citados en notas.

> Se les exigió, cuando no era posible la sumisión, la neutralidad intelectual, protegida con el silencio. Conocemos casos de personas amigas arruinadas económicamente por un traslado, porque a la vez se le confiscaron sus bienes, y obligadas mediante la amenaza de la prisión a ser neutrales. Llegar a una ciudad desconocida, con malos antecedentes políticos, y especialmente recomendado a la banda local de Falange, constituía una peligrosa aventura. Los nuevos universitarios se han reclutado no a base de su competencia sino de sus servicios. El nuevo régimen ha multiplicado, en términos excesivos, la creación de intereses y ha dispuesto del *maximun* de cargos públicos para premiar actividades políticas. La Universidad no se ha visto libre de este vergonzoso gravamen[26].

El proceso de depuración había empezado antes de la victoria franquista. El sistema represor se puso en marcha desde el comienzo de la sublevación militar, con un organismo encargado de esta tarea: la Junta de defensa nacional. Ésta, creada por decreto 24 de julio de 1936, apenas una semana después del golpe de estado, fue implantando sus normas a medida que dominaba zonas geográficas y estructuras administrativas, espacios de la derrota.

La Junta ordenó a todos los empleados públicos la incorporación a sus puestos a principios de septiembre de 1936, so pena de cesarlos sin expediente ni posibilidad de acudir a la jurisdicción contencioso-administrativa. En octubre, en la misma Junta, se creó la Comisión de cultura y enseñanza, presidida por el poeta franquista, el andaluz, José María Pemán[27], de la que formó parte Mariano Puigdollers Oliver, profesor de filosofía del derecho. Al mes siguiente se crearon ya las comisiones depuradoras en los distintos niveles educativos, formadas en su mayor parte por catedráticos, profeso-

---

26 Mariano Ruiz-Funes, "La corrupción en la Universidad española", *Las Españas*, 7 (1947), p. 16.

27 Resulta paradógico en la obra de José María Pemán, *Poesía. Nueva Antología, 1917-1965*, Madrid, Escelicer, 1965 (1ª ed. Valladolid, 1937; 2ª ed. Valladolid y Buenos Aires, 1941 y siguientes), que el prólogo lo escribiera el falangista Manuel Machado, hermano de Antonio Machado -muerto en el exilio en Collioure, 1937-, para que figurase en el tomo de "Poesías" de las *Obras Completas* de Pemán, publicado también por esta editorial. Véase nota 1 del prólogo de esa edición de 1965. Eran las paradojas ante la barbarie de unos y otros, como las descritas desde el exilio en París en su novela inédita -finalizada en 1951- de Pío Baroja, *Miserias de la guerra. Las santurnales*, edición de Miguel Sánchez-Ostiz, Madrid, Caro Raggio, 2006, "la guerra en sus sombras y miserias", se expresa en estas páginas la desesperanza por el país. Eusebio Ferrer Hortet, *José María Pemán. 83 años de España*, Madrid, Palabra, 1993. Más serios Javier Tusell y Gonzalo Álvarez Chillida, *Pemán, Un trayecto intelectual desde la extrema derecha hasta la democracia*, Barcelona, Planeta, 1998.

res y maestros: cinco miembros propuestos por la citada comisión, a indicación de los rectorados y ratificados por el presidente de la junta técnica.[28]

Aún no había finalizado la guerra, la legislación creada *ad hoc* iba sentando los pilares de la nueva cultura política y administrativa. La aplicación de la ley de responsabilidades políticas de 9 de febrero de 1939, junto con la ley de depuración de funcionarios públicos que se publicó al día siguiente, así como la ley de represión de la masonería y el comunismo del año 1940.

Fueron las tres leyes esenciales en las que se basó la durísima represión franquista, que llevaron a grandes nombres de la universidad en España al expolio y exilio, a la cárcel o al pelotón de fusilamiento[29].

---

28 Cabe mencionar además el libro de José María Pemán, *El divino impaciente,* obra de teatro cuya primera representación se hizo en septiembre de 1933, como réplica al laicismo de la Segunda República. En ese sentido, tiempo antes, también la obra de teatro de Eduardo Marquina, *En Flandes se ha puesto el sol,* estrenada en 1909, fue considerada el culmen del teatro nacionalista.

29 Yolanda Blasco Gil, "La universidad de Franco y las propuestas de reconstrucción desde el exilio", Alberto Carrillo Linares (ed.), *Depurados, represaliados y exiliados. La pérdida universitaria durante el franquismo,* Sevilla, Comares-Universidad de Sevilla, 2021, pp. 53-72. Yolanda Blasco Gil y Jorge Correa, "Nacionalismo y Posguerra"..., pp. 326-329. Sobre la masonería en esta época, Vicent Sampedro, *La masonería valenciana i les lògies occidentals durant la guerra civil,* València, Consell Valencia de Cultura, 1997.

Archivo General Militar de Ávila, AGMAV

Durante la contienda, el procedimiento de depuración de los empleados públicos había sido desordenado e incompleto y las decisiones habían sido competencia de una comisión depuradora del personal universitario. Pero con la ley de depuración vigente, el proceso fue implacable exigiendo a todos los funcionarios, incluidos los profesores universitarios, pasar por los nuevos filtros. A partir del 18 de marzo de 1939 la resolución de cada caso correspondió a cuatro jueces instructores que asumieron las competencias relativas a Madrid, Barcelona, Valencia y al resto de centros.

Puesto que la intención que demostró el régimen era la de contar con una administración -de manera especial en el ámbito educativo- formada exclusivamente por personas afectas ideológicamente, se hacía precisa la eliminación de los contrarios. Para ello, todo el personal docente fue separado del servicio y obligado a pedir el reingreso; de este modo se abría una actuación que investigaba la compatibilidad de cada persona con el nuevo régimen. El trámite implicaba que cada funcionario debía presentar declaración jurada ante notario y testigos, que permitiera verificar su ideología y rastrear sus convicciones políticas y morales, pues no se trataba precisamente de averiguar conductas delictivas. Eran medidas administrativas que se tomaban en un procedimiento sin garantías y sin apelación, que castigó arbitrariamente conductas, ideas o convicciones contrarias.

En el proceso, los funcionarios debían aportar sus datos personales e indicar los servicios desempeñados, presentar pruebas de adhesión al movimiento nacional y demostrar la realización de servicios a su favor. Si habían prestado ayuda al llamado "gobierno marxista" o a las "autoridades rojas", si se hizo bajo coacción. Y declarar la pertenencia a la masonería, a partidos y sindicatos, aportar testigos y documentos para comprobar la veracidad de cualquier afirmación. Comprobados los hechos, la calificación de la conducta se hacía, tal y como indicaba la ley, de forma discrecional, atendiendo al conjunto de las circunstancias y considerando especialmente los antecedentes del interesado, la índole de sus funciones, según conveniencia de la nueva administración.

El resultado entre el profesorado era evidente. Mientras los vencedores pudieron mostrar su adhesión, méritos patrióticos, sufrimientos de guerra y su contribución al alzamiento, los leales a la República fueron suspendidos temporalmente, postergados en el escalafón, obligados a jubilarse o separados de manera definitiva de sus plazas. En algunas ocasiones se les prohibió ejercer la profesión y en otros casos se les encarceló o se les aplicaron otras sanciones muy duras, incluyendo multas importantes. Muchas veces, los castigos se aplicaban conjuntamente. José María Ots Capdequí, ya exiliado, fue condenado a pagar multa de quince mil pesetas por haber sido decano de derecho en Valencia y afiliado a izquierda republicana[30]; a Mariano Gómez González, el gran especialista en derecho político, que sufriría penurias económicas en Argentina, se le requisaron sus bienes en Madrid[31]. De igual modo, Mariano Ruiz-Funes tuvo que enfrentarse a un proceso por responsabilidades políticas. El tribunal lo encontró culpable de responsabilidad "grave". Ello supuso la incautación de todos sus bienes, incluso su cuenta corriente y sus viviendas tanto en Madrid como en Murcia, hasta sus pequeñas propiedades rurales. Así como su biblioteca, un bien tan preciado para cualquier intelectual, junto con una multa de cinco mil pesetas[32]. Además de sufrir el silencio al que fueron sentenciados muchos exiliados. Sus obras fueron eliminadas de las listas de autores, como de la Editorial Revista de Derecho Privado, con el fin de suprimir todo nombre español no grato al "Imperio azul". Incluso se apropiaron de sus obras, se les atribuyó un autor distinto...[33]

---

30 Mariano Peset, "El exilio de José María Ots Capdequí, historiador del derecho indiano, en *Universidades y exilio: homenaje a María Fernanda Mancebo Alonso,* Segorbe, Fundación Max Aub, 2018, pp. 185-202.

31 María Fernanda Mancebo Alonso, "Mariano Gómez y la reforma constitucional de Primo de Rivera", *Ciencia y academia: IX Congreso Internacional de Historia de las Universidades Hispánicas (Valencia, septiembre* 2005), 2 vols., prólogo de Mariano Peset Reig, II, 2008, pp. 23-41; Pascual Marzal Rodríguez, *Una historia sin justicia: cátedra, política y magistratura en la vida de Mariano Gómez,* Universitat de València, 2009.

32 Proceso por responsabilidad política, número de expediente 556 de 1939 del Tribunal Regional de Albacete. Se cerró el 2 de julio de 1940, declarando a Ruiz-Funes culpable. Yolanda Blasco Gil, "La universidad de Franco y las propuestas de reconstrucción desde el exilio"..., p. 54. Yolanda Blasco Gil y Tomás Saorín Pérez, "Rastro y ausencia del penalista Mariano Ruiz-Funes en la universidad. República, exilio y provisión de su cátedra en la posguerra", *Anuario de Historia del Derecho Español* (AHDE), 83 (2013), pp. 775-828; en general, *Las universidades de Mariano Ruiz-Funes. La lucha desde el exilio por la universidad perdida*; Beatriz Gracia Arce, *Trayectoria política e intelectual de Mariano Ruiz-Funes: República y exilio,* ambos libros publicados en Murcia, Editum, 2014. Yolanda Blasco Gil, "La universidad de Franco y las propuestas de reconstrucción desde el exilio"..., p. 57. En ese sentido de incautación de bienes en guerra, el comentario a la sentencia del Tribunal Europeo de Derechos Humanos, en Daniel Vallés Muñío, "El TEDH no cuestiona la Ley de la Memoria, pero podría. Comentario de la STEDH de 4 de noviembre de 2014 caso Ruiz-Funes contra España", *InDret, Revista para el análisis del Derecho,* 4 (2015), pp. 1-19, en línea.

33 "El Estado franquista, editor pirata", *Boletín informativo de la Unión de Profesores Universitarios Españoles en el Extranjero (sección México),* año II, núms. 13-14 (agosto-septiembre de 1944), pp. 7-15, derecho pp. 7-8 y 12-14. Así, Mariano Ruiz-Funes

Las universidades de Madrid y Barcelona sufrieron la represión de forma especial, porque allí los profesores eran más numerosos y la política universitaria de la República había reunido en ambas instituciones a los profesores más prestigiosos. Después de todo, estas dos ciudades concentraban a las élites: Madrid había sido sede del Centro de Estudios Históricos y demás instituciones derivadas de la Junta para Ampliación de Estudios y la Institución Libre de Enseñanza[34]; en Barcelona estaba el *Institut d'Estudis Catalans*[35]. Ambos centros fueron perseguidos con especial tenacidad por el franquismo por sus planteamientos ideológicos[36]. Del mismo modo, cualquier vinculación con la Federación Universitaria Escolar, FUE, fue motivo de sospecha, separación del servicio o cárcel. En las restantes universidades hay significativas excepciones, como los casos de Sevilla y de Granada, aunque no dejaron de sumar algunas víctimas que, desafortunadamente, no llegaron al exilio pues se trató de profesores asesinados sumariamente. Como el asesinato del rector de Granada Salvador Vila Hernández, discípulo de Unamuno y catedrático de filosofía y letras, o el proceso militar sumarísimo a Leopoldo Alas Argüelles, rector de Oviedo. A Leopoldo Alas se le acusó de masón, aunque el único cargo que encontraron fue el de ser republicano, sin olvidar el hecho de ser hijo de "Clarín".

---

fue eliminado de la lista del catálogo de la Editorial Revista de Derecho Privado, como autor de *Progresión histórica de la pena de muerte en España...*, p. 7. María Fernanda Mancebo dedicó un artículo a esta cuestión, "La Universidad en el exilio. El Estado franquista, editor pirata (1939-1945)", *La universidad española bajo el régimen de Franco (1939-1975),* actas del congreso celebrado en Zaragoza entre el 8 y 11 de noviembre de 1989, Juan José Carreras Ares, Miguel Ángel Ruiz Carnicer (coords.), Zaragoza, Universidad de Zaragoza, 1991, pp. 159-196.

34 Lorenzo Luzuriaga, *La Institución Libre de Enseñanza y la educación en España,* Buenos Aires, Universidad de Buenos Aires, 1957. Antonio Molero Pintado, *Historia de la educación en España. IV La educación durante la segunda república y la guerra civil (1931-1939)*, Madrid, MEC, 1991, pp. 26-30.

35 Sobre el *Institut d'Estudis Catalans,* Yolanda Blasco Gil, "Los costes del franquismo para la universidad española y para los profesores exiliados. El caso de Pere Bosch Gimpera", *Historiografías, Revista de historia y teoría,* 3 (2012), pp. 45-61.

36 La Institución Libre de Enseñanza, fundada por Francisco Giner de los Ríos en 1877, reunió a los más liberales. Ésta fue considerada enemiga del régimen, puede verse en Enrique Suñer Ordoñez, *Los intelectuales y la tragedia española,* Burgos, 1937, o en el libro colectivo coordinado por Antonio de Gregorio Rocasolano, las páginas de León Carlos Riba García, "La residencia de estudiantes", *Una poderosa fuerza secreta. La Institución libre de enseñanza,* San Sebastián, Editorial española, 1940, pp. 167-176.

Sería asesinado el 20 de febrero de 1937[37]. El rector de Valencia, Juan Peset Aleixandre, fue condenado a muerte por ley 9 de febrero de 1939 de responsabilidades políticas, pero la pena le fue conmutada por 30 años de prisión. Otra denuncia de falangistas reabrió el caso, y tras una nueva prueba -una conferencia pronunciada, en 1937, en el paraninfo de la universidad donde defendía la democracia- se le volvió a condenar a pena de muerte, con sus accesorias legales pertinentes -inhabilitación absoluta e interdicción civil-, abono de la prisión preventiva sufrida en el supuesto de indulto y pago de las responsabilidades civiles sin determinación de cuantía, según lo dispuesto en la citada ley de responsabilidades políticas. Lo ejecutaron el 24 de mayo de 1941[38]. Otros muchos profesores serían depurados y san-

---

37 Santos Juliá (coord.), *Víctimas de la guerra civil*, Madrid, Temas de Hoy, 1999. Conxita Mir, "El estudio de la represión franquista: una cuestión sin agotar", *Ayer*, 43 (2001). Acerca de Leopoldo Alas Argüelles, Jaume Claret Miranda, *El atroz desmoche...*, pp. 196-197 -también Salvador Vila fue asesinado-. El expediente personal en el AHNS (Archivo Histórico Nacional de Salamanca), Masonería, legajo 344 B, expediente 66. Sin embargo, carece de toda documentación masónica. Se le acusó de masón, aunque parece que no lo era. El proceso seguido contra él en Victoria Hidalgo Nieto, "La represión masónica en Asturias", José Antonio Ferrer Benimeli (coord.), *La masonería en la historia de España*, Zaragoza, Diputación General de Aragón, 1989, pp. 187-199, en especial 197 y 198. Para el rector de Granada, Mercedes del Amo, *Salvador Vila: El Rector fusilado en Víznar*, Universidad de Granada, 2005. Yolanda Blasco Gil, "Soporte jurídico de las depuraciones"..., en particular pp. 34-35. Marc Baldó Lacomba, "Cambios de profesores en la Universidad de Valencia. Sanciones y depuraciones (1936-1939)", *La II República una esperanza frustrada. Actas del congreso Valencia capital de la República (abril 1986)*, València, Edicions Alfons el Magnànim, 1987, pp. 283 y ss. José Luis Rubio Mayoral, "El profesorado de la Universidad de Sevilla. Aproximación al proceso de depuración política (1936-1939)", en *Universidad y poder*, María Nieves Gómez García (coord.), Sevilla, Gihus, 1993, pp. 63-66.

38 Juan Peset Aleixandre, "Las individualidades y la situación en las conductas actuales", *Anales de la Universidad de Valencia*, conferencia dada en la Universidad de Valencia el día 27 de abril de 1937. María Fernanda Mancebo, Salvador Albiñana y Marc Baldó Lacomba, *Procés a Joan Peset Aleixandre*, publicado por la Universitat de Valencia, 2001, con un estudio de varios autores; incluye una carpeta con el expediente del proceso, legajo nº 26354, procedimiento sumarísimo de urgencia nº 131291-V -con conferencia de I937 y carta de despedida a esposa e hijos-. Se le condenó por delito de rebelión previsto y penado en los artículos 237 y 238 del Código de Justicia Militar, en relación con el artículo 3 del Bando declaratorio del estado de guerra, con la circunstancia agravante de trascendencia prevista en el artículo 173 del Código de Justicia Militar. Documento nº 88, dictamen del auditor de guerra, Valencia 2 de abril de 1940, fol. 86.

cionados estando en el exilio, como José María Ots Capdequí o Niceto Alcalá-Zamora Castillo...[39]

Con el uso de esos sistemas represores la universidad española quedó cercenada[40]. Fue una pérdida de la que la enseñanza tardaría muchos años en recobrarse.

Facultad de Ciencias, Universidad de Valencia
Actual Rectorado

---

[39] En la universidad de Valencia, por decreto 29 de julio de 1939, Alcalá-Zamora Castillo será separado definitivamente, AUV (Archivo Universidad de Valencia), expediente AG (Archivo General), expediente 1354/3; también Ots Capdequí será separado, AUV, PDI (Personal Docente Investigador) caja 159/7, siendo reintegrado en 1962 y en 1963 jubilado. Yolanda Blasco Gil, "Entre la trayectoria universitaria y social: los catedráticos de derecho de Valencia, 1900-1939", *Promoción universitaria en el mundo hispánico*, Armando Pavón Romero (coord.), México, IISUE, 2009.

[40] Jaume Claret Miranda, *La Repressió franquista a la universitat española*, tesis doctoral dirigida por Josep Fontana Lázaro, Barcelona, Universitat Pompeu Fabra, 2005.

LAS OPOSICIONES PATRIÓTICAS

El nuevo gobierno tenía mucha prisa por reiniciar las actividades universitarias con sus nuevos planes, lo que implicaba lograr que las vacantes provocadas por la depuración fueran cubiertas rápidamente por personal ideológicamente afín. Pero antes, incluso de organizar esas oposiciones llamadas por la historiografía "patrióticas" -por contar más los méritos patrióticos que el caudal científico en investigaciones de los aspirantes-, organizó unos "exámenes patrióticos" para que también los estudiantes excombatientes tuvieran su recompensa académica y pudieran ocupar los mejores espacios públicos en la España reconstruida a medida de los vencedores[41].

El 6 de junio de 1939, una orden sobre cursos abreviados y exámenes estableció el procedimiento a seguir: los primeros cursillos se celebrarían inmediatamente, seguidos de exámenes para completar cursos pendientes o poder terminar la carrera. Y, tras el verano, unos cursos semestrales intensivos aceleraban el fin de los estudios paralizados por la guerra. La justificación oficial de estas medidas era la de facilitar la rápida reincorporación a la vida escolar de los jóvenes combatientes, concediéndoles las máximas facilidades. De este modo, entre junio de 1939 y junio 1940 se resolvieron expedientes, se completaron estudios y se pusieron al día muchas carreras universitarias truncadas por la guerra. E inmediatamente después comenzó la provisión de cátedras de la mano de José Ibáñez Martín, segundo ministro de educación de Franco tras Pedro Sáinz Rodríguez[42]. Él fue el encargado de regular estas oposiciones con las que se iba a recomponer también de manera urgente el escalafón diezmado del profesorado.

En abril de 1940, Franco y su consejo de ministros habían sancionado el decreto para proveer las vacantes producidas por la depuración de los fun-

---

41 Oposiciones patrióticas en historia, Yolanda Blasco Gil y Mª Fernanda Mancebo, *Oposiciones y concursos a cátedra de historia en la universidad de Franco (1939-1950)*, prólogo de Mariano Peset, València, Universitat de València, 2010. Una panorámica de oposiciones de derecho en Valencia en Yolanda Blasco Gil y Jorge Correa, "Nacionalismo y Posguerra"..., pp. 329-343.

42 Julio Escribano Hernández, *Pedro Sainz Rodríguez, de la Monarquía a la República*, Madrid, FUE, 1998. Pedro Sainz Rodríguez, *Testimonios y recuerdos,* Madrid, Planeta, 1978. Acerca del propagandista José Ibáñez Martín, *Un año de política docente, Discurso de apertura del curso académico 1941-1942,* Barcelona, Universidad de Barcelona, 1941; *Realidades universitarias en 1944, Discurso de Apertura del curso académico 1944-45,* Universidad de Valencia, 1944. Antonio Fontán, *Los católicos en la Universidad española actu*al, Madrid, Rialp, 1961.

cionarios públicos[43], que tendrían un especial impacto en la universidad, como desde hace años está mostrando la historiografía[44].

---

43 Sobre la represión y depuración franquista de funcionarios públicos, María Encarna Nicolás Marín, "Los expedientes de depuración: una fuente para historiar la violencia política del franquismo", *Áreas*, 9 (1988), pp. 103-124. Manuel Ortiz Heras, *Violencia política en la II República y el primer franquismo*, Madrid, Siglo XXI, 1996. Santos Juliá (coord.), *Víctimas de la guerra civil*, Madrid, Temas de hoy, 1999. Mariano Peset y Mª Fernanda Mancebo, "Exilio y depuraciones", *Historia de la Universidad de Valencia*, 3 vols., Universitat de València, 1999, II, pp. 249-257, en especial 254-257. Juan Manuel Fernández Soria y Mª del Carmen Agulló, *Maestros valencianos bajo el franquismo. La depuración del magisterio: 1939-1944*, Valencia, Institució Alfons el Magnánim, 1999. Patricia Zambrana Moral y Elena Martínez Barrios, *Depuración política universitaria en el primer franquismo: algunos catedráticos de derecho*, Málaga, Universidad de Málaga/Cátedra de Historia del Derecho y de las Instituciones de la Universidad de Málaga, 2001.

44 Han sido estudiadas algunas oposiciones patrióticas para la facultad de derecho, las cito en notas y ahora las completo, Yolanda Blasco Gil, "Primeras oposiciones a cátedra de derecho administrativo en la posguerra", *Derecho, historia y universidades. Estudios dedicados a Mariano Peset*, 2 vols., Universitat de València, 2007, I, pp. 243-252; Yolanda Blasco Gil y Jorge Correa, "Oposiciones patrióticas a cátedras de derecho civil durante la posguerra (1940-1942)", *Ciencia y academia, IX Congreso de historia de las universidades hispánicas (Valencia, septiembre 2005)*, 2 vols., Universitat de València, 2008, I, pp. 225-250; "Las primeras oposiciones a cátedras de filosofía del derecho (1941-1942)", *Facultades y Grados, X Congreso de historia de las universidades hispánicas (Valencia, septiembre 2007)*, 2 vols., Universitat de València, 2010, I, pp. 259-273; "Primeras oposiciones a cátedra de derecho canónico en la posguerra, 1940-1942", *Matrícula y lecciones. XI Congreso internacional de historia de las universidades hispánicas (Valencia, noviembre 2011)*, 2 vols., Universitat de València, 2012, I, pp. 251-265. Concursos y oposiciones que continuaré. Desde otro enfoque, Manuel Martínez Neira, "Los catedráticos de la posguerra. Las oposiciones a cátedra de historia del derecho español en el primer franquismo", *Cuadernos del Instituto Antonio de Nebrija*, 6 (2003), pp. 135-219 y "La facultad de derecho de Salamanca en la posguerra", *El derecho y los juristas en Salamanca (siglos XVI-XX). En memoria de Francisco Tomás y Valiente*, Universidad de Salamanca, 2004, pp. 149-208. También para doctorado, Manuel Martínez Neira y José María Puyol Montero, *El doctorado en Derecho, 1930-1956*, Madrid, Universidad Carlos III, 2008. Manuel J. Peláez, "Las oposiciones a cátedras de derecho romano de 1943 (Álvaro D´Ors Pérez-Peix, Faustino Gutiérrez Alviz y Francisco Hernández-Tejero), 1ª parte", *Revista de Estudios Históricos-Jurídicos*, Valparaíso, 30 (2008), pp. 505-537. Para la facultad de filosofía y letras, sección historia, Yolanda Blasco Gil y Mª Fernanda Mancebo, "Las primeras oposiciones "patrióticas" a cátedras de historia (1940-1941)", *Spagna Contemporanea*, 36 (2009), pp. 119-142; *Oposiciones y concursos a cátedras de historia en la universidad de Franco (1939-1950)*..., Javier Carlos Díaz Rico (ed.), *Oposiciones a cátedras de derecho (1847-1943)*, Madrid, Dykinson, 2018, presenta un inventario

Los reglamentos de oposiciones establecían desde antiguo los pasos a seguir para cubrir las plazas en la universidad: cómo se realizaba la convocatoria, señalando el turno correspondiente (traslado, entre auxiliares o libre entre doctores), cómo se nombraba el tribunal compuesto por un presidente y cuatro vocales y varios suplentes; en qué momento firmaban los aspirantes acompañando la documentación requerida; en qué fecha señalada por el tribunal se daba comienzo a los ejercicios; y, por último, en qué términos se realizaba la votación del tribunal.

El ministro de educación nacional, José Ibáñez Martín, asumía a partir de esta fecha el control de quienes habían de decidir cada plaza, pues el decreto de 13 de julio de 1940 le autorizaba para designar tanto al presidente como a los vocales del tribunal. La presidencia correspondería a cualquiera de los vocales del patronato o de los investigadores del CSIC, miembros del Instituto de España -que, presidido por Eugenio D´Ors, reunía a todas las academias-. El control del tribunal estaba completamente asegurado, puesto que el CSIC ya había sido regulado en septiembre de 1939 mediante una ley redactada por José María Albareda, miembro del Opus Dei. Esta prelatura fundada por Josemaría Escrivá de Balaguer, junto con la Asociación Católica Nacional de Propagandistas, ACNdP,[45] y los miembros de Falange coparon, no exentas de fricciones, los mejores puestos en las universidades y dirigieron la vida académica en la España del nacionalcatolicismo. En conjunto, las tres instituciones fueron las encargadas de construir una universidad católica, conservadora y dócil al régimen. Comenzó, por supuesto, con la elección de los nuevos catedráticos. En la que el CSIC jugó un papel muy destacado en todo momento.

Este cambio, el control total de los tribunales por parte del ministro, era la alteración más importante de la nueva norma que, por lo demás, dejaba subsistente el reglamento vigente desde 1931.

Las oposiciones, como sucedía con anterioridad, constaban de seis ejercicios. El primero consistía en la exposición durante una hora de la labor académica y trabajos de investigación que presentan los candidatos, junto a una memoria sobre el concepto, método y fuentes y el programa de la

---

documental de los expedientes de oposiciones, aunque no llega al año 43 con la ley de reforma universitaria. Ahora, en el Apéndice final de este libro que presento, muestro todos los concursos y oposiciones de 1943-1945, publicados en el BOE.

45 Mercedes Montero, *Historia de la ACN de P. La construcción del Estado Confesional (1939-1945)*, 2 vols., Pamplona, EUNSA, 1993.

disciplina. En el segundo ejercicio se exponía la memoria y la defensa del programa. En el tercero se disertaba durante una hora sobre una lección de su programa, elegida por el opositor y preparada de antemano, lección magistral se le denominó a veces. En el cuarto se extraían diez bolas de entre las lecciones que comprendía su programa, y el tribunal elegía una -autobombo se llamaba-, que, tras incomunicación con libros, manuales y códigos, el aspirante debía exponer ante el tribunal. El quinto era un caso práctico, a veces sacado a suerte de entre los formulados por los que le juzgaban, también preparado con incomunicación y consulta de materiales diversos. El último ejercicio era el desarrollo escrito y la lectura, tras incomunicación, pero sin libros, de una lección elegida por el tribunal entre varias sacadas a suerte por los opositores, del cuestionario publicado por los examinadores al inicio de la oposición. Algunas veces se alteraba el orden de los dos últimos ejercicios.

Al valorar a los aspirantes, merece tener en cuenta que, desde el XIX, existía una tradición de oposiciones retóricas que fueron criticadas por Francisco Giner de los Ríos. A su juicio, ese tipo de pruebas "dislocan la preparación del candidato, perturban su salud, envenenan, a la vez, su vida moral y su intención científica, y alimentan la necia pretensión de que no tenemos que cuidarnos de los métodos para formar profesores, sino para elegirlos, como si los tuviéramos ya formados"[46]. Es la lucha por las cátedras con prisas y sin la formación necesaria... En aquellas oposiciones primaba la memoria y se valoraban las dotes de exposición, atendiendo más a los conocimientos de los candidatos que a su trabajo de investigación; y aunque desde el reglamento de Romanones de 1910 hasta el republicano de 1931 había aumentado la importancia de las publicaciones presentadas por los aspirantes, la tendencia regresó al pasado de la mano del ministro franquista. Hay que añadir que las influencias y grupo social y académico de las distintas escuelas tuvieron en todos los tiempos una gran importancia a la hora de votar a los candidatos, pero ahora se volvieron imprescindibles para medrar en la universidad creada por el estado franquista.

En cuanto al orden de las convocatorias, la vieja norma del ministro Claudio Moyano de 1857 indicaba que las plazas debían ser convocadas, sucesivamente, en turno de concurso de traslados, oposición libre o restringida entre auxiliares. Sin embargo, en estos tiempos de arbitrariedad no se respetó el automatismo de la vieja ley. Un decreto de 3 de septiembre

---

[46] Francisco Giner de los Ríos, *Obras completas, XVI Ensayos menores sobre educación y enseñanza,* I, Madrid, 1927, p. 85.

de 1940 permitió al ministro no tener en cuenta el turno, "pues en muchos casos se carece de antecedentes históricos". El ministro podía, por lo tanto, convocar oposiciones a turno libre o restringido, según juzgara oportuno.

Los documentos exigidos para la firma de la oposición -en el plazo que abría la convocatoria- eran los usuales: una copia del acta de nacimiento del registro civil, un certificado del registro de no tener antecedentes penales, el grado de doctor -o título de catedrático o profesor auxiliar en otros turnos-, la hoja de servicios y certificación académica personal. Pero ahora se introducían novedades importantes: el certificado de depuración y la adhesión al movimiento. A ello añadían los candidatos todo tipo de méritos "patrióticos": medallas ganadas durante la contienda, tiempo pasado en prisión, hijos voluntarios en el frente, así como cartas de recomendación de personajes políticos, militares o religiosos relevantes.

LEY DE ORDENACIÓN UNIVERSITARIA DE 1943

Estas primeras oposiciones y concursos de posguerra se rigieron por el decreto de julio de 1940 que fue preparado "para la mayor eficacia en la designación de los tribunales ... y hasta que se proceda a la organización definitiva de las Universidades".

La reorganización que el ideario fascista deseaba para la universidad española se estaba gestando. Y, mientras las nuevas plazas se iban cubriendo con tribunales elegidos entre los afines y con aspirantes orgullosamente franquistas, se preparaba la legislación que aseguraría al nuevo estado una universidad dócil, nacionalcatólica y sin sentido crítico. Entre el curso 1941-42 se realizaron varios borradores de informes a petición del ministro José Ibáñez Martín[47], y la nueva ordenación vio la luz, finalmente, en julio

---

47 Archivo General de la Universidad de Navarra (AGUN), Ministerio de Educación Nacional, *Apéndices de Anteproyecto de Ley de Ordenación de la Universidad Española*, Madrid, Imprenta Salamanca, 1942, con 4 apéndices; *Anteproyecto de Ley de Ordenación de la Universidad Española (Informado por el Consejo de Rectores, la Sección Primera y la Comisión Permanente del Consejo nacional de Educación y la Delegación Nacional de Educación de FET y de las JONS)*, Madrid, Imprenta Salamanca, 1942, con IX capítulos: misión de las universidades, de éstas y sus distritos universitarios, órganos y normas para su funcionamiento, organismos y servicios de otras funciones, gobierno, órganos de representación corporativa de las universidades y consultivos para el gobierno, el profesorado y sus obligaciones y derechos, los escolares y sus obligaciones y derechos, organización de los medios didácticos, régimen y perso-

del año siguiente, 1943. Era una ley tan a medida de la España que quería construir Franco que, en su preámbulo o exposición de motivos, el texto indicaba que la nueva norma "quiere ante todo que la Universidad del Estado sea católica" y "exige el fiel servicio de la Universidad a los ideales de la Falange"[48]. En las enmiendas a la ley el SEU propuso que: "será condición indispensable para aspirar al ingreso en el cuerpo de catedráticos, el ser militante del partido, en consonancia con el artículo 4 de la presente ley (artículo 61, apéndice d). Lo mismo exige para ser profesor adjunto (artículo 62, apéndice a) y profesor encargado de cátedra (artículo 64, párrafo 2°)". Por otra parte, se propone establecer un examen de ingreso en la universidad. El SEU reconoce a la milicia universitaria las funciones que le otorgaba el decreto de octubre de 1942: "La Universidad española, en armonía con los ideales del Estado Nacional Sindicalista, ajustará sus enseñanzas y sus tareas educativas a los Puntos programáticos del Movimiento". Estas serían, en definitiva, algunas de las objeciones del SEU.

El ministro del ejército, Carlos Asensio Cabanillas, visto el proyecto de ley, envía carta al ministro de educación el 3 de abril de 1943, donde trata la autonomía universitaria:

> Visto el proyecto de la Ley de Ordenación de la Universidad Española, se observa que responde a la idea de tipo autonómico, como corresponde a la realidad de la personalidad jurídica corporativa. Este tipo presidió el nacimiento y desarrollo de las Universidades o Estudios y no ha perdido su carácter en países donde conserva toda su eficacia docente, como en Inglaterra, Alemania y algunas otras Naciones.
>
> El esplendor de nuestras Universidades fue logrado en régimen autonómico y su decadencia se debió al sistema centralista.
>
> Esta experiencia histórica ha mantenido el clamor de los universitarios por el retorno a la autonomía, de la que se espera el mismo fruto que antaño produjera. En este sentido es plausible el proyecto y tanto más es de esperar su éxito cuanto más se aproxima a la antigua organización universitaria, de autonomía económica y docente, con el complemento que parece obligado,

---

nal administrativo y subalterno, medios económicos y presupuesto general, disciplina académica..., así como disposiciones finales y transitorias. Por otra parte, el Sindicato Español Universitario, *Objeciones al Anteproyecto de Ley de Ordenación de Universidad Española*, Madrid, Nuevas Gráficas, s.a., a varios artículos del anteproyecto.

48 La ley de ordenación universitaria de 1943 (BOE 31 de julio), el preámbulo en pp. 7406-7409, núm. 212. También Marcelo Martínez-Alcubillas, *Diccionario de legislación y jurisprudencia*, Apéndice 1943, pp. 559-575, en particular pp. 560-562. Sobre la ley, Mariano Peset, "La ley de ordenación universitaria de 1943", *La universidad española bajo el régimen de Franco...*, pp. 125-146, en particular pp. 139-145.

> de los Colegios, de tan brillante historia, sin olvidar su acoplamiento en las necesidades actuales, entre las que se halla la abolición de antiguos privilegios, hoy poco concebibles.
>
> No se puede entrar a juzgar el detalle de la reglamentación sin tener conocimiento perfecto de la materia: en todo caso la experiencia demostrará lo que sea desacertado y exigirá su remedio. La concepción corporativa, por otra parte, parece más en armonía con los principios políticos del Estado actual. Por todo ello, parece un acierto el proyecto[49].

Desde la delegación provincial de educación nacional de Zaragoza, los servicios falangistas de la universidad proponen la inserción a dos organismos políticos en la disciplina universitaria: el profesorado al Servicio Español del Profesorado de Enseñanza Superior, SEPES, y los estudiantes al SEU. El nombramiento de los rectores debería realizarse en militantes del partido. El día de la aparición de la ley cesan de manera automática las jerarquías universitarias. El ministro de acuerdo con el Movimiento hará las designaciones necesarias para que los nuevos rectores apliquen la reforma:

> Una ley con perspectivas históricas será la reforma universitaria. En alguna ocasión nuestra delegación la calificó de transcendente compromiso de la revolución pendiente en España.
>
> Su próxima promulgación abrirá una etapa preñada de fecundas posibilidades para alcanzar las metas del espíritu perseguidas por la España de Franco.
>
> La Falange, gozosa ante el panorama de servicio y de ambición nacional que la reforma presenta, se dispone a colaborar con ardimiento en la edificación de una Universidad española inspirada en el más puro sentimiento católico de nuestra existencia y ajustada con precisión a los principios de la revolución creadora propugnada por el pensamiento de José Antonio.
>
> ¡¡Viva España!! [50]

Después de todo, la ley de Ibáñez Martín fue, en muchos aspectos, heredera de las ideas de personajes extremistas y radicales en diferente grado y con perspectivas diversas, pero todos coincidentes en la necesidad de devolver a la universidad a tiempos pretéritos, a las soñadas "glorias del imperio..." El primero de estos personajes era el jesuita Enrique Herrera Oria,

---

[49] En Archivo General de la Universidad de Navarra, AGUN, ministerio de educación nacional, apéndices y enmiendas del anteproyecto, cartas o misivas al final. Carta del ministro del ejército Carlos Asensio al ministerio de educación, 3 de abril de 1943.

[50] AGUN, hojas mecanografiadas de los servicios falangistas de la universidad, se encuentra al final el anteproyecto y enmiendas de la ley de ordenación de la universidad citados.

que pretendía la total restauración de los viejos colegios mayores y una fuerte intervención de la iglesia en el movimiento nacional[51]. Este hombre, que ensalzaba la universidad de la época imperial y la limpieza de sangre, era de la opinión de que todos los males de la universidad provenían de las actividades de sociedades judeomasónicas y, muy especialmente, de la ILE. El día 17 de junio de 1943 dirigió una carta al ministro con las enmiendas firmadas por todos los prelados procuradores de cortes al proyecto de ley de ordenación universitaria. La principal y fundamental enmienda decía: "El Estado Español reconoce a la Iglesia la plenitud de sus derechos docentes conforme a los sagrados cánones". Estaba firmado por el arzobispo de Toledo, Enrique Plà y Deniel, personaje muy activo durante la guerra y la dictadura, que cedió el palacio episcopal a Franco y participó en las ceremonias de falange[52]... El estado acomodaría sus enseñanzas al derecho canónico vigente. De mutuo acuerdo señalaba: "la Dirección de formación religiosa universitaria es el órgano al que se encomienda, en ejecución de las normas establecidas de mutuo acuerdo por la iglesia y por el Ministerio de Educación Nacional (Madrid, 11 de junio de 1943)".

El proyecto de la ILE, que renovó la educación con gran repercusión en la vida intelectual de la nación, fue una de las bestias negras para quienes

---

51 En el borrador del *Anteproyecto de Ley de Ordenación de la Universidad Española (Informado por el Consejo de Rectores, la Sección Primera y la Comisión Permanente del Consejo nacional de Educación y la Delegación Nacional de Educación de FET y de las JONS)* del 1942, a nota mecanografiada decía: "Deberá figurar un artículo en el que se disponga lo siguiente: Un capítulo del Presupuesto de ingresos y otro del de gastos se dedicarán a los Colegios Mayores, recogiendo en el primero las subvenciones y créditos que a favor de los mismo figuren en los presupuestos generales del Departamento".

52 Enrique Plà y Deniel, cardenal y arzobispo primado de Toledo, estuvo muy dinámico durante la guerra civil y la dictadura franquista, véase para el periodo anterior Mary Vincent, *Catholicism in the Second Spanish Republic. Religion and politics in Salamanca, 1930-1936,* Oxford, Clarendon Press, 1996, siguiente edición 1998, en especial p. 18. Javier Tusell y Genoveva García Queipo de Llano, *El catolicismo mundial y la guerra de España,* Madrid, Biblioteca de Autores Cristianos, 1993. Al estallar la guerra el arzobispo de Toledo consintió que Franco ocupara el palacio episcopal como residencia, Javier Infante Miguel-Motta, "Por el imperio hacia Dios bajo el mando del Caudillo: profesores de la Facultad de Derecho de Salamanca durante el primer franquismo", *Cultura, política y práctica del derecho: juristas de Salamanca, siglos XV-XX,* Universidad de Salamanca, 2012, en particular p. 474. También participó de manera habitual en las ceremonias de falange, utilizando el saludo fascista. Juan Simeón Vidarte, *Todos fuimos culpables,* México, Fondo de Cultura Económica, 1973, p. 597.

redactaron esta ley y estuvieron al cargo de la universidad de posguerra. Además de Enrique Herrera Oria, también el médico Enrique Suñer Ordóñez había señalado a la institución krausista como origen de los males de España en su libro publicado en Burgos, en 1937, *Los intelectuales y la tragedia española*... En esta línea los escritos del mismo año del político e ideólogo fascista José Pemartín, quien dedicó muchas páginas a la universidad[53]. En ellas, partiendo de su idea de que la nación española es "un ser histórico-ético de sustancialidad católica" llamada a compenetrarse en un fascismo integral, propone ordenar la educación con una formación religiosa universitaria obligatoria y prohibición de cualquier enseñanza contraria. En su opinión, no debe quedar piedra sobre piedra de la que él llama "Institución Libre de Enseñanza anticatólica, antiespañola".

La exposición de motivos de la nueva ley de 1943 reproducía estas ideas y presentaba su reforma como el nacimiento de una nueva universidad, pero lo cierto es que la nueva norma era, básicamente, la misma del siglo XIX. Esta ley mantuvo el esquema general del siglo anterior, condensada en la ley del ministro Claudio Moyano de 1857 y su desarrollo posterior. La estructura rígidamente centralista y jerárquica de la administración del estado liberal se ajustaba perfectamente al nuevo régimen franquista. También el número y distribución de universidades y facultades, así como los doce distritos universitarios se mantuvieron igual que en la época anterior, bajo la potestad de un rector nombrado directamente por el ministro[54].

La legislación franquista indicaba que el rector debía ser catedrático de universidad y militante de falange. De él dependían los tres niveles de la enseñanza, no solo la universitaria. Como jefe de la universidad ejercía su representación jurídica, concentraba tanto las competencias académicas de otorgar los grados, como las administrativas, disciplinarias y económicas. Era también el encargado de presentar ternas de decanos para su de-

---

53 José Pemartín, *Los valores históricos en la dictadura española*, Madrid, Junta de Propaganda Patriótica y Ciudadana, 1929; *Qué es "lo nuevo". Consideraciones sobre el momento español presente*, Santander, Cultura Española i Aldús, 1938; "La Universidad Católica y la Cultura Nacional", *Formación clásica y formación romántica. Ideas sobre la enseñanza*, Madrid, Espasa Calpe, 1942. Francisco Sevillano Calero, *Propaganda y medios de comunicación en el franquismo (1936-1951)*, Universidad de Alicante, 1998; "Propaganda y dirigismo cultural en los inicios del Nuevo Estado", *Pasado y Memoria*, I, Alacant, Universitat d´Alacant, 2002.

54 Yolanda Blasco Gil, *La facultad de derecho de Valencia durante la Restauración, 1875-1900*, Universitat de València, 2000, planes de estudio en pp. 107-146; el plan Moyano en pp. 107-113.

signación desde el ministerio, al que también informaba de nombramientos y ceses.

El rector disponía en este ordenamiento de dos órganos consultivos: la junta de gobierno y el consejo de distrito universitario. El primero, estrictamente universitario, asesoraba al rector y estaba formado por el mismo rector, el secretario, vicerrector, decanos, representantes del SEU y representantes del profesorado. El consejo de distrito, en cambio, afectaba a todos los niveles de la enseñanza.

En esta forma de gobierno, el claustro universitario tenía una función ornamental: compuesto por todos los catedráticos y profesores, incluidos jubilados y excedentes, doctores incorporados y autoridades universitarias, que se reunía cuando lo ordenaba el rector para asistir a actos solemnes de la universidad y siempre que estimara oportuna su convocatoria. El profesorado se selecciona por el sistema de oposiciones, diseñado básicamente en época anterior.

Resulta muy característico de esta legislación su posición en cuanto a la autonomía de las universidades porque, en teoría, durante el periodo franquista tenían plenitud de personalidad jurídica y disfrutaban de los beneficios de las fundaciones benéfico-docentes. Había sido Primo de Rivera, en la primera dictadura de 1923, quien había planeado esta personalidad jurídica independiente, igual que la recuperación de los colegios mayores y la creación de los patronatos. Claro que, igual que entonces, esa pretendida autonomía era limitada por el férreo control económico del ministerio de educación nacional, más decisivo aún en este momento histórico que en los años veinte, al hablar de un país arruinado por la guerra. Era competencia exclusiva del ministerio todo lo referente a presupuestos anuales, adquisiciones onerosas o lucrativas, enajenaciones o imposición de gravámenes. En el día a día, los encargados de administrar las rentas y bienes y de presentar ingresos y gastos eran el rector, un administrador y un interventor que, por supuesto, también eran nombrados -siempre entre catedráticos- desde el ministerio.

La ley confería a cada universidad un patrimonio que debía ser administrado dentro de las líneas presupuestarias del gobierno. Aquel estaba formado por los bienes inmuebles actuales y futuros, una parte de las tasas académicas y de los títulos y certificados expedidos. Así como de los ingresos por publicaciones, legados o donaciones. Algunas rentas tenían destino finalista, podían despacharse a libre práctica, mientras que el resto debía utilizarse en gastos de instalación y medios didácticos.

Otra característica de esta ley fue el férreo control ideológico sobre enseñanza, profesores y alumnos. Aparte de las depuraciones el profesorado debía probar la adhesión a los principios del nuevo régimen mediante certificado de la secretaría general del movimiento; los clérigos, por su parte, necesitaban permiso del obispo o arzobispo; y para los estudiantes existía la adscripción obligatoria al SEU y al colegio mayor del distrito. Además de crearse el SEPES dependiente de falange. Gracias a dicha institución, en cada universidad un catedrático falangista se ocuparía de vigilar que se cumplieran los fines de ese servicio: organizar cursos obligatorios de formación política para los estudiantes, trasmitir consignas o impulsar instituciones culturales afines. Aunque básicamente se ocuparon de la asignatura de formación política. Los colegios mayores ayudaban a este control con directores que eran nombrados por el ministro a propuesta del rector y con informe falangista[55].

La legislación de 1943 configuró el modo en que el ejército, la iglesia y la falange, los grandes protagonistas de la ordenación del estado franquista, intervenían en la universidad. El ejército era el menos presente, puesto que esta ley solo lo implicaba en la regulación de las milicias universitarias, que permitían alcanzar el grado de oficial mientras se realizaba el servicio militar obligatorio sin entorpecer demasiado los estudios de "una juventud selecta por su cultura y preparación". En cambio, la iglesia y falange tuvieron actuaciones destacadas.

A la iglesia se le dio un papel relevante[56]. Además de las referencias a la cristiandad que aparecen en la exposición de motivos o en el articulado, el texto legal se inspiró en "el sentido católico consubstancial a la tradición universitaria española" -artículo 3-. A efectos prácticos lo que se hizo fue entregar al estamento eclesiástico la formación religiosa del colectivo universitario. La iglesia era la encargada de enseñar una asignatura obligatoria llamada "cultura superior religiosa", también asesoraba en cuestiones religiosas al SEU y se ocupaba de dirigir y organizar los templos e instituciones religiosas presentes en los centros a través de alguien propuesto por el obispo, previo informe del rector al ministro.

---

55 Yolanda Blasco Gil, "La recepción en España de la Ley de ordenación universitaria de 29 de julio de 1943", en *Trabajo, contrato y libertad: estudios jurídicos en memoria de Ignacio Albiol*, Universitat de València, 2010, pp. 37-49, que sigo.

56 Hilari Raguer, *La pólvora y el incienso. La iglesia y la guerra civil española (1936-1939)*, Barcelona, Península, 2001. Julián Casanova, *La Iglesia de Franco*, Madrid, Temas de Hoy, 2001.

La ley mantuvo los centros universitarios eclesiásticos existentes y reconoció el derecho a crear nuevos. Tampoco se rompió en estos primeros años la tradición liberal anterior de mantener las universidades controladas por el ministerio, evitando la creación de otras dependientes de la iglesia[57].

La organización falangista ejerció su autoridad sobre los profesores a través del Servicio Español del Profesorado, cuyo jefe era designado por el delegado nacional de educación de falange de acuerdo con el ministro. Para el control ideológico de los estudiantes se nombraba en cada universidad un jefe del sindicato universitario, también a través de un acuerdo entre el jefe nacional y el ministerio. Ambos personajes -el que controlaba al profesorado y el que vigilaba a los alumnos- formaban parte de la junta de gobierno y del consejo universitario del rector. Completaban los sistemas de control del partido único la propia asignatura de formación política, los distintivos, estandartes y uniformes para los escolares, el servicio de protección escolar y sus ayudas económicas.

Así, impulsada inmediatamente después de la guerra civil, publicada en 1943 y varias veces modificada, esta ley sirvió para que el nacionalcatolicismo dominara durante largos años la universidad española.

---

57 Yolanda Blasco Gil, "La recepción en España de la Ley de ordenación universitaria de 29 de julio de 1943"...; de la misma autora, junto con Jorge Correa, "Nacionalismo y Posguerra"..., pp. 343-350.

Institut d´Estudis Catalans, 1907-1939 / 1942-
Proyecto "Lugares del saber y exilio científico"

REGULACIÓN DE LOS ESTUDIOS JURÍDICOS

El 1 de junio de 1944, en las actas de la facultad de derecho de Valencia, encontramos otra muestra de la nueva ordenación. Esta vez en la lectura del *Proyecto de Nuevo Plan de Estudios* en las facultades de derecho, aprobado por el consejo de rectores y pendiente aún de firma por parte del ministro de economía nacional. Se harían copias para distribuirlas a los profesores a fin de estudiarlas y reunirse de nuevo la junta para disponer...[58] Al año siguiente, en junta 27 de febrero de 1945, el decano -junto con los representantes del SEU- informaba de la orden 31 de diciembre de 1944, del ministerio de educación, por la que se daban normas para aquellos que deseasen cursar estudios por los planes anteriores a la ley de reforma de 1943[59]. Todo parecía controlado, el sistema universitario se iba organizando de acuerdo con el programa del régimen.

Los estudios de leyes serán regulados mediante el decreto 7 de julio de 1944, un año después de la aparición de la ley que controlaba la universidad en su totalidad. A una pomposa introducción le siguen los detalles prácticos con referencias al imperio español, al Código de las Partidas, a la divinidad y, por supuesto, a la entendida espiritualidad española[60].

El texto reivindica, en general, la vieja escolástica hispana frente a lo que en él se llama "la desesperada confusión" en que el positivismo había sumido al derecho contemporáneo. Sin embargo, y como ya sucedió con la ordenación de la universidad en su conjunto, el decreto no introduce grandes innovaciones en los estudios jurídicos, ni en los medios, ni en los fines de dichos estudios.

Entre los pocos elementos innovadores encontramos que se amplió la docencia en algunas disciplinas, se creó la cátedra de derecho del trabajo y se previeron prácticas en algunas materias. Por supuesto, la mayor novedad es que añadió a la formación de los futuros juristas la educación religiosa y política en sendas asignaturas, señaladas como imprescindibles para obtener la licenciatura. Además, se nombró patrón al dominico Raimundo

---

58 Actas de la Facultad de Derecho de la Universidad de Valencia, 1 de junio de 1944.

59 Actas de la Facultad de Derecho de la Universidad de Valencia, 27 de febrero de 1945, p. 54v.

60 El decreto 7 de julio de 1944 sobre la ordenación de la facultad de filosofía y letras... La ley de ordenación de la universidad, al enumerar las facultades, coloca en primer término la de filosofía y letras, que junto con la de ciencias forman el grupo principal de la enseñanza superior (BOE 4 de agosto de 1944).

de Peñafort, compilador en 1234 de las Decretales de Gregorio IX, y se regularon emblemas, banderas y trajes académicos.

El ingreso a la facultad quedó establecido en el capítulo tercero, indicándose en él que constaba de la elaboración del resumen de una lección explicada por un profesor de la facultad, y traducciones del idioma moderno que se hubiera cursado en el bachiller y de lengua latina. Los admitidos, además de inscribirse en la facultad, debían hacerlo también en un colegio mayor -era obligatoria la pertenencia a uno del distrito universitario-; debían asimismo prestar juramento "de fiel servicio y vocación universitaria" y se les entregaba el libro escolar.

La licenciatura se organizó en diez cuatrimestres, dos por año: del 5 de octubre al 14 de febrero, el segundo desde el 15 del mismo mes hasta el 15 de junio. Dos o más asignaturas suspendidas impedían pasar de curso. El rector aprobaba los programas de los catedráticos, que estaban obligados a explicarlos íntegramente y a elaborar una ficha de cátedra diaria con las actividades realizadas que presentaban diariamente al decano.

El decreto preveía subvenciones para medios didácticos: bibliotecas, seminarios, museos y laboratorios, que habitualmente se reducían a moderadas cantidades para las bibliotecas. También establecía la conveniencia de organizar cursos de especialización para licenciados y de mantener una estrecha colaboración con otras "instituciones y entidades de orden profesional", que favoreciera la formación práctica de los licenciados en el ejercicio de la abogacía, aunque pocas de estas cuestiones aparecieron entre las preocupaciones del claustro de la facultad.

El cuadro de catedráticos se limitó a uno por asignatura en cada una de las doce facultades existentes, salvo en Madrid. Para la universidad central, el decreto marcaba dos catedráticos en la mayoría de las asignaturas, cuatro en civil y uno para derecho del trabajo, internacional privado, economía y fiscal. También se reservaron para Madrid la cátedra de Estudios superiores de derecho internacional y la de historia de las instituciones políticas y civiles de América de doctorado[61].

Mientras, se implantaban el resto de los estudios de doctorado en cada facultad, que no estaba exento de dificultades sobre todo de tipo económico. A través de los rectorados se realizarían sucesivas consultas al ministerio de educación nacional, sobre los recursos económicos disponibles para

---

[61] Yolanda Blasco Gil y Jorge Correa, "Nacionalismo y Posguerra"..., pp. 350-354 planes y reformas en la licenciatura y pp. 355-357 sobre el doctorado.

atender los gastos. Incluso en algunas facultades, como la de derecho de Valencia, se llega a cuestionar en junta si deben continuar dándose estas enseñanzas, por el problema económico que acarrean, ya que el ministro parece no estar dispuesto a prestar ayudar para dotar estos estudios. La impresión general es que Madrid no quiere fomentar el doctorado fuera de la universidad central, pero concluyen que el problema no debe ser tanto de facultad sino de universidad. En este sentido, se alega que las universidades han aspirado siempre a poder conferir el máximo grado académico, y ahora que la legislación vigente lo permite debe hacerse todo lo posible para conservarlos por una "cuestión de dignidad". Los medios técnicos, en cuanto a profesorado, sí se tienen, dicen, al menos en Valencia. Habrá que buscar medios financieros para sufragar los gastos, bien del presupuesto de la propia universidad y fondos del patrimonio universitario, como también de subvenciones del ayuntamiento, diputación provincial... No obstante, cada facultad tendría que remitir al ministerio de educación el plan y programa para los estudios de doctorado de cada curso[62]. Por tanto, los estudios superiores pasan a las universidades, salvo excepciones de algunos estudios americanistas y de derecho internacional. Aunque, hasta el siguiente ministerio de Joaquín Ruiz-Giménez, en 1951, no se constituirán los tribunales de doctorado fuera de Madrid.

UNA UNIVERSIDAD DOMEÑADA

Plana, acrítica y plegada a los poderes políticos y religiosos. Esa fue la universidad que deseaba el franquismo y la que construyó desde antes incluso del final de la guerra civil. Para ello utilizó tres aparatos que se demostraron infalibles. El primero fue la depuración del profesorado, eliminando de la carrera académica a cualquiera que mostrara el más leve atisbo de desafección al régimen. El segundo, la elección de un profesorado nuevo, elegido primordialmente por afinidad ideológica y que sustituyera a los represaliados. El tercero, la ordenación de una universidad donde el principio de autoridad era fundamental, donde se facilitaba la creación de grupos clientelares y donde la iglesia y la falange se ocupaban de vigilar la ortodoxia.

---

62 Actas de la Facultad de Derecho de la Universidad de Valencia, junta 14 de junio de 1945, pp. 56, 57, 57v; junta 6 de abril de 1946, pp. 60v, 61, 61v, 62; junta 7 de mayo de 1946, pp. 63 y 63v.

Con estos resortes, la función académica quedó supeditada a la ideología y el control sobre el alumnado y los docentes se convirtió en la norma. Pero esto son solo las líneas generales. Merece la pena aproximarse a los detalles para descubrir el alcance real de este pensamiento y esta normativa, leer los nombres de los profesores, algunos muy brillantes, que tuvieron que abandonar sus cátedras para que fueran ocupadas por profesores cuyo *curriculum*, aunque en algunos casos resultaba brillante también, era menos importante que sus méritos contraídos en la batalla política o en el campo de guerra.

En los siguientes capítulos están los detalles de unos primeros concursos y oposiciones organizadas con prisa y que cubrieron las cátedras vacantes con los hombres más próximos al régimen que se podía encontrar en ese momento. No importaban sus publicaciones ni importaba su mérito científico, sino el patriótico. Lo importante, en ese momento, era asegurar la ortodoxia ideológica y cubrir los espacios vacíos para mostrar una normalidad que la universidad española estaba muy lejos de vivir.

II. Asignaturas de derecho público

DERECHO ADMINISTRATIVO

El procedimiento administrativo es instrumento adecuado para dinamizar el avance del derecho y, por tanto, sus normas pueden hacer evolucionar la sociedad, en distintas materias como, por ejemplo, el empleo y el funcionariado público... Lo que no sucedería con el nuevo régimen. Esta rama del derecho regula la actividad de la administración pública y su relación jurídica con la ciudadanía. Su importancia radica en la labor de protección de los derechos de ciudadanos y ciudadanas frente a cualquier actuación o injerencia de los poderes públicos, que ahora quedaban en manos del franquismo. El acceso al empleo y al funcionariado público se convirtió en recompensa por los servicios prestados durante la posguerra[63]. Era urgente, pues, tener bien sujeta esta asignatura con un profesorado adepto al régimen, que formaran a los nuevos cargos de la administración dentro de su programa.

En el exilio habían quedado profesores destacados como el madrileño Pablo de Azcárate y Flórez (1890-1971), catedrático de administrativo en Granada antes de emigrar. Aunque abandonó pronto la docencia para dedicarse a la política y a la carrera diplomática. Había sido embajador de España en Londres, en 1936, para intentar conseguir que Inglaterra prescindiera de los acuerdos de no intervención. Después trabajaría para la ONU, no volvió a España. Murió en Ginebra. Contaba con una abundante obra, mucha de ella sobre estudios de historia[64].

---

63 Manuel Ramírez Muñoz, “El empleo público como recompensa en la posguerra española”, *Boletín Millares Carlo*, nº 12 (1993), pp. 119-128.

64 Pablo Azcárate y Flórez, *En defensa de la República: con Negrín en el exilio*, Barcelona, 2010. Enrique Moradiellos, “Una misión casi imposible: la embajada de Pablo de Azcárate en Londres durante la guerra civil (1936-1939)”, *Historia contemporánea*, 15 (1996), pp. 125-146. El tratado de no intervención, en Bartolomé Clavero, prólogo al libro de Yolanda Blasco Gil, *1943: La Transición Imposible. Edición del* Libro de la Primera Reunión de Profesores Universitarios Españoles Emigrados, Valencia, Tirant Lo Blanch, 2018, pp. XXI-XXIV, en particular XXI-XXII.

También algunos auxiliares de derecho administrativo estaban en el exilio, como el profesor de la universidad de Murcia y diputado socialista durante la República Francisco Félix Montiel Giménez (1908-2005), natural de Águilas, doctor en derecho, encargado de cátedra. Contaba con varias publicaciones: "Las instituciones administrativas en el regadío del Segura", "Orientación y Programa para un curso de Derecho Administrativo". Así como diversos trabajos y conferencias. Diputado a cortes en 1936; secretario de la comisión parlamentaria de hacienda; miembro de la diputación permanente de las cortes; vocal del tribunal de responsabilidades civiles de la República; delegado de propaganda en Madrid durante la guerra y director del Diario *Nuestra Lucha.* Diputado de las cortes del exilio, krausista de derechas. Fue profesor en Lima donde murió. Aunque volvió a España en el 78[65].

1940. Oposición a las cátedras de Murcia y Santiago de Compostela

En 1940, poco tiempo después de terminar la guerra, se convocó y celebró la primera oposición a cátedra de administrativo, en turno libre, con dos plazas: las correspondientes a las universidades de Murcia y Santiago de Compostela[66].

---

65 VV.AA., *Libro de La Primera Reunión de profesores Universitarios Españoles Emigrados*, La Habana, Universidad de La Habana, 1874, p. 42. En Yolanda Blasco Gil, *1943: La transición imposible...*, pp. 42-43.

66 Yolanda Blasco Gil, "Primeras oposiciones a cátedra de derecho administrativo en la posguerra", en *Derecho, historia y universidades: estudios dedicados a Mariano Peset*, 2 vols, Universitat de València, I, 2007, pp. 243-252. El expediente en el Archivo General de la Administración (AGA), sección Educación, legajo 9588. La orden de convocatoria 11 de junio 1940 (BOE 25 de junio de 1940). Terminó el plazo de firma el 23 de agosto de 1940; se nombra el tribunal por orden 24 de agosto de 1940 (BOE 29 de agosto). La lista provisional de admitidos y excluidos en BOE 14 septiembre 1940. Renunció el vocal suplente Juan Bermúdez el 18 de septiembre. Lista definitiva de admitidos 25 septiembre. La legislación que se aplica para reestructurar las universidades y oposiciones se estaba dictando en aquellos momentos: la ley de 13 de agosto de 1940 (BOE 4 de septiembre) creó el consejo nacional de educación, designando sus vocales por decreto 27 de agosto de 1941 (BOE 3 de febrero, rectificada en 4); la comisión permanente -Albareda, Eijo y Garay...- por decreto 29 de abril. Los arreglos de plantillas por decreto 15 de junio de 1939, y numerosas órdenes que lo desarrollan. Julio Seage y Pedro de Blas, "La administración educativa en España (1900-1971)", *Revista de educación*, 240 (1975), pp. 99-113; Manuel de Puelles Benítez, *Educación e ideología en la España contemporánea*, Barcelona, Labor, 1980.

En Santiago había ocupado la cátedra Pablo de Azcárate y Flórez, nieto de Gumersindo de Azcárate, que después pasó a Granada, como se ha mencionado, hasta que solicitó excedencia para dedicarse a la carrera diplomática. Tras la guerra se exilió a Inglaterra y a Suiza[67].

Mientras, la plaza de Murcia había estado ocupada, según el escalafón de catedráticos de 1935, por Sabino Álvarez-Gendín y Blanco, ahora catedrático en Oviedo, que será miembro de este tribunal. Como auxiliar, recordemos, había estado Francisco Félix Montiel Giménez, encargado de la cátedra desde 1933 hasta 1939 en que se exilia.

En estas oposiciones de 1940 firmaron cinco opositores.

Eugenio Pérez Botija[68], de 30 años, sería el gran difusor del derecho laboral. Antonio Mesa Segura tenía 29 años en el momento de la oposición. Era asesor jurídico militar[69].

---

67 Yolanda Blasco Gil y Armando Pavón Romero, "Las mujeres de la UPUEE, México. Universidad, derecho y sociedad", *AHDE*, núm. 90 (2020), pp. 559-601, cuadro del profesorado exiliado, pp. 567-581.

68 El 30 de agosto de 1940 certificado de depuración. El 18 de julio 1936 Eugenio Pérez Botija era ayudante de clases prácticas de derecho administrativo en la central y al finalizar la guerra no solicitó ser depurado -requisito necesario para opositar-, por lo que tuvo que solicitarlo al presentarse a la oposición, pasando favorablemente de acuerdo con el juez instructor, sin necesidad de mandar el expediente a la comisión depuradora. Por lo que fue restituido como profesor de universidad. AGA, sección Educación, caja 21/20407 expediente personal; 32/14027 de licenciatura; 31/ 01587 de doctorado.

69 Asesor jurídico de la comandancia militar de Granada, en 1936, de donde era natural. AGA, sección Educación 55/01969, expediente personal. En 1941 al firmar las oposiciones de Santiago se recoge "la certificación de esta Jefatura Provincial de F.E.T. y de las J.O.N.S.", así como la "solicitud de depuración". Adjunta a la instancia del primer certificado, se señala que "el camarada Antonio Mesa Segura pertenece a nuestra Organización como militante de la misma, habiendo desempeñado el cargo de secretario local … de esta capital, desde el veinticinco de febrero de mil novecientos treinta y siete al tres de enero de mil novecientos treinta y ocho, con extraordinaria competencia y celo … habiendo demostrado siempre en el ejercicio del mismo un gran espíritu nacional-sindicalista… en favor de nuestro Glorioso Movimiento Nacional, del cual es incondicionalmente adicto, siendo persona de una conducta intachable tanto en el aspecto moral, como político, social y religioso" -3 de junio, 1941-. El segundo certificado, de la oficina técnico-administrativa para la depuración del personal del ministerio de educación nacional, dice que se encuentra en tramitación el expediente, pero por sus antecedentes y avales se le considera persona muy afecta al Movimiento -5 de julio de 1941-.

Por otra parte estaba José María Pi Suñer, habilitado nacional[70], de 51 años. Juan Galvañ Escutia, de 35 años, miembro propagandista, que renunciará en esta oposición[71]. Y Antonio Serra Piñar, también de 35 años, excautivo que finalmente no se presenta. El tema de la edad tiene cierta relevancia, pues cuatro opositores oscilaban entre los 29 y 35 años, mientras que Pi Suñer tenía 51, es decir, edad suficiente para contar con una mayor trayectoria. De hecho, Pi Suñer estaba en el rango de edad de los miembros del tribunal, incluso, era mayor que alguno de ellos. Como era reglamentario, todos incorporaron a la documentación sus méritos académicos, su adhesión al nuevo estado y su certificado de depuración. Además, Antonio Serra acreditó, con certificación de la hermandad de cautivos por España de la que era socio (con carné número 3.673 de la delegación de Madrid), haber sido detenido en Cuenca el día 4 de mayo de 1938 y liberado el 28 de marzo de 1939, permaneciendo durante todo ese tiempo en las prisiones del Servicio de información militar (SIM) y en la cárcel provincial de Cuenca.

Repasamos a continuación el desarrollo de esas oposiciones para reconstruir de este modo las realidades y limitaciones de las universidades en aquellos momentos de posguerra.

Las oposiciones se celebraron en Madrid, como se hacía desde la reforma liberal de las universidades en 1845. Desde aquella lejana fecha, en la composición de los tribunales se había ido dando cada vez mayor presencia a los catedráticos de la asignatura y cierta flexibilidad en los nombramientos. Pero en este momento, con el nuevo estado de Franco triunfante, el ministerio fue el encargado de nombrar a los cinco hombres que juzga-

---

70 Participó en la fundación de Acción Catalana y en la elaboración del primer Estatut de Catalunya. Depurado como secretario general del ayuntamiento de Barcelona, cargo que ostentó durante la República hasta 1936. Un año después se exilió a París, pero regreso y fue habilitado. Su expediente de depuración en junio de 1939, mientras realizaba una misión "especial" en París. Allí firma el cuestionario manifestando que se adhiere al movimiento nacional, 27 de marzo de 1938. Pi Suñer escapó de Barcelona huyendo del SIM que había hecho prisionera a su hermana. Prestaron declaración varios testigos a su favor ante el juez instructor de la depuración, contando que ayudó a muchas personas a abandonar España facilitándoles documentación. Será rehabilitado el 17 de noviembre de 1939, reintegrándole en el servicio activo sin sanción y con todos sus derechos. Presenta toda la documentación en la oposición de 1940. AGA, sección Educación 31/00890, legajo 10035-8 expediente de depuración; 21/20363, legajo 15052-010 expediente personal.

71 AGA, sección Educación, legajo 9588.

rían las oposiciones[72]. En este caso, el tribunal estaría presidido por Carlos García Oviedo, catedrático de Sevilla. Decano de su facultad, director de la academia de buenas letras de la misma ciudad, miembro de la asamblea nacional consultiva en 1928, presidente del patronato local de formación profesional de Sevilla desde 1928, presidente del consejo de trabajo, 1935[73], vocal de la comisión general de codificación y de la comisión de redacción del proyecto de ley de gobierno y administración local, 1938, y miembro del CSIC en 1940, por supuesto, también controlado por el ministerio. Junto a él estarían los vocales: Sabino Álvarez-Gendín y Blanco (catedrático de Oviedo) de la ACNdP, Luis Jordana de Pozas (catedrático provisional de la universidad de Madrid), que en 1940 fue nombrado consejero de estado, cargo en el que permanecería hasta su muerte[74], Recaredo Fernández de Velasco (catedrático provisional de Valladolid[75]) y junto a ellos Alfonso de Hoyos (oficial letrado del consejo de estado), secretario del tribunal[76]. Evidentemente todos habían pasado la depuración de manera satisfactoria.

---

72 Daniel Artigues, *El Opus Dei en España 1928-1962. Su evolución ideológica y política de los orígenes al intento de dominio,* París, Ruedo Ibérico, 1971, puede ayudar a entender la reconstrucción de los tribunales: miembros del Opus Dei, falangistas o de la ACNdP… Así como de los aspirantes a las plazas.

73 Ese año publicó Carlos García Oviedo, "La reforma de nuestra legislación sobre jurados mixtos", *Revista de Derecho Público,* Madrid, 4 (1935), pp. 257-261.

74 Jordana de Pozas sería nombrado en 1940 catedrático por concurso de traslado para la provisión de la cátedra de derecho municipal comparado (doctorado), por orden 4 de diciembre 1940 (BOE 12 de enero de 1941). AGA, sección Educación, legajo 9600-1, orden de convocatoria 24 de septiembre de 1940 (BOE 30) y se anuncia el 24 de septiembre de 1940 (BOE 7 de octubre). Termina el plazo el 26 de octubre de 1940. Eran dos aspirantes para la plaza: Luis Jordana de Pozas y José Valenzuela Soler. Obtiene el concurso de traslado Jordana de Pozas, aparte de sus muchos trabajos científicos presenta entre sus méritos ser subdirector de la oficina de prensa de la Junta de defensa nacional desde su creación el 5 de agosto de 1936 y oficial de prensa del cuartel general del Generalísimo, en los frentes de Madrid y de la Sierra de Guadarrama, desde el 1 de noviembre de 1936 hasta el 28 de febrero de 1937. También presidente de la comisión de previsión social, por nombramiento de la junta de defensa nacional el 25 de septiembre de 1936…

75 AGA, sección Educación 32/13625, legajo 9610-19, concurso previo de traslado para la provisión de la cátedra de derecho administrativo en la universidad de Valladolid.

76 El presidente, según artículo 10 del reglamento de oposiciones de 25 de junio de 1931, propone para los cargos de escribiente y habilitado de estas oposiciones a Enrique González García, oficial de administración del ministerio de educación, y para el cargo de auxiliar subalterno a Gabriel Soria y Soria, del cuerpo de porteros civiles de los ministerios. Los expedientes académicos de los miembros del tribu-

El caso del vocal Recaredo Fernández de Velasco merece un comentario aparte. Ingresó a la Agrupación Socialista Madrileña a principios de 1920 y fue candidato socialista en las elecciones generales de aquel año por Alicante. Un año después ingresó al partido comunista. Dio un viraje ideológico pues fue alcalde de Murcia en 1923, bajo la dictadura de Primo de Rivera. Para entonces formaba parte ya de Unión Patriótica, gracias a lo cual "le dieron un cargo en el Instituto Nacional de Previsión afecto al Ministerio del Trabajo"[77]. Poco tiempo después, "en el año mil novecientos veinticuatro o veinticinco fue nombrado Inspector de Retiro Obrero afecto al Instituto Nacional de Previsión de Murcia". Asimismo, ingresó en la Academia de jurisprudencia y allí desempeñó funciones de bibliotecario.

A principios de junio de 1937 fue detenido por el bando republicano, acusado de "desafección al régimen". Estaba bajo sospecha desde meses atrás, una noticia aparecida en el *Heraldo* de Madrid el 13 de agosto de 1936 lo reporta como cesado de la asesoría jurídica del instituto de previsión. Pero fue en junio cuando tras su detención comenzó el juicio. El negociado de control de nóminas, dependiente de la dirección general de seguridad, certificó que existe una ficha "que copiada literalmente dice: Fernández de Velasco Recaredo= Domicilio- López de Hoyos 9-2ª izquierda= Inspector general de la organización fascista= F.E.= y para que conste se extiende el presente en Madrid a 5 de junio de 193"[78]. Se le acusaba de ser "inspector general" de falange española. Entonces, se presentaron distintas declaraciones, del propio Recaredo Fernández de Velasco, de agentes del cuerpo de investigación y vigilancia de la oficina de servicios especiales, del gobernador civil de Murcia; y algunos testimonios a su favor. De su declaración podemos destacar su negativa a formar parte de falange:

> ... manifiesta que es absolutamente falso pues siempre ha sido contrario a tal doctrina como puede demostrarlo por la circunstancia de la serie de li-

---

nal en AGA. También en *Diccionario de catedráticos españoles de derecho (1847-1943) dirigido por Carlos Petit,* Universidad Carlos III de Madrid, Instituto Figuerola de Historia y Ciencias Sociales, en línea.

77 Archivo Histórico Nacional, AHN, FC-Causa-General, 319, 32/expediente nº 680, instruido contra Recaredo Fernández de Velazco por delitos de desafección al régimen, algunos de estos documentos tienen una doble foliación, en este caso el documento aparece con los folios 5 y 7.

78 AHN, FC-Causa-General, 319, 32/expediente nº 680, instruido contra Recaredo Fernández de Velazco por delitos de desafección al régimen, algunos de estos documentos tienen una doble foliación, en este caso el documento aparece con los folios 7 (manuscrito) y 9 (estampado con un sello).

> bros que posee de carácter liberal y democrático de que el declarante es autor y además de que en su biblioteca habiendo como hay, aparte de los estrictamente técnicos, muchos de anarquismo, sindicalismo y socialismo, no existe ni uno solo relativo a la doctrina fascista. Asimismo manifiesta que como Director de la revista de Derecho Público desde que ésta se inició hasta que tuvo que cesar en su publicación por la guerra actual, no existe ningún artículo fascista del declarante ni de ninguno de sus colaboradores.- Que con ocasión de crearse el partido político llamado Acción Ciudadana se le comunicó por su compañero el Señor Yanguas un proyecto de manifiesto que el dicente le devolvió sin firmar y negándose a hacerlo por estimar que acusaba alguna tendencia fascista, asimismo manifiesta que aunque tenía amistad con Calvo Sotelo al cual visitaba en el día de su santo y no con más frecuencia por rehuir la tertulia de carácter político, sentía admiración por él, aun cuando no coincidían políticamente ... Que desde luego se ratifica en que no es fascista ni en que por lo tanto no pudo darse su nombre para ocupar ningún cargo ... Que está dispuesto a defender la República dentro de sus conocimientos ...[79]

En contra, el gobernador civil de Murcia ofreció otro testimonio:

> ... tengo el honor de participar a V.E. que de la información practicada por funcionarios de esta plantilla acerca dela conducta y actividades políticas de Recaredo Fernández de Velasco, de unos 46 años, Catedrático, hijo de Leovigildo y Escolástica, natural de Valladolid, resulta que dicho individuo fue Alcalde y Rector de la Universidad de Murcia durante la Dictadura, íntimo amigo de todos los personajes de la misma y especialmente de Calvo Sotelo; también fue Consejero del Monopolio de Petróleos y durante el tiempo que desempeñó dichos cargos realizó varios negocios sucios. Era muy destacado en el Somaten y en la Unión Patriótica, a pesar de que en su juventud fue un socialista furibundo, siendo persona de mala moralidad- A los camareros del Casino les llamaba esclavos, y se reunía en el citado Centro, con los también reaccionarios y compañeros suyos Luis Gestoso e Ibáñez Martín- Es hombre culto y peligroso reaccionario, y hasta hace poco tiempo desempeñó un alto cargo en el Instituto de Previsión para el que fue nombrado en tiempos de la Dictadura"[80]

Sin embargo, también se presentaron testimonios a su favor. Uno de ellos fue del "responsable del Comité de la casa nº 9 de la calle de López de Hoyos", el señor Luis Fernández Ramos, miembro de UGT, el cual escribía:

> Hago constar que tengo por antifascista convencido al vecino de la misma, compañero Recaredo Fernández de Velasco Calvo, el cual, durante todo el tiempo de mi actuación, se ha manifestado siempre adicto al Gobierno Repu-

---

79 AHN, FC-Causa-General, 319, 32/expediente nº 680, f. 8 (manuscrito).

80 AHN, FC-Causa-General, 319, 32/expediente nº 680, fs. 37-38.

> blicano y exacto cumplidor de todas sus disposiciones. Madrid, 1° de Julio de 1937, Luis Fernández Ramos [rúbrica][81]

Otro certificado favorable fue presentado por Enrique Peinador y Porrúa, secretario general de la Academia nacional de jurisprudencia y legislación. Informaba que "en sesión del día 24 de julio de 1937 y como resultado del examen de antecedentes y averiguaciones realizadas, se aprobó el siguiente informe":

> Ni en los libros de Actas, ni en sesiones públicas, ni en cualquier otra manifestación escrita de esta Academia, aparece antecedente alguno de haber tomado parte el Académico don Recaredo Fernández de Velasco en actos que demuestren su hostilidad o enemiga al Régimen ni que dejen entrever su adhesión a alguno de los partidos y organizaciones que se alzaron contra el Gobierno legítimo de la República en julio del año 1936 ... Segundo.- De la información abierta entre los empleados por el secretario que suscribe, resulta que tanto el administrativo como el subalterno, entre el que figuran personas de notoria antigüedad en organizaciones y partidos del Frente Antifascista, afirman que la actuación del Sr. Fernández de Velasco, en toda su vida académica, ha sido meramente técnica, habiendo sido elegido Bibliotecario con este concepto, debiéndose a él la nueva estructura dela Biblioteca. Que sus conferencias fueron todas de carácter doctrinal y alejadas de temas políticos. Por alguno de los empleados se ha manifestado a esta Secretaría que el Sr. Fernández de Velasco se mostró, en cuantas ocasiones le fue propicio, adverso a la doctrina fascista ...[82]

Además, se dieron otras declaraciones a favor de Fernández de Velasco. En total sumaron 9 a su favor y tres testimonios también favorables. Aparte de las ya mencionadas y citadas, las otras declaraciones corrieron a cargo de su primo Eusebio Fernández de Velasco, teniente piloto de aviación militar, quien empeñó su palabra de honor militar negando la participación de Recaredo Fernández de Velasco en la falange española[83]; Bibiano Fernández Osorio-Tafall, catedrático de ciencias naturales en el instituto de Pontevedra, secretario general del consejo nacional de izquierda republicana y diputado a cortes[84]; José Atilano Granda Fernández, miembro de la agrupación socialista madrileña y presidente de la federación nacional

[81] AHN, FC-Causa-General, 319, 32/expediente n° 680, f. 51.

[82] AHN, FC-Causa-General, 319, 32/expediente n° 680, f. 52.

[83] AHN, FC-Causa-General, 319, 32/expediente n° 680, fs. 22-30.

[84] AHN, FC-Causa-General, 319, 32/expediente n° 680, fs. 33-34.

de hostelería[85]; Pascual Calderón Ucles[86], abogado adscrito al Frente popular; Paula Villalvilla Prado, obrera del hogar, trabajadora en casa del inculpado, afiliada a UGT; Alfonso Maeso Enguidanos, abogado del frente popular; Nicolás Pérez Serrano, abogado y catedrático de derecho político; y otra declaración de Enrique Peinador Porrúa, a quien hemos visto como secretario de la academia de jurisprudencia y legislación, pero también era abogado-fiscal del tribunal popular.

El expediente contiene tres testimonios favorables a Fernández de Velasco, a saber, un documento emitido por el ayuntamiento de Peñafiel, en Valladolid, del 23 de abril de 1936, en que se le reitera el nombramiento de "hijo adoptivo de esta villa"[87]; otro es el agradecimiento del ayuntamiento de Valladolid para agradecerle las gestiones que ha realizado como miembro de la Junta nacional contra el paro. Finalmente, una invitación del secretario de la facultad de ciencias económicas, comerciales y políticas de la Universidad Nacional del Litoral (Argentina) para impartir unas conferencias de derecho público. La invitación está fechada el 5 de noviembre de 1936[88].

La mayor parte de los testimonios retratan a Recaredo Fernández de Velasco como un demócrata, antifascista, en algunos casos incluso de izquierdas. De entre todos los argumentos vertidos a su favor destacan tres. Uno es la declaración del propio Fernández de Velasco en que explica que como autor nunca ha escrito una línea a favor del fascismo, amén que su biblioteca cuenta con libros variados, algunos de corte socialista, pero ninguno de tipo fascista. Los otros dos testimonios que pudieron ser definitivos para su absolución son los de Pascual Calderón Ucles y de Enrique Peinador Porrúa, quien ya había emitido otro certificado como secretario de la academia nacional de jurisprudencia. Ambos declarantes hablan de un posible error de homonimia y plantean una posible confusión entre Recaredo Fernández de Velasco y R. Fernández de Velasco, hijo del exduque de Frías, quien según Calderón Ucles se encontraba en Italia:

> Pascual Calderón Ucles ... abogado adscrito al Frente popular ... declara: que por los antecedentes que conoce del inculpado, le considera persona afecta al régimen, víctima de una lamentable equivocación al imputársele el

85 AHN, FC-Causa-General, 319, 32/expediente nº 680, f. 35.

86 La declaración de este personaje y las siguientes se encuentran en el "Acta del Juicio" AHN, FC-Causa-General, 319, 32/expediente nº 680, fs. 54-55.

87 AHN, FC-Causa-General, 319, 32/expediente nº 680, f. 42.

88 AHN, FC-Causa-General, 319, 32/expediente nº 680, f. 45.

> cargo de Inspector General Fascio, que puede corresponder a R. Fernández de Velasco, hijo del exduque de Frías, que en la actualidad se encuentra en Italia ...[89]

Una declaración muy similar es la de Enrique Peinador. Entonces, el fiscal retiró la acusación y el defensor solicitó la absolución completa de su defendido. En una parte de la sentencia se dice que

> no puede imputársele por ser conocido como hombre liberal, demócrata, anticlerical, mediante sincera expresión en libros de texto, actos, conversaciones, etc. Que a mayor abundamiento le catalogan como antifascista, desvirtuando los informes -políticos-sociales aportados policialmente- la abrumadora y firme prueba documental y testifical practicada en su favor.[90]

Por tanto, el fallo fue absolutorio

> Fallamos que debemos absolver y absolvemos al inculpado Recaredo Fernández de Velasco, de los hechos denunciados en este procedimiento, con toda clase de pronunciamientos favorables para el mismo; póngasele inmediatamente en libertad si de ella no estuviera privado por otra causa o motivo legal, a cuyo fin expídase el oportuno mandamiento al director de la prisión de general Porlier.[91]

La historia no terminaría ahí, como podemos suponer. Por una noticia aparecida en *El magisterio español*, del 27 de noviembre de 1937[92], sabemos que fue separado definitivamente de la cátedra de derecho administrativo. Esto es, a pesar de la sentencia absolutoria debió seguir investigándosele y, probablemente, ahora se le encontró culpable.

Al acabar la guerra, en 1939 hubo nuevo proceso de depuración, pero ahora por el bando "nacional" con todos los pronunciamientos favorables. En 1940 fue nombrado vocal del patronato Raimundo Lulio del CSIC y después agregado a la comisión encargada de redactar el código de administración local. Publicó numerosos artículos en la *Revista de Derecho Pri-*

89 Declaración realizada el 26 de julio de 1937, AHN, FC-Causa-General, 319, 32/ expediente nº 680, f. 54.

90 La sentencia está fechada el 26 de julio de 1937, AHN, FC-Causa-General, 319, 32/expediente nº 680, f. 56.

91 El texto del fallo está en AHN, FC-Causa-General, 319, 32/expediente nº 680, f. 57.

92 Centro Documental de la Memoria Histórica, DNSD-Secretaría, fichero 20, F 0098501.

vado. En esta oposición lo vemos desempeñarse como vocal. Es decir, era parte del nuevo régimen.

Continúa la oposición

Después de leer el secretario los artículos 13 y 23 del reglamento, se llamó a los opositores y comparecieron solo cuatro: Eugenio Pérez Botija, Antonio Mesa Segura, José María Pi Suñer y Juan Galvañ Escutia; no lo hizo Antonio Serra Piñar, el excautivo, y decayó en su derecho. Se convocó la oposición para el 14 de octubre.

Primer ejercicio

En el primer ejercicio los opositores debían presentar sus trabajos de investigación y la memoria, pero uno de ellos, Juan Galvañ, manifestó su renuncia a través de una carta enviada al vocal Jordana de Pozas. Sin embargo, no se apartó de la carrera universitaria, solo pasarían tres años hasta que ocupara una cátedra en Valencia[93].

Eugenio Pérez Botija fue el candidato que inició el ejercicio presentando sus investigaciones y actividad académica durante 55 minutos. En el turno de objeciones, solo tomó la palabra el vocal Sabino Álvarez-Gendín. Antonio Mesa Segura fue el siguiente en exponer, utilizando 51 minutos según recogen las actas. También le objetó Álvarez-Gendín, al que contestó el candidato. Por último, actuó José María Pi Suñer (58 minutos) y una vez más, fue interpelado por el catedrático de Oviedo. Resulta imposible saber si éste era el único que estaba atento a lo que se presentaba o es, simplemente, que los demás miembros del tribunal no consideraban oportuno entablar debate con los aspirantes.

A la hora de emitir su juicio, el tribunal fue unánime con Pérez Botija, afirmando que había demostrado vastos conocimientos y exposición clara y metódica. A Mesa Segura, en cambio, le reprochó que se expresara con poca espontaneidad y deficiente claridad, leyendo el resumen de sus trabajos, con erudición modesta y dicción sencilla; tampoco había estado acertado en sus contestaciones. El tercer candidato, Pi Suñer, mereció la aprobación del tribunal, hizo una interesante, desarrollada y sistemática

---

93 Juan Galvañ Escutia fue nombrado catedrático de la universidad de Valencia en 1943, AGA, sección Educación, legajo 1474, como veremos más adelante.

exhibición de su labor personal con amplios conocimientos sobre derecho público; alabaron su capacidad para escribir con soltura y tener ciencia para ser buen docente.

Segundo ejercicio

En el segundo ejercicio comenzó una vez más Eugenio Pérez Botija, quien disertó durante una hora acerca del concepto, método, fuentes y programas de la disciplina -sobre la memoria presentada-, sin que se le hicieran objeciones. A juicio del tribunal, su exposición, al igual que en el primer ejercicio, fue sistemática, clara y metódica, aunque con insuficiencias. Sus referencias bibliográficas sobre el concepto de derecho administrativo fueron abundantes, aunque no estudió de manera detenida las opiniones de los autores. Los jueces destacaron su estudio sobre el régimen jurídico administrativo y su relación con otras disciplinas, así como su conocimiento directo sobre las fuentes modernas, especialmente bibliografías italiana y alemana. La objeción principal fue que no logró distribuir bien el tiempo y apenas le alcanzó para exponer las fuentes y programas.

Llegó el turno de Mesa Segura y, ya en este segundo tramo, el tribunal se mostró claramente en su contra: le achacó no haber realizado el ejercicio con suficiente claridad ni haber fijado bien las ideas; también le afeó que, si bien había demostrado interés por la metodología jurídico-administrativa, había tratado un poco a la ligera el concepto, fuentes y programa de la disciplina. El candidato no entró en el análisis del concepto de la asignatura, ni dedicó suficiente atención al método de enseñanza, sino que tendió a detenerse en la metodología con referencias fragmentarias y dispares a los otros aspectos. El tribunal se quejó de que el aspirante demostró conocimiento de la literatura o bibliografía alemana, pero no se refirió a ninguna otra ni ofreció criterio propio. Empleó escaso tiempo al plan de la asignatura y su programa, a pesar de no haber agotado la hora concedida. Su ejercicio fue desordenado, sin desarrollar de manera clara las ideas sobre los temas expuestos. Finalmente, se le reprochó que durante todo el ejercicio se mantuviera pegado a sus cuartillas, sin digresiones orales, por lo que la exposición no resultó didáctica.

Luego, en el turno de Pi Suñer, el tribunal alabó su exposición clara y metódica de las doctrinas, a pesar de haber divagado con consideraciones filosóficas y jurídicas generales sin centrarse en el estricto concepto del derecho administrativo. Más clara y ordenada fue, según los jueces, su exposición del método, aceptando el jurídico constructivo. Dedicó la mayor parte a caracterizar el nuevo derecho administrativo -aunque no del todo elaborado- de un modo creador y analítico, y fue meritorio al referirse con más amplitud al método pedagógico, con referencias a su práctica de cátedra. El tribunal alabó sus ideas originales sobre métodos y enseñanzas, pero una vez más fue incapaz de distribuir bien el tiempo, por lo que le quedó poco para las fuentes y el programa. En fin, la exposición resultó clara, segura, original y amena, demostrando una gran cultura jurídica. A pesar de lo cual, y según opina algún miembro del tribunal, a veces pecó de contradictorio y no escueto. También respondió con claridad de ideas a los temas relacionados con el cuestionario.

En general el tribunal valoró en este ejercicio los conceptos y la bibliografía que manejaban los tres candidatos, pero sobre todo atendieron de manera especial a la forma: si llegó a la hora o se excedió, si fue claro y metódico, profundo o superficial, si simplemente leyó o pudo exponer con soltura. Detalles externos en cuanto a la forma, sin entrar de lleno en el contenido.

Tercer ejercicio

Para el *tercer ejercicio*, Pérez Botija eligió la lección 36 de su programa y disertó una hora sobre sus epígrafes:

> La gestión de los servicios públicos mediante concesión. - Las diferentes acepciones legales de este vocablo. - Naturaleza de la concesión de servicios. - Su régimen jurídico: efectos; derechos; facultades y derechos de la Administración y el concesionario. Examen especial de la concesi6n de transportes y comunicaciones. - Legislación vigente.

El tribunal consideró que, aunque sin apartarse de sus notas y confuso en los primeros momentos, el candidato logró centrarse y realizar una completa exposición de la teoría de la concesión administrativa, con dicción clara y revelando buenos conocimientos docentes. Una vez más valoró que se había adecuado al tiempo, lo que le permitió exponer el tema entero, completando la legislación española y los autores extranjeros con citas.

Antonio Mesa Segura eligió la lección 23 y expuso durante 55 minutos:

> (Continuación) Naturaleza de la relación que el Estado establece con los particulares que le sirven. -Si es de derecho privado. -Servicios obligatorios, honoríficos y profesionales. -Necesidad de un Estatuto de funcionarios. - Régimen de la carrera Administrativa en España.

De nuevo Mesa Segura tuvo al jurado en su contra. A juicio de los examinadores, el aspirante demostró una concienzuda preparación del tema, pero su exposición fue desordenada, oscura, con una didáctica deficiente y demasiado sintética, ya que desarrolló el tema de manera incompleta, al no distribuir correctamente el tiempo. Solo valoró si la relación del estado con los funcionarios era privada o pública y unilateral o bilateral. Omitió doctrinas como la teoría del órgano y no aclaró problemas como si el contrato de adhesión podía comprender la relación del funcionario con la administración. En líneas generales, el tribunal dejó claro que este candidato no reunía las dotes indispensables para el acceso a la cátedra. Era evidente que, ya en este tercer ejercicio el jurado había descartado al opositor, si no antes.

El último de los aspirantes, José María Pi Suñer, escogió la lección 44 y expuso durante una hora:

> El régimen jurídico en materia municipal. - Desenvolvimiento histórico de los preceptos contenidos en la Ley de dos de octubre de mil ochocientos setenta y siete, así en lo que hace a la suspensión de acuerdos, como a los recursos contra los mismos. Incompatibilidad entre la doctrina ministerial y la contencioso-administrativa. -Trascendencia que el Estatuto Municipal presenta en este campo.- Importancia de sus preceptos en la esfera contencioso-administrativa.- Modalidades de la ordenación que se contienen en la Ley de treinta y uno de Octubre de mil novecientos treinta y cinco.

Los jueces valoraron que había explicado el régimen municipal con claridad y método, revelando excelentes condiciones didácticas. Destacaron sus especiales conocimientos sobre legislación y jurisprudencia españolas, que desarrolló con gran competencia, si bien distribuyó mal el tiempo, de forma que casi todo lo invirtió en analizar los recursos en la ley de 1877. La vía gubernativa, la suspensión de acuerdos, los analizó desde el punto de vista de los textos legales y de la jurisprudencia.

El candidato había demostrado buenas condiciones didácticas y trabajo concienzudo. Sin embargo, señalaron su incapacidad para medir el tiempo, por lo que apenas pudo desarrollar los últimos epígrafes sobre el estatuto municipal y la ley de 1939. Concedió excesiva extensión al estudio y examen del problema en la ley municipal de 1877 y a la casuística jurisprudencial en la interpretación de la ley. También incurrió en algún error de fechas al citar disposiciones.

Cuarto ejercicio

El cuarto ejercicio se inició leído el artículo 22 del reglamento. Exigía el desarrollo de un tema elegido por el tribunal de entre los diez que, de forma aleatoria, debía extraer cada candidato.

Mesa Segura extrajo diez bolas de entre las 75 de su programa. Los jueces eligieron el número 42, dedicada al jefe del estado:

> Esferas de la administración pública; su concepto y división: territorial, central del Estado: sus órganos. -El jefe del Estado en este respecto; sus atribuciones y valor de sus actos. El jefe del Estado en España. - Administración de la casa del jefe del Estado. -Si el partido de FET de las JONS debe ser considerado como órgano del Estado.

El opositor quedó incomunicado, con los libros que llevaba o solicitó: manuales de la asignatura y legislación, doctrina italiana, leyes fascistas y alguna obra doctrinal alemana[94]. Abierta la sesión pública, el opositor intervino una hora, después se emitieron los juicios. El presidente valoró el desarrollo de la lección de forma metódica y ordenada y consideró que su trabajo estaba completo. En cambio, los demás vocales opinaron que su exposición había sido pobre, con recurso constante a la opinión del profesor Royo Villanova y sin caracterizar los problemas ni construir las instituciones. Según dejaron claro en las actas, las explicaciones del candidato habían abundado en digresiones, nociones y temas inconexos, presentándose así desde el principio, con la interpretación del concepto de seguimiento vertical, hasta el final con el asunto de si la falange es o no órgano de estado, vidriosos temas del nuevo estado. En fin, escasez de ideas, de noticias informativas y bibliografía, quedando la lección sin explicar. Por lo que se ve, el tribunal iba fijando el criterio último de forma bastante clara.

---

94 Obras consultadas por el opositor: Carlos García Oviedo, *Instituciones de derecho administrativo,* 11 volúmenes, Sevilla, 1930; Adolfo Posada, *Tratado de derecho administrativo,* I volumen, Madrid, 1897; José Gascón y Marín, *Tratado de derecho administrativo,* II volúmenes, Madrid, 1936 y *Derecho administrativo nacional,* Madrid, 1940; Segismundo Royo-Villanova, *Elementos de derecho administrativo,* Valladolid, 1936 y *Apéndice,* 1940. Obras extranjeras: Christian Wolf, *Juristiche Person und Staatsperson,* Berlín, 1933; Carl Schmitt, Gaspare Ambrosini, M. Oreste Ranelletti, *Gli Stati europei a Partito politico unico* [con prefazione di Oreste Ranelletti, Circolo giuridico di Milano] Milano; Benito Mussolini, Alfredo Rocco, *Relazione al disegno di legge sul Gran Consiglio del Fascismo,* 1928; *Codice Politico,* Napoli, 1931. También *Aranzadi, Repertorios* de 1937 y 1939.

Pi Suñer sacó diez lecciones, de entre las 93 de su programa. Se eligió el número 21:

> Los actos administrativos tácitos. -Las operaciones materiales. -El silencio administrativo. -Legislación española respecto de los actos administrativos. Indicaciones generales.

El aspirante fue incomunicado, pasadas las seis horas se levantó la incomunicación. Invirtió una hora en su exposición[95]. Cuando llegó el momento de juzgarlo, el tribunal consideró que había presentado la lección con

---

95 Entre las obras solicitadas figuran autores extranjeros: Merlin, *Repertoire*, 1812 [*Repertoire universal et raisonné de Jurisprudence et additions*, 4ª edicion, París, 1812-1815, 15 volúmenes]; Adolphe Chaveau, *Principes de competence et de jurisdiction administratives*; Otto Mayer, *Le droit administmtif allemand* [Paris, Giard-Briére, 1906]; Gaston Jèze, *Les principes généraux du droit administratif* [*La tecnique juridique du droit public français*, Paris, 1925]; Erich Danz, *La interpretación de los negocios jurídicos* [Madrid, Victoriano Suárez, 1926, traducción por Wenceslao Roces]; Lorenzo Meucci, *Delle forme del diritto administrativo* [capítulo del libro, *Istituzioni di diritto administrativo*, 6ª edición, Torino, 1909]; Errico Presutti, *lnstituzioni di diritto administrativo italiano* [Roma, 1917, volumen 1, nueva edición ampliada y corregida]; Maurice Hauriou, *Précis de droit administratif* [1ª edición, Paris, 1892; 12ª edición, 1927]; el austríaco, Adolf Merkl, *Teoría general del derecho administrativo* [Madrid, *Revista de Derecho Privado*, 1935]; el suizo Fritz Fleiner, *Instituciones de derecho administrativo*, traducido por Sabino Álvarez -Gendín [Barcelona, Labor, 1933, es traducción de la 8ª edición alemana]; también el austriaco Friedrich Tezner, [*Das österreiche Verwaltungsverfahren*, escribe un manual de derecho administrativo]; Adolf Schmidt, *Prozessrecht und Staatsrecht*; Ludwig Spiegel, Derecho administrativo [Barcelona, Labor, 1933, traducción del alemán por Francisco Javier Conde]; Leon Duguit, *Traité de droit Constitutionnel* [Paris, 1924, IV volúmenes; 2ª ed., Paris, 1925, V vols.; 3ª ed., 1927-30, contiene también V vols.]; Caèn, *La déclaration de volonté dans les contrats*, tesis 1903; Hauriou et de Dézine , "La déclaration de volonté en droit administratif", *Revue trimestrielle de droit civil*, 1903, pp. 543 y ss.; Alibert, *Le controle jurisdictionnel de l'Administration*, Paris, 1926. Se encuentran autores españoles: Manuel Colmeiro, *Derecho administrativo español* [Madrid, 1850; 2ª ed., 1858; 3ª ed., 1865; 4ª ed., Madrid, 1876, 2 tomos; y apéndice de 1880]; José Posada Herrera [*Lecciones de administración* trasladada por sus discípulos Juan Antonio de Rascón, Francisco de Paula Madrazo y Juan Pérez Calvo, Madrid, 1843, 4 tomos]; Segismundo Royo-Villanova [*Elementos de derecho administrativo*, Valladolid, 1936; 23ª ed., Valladolid, 1952, 2 vols.]; también, José Gascón y Marín, *Derecho administrativo nacional*; y otras obras sobre derecho administrativo de los miembros del tribunal: Carlos García Oviedo, *Instituciones de derecho administrativo*; Luis Jordana de Pozas, *Contestaciones al programa de derecho administrativo de las oposiciones a secretarios de ayuntamiento* [Madrid, Victoriano Suárez, 1924]; y Recaredo Fernández de Velasco *El acto administrativo: exposición doctrinal y estudio del derecho español*, con

el sentido y la forma legal, con desarrollo de la doctrina, confirmando sus excelentes dotes docentes y su buen conocimiento de la administración.

Pérez Botija extrajo otras diez lecciones. Se eligió la 32, encargada de mostrar las reformas del nuevo estado:

> Los sindicatos verticales. -Precedentes. La organización sindical. -Sus órganos. Funciones del sindicato vertical. -Servicios. Régimen jurídico sindical. -La fiscalización del Partido y del Estado. -La organización corporativa, económica y del trabajo en Alemania, Italia y Portugal. Otras entidades de Administración corporativa en el derecho español. Indicación sistemática: a) Por los servicios que realizan; b) Por su naturaleza, estructura y organización. -Estudio especial de algunas de estas entidades: Instituto Nacional de Previsión, Auxilio Social, Comunidades de regantes, Comisiones reguladoras de la Producción, los Colegios profesionales.

El opositor expuso la lección en una hora[96]. Cuando llegó el momento de juzgarlo, el tribunal remachó que Pérez Botija había demostrado buenas dotes didácticas, si bien su estudio de la organización corporativa no resultaba muy profundo. El gran número de epígrafes y el deseo de no dejar ninguno sin desarrollar, le obligó a exponer muchos de ellos de modo superficial, pero demostró conocerlos, dando la impresión de dominar la materia. Consideraron su exposición buena, procurando caracterizar coherentemente los ejemplos españoles y sin perjuicio de relaciones espontaneas con otros regímenes, en particular Alemania, Italia y Portugal. El tribunal apreció su capacidad para distribuir bien las materias con referencia a la *Carta di Lavoro* y al *Estatuto portugués del trabajo.* No era de extrañar el interés, Franco había copiado el texto fascista de la *Carta di Lavoro* italiana, de 1927, en el *Fuero del Trabajo* de 1938, a imitación de la Asamblea de Primo de Rivera, además de otros elementos italianos.

Antes de continuar con las pruebas, el presidente comunicó la decisión de Mesa Segura de abandonar las oposiciones por motivos de salud. Es posible que alguien del tribunal le indicase que no tenía posibilidad alguna, o que el propio aspirante tomara la decisión en vista de cómo se iban desarrollando las pruebas. En todo caso, lo importante es que, a partir de

---

prólogo de Maurice Hauriou, Madrid, Victoriano Suárez, 1929; *Resumen de derecho administrativo y de ciencia de la administración* [Barcelona, Bosch 1931].

96 Relación de obras consultadas: *Fuero del trabajo,* con referencias a la *Carta del lavoro* y al *Estatuto portugués del trabajo, Boletín de la delegación nacional de sindicatos.* También figuran entre otros autores -solo se citan sus nombres-: Santi-Romano, *Corso di diritto amministrativo: principii generali,* Padova, 1932.

este momento, no quedaban más que dos opositores para las dos cátedras en juego. A menos que se declarase desierta la oposición, los dos que continuaban tenían asegurada ya una cátedra. Faltaba dilucidar quién tendría más votos y, por tanto, podría elegir la universidad de destino.

Quinto ejercicio

El quinto ejercicio era un dictamen escrito sobre una cuestión práctica, sacada a suerte de entre dos formuladas previamente por el tribunal. Los opositores contaron con un máximo de dos horas en las que pudieron consultar textos legales[97]. Se planteó el caso práctico:

> La compañía telefónica, en instancia de doce de mayo de mil novecientos treinta, se dirigió al ministerio de la gobernación solicitando que cesaran los servicios radiotelefónicos que prestaban las sociedades "Transradio Española" e "Hispano Radio Marítima" y los buques pesqueros españoles o almadrabas, y que se declarara que ese medio de comunicación le correspondía única y exclusivamente a ella.- Por real orden de 29 de julio de 1930 se desestimó la petición.- Por real orden de 21 de julio de 1929 se había resuelto otra instancia presentada por la Compañía. El 12 de agosto de 1930 formuló recurso de alzada contra la real orden mencionada de 1930 hacienda uso del derecho concedido por la base sexta de las que fueron aprobadas por real decreto ley de 25 de agosto de 1924 y alegando: Lo estatuido en la base primera del citado real decreto ley, en los artículos uno, dos, tres y cuatro del Reglamento aprobado por real decreto de 21 de noviembre de 1929, en el real decreto de 2 de mayo del mismo año, r. o. de 14 del mismo mes y año y real orden de 29 de septiembre del mismo año; y las diferencias que a su juicio, a los efectos jurídicos también, existen entre el concepto de radiodifusión con el de comunicación radiotelefónica.
>
> -Se pregunta: ¿Procede resolver, desestimando, el recurso de alzada? ¿Procede acceder a lo que se pide en la instancia de 12 de mayo de 1930?[98]

Los dos opositores, Pérez Botija y Pi Suñer, leyeron sus dictámenes y el tribunal consideró que, tanto uno como otro, habían realizado un ejercicio razonado y con solución correcta sobre si procedía o no el recurso. Pérez Botija señaló en su escrito que "procede desestimar el recurso de alzada interpuesto al amparo de la base 26 de las aprobadas por el real decreto ley de 25 de agosto de 1924", por su parte, Pi Suñer resolvió que "circunscribiendo la contestación a los términos de la parte dispositiva de

97 Según el artículo 23 del reglamento de oposiciones a cátedras.

98 En las actas aparecen los ejercicios manuscritos quinto y sexto de los opositores, como en la mayoría de las oposiciones.

la real orden de 29 de julio de 1930, que es la impugnada, corresponde desestimar el recurso, con cuyo fallo quedaría agotada la vía contenciosa". A pesar de que la respuesta de ambos fue considerada correcta, el tribunal dejó indicado que el segundo había demostrado superioridad en cuanto a fondo y forma. Pero una vez más la exposición fue una de las cualidades más valoradas a lo largo de la oposición.

Sexto ejercicio

En el sexto ejercicio se trataba de desarrollar, durante un máximo de cuatro horas, una lección elegida por el tribunal de entre dos sacadas a suerte por los opositores. Éstas, a su vez, salían de los diez temas del cuestionario dado a conocer al principio de la oposición, que estaba formado por grupos de conocimiento de amplio contenido, no por cuestiones monográficas, como se pretendía usualmente, lo que resultaba más fácil para los opositores. Los temas:

> 1. Formación del derecho administrativo como ciencia; 2. Fuentes del derecho administrativo; 3. La administración pública del imperio español; 4. Regímenes de la administración local en los estados autoritarios; 5. Situación del funcionario público respecto de la administración; 6. Concepto de dominio público; 7. Evolución doctrinal y legislativa de la expropiación forzosa; 8. Regulación objetiva de las relaciones del trabajo; 9. Jurisdicción contencioso-administrativa en España durante el siglo XIX; 10. La administración jurídica y el régimen de los recursos en el Estado totalitario.

Pérez Botija extrajo los temas segundo y sexto. El tribunal acordó que desarrollara el sexto: Concepto de dominio público.

Era la hora de juzgar los ejercicios de ambos aspirantes, en las actas se incluyen las conclusiones del jurado.

El presidente, Carlos García Oviedo, manifestó que Pi Suñer realizó "una exposición incompleta del concepto del dominio público, efectuando una incursión, no justificada, en cosas ajenas en cierto modo a la formulación estricta del tema al tratar de la enumeración de las cosas de dominio público". Mucho mejor le pareció, en cambio, el trabajo de Pérez Botija, que a su juicio realizó "un estudio analítico muy completo y con gran conocimiento del derecho nacional y extranjero".

La consideración de Jordana de Pozas fue amable para los dos aspirantes, indicando que "ambos lo han hecho extensamente, con profusión de citas y sin que el tiempo disponible les haya permitido ultimar el trabajo.

En el de Pi Suñer se aprecia menor sistematización que en el de Pérez Botija, ligeramente superior".

Fernández de Velasco destacó que Pi Suñer "con un carácter más personal, pero con menos sistema que en los ejercicios anteriores, desenvuelve el tema, pecando en momentos de más precisión, y extendiéndose en cuestiones secundarias"; mientras que Pérez Botija "realiza un estudio muy completo, tanto en su forma como en su contenido, y exponiendo el concepto doctrinal y positivo, aunque en algún punto pudiera ser discutible; pero, de todas suertes, resuelto muy acertado".

Álvarez-Gendín juzgó que Pi Suñer "también expone sistematizadamente el tema, no solo su dogmática, sino el desarrollo del problema en el derecho positivo; haciéndolo además con claridad. Alude a conceptos que sobre la materia aparecen en las Partidas, y termina con el estudio de las propiedades especiales: aguas, minas, montes, etc. Ignorar la discusión bipartita de las minas, a efectos de ordenar su aprovechamiento jurídico, hablando de las tres secciones de la ley de 1868, reformada por la de 1939". Acerca del ejercicio de Pérez Botija, el catedrático de Oviedo indicó que "su trabajo está bien sistematizado. Hace una acertada interpretación técnica del código civil, sin referencia al dominio de aguas y minas a que alude el mismo. La iniciación del problema de los derechos reales administrados no se expone con claridad, quizás por la exposición sucinta, al faltarle tiempo para el desarrollo del tema".

Para Alfonso de Hoyos, secretario del tribunal, el candidato Pi Suñer "leyó un interesante estudio que contiene acertadas consideraciones y que incluye los aspectos doctrinal y jurídico, que desarrolla con sistema"; Pérez Botija "desarrolló la materia con desenvoltura y exponiendo unas ciertas materias interesantes de este tema tanto desde el punto de vista jurídico como doctrinal". Ambos reciben alabanzas.

Los informes particulares

Cada miembro del tribunal presentó su informe particular sobre los trabajos de los candidatos.

El presidente analiza en su informe los trabajos de Pi Suñer que considera abundantes. Cita primero la memoria de oposición -"Concepto, método, fuentes y programa de la disciplina"-, aunque hace constar que es más un trabajo de filosofía jurídica que de derecho administrativo, propia de derecho político. Otra de las obras citadas, *Procedimientos administrativos*[99], es estimada por García Oviedo como un libro de cierta densidad doctrinal. Mientras sus "Breves notas, observaciones al estatuto de 1924" es un trabajo copioso en legislación y jurisprudencia española. Alude a varias publicaciones del opositor en la *Revista moderna de administración local* y en la *Administración de municipios españoles*, todas referidas al gobierno y régimen municipal. Igualmente cita su *Informe sobre las haciendas locales*[100] y las numerosas ponencias e intervenciones en congresos y asambleas de índole municipal presentadas por el aspirante; también supone de interés un estudio sobre procedimiento electoral y varios programas para cursos de distinta índole. Especial atención le merece a García Oviedo el trabajo *Lo contencioso administrativo*[101]. Se trata de la versión taquigráfica de un curso impartido, así como de la preparación del opositor en legislación y jurisprudencia administrativa española.

Sobre el otro opositor, Pérez Botija, el presidente señala que solo dos trabajos se refieren a materia administrativa, los otros dos entran en el derecho social. La memoria o "Concepto, método, fuentes y programa de la disciplina" muy completa. García Oviedo descubre en ella una brillante exposición de las teorías y puntos de vista del derecho administrativo, así como un trabajo desarrollado con sistema y con excelente documentación. Valora como muy interesante otro escrito de este aspirante aparecido en la *Revista de derecho público* acerca de las "Modalidades de la potestad reglamentaria"[102]. Especial mención le merecen las publicaciones del opositor que vieron la luz en la *Revista de trabajo*[103] en las que trata el tema de los accidentes de trabajo y su prevención. También es bien recibido el libro firmado por Pérez Botija, en colaboración con su esposa la doctora en de-

---

99 *Escola de funcionaris d'administració local: programa de l'assignatura de Procediments administratius, segons les explicacions de Jose Mª Pi Suñer*, Barcelona, 1921.

100 *Informe sobre las haciendas locales*, redactado por la ponencia designada al efecto en el congreso celebrado en Madrid en mayo de 1926, integrada por E. Nicanor Puga, José Mª Pi Suñer y Fernando Cuesta, Madrid, 1927.

101 José Mª Pi Suñer, *Lo contencioso administrativo*, con prólogo de Claudio Omar y Barrera, Barcelona, s. a. [1905]

102 Eugenio Pérez Botija, "Modalidades de la potestad reglamentaria", *Revista de derecho público*, 53 y 54 (1936).

103 Trabajo posterior: Eugenio Pérez Botija, "La protección material del trabajo como Instituto de Seguridad social y como deber contractual", *Revista española de seguridad social*, 9 (1948).

recho, María Palancar, *La prevención de los accidentes del trabajo*[104], galardonado con el premio Marvá. Vale la pena, por cierto, retomar la consideración que sobre Palancar haría Gaspar Bayón Chacón en su "*In memoriam.* Eugenio Pérez Botija": "... doctora en Derecho e ilustre laboralista también, en quien lo familiar pudo más que lo intelectual, y que pudiendo volar con propias alas en el campo del Derecho, se limitó a ciertos trabajos esporádicos, convirtiéndose, en cambio, en un auxiliar impagable, en secretaria, bibliotecaria y correctora de pruebas del esposo, sin interferirse jamás directa o indirectamente en su doctrina y su labor". Valioso testimonio de una época en que la dominación masculina consideraba normal que una mujer se dedicara al hogar sacrificando las oportunidades profesionales y manteniéndola como colaboradora en segundo plano del esposo[105].

Retomando la oposición, a la vista de los comentarios finales, el presidente utilizó tres criterios predominantes a la hora de valorar a los candidatos: primero su capacidad para sistematizar y ofrecer claridad; segundo, la abundancia de citas y de conocimientos; y, por último, si los trabajos presentados se corresponden o no con la materia de la oposición.

En este último punto, cabe mencionar que Pérez Botija fue uno de los primeros cultivadores del derecho laboral[106]. Este campo, que había tenido un importante desarrollo en la dictadura de Primo de Rivera y en la República, estuvo unido en sus primeros pasos al administrativo, puesto que en él se acumulaban todas las materias que no estaban en la constitución o

---

104 María Palancar y Eugenio Pérez Botija, *La prevención de los accidentes de trabajo: por los modernos medios psicológicos, gráficos y mecánicos, eficacia comparativa de unos y otros desde los puntos de vista humanitario y económico*, Madrid, Instituto Nacional de Previsión, 1934. Palancar era jefa de la sección femenina en la oficina de colocación de Madrid, por oposición. Fue una de las juristas pioneras, entre sus trabajos: "La mujer y el trabajo", *Revista de política social*, 1947, donde critica la excedencia forzosa de las mujeres al casarse. María Jesús Espuny Tomás, *María Palancar Moreno. Mujeres juristas pioneras: recuerdo y memoria*, Universitat Autónoma de Barcelona, 2022.

105 Gaspar Bayón Chacón, "*In memoriam* Eugenio Pérez Botija", *Revista de Política Social*, nº 70 (abril-junio 1966), pp. 1-15, en particular p. 6.

106 Gaspar Bayón Chacón, "*In memoriam* Eugenio Pérez Botija"..., pp. 5-13. Fue el primer catedrático de derecho del trabajo y pionero en los estudios científicos de materia laboral. Francisco J. Jiménez Fortea, *El recurso de casación para la unificación de la doctrina laboral (Problemas fundamentales)*, Valencia, 1999. También Carles Tormo, "Sobre los inicios en la enseñanza del derecho del trabajo", *La enseñanza del derecho en el siglo XX. Homenaje a Mariano Peset*, Madrid, Dykinson, 2004, pp. 517-541, en particular pp. 519-520.

los códigos civil, penal y de comercio. Pero resultaba evidente que suponía un cuerpo extraño y acabó como una especialidad con entidad propia. Precisamente Pérez Botija fue, años después, el primer catedrático de esta asignatura de laboral[107].

Al analizar el juicio que hizo Fernández de Velasco de los dos opositores, este catedrático provisional de Valladolid considera que ambos han acreditado conocimientos o cultura adecuada para la disciplina y que en sus trabajos no había improvisación; señala, eso sí, que la producción de Pérez Botija es, en ese momento, más reducida por razón de edad frente a la cosecha más abundante de Pi Suñer. Tenía razón, pues la diferencia de edad entre Pi Suñer y Pérez Botija era de poco más de veinte años. El primero había nacido en 1889 y el segundo en 1910. Era lógico que uno tuviera mayor trayectoria y número de publicaciones. De hecho y como he mencionado antes, debido a su edad Pi Suñer estaba más cerca de los miembros del tribunal. También hace constar que en ambos aspirantes se puede apreciar una parcialidad científica o desviación material de su estudio. Fernández de Velasco señala cómo Pérez Botija lleva su mirada hacia lo que él considera problemas recientes, aunque también indica que su consistencia jurídica resulta evidente en los artículos sobre el reglamento,

---

[107] Eugenio Pérez Botija tiene numerosos trabajos posteriores sobre derecho del trabajo, como: *Comentarios a la ley sindical de 6 de diciembre de 1940*, Madrid, 1941; "Las nuevas doctrinas sobre el contrato de trabajo", *Revista general de legislación y jurisprudencia*, Madrid, 1942; "Importancia política del derecho del trabajo", *Revista de trabajo*, 21-22 (1942); *Salarios: régimen legal, tarifas mínimas*, con prólogo de José Gascón y Marín, Madrid, 1944; "Contrato de trabajo y derecho público: notas a la ley de 26 de enero de 1944", *Revista general de legislación y jurisprudencia*, junio, julio, agosto (1944); *El contrato de trabajo: comentarios a la ley, doctrina y jurisprudencia*, prólogo de José Castán Tobenas, Madrid, 1945; "El derecho del trabajo: concepto, substantividad y relaciones con las restantes disciplinas jurídicas", *Revista de derecho privado*, 1947, apéndice premio Marvá 1945; "La protección material del trabajo como institución de seguridad social y como deber contractual", *Revista española de seguridad social*, 9 (1948); *Curso de derecho del trabajo*, Madrid, 1948; *El concepto del trabajador en la jurisprudencia: los médicos, los funcionarios locales y los conductores de vehículos*, Madrid, 1952; "Derecho común del trabajo en España", *Estratto dagli Atti del Primo Congresso Internazionale di diritto del lavoro*, Trieste, 24-27 de mayo, Universidad de Trieste, 1952; "I doveri etico-giuridici del datore di lavoro", *Rivista del lavoro*, Milano, 4 (1953), parte I; *Humanismo en la relación laboral*, discurso correspondiente a la apertura del curso académico 1953-54 en la Universidad de Madrid, Madrid, 1953; "Funciones sociales de la empresa", *Revista de la escuela social de Oviedo*, Oviedo, 1955; en colaboración con Gaspar Bayón Chacón, *Manual de derecho del trabajo*, Madrid, 1957-1958.

publicados en la *Revista de derecho público*, en la memoria presentada para las oposiciones y en los ejercicios realizados. En cambio, la desviación que el juez observa en Pi Suñer es de carácter metodológico y se encamina hacia el derecho positivo en la mayoría de sus publicaciones, aunque destaca su estudio sobre el recurso contencioso, donde abundan las consideraciones doctrinales. Lejos de considerar esto como un problema, entiende que es necesario utilizar el derecho positivo, bien como material de arranque para toda concepción jurídica, bien como punto de referencia, de limitación y de convicción de toda exposición doctrinal.

Para Fernández de Velasco son óptimos los trabajos de los opositores; si estos presentan algún defecto es el predominio de los temas recientes con sacrificio de la dogmática jurídica, en el caso de Pérez Botija; en el caso de Pi Suñer, el problema sería el predominio del empirismo legislativo y jurisprudencial, con sacrificio de los criterios doctrinales. Tan solo señala como diferencia que la producción de Pi Suñer está más en consonancia con la naturaleza de la asignatura. Ninguna de las deficiencias es problema para acceder a la cátedra. En el caso de Pérez Botija porque, teniendo buena preparación jurídica, las exigencias dogmáticas y docentes corregirán ese defecto; en el caso de Pi Suñer porque, alejado de la práctica administrativa de las oficinas, se verá forzado a adentrarse en la doctrina. El jurado considera que la propia docencia será lo que convierta a ambos aspirantes en catedráticos completos que en este momento no son.

El siguiente vocal, el catedrático provisional por Madrid, Jordana de Pozas, hace suyo el dictamen de Fernández de Velasco, no sabemos si por convicción, fidelidad o simple comodidad. En todo caso, considera que las deficiencias presentadas por su colega de tribunal -la escasez de doctrina y el exceso de legislación frente a la conceptuación dogmática- son perfectamente salvables.

El informe final de Álvarez-Gendín comienza con el aspirante Pérez Botija, del que considera que solo una parte de sus trabajos son estrictamente administrativos; destaca su memoria para la cátedra, un artículo sobre "Modalidades de la potestad reglamentaria" y sus apuntes titulados "Nuevas modalidades de administración corporativa". El resto de sus publicaciones, especialmente las dedicadas a la prevención de accidentes laborales, son consideras por el miembro del tribunal como de índole más bien social. Indica también que el aspirante tiene poca labor bibliográfica, aunque a su juicio acredita capacidad para la producción. Entiende que el mejor de sus trabajos es: "El concepto de derecho administrativo", tanto en su exposición y sistematización, como en su ordenación bibliográfica; el peor,

"Nuevas modalidades de administración corporativa", del que señala deficiencias e incorrecciones en la redacción, así como confusión y repetición de conceptos señalando, incluso, que probablemente son notas tomadas, quizás taquigráficamente, de conferencias. El miembro del tribunal considera bastante completa la definición que da el opositor del derecho administrativo en su artículo "Concepto del derecho administrativo" aunque le reprocha que, al hablar de instituciones, dice que son medios jurídicos y señala que, aun en la concepción de Maurice Hauriou, hacen relación más con la idea de personalidad, aun mejor, de subjetividad. El catedrático de Oviedo llega incluso a preguntarse en su informe si no estará Pérez Botija confundiendo instituciones con figuras jurídicas. En cambio, expone muy bien el régimen administrativo.

Comenta el trabajo del aspirante sobre las "Modalidades de la potestad reglamentaria". Álvarez-Gendín piensa que al tratar la autonomía se refiere a la potestad reglamentaria que tienen las administraciones civiles por delegación; y esto, a su juicio, ya no es autonomía, es decir, facultad propia y soberana de darse la norma. Este punto concreto ya fue tratado por el mismo miembro del tribunal en el primer ejercicio y, si bien el opositor mostró el deseo de aclararle el concepto, no lo consiguió. Respecto del tercer trabajo se remite a lo dicho al exponer el opositor la lección 32, en la que repitió casi todos los conceptos del aludido trabajo.

Al valorar el trabajo de Pi Suñer señala que su producción es intensa y extensa. Destaca su memoria, *Los procedimientos administrativos, Lo contencioso administrativo*, "La revalorización de las doctrinas de nuestros clásicos" y "Cuartillas para un libro sobre la ley municipal española de 1935", en las que, a su juicio, demuestra tener condiciones de jurista. A pesar de la buena valoración general, alude varios defectos. El primero de ellos es que en la memoria confunde el triunfo del derecho privado frente al público. Indica también que se distrae un tanto y divaga sobre la soberanía, superioridad territorial, soberanía y servicios, con pérdida del sentido elemental de la administración, repitiendo conceptos del tercero de los mencionados trabajos, más de índole política.

Después, el vocal analizará el trabajo *Los procedimientos administrativos* -con notas anteriores a 1923-. Confirma que hay abundante información legal, reglamentaria y jurisprudencial sobre la ejecutoriedad del acto administrativo y la improcedencia del interdicto contra todos actos, así como sobre su revocación. Además de señalar los problemas que afectan al recurso gubernativo y al contencioso-administrativo. Lo considera un libro útil para el abogado y para el estudiante que quiera aprender los aspectos apuntados en este trabajo. La bibliografía es de referencias y con errores sobre la fuente consultada, "si es que así se hizo" llega a decir, por lo que este miembro del tribunal está poniendo en duda su consulta directa.

Considera mejor acabado su libro *Lo contencioso-administrativo,* porque cuenta con una estimable parte doctrinal, aunque observa cierta falta de sistematización. En el trabajo figura la lección 42 de su programa de oposición, relativa al término de la vía gubernativa en materia municipal. Y cita el real decreto 15 de agosto de 1902, que en la lección había omitido. Por lo demás, a su juicio, el opositor abusa de la jurisprudencia, sin realizar crítica alguna[108].

Sin duda, Álvarez-Gendín es quien más profundiza en la materia. No solo discute sobre los conceptos, sino la antigüedad de la bibliografía utilizada e incluso llega a dudar si ésta ha sido consultada. Ya vimos que prácticamente era el único miembro del tribunal que había intervenido como objetor en los primeros ejercicios. Ahora es el más crítico con los aspirantes.

Por último, la consideración que Alfonso de Hoyos, secretario del tribunal, hace del trabajo de los opositores en su informe final. Aunque realmente no añade mucho a las valoraciones precedentes. Igual que Álvarez-Gendín, indica que Pérez Botija presenta cuatro trabajos, solo dos de ellos se refieren a materias estrictamente administrativas, puesto que los otros pertenecen a cuestiones de tipo social. De los primeros comenta que la memoria obligatoria contiene doctrina sólida y está bien redactada; poco añade sobre su artículo sobre "Modalidades de la potestad reglamentaria". Los dos trabajos sobre prevención de accidentes laborales, este jurado alaba que Pérez Botija se haya dedicado a estas materias dada la amplitud el problema. En cuanto al trabajo de Pi Suñer, este miembro del jurado destaca su trabajo sobre el "Procedimiento administrativo". Como habían indicado ya otros miembros del tribunal, es de la opinión que representa un esfuerzo digno de mención, a pesar de lo cual podría considerarse un esquema ya que la materia no está agotada.

---

108 Respecto a la organización del contencioso administrativo durante la República: Faustino Menéndez-Pidal, *Organización de los Tribunales,* Reus, 1927. Antoni Milian i Massana, *El Tribunal de Cassació de Catalunya i l´organització del contencios-administratiu a la II República,* Barcelona, 1983.

Resultados finales

El día 25 de octubre de 1940 fue la votación nominal pública. En ella, por unanimidad, resultaron elegidos Pi Suñer en primer lugar y Pérez Botija en segundo. El primero eligió la catedra de Santiago, quedando la de Murcia para el segundo[109]. No obstante, estos destinos no serían definitivos. Pi Suñer se trasladaría un año después a Barcelona, dejando vacante nuevamente la plaza recién ganada. Esto abrió la oportunidad para que Antonio Mesa Segura, retirado de la oposición, fuera designado catedrático de administrativo en Santiago, a propuesta del tribunal por mayoría de votos, el 10 de octubre de 1941.[110] La cátedra, sin embargo, tampoco tuvo la suerte de encontrar a un profesor plenamente interesado en ella. Mesa Segura obtuvo, por traslado, la plaza en su ciudad de origen, Granada, el 31 de diciembre.[111]

1941. Concurso de traslado a Barcelona

La cátedra de Barcelona había sido ocupada, al menos hasta 1935, según el escalafón del profesorado de la República, por Jesús Sánchez Diezma y Bachiller. Aunque en 1936 le correspondía la jubilación por la edad reglamentaria la guerra lo truncó. En 1939 solicitó el reintegro y la resolución definitiva de su depuración llegó ese mismo año, en el que por cierto fallecería. El traslado para la provisión de la cátedra de derecho administrativo de Barcelona fue convocado y anunciado por orden 24 de marzo de 1941[112]. Terminó el plazo el 18 de abril.

Hubo un único aspirante, José María Pi Suñer, que fue nombrado sin problema alguno por orden 7 de mayo de 1941[113]. Cumplía todos los requisitos para la nueva universidad.

---

109 José Mª Pi Suñer y Eugenio Pérez Botija nombrados por órdenes 7 noviembre de 1940 (BOE del 17), para las cátedras de Santiago y Murcia, respectivamente.

110 BOE 23 de octubre de 1941. Toma de posesión 21 de noviembre.

111 BOE 19 de enero de 1942. Toma de posesión 20 de enero.

112 BOE 29 de marzo de 1941.

113 Pi Suñer se trasladaría en 1941 a Barcelona. AGA, sección Educación, legajo 9601-2, por concurso de traslado, orden 7 de mayo de 1941 (BOE del 25).

Junta para Ampliación de Estudios, 1907-1939
Instituto-Escuela- Sección Altos del Hipódromo, 1918-1939
Actual CSIC, 1940-
Proyecto "Lugares del saber y exilio científico"

1943. Oposiciones a Valencia y Salamanca

Juan Galvañ Escutia, miembro propagandista, de la ACNdP, a quien vimos renunciar en el concurso por las plazas de Santiago y Murcia, ahora será nombrado catedrático de la universidad de Valencia en 1943[114]. Pascual Marzal Rodríguez estudió la oposición[115]. Galvañ había realizado una buena carrera académica en Valencia, con una excelente licenciatura y el doctorado en Madrid, becado por la Diputación provincial. En Madrid tuvo de profesor a Rafael Altamira Crevea, que también estuvo en el tribunal de su doctorado, junto con Joaquín Fernández Prida, Joaquín Garrigues, Román Riaza y Antonio Sacristán. Sería auxiliar en Valencia en 1930. En 1932-1933 fue becado por la JAE en París, donde acude a los cursos de Gaston Jèze, autor de *Los principios generales del derecho administrativo,* así como a las clases de los profesores de derecho internacional Albert G. de Lapradelle y Jean Paul Niboyet. Entre los administrativistas, Galvañ está todavía anclado en la doctrina francesa. La modificación importante de la asignatura se hará más tarde con la ley del ministro de educación José Luis Villar Palasí en 1970, entre otros, cuando se importe un derecho administrativo más nuevo de Alemania... A principios de 1937 Galvañ era separado del servicio activo por el gobierno de la República, y no se reincorporará hasta finales de marzo de 1939. Tendría que esperar hasta 1943 para presentarse a la oposición de Valencia.

El *tribunal* estuvo compuesto por José Gascón y Marín como presidente; vocales Carlos García Oviedo, Sabino Álvarez-Gendín y Blanco -estos dos presentes en la oposición anterior a Murcia y Santiago-, Segismundo Royo-Villanova y Fernández-Cavada, y el secretario Antonio Mesa Segura, opositor en el concurso anterior. Este último, como vocal suplente del catedrático Recaredo Fernández de Velasco, que había fallecido hacía poco tiempo.

Los *aspirantes,* aparte de Galvañ, eran Laureano López Rodó miembro destacado del Opus dei y el catalán Manuel Ballbé Prunes.

Galvañ presentó junto con el certificado de haber pasado la depuración el de adhesión al régimen, con carta de recomendación de un personaje políticamente relevante. El documento estaba firmado por Guzmán Za-

114 AGA, sección Educación, 32/1474, legajo 10475.

115 Pascual Marzal Rodríguez, "Juan Galvañ Escutia: catedrático de Derecho administrativo", *Facultades y Grados. X Congreso Internacional de Historia de las Universidades Hispánicas,* 2 vols., Universitat de València, II, pp. 85-107. Quien agradeció le facilitara el expediente del AGA.

morano Ruiz, jefe en Valencia del SEU. En él se afirma que el candidato es: "persona totalmente afecta al Glorioso Movimiento Nacional, con cuyo ideario siempre fueron concordantes las explicaciones de dicho profesor auxiliar, extremo que me consta por haber cursado bajo su dirección la asignatura de Derecho Administrativo en la Universidad de Valencia".

En esta oposición el candidato puso al día la memoria de 1940 y presenta el trabajo: "La revocabilidad del acto administrativo". En la memoria, sobre el concepto de la asignatura, método, fuentes y programa, entiende que España es un estado de derecho: "no es esencial el régimen democrático parlamentario para la existencia del estado de derecho ...". Incluye textos de los discursos del caudillo para legitimar el nuevo estado. Resalta acerca de la docencia que debe impartirse teniendo en cuenta los principios del "espíritu nacional católico" del estado. Para el *tercer ejercicio* elige la lección "Elementos reales de la Administración. Clasificación. El dominio público". En el *cuarto* se le adjudica el tema del régimen jurídico de la administración. El *quinto* sobre un caso práctico versó sobre de las comunidades de regantes. Finalmente, el *sexto* consistió en la naturaleza jurídica de la propiedad minera. Los informes del tribunal fueron breves, con alabanzas a la memoria, incluso al programa que no era muy original. Se valoró satisfactoriamente, aunque de manera escueta, los trabajos presentados sobre la revocabilidad del acto administrativo, "La función consultiva del Consejo de Estado en la nueva Ley municipal" y "La nacionalidad de las sociedades mercantiles.

El 31 de diciembre de 1943 obtuvo la cátedra de Valencia Juan Galvañ Escutia, poco después los otros dos aspirantes también conseguirían cátedra, López Rodó la de Santiago y Ballbé la de Murcia, ambos en 1945. López Rodó llegaría a ser comisario del plan de desarrollo y ministro de asuntos exteriores en 1973-74. Ballbé pasaría a Zaragoza en 1953 y más tarde sería profesor de derecho y ciencias económicas en la universidad de Barcelona. Galvañ se dedicaría al ejercicio profesional, a las comunidades de regantes de las que entendía.

Mientras, la cátedra de Salamanca, que por orden 2 de noviembre había sido agregada, quedó sin proveer. Se cubriría más tarde mediante turno de traslado. En el escalafón de 1935 figuraba José María Gil Robles y Quiñones de León, miembro de la ACNdP, líder de la CEDA[116], que hizo campaña a favor de Franco, pero tras la guerra trabajó por la restauración de la

---

[116] Sobre la CEDA, Francisco Casares, *La CEDA va a gobernar (notas y glosas de un año de vida pública nacional)*, Madrid, Gráfica Administrativa, 1934.

monarquía en la figura de Juan de Borbón, formando parte de su consejo privado, manifiesto de Lausana de 1945... Desde 1938 Serrano Suñer ordenó la apertura de un sumario militar contra él por conspiración. No contaría con el favor del régimen[117]. Estuvo gran parte de su vida exiliado.

DERECHO CANÓNICO

En la asignatura de derecho canónico, tan relacionada con la iglesia, era indudable la significación de los profesores al nacionalcatolicismo del nuevo régimen, cuyos pilares más sólidos eran falange y la iglesia, con el catolicismo recalcitrante del momento. Aunque los opositores a cátedra no hagan constar de manera directa sus méritos patrióticos.

Las plazas que salen a concurso u oposición se encuentran sin titular, desde antes incluso de la guerra, ya en el escalafón de la República en paz, de 1935. No se hayan vacantes por el exilio de catedráticos de derecho canónico. Aquí no hubo exiliados. En cambio, cabe decir que si marcharon algunos profesores de otras facultades que fueron sacerdotes en España, como el periodista Ramón de Ertze Garamendi y el filósofo José M. Gallegos Rocafull.

En estas plazas que se convocan la mayoría de los aspirantes serán clérigos y, como veremos, o sus méritos no son bastantes -a pesar de las abundantes medallas y condecoraciones- o sus publicaciones no se adecuarán a la disciplina de derecho canónico. Si bien, al final todos consiguen alcanzar cátedra.

En definitiva, el estado necesitaría acomodar sus enseñanzas al dogma, a la moral católica y a las normas del derecho canónico vigente.

---

[117] AGA, sección Educación, (05) 1.19, 31/15834 y (05) 1.16, 21/20241. José María Gil Robles, *No fue posible la paz*, Barcelona, 1968; *Discursos parlamentarios*, Madrid, 1971. Sobre él hay abundante bibliografía: Juan Arrabal, *José María Gil Robles: su vida, su actuación, sus ideas*, Madrid, Librería Internacional de Romo, 1933; Julián Cortés-Cavanillas, *Gil Robles ¿monárquico? Misterios de una política*, Madrid, San Martín, 1935; José Gutiérrez-Ravé, *Gil Robles, caudillo frustrado*. Madrid, Prensa Española, 1967; Juan Ignacio Luca de Tena, *¿Quién soy yo?... y ¡Yo soy Brandel!*, Madrid, Escelicer, 1970; Miguel Ardid y Javier Castro-Villacañas, *José María Gil Robles, Barcelona*, Ediciones B, 2004; Alfonso Rojas Quintana, *José María Gil Robles: historia de un injusto fracaso*, Madrid, Síntesis, 2010.

1940. Plazas para Valencia y Santiago de Compostela

Las primeras oposiciones a cátedra de derecho canónico, resueltas tras la victoria franquista, estuvieron destinadas a cubrir las plazas de las universidades de Valencia y Santiago[118]. Esta última aparecía como vacante en el escalafón de 1935, mientras la de Valencia estaba ocupada por Manuel Cabrera Warleta, catedrático en el periodo de la restauración borbónica, que contaba 69 años y estaba a las puertas de su jubilación. Para ocupar ambas plazas se hicieron dos convocatorias sucesivas[119], si bien, con un año de diferencia entre una y otra.

En la primera estaba inicialmente previsto incorporar la de Granada, pero finalmente se segregó de la convocatoria. En el cambio, acabó por agregarse a la misma la plaza de Santiago[120]. En cualquier caso, las dos cátedras en juego fueron declaradas desiertas en esa primera ocasión, por orden 25 de noviembre del mismo año[121]. Al parecer, la carrera académica y los méritos presentados por los aspirantes -la mayoría de los cuales eran presbíteros- no eran suficientes para cubrir sus puestos, y sus obras no se ajustaban a la asignatura de canónico. Curiosamente, a la segunda convocatoria, que se haría un año después, acudieron prácticamente los mismos opositores, se contó con casi el mismo tribunal y se valoraron los mismos *curricula*, a pesar de lo cual en esta ocasión sí que se cubrieron las dos plazas.

Los firmantes de la primera convocatoria fueron: Pedro Ramón Lamas Lourido, capellán de la armada y profesor ayudante en Madrid; Paulino

---

118 Yolanda Blasco Gil y Jorge Correa, "Primeras oposiciones a cátedra de derecho canónico en la posguerra, 1940-1942", en *Matrícula y lecciones. XI Congreso internacional de Historia de las universidades hispánicas* (Valencia, noviembre 2011), 2 vols., Universitat de València, 2012, I, pp. 251-265.

119 AGA, sección Educación, legajo 9592. La primera convocatoria fue el 11 de junio de 1940 (BOE del 25). Terminó el plazo el 23 de agosto; se nombró el tribunal por orden 26 de agosto (BOE del 30); lista provisional de admitidos y excluidos BOE 16 de septiembre; lista definitiva 23 de septiembre. La de Valencia fue en tumo libre y la de Santiago en turno de auxiliares. La segunda convocatoria fue apenas un año después, el 20 de mayo de 1941. AGA, sección Educación, legajo 9756. Oposición, turno libre, para la provisión de cátedras en Santiago y Valencia. Orden de la convocatoria y anuncio 20 de mayo de 1941 (BOE del 31). Termina el plazo el 29 de julio. Nombramiento del tribunal por orden de 2 de junio. Lista provisional de admitidos 4 de agosto, lista definitiva 22 de agosto.

120 Orden 30 de septiembre de 1940 (BOE 4 de octubre).

121 BOE 5 diciembre de 1940.

Pedret Casado, también había sido capellán y profesor auxiliar en Santiago; José Bernal Montero, abogado; José Maldonado y Fernández del Torco, teniente honorífico del cuerpo jurídico militar y profesor auxiliar en Madrid; Miguel Hernández Ascó, profesor auxiliar en Madrid y Heraclio Sánchez Rodríguez, quien era canónigo magistral de la catedral de Tenerife, capellán mayor del monarca y profesor auxiliar en La Laguna. Aunque firmaron esta primera convocatoria no se presentaron Sánchez Rodríguez ni Hernández Ascó. A la segunda, firmaron casi todos los de la primera, excepto, Sánchez Rodríguez; y, aunque firmó, no se presentó Maldonado y Fernández del Torco. En esta nueva convocatoria solo fue novedad José María Rego Machinea. Sin embargo, este firmante llegó a Madrid enfermo, por lo que solicitó que se retrasara unos días la convocatoria. Su petición fue aceptada, pero falleció con la oposición recién comenzada[122].

De todos ellos, los que hicieron carrera académica con gran rapidez fueron los miembros más activos y significados durante la reciente guerra civil: los dos capellanes castrenses Pedret y Lamas, que fueron quienes, a la postre, ocuparon las dos plazas en juego. También ascendió con rapidez el teniente honorífico del cuerpo jurídico militar, Maldonado Fernández del Torco, quien fuera espía del bando franquista, falangista clandestino en zona republicana, y teniente honorífico del servicio jurídico. Incluso, los otros dos opositores consiguieron pronto una cátedra: a primeros de diciembre de 1945, Hernández Ascó ocupó la plaza de Valladolid y José Bernal, por su parte, la de Oviedo. Todos quedaron colocados.

Los aspirantes

-José Maldonado y Fernández del Torco, conde de Galiana, nació el 6 de octubre de 1912. Tan solo tenía 27 años cuando se presentó a la primera oposición. Ocupaba entonces el puesto de auxiliar en Madrid, así como la auxiliaría en historia de la iglesia y del derecho canónico; además, y desde el 18 de noviembre de 1939, era vicesecretario de la facultad. Aunque en su expediente no hizo constar de manera directa sus méritos políticos, estuvo afiliado a Acción Popular, en la que comenzó a militar en 1933, lo que

122 AGA, sección Educación, legajo 9756. José María Rego mandó una carta el 12 febrero de 1942 (en folio 198 del expediente los detalles) manifestando que estaba enfermo para que le concedieran unos días. Después de diez días convocan el primer ejercicio (folio 49) para el 3 de marzo (folio 212). Pero falleció el 18 de marzo de 1940. El vocal Mérida y Pérez se haría cargo de sus papeles.

le valió su entrada en el Centro de Estudios Universitarios como profesor ordinario ese mismo año.

En la hoja de servicios que presentó, al indicar sus méritos, puede leerse que ingresó en la universidad central con premio extraordinario número uno del bachillerato universitario. Cursó los estudios de licenciatura con sobresaliente y matrícula de honor en todas las asignaturas. El 22 de septiembre de 1935 realizó el último ejercicio de licenciatura con sobresaliente. El 25 de octubre de 1934 se le concedió el premio extraordinario de licenciado en derecho. Durante sus estudios de doctorado también obtuvo matrícula de honor en todas las asignaturas. Siguió con esas calificaciones cuando, el 2 de julio de 1935, realizó los ejercicios del grado de doctor con sobresaliente. Los honores referidos a su doctorado los recibiría después de la guerra civil, el 25 de septiembre de 1939, mediante oposición, con premio extraordinario[123]. Previamente, y para que internacionalizara su trabajo, la junta económica de la facultad de derecho de Madrid le había concedido, el 20 de junio de 1936, una pensión para realizar estudios de investigación en Alemania. Por lo que disponía de muy buen expediente académico, con todos los premios concedidos en la carrera.

Antes de 1933, Maldonado fue nombrado profesor ordinario del Centro de Estudios Universitarios y, después de la contienda, el 18 de junio de 1940, fue nombrado ayudante de la sección de derecho canónico del Instituto Francisco de Vitoria, dependiente del patronato Raimundo Lulio del CSIC, cargo que desempeñaba en el momento de presentarse a la opo-

---

[123] Con una tesis doctoral sobre la *Influencia de las Decretales en las Partidas en Derecho matrimonial*, pero no pudo celebrarse el examen de premio extraordinario de doctorado hasta 1939. Entonces, presentados los candidatos del curso 1935-1936, realizaron una prueba única con el *tema Formas nuevas del Estado*. El tribunal, que estaba formado por Eloy Montero, José Gascón Marín y Federico de Castro, le otorgó el premio junto con Ángel Enciso Calvo. También se licenció en Ciencias políticas, económicas y comerciales. Profesor ayudante de clases prácticas de Instituciones de derecho canónico en Madrid durante los cursos 1934-35 y 1935-1936. Parece que durante la guerra civil no llegó a personarse en la facultad. Fue incorporado a filas en el ejército republicano y destinado a servicios auxiliares, "convirtiéndose en espía a favor de la España franquista...". En 1937 se adhirió a las milicias clandestinas de falange. Y, tras la entrada del ejército sublevado en Madrid, sería depurado y luego nombrado teniente honorario del Cuerpo Jurídico Militar, prestando servicios en la Auditoria de guerra del ejército. También depurado sin sanción como funcionario público y reincorporado posteriormente a la enseñanza universitaria. En Manuel J. Peláez, *Diccionario crítico...*, vol. II, t. I, pp. 26-27.

sición y que compatibilizaba con el de teniente del cuerpo jurídico militar. La presencia y la pertenencia al consejo es una constante en las oposiciones de la época.

En cuanto a sus publicaciones, el candidato presentó tan solo cinco trabajos. El primero "Sobre la construcción jurídica de las relaciones entre la Iglesia y el Estado" publicado en la *Revista de la Facultad de Derecho de Madrid*[124]. Otro sobre "Los concilios españoles del siglo XI y el derecho secular" que se encontraba en publicación. Incorporaba su tesis doctoral, inédita, sobre la "Influencia de las decretales en las Partidas en derecho matrimonial". Un artículo sobre "Román Riaza", en la *Revista de la Facultad de Derecho de Madrid* [125] y, finalmente, un trabajo en preparación titulado "Contenido jurídico canónico del *Theatro eclesiástico de las Indias Occidentales* de Gil González Dávila"[126].

Maldonado no logró la cátedra en esta ocasión, ni tampoco en la segunda convocatoria, a la que no se presentó. Ganaría otra siguiendo un curioso itinerario porque, si bien lo vemos inicialmente aspirando a la cátedra de canónico, fue en primera instancia catedrático de historia del derecho. Ocupó plaza en Santiago por oposición de turno libre en 1941 -nombrado el 12 de agosto; tomó posesión el 25-. Luego pasaría a Valladolid y, más tarde y por oposición, ocuparía la catedra de historia de la iglesia y del derecho canónico para doctorado en Madrid. Al suprimirse estas especialidades, pasaría a la cátedra de licenciatura de derecho canónico también en Madrid. Sería académico de número de la real academia de jurisprudencia y legislación, institución a la que accedió con un discurso sobre la *Significación histórica del Derecho Canónico* (1969). Letrado del consejo de estado y, entre 1956 y 1962, subsecretario de educación en el ministerio. Formó parte del grupo de historiadores del derecho que dieron continuidad a

124 *Revista de la Facultad de Derecho de Madrid...*, I (enero-marzo, 1940), p. 70.

125 *Revista de la Facultad de Derecho de Madrid...*, I (1940), p. 47.

126 El candidato en su *curriculum* aclara que ha realizado los trabajos de programa y preparación de sus explicaciones dictadas en la cátedra del doctorado de historia de la iglesia y del derecho canónico y de una serie de lecciones sobre "Influencia del derecho canónico en el derecho del estado", que explicó en el curso de 1935-1936 en la cátedra de la licenciatura de instituciones de derecho canónico por encargo y bajo la dirección del titular, pero no están publicadas.

la pretendida escuela de Hinojosa y al *Anuario de Historia del Derecho Español*[127]... A partir de 1940 desarrollaría una prolija producción científica[128].

-Pedro Ramón Lamas Lourido, nació el 9 de enero de 1901, era natural Villaodrid (Lugo). Cuando optó a esta cátedra tenía 39 años, era doctor en teología, derecho canónico y civil y ejercía como ayudante de instituciones de derecho canónico en Madrid. También, desde el 19 de junio de 1940, era becario de la sección de canónico del Instituto Francisco Vitoria. Capellán primero de la armada en servicio activo y excombatiente. En su hoja de servicios académicos figuran doce trabajos que no parecen ni lo

---

[127] Manuel J. Peláez, *Diccionario crítico...*, vol. II, t. I, pp. 27- 28. Publicó en revistas de derecho canónico, como en la salmantina *REDC* (1946) con artículos como "Acerca del carácter jurídico del ordenamiento canónico", I (1946), pp. 67-104; "El problema de los hechos notorios en el Código de Derecho Canónico", II (1947), pp. 749-766; "Herencia a favor de alma", III (1947), pp. 203-212; "Las causas pías ante el Derecho civil", IV (1948), pp. 449-474; "Los primeros años de vigencia del Concordato de 1953", XII (1957), pp. 7-28; "Otros tres años de vigencia del Concordato de 1953", XV (1960), pp. 261-279 y "El Convenio del 5 de abril de 1962 sobre reconocimiento, a efectos civiles, de los estudios de ciencias no eclesiásticas realizados en España en Universidades de la Iglesia", XVIII (1963), pp. 137-188. Publicó en la Revista *Ius Canonicum* de la Universidad de Navarra (1961) dos artículos: "La significación histórica del Derecho Canónico", XI (1969), pp. 5-99 y "Los juristas ante el momento actual del Derecho Canónico", XI, 21 (1971), pp. 37-67.

[128] José Maldonado y Fernández del Torco, *Historia del derecho canónico en España* (1952) y la parte general de un *Curso de Derecho Canónico para juristas civiles,* (1967). Sobre historia del derecho, varios artículos en el *AHDE*: "Un fragmento de la más antigua Historia del derecho español. (Parte del texto primitivo de la obra del Dr. Espinosa)", XIV (1942-1943), pp. 487-500; "Las relaciones entre el derecho canónico y el derecho secular en los concilios españoles del siglo XI", XIV (1942-1943), pp. 227-381; "Sobre la relación entre el Derecho de las Decretales y el de las Partidas en materia matrimonial", XV (1944), pp. 589-643; "Ante una exposición de conjunto de la Historia del Derecho español", XVII (1946), pp. 1010-1025; "Líneas de influencia canónica en la Historia del proceso español", XXIII (1953), pp. 467-493; "Los recursos de fuerza en España. Un intento para suprimirlos en el siglo XIX", XXIV (1954), pp. 281-380; "Un manuscrito del Fuero Viejo", XXII (1962), pp. 471-481; "Las crónicas de Indias y la Historia del Derecho canónico: Gil González Dávila", L (1980), pp. 781-795. Así como otras publicaciones: *La exigencia del matrimonio en nuestra legislación civil* (1954), *La técnica de la investigación histórica del Derecho Canónico* (1956), *Los cultos no católicos en el Derecho español* (1956), *Las nuevas orientaciones sobre los conflictos de competencia Canónica-Civil* (1967); *Las nuevas relaciones entre el ordenamiento jurídico de la iglesia y otros ordenamientos jurídicos* (1972) y junto con Emilio Sáez, *El Fuero de Coria* (1949). Manuel J. Peláez, *Diccionario crítico...*, vol. II, t. I, p. 28.

suficientemente serios ni adecuados para la oposición, como el "Manual de piedad del marinero español"[129]. Le movía más la piedad que la ciencia.

Acerca de los servicios prestados, el candidato incide en sus méritos militares, relatando que fue agregado a la comandancia militar de Lugo y capellán del grupo expedicionario de infantería de marina en el frente de Asturias. Ejerció como capellán profesor de la Escuela naval militar y de la comandancia general del departamento marítimo de Cádiz, encargado de los servicios religiosos en el primer regimiento de infantería de marina. Desde el final de la guerra, concretamente desde noviembre de 1939, era capellán del ministerio de marina y secretario del jefe del negociado eclesiástico en el mismo ministerio.

En su carrera académica eclesiástica obtuvo las más altas calificaciones, así como en la facultad de derecho, tanto en licenciatura como doctorado. Estaba en posesión de la medalla de la paz de Marruecos, la cruz de la orden de la Mehdauía con grado oficial concedida por S.A.I el Jalifa de Marruecos, así como la medalla de campaña, la de cruz roja al mérito militar y la cruz de guerra; las tres últimas concedidas durante la contienda civil. Muchas condecoraciones, aunque no logró sacar esta primera catedra. Pero al cabo de dos años ingresó en el escalafón de catedráticos, ocupando el 30 de abril de 1942 la plaza de canónico en Valencia[130], que había salido en segunda convocatoria.

-Paulino Pedret Casado[131] nació el 28 de agosto de 1899 en Santiago. Tenía 41 años cuando se presentó a esta oposición y era profesor auxiliar

---

129 Pedro Ramón Lamas Lourido "Manual de piedad del marinero español", por su capellán de la armada, en colaboración con el capellán mayor Víctor Vicente Vela Marqueta, publicado por Establecimientos Cerón de Cádiz el 1 de enero de 1939. Además, publicó en periódicos y revistas: "La fiesta del caudillo en Bolgues", en el *Correo Gallego de Ferrol*, nº 20.481 y en *Nueva España de Oviedo*, en octubre de 1937; "Un libro necesario", publicado en *Información de Cádiz*, nº 22.894 y en el *Correo Gallego de Ferrol* en abril de 1939; "Los flechas navales en África", "Los flechas navales de Palma", "Los flechas navales en Alta mar-Memento", publicados en *Diario de Cádiz*; "Los flechas navales en Valencia", "Los flechas navales en Alicante", "Los flechas navales retornan"; publicado en *Información de Cádiz*; "Palma está en luto-ofrenda" y "Laureles sobre anclas", en la Revista *Mío Cid*, Barcelona, 18 de julio de 1940.

130 Escalafón de catedráticos de universidad de 1948.

131 Su biografía en Manuel J. Peláez, *Diccionario crítico...*, vol. II, t. I, p. 271. Se licenció en filosofía en Roma en 1917 y fue ordenado presbítero en Tui en 1921. Licenciado en derecho por la Universidad de Santiago el mismo año, se doctoró en derecho en la central al año siguiente, 1922. También se licenció en historia en

de canónico en Santiago, encargado de la cátedra vacante. Capellán de la armada retirado, indicó en la documentación presentada que había prestado voluntariamente sus servicios al ejército nacional y que por ellos le había sido concedida la medalla de campaña, condecoración instaurada durante la guerra por el gobierno franquista que recompensaba operaciones en línea de fuego. Desde el 19 de agosto de 1939, auxiliar de canónico en Santiago. Era doctor en derecho con la tesis "La impotencia en el Derecho canónico" que aprobó el 18 de abril de 1923[132]. Cuestiones de nulidad del matrimonio eclesiástico… Éste sería el candidato finalmente elegido catedrático de derecho canónico en Santiago en la segunda oposición, 30 de abril de 1942. Permaneció en ese puesto hasta su jubilación en 1969, asumiendo el decanato entre 1961-1965. Nombrado miembro numerario de la real academia gallega en 1941 y de la academia de jurisprudencia y legislación, también de A Coruña, desde 1969. A partir de 1940 aparecen varias publicaciones suyas, así como algunas páginas en el *Anuario de Historia del Derecho Español*[133].

-Heraclio Sánchez Rodríguez, natural de Tejeda (Las Palmas), fue el candidato de mayor edad. A sus 50 años era profesor auxiliar de La Laguna y canónigo magistral de la catedral de Tenerife. Auxiliar temporal de

---

Santiago en 1929. Fue profesor encargado entre 1926 y 1942. Murió en Santiago el 26 de mayo de 1969.

132 Según el expediente era licenciado en derecho con sobresaliente, título expedido el 19 de marzo de 1923 y licenciado en filosofía y letras -sección historia- también con sobresaliente y premio extraordinario, título 19 de mayo de 1931. Se doctoró en filosofía por la universidad Gregoriana de Roma y en las oposiciones verificadas en esta universidad, para la auxiliaría de filosofía del derecho y derecho político, fue aprobado por el tribunal en marzo de 1930. Capellán del ejército por oposición, ejerció el cargo en la armada.

133 Sus principales publicaciones son: *El matrimonio en las costumbres sinodales de Galicia desde el Concilio de Trento, especialmente en las del arzobispo de Santiago D. Francisco Blanco* (1943); *Los lectores de Decreto y la antigua Facultad de Cánones de la Universidad de Santiago* (1946); *La evolución de la enseñanza del Derecho Canónico en España* (1946); *Las relecciones "De potestate Ecclesiae" y el ambiente jurídico-teológico de Vitoria* (1946); Fu*entes del conocer del Derecho Canónico. Algunos aspectos de su historia* (1950); *Colmeiro, maestro de la Universidad Gallega* (1950); *El decreto "Ne temere" en la Archidiócesis de Compostela* (1951); *La Facultad de Derecho de la Universidad Gallega al comenzar el año 1900* (1953), *Datos para una biografía de Alfredo Brañas* (1959); *Mis Maestros Gratuitos* (1957); *El Derecho Público Eclesiástico en tiempos de Álvaro Pelayo* (1957); *Don Salvador Cabeza de León* (1969); *El Derecho Canónico en Compostela* (1969) y *La evolución de la enseñanza del Derecho en la Universidad de Santiago de Compostela* (1969). Manuel J. Peláez, *Diccionario critico...*, vol. II, t. 1, pp. 271-272.

la cátedra de derecho natural e internacional, nombrado por orden 20 de marzo de 1934. Tomó posesión el 6 de abril, prorrogado hasta el 30 de septiembre de 1938. Posteriormente auxiliar provisional hasta el 30 de septiembre de 1940. Para acceder a este puesto presentó su hoja de servicios, con su carrera y honores indicando: el título de licenciado en derecho, expedido el 6 de octubre de 1926; y grado de doctor con sobresaliente, el mismo año. Antes, licenciado en sagrada teología en la Pontificia de Las Palmas en 1912 y doctor en 1917. También obtuvo el bachiller en cánones en la misma universidad.

Aporta como servicios prestados antes de ser profesor titular: vicerrector del seminario de la diócesis de Canarias desde julio de 1912 hasta octubre de 1915; inspector del mismo centro desde octubre de 1915 hasta julio de 1917 y profesor de latín y humanidades desde octubre de 1914 hasta junio de 1917. Catedrático de sagrada teología en el seminario de la misma diócesis y, en agosto de 1922, fue nombrado por el obispo de Tenerife censor eclesiástico, juez presinodal, y miembro de la comisión de vigilancia de predicación sagrada. A fines de enero de 1920 fue nombrado miembro de la junta central diocesana de Acción Católica. Era también predicador supernumerario de S. M.

-José Bernal y Montero, nacido el 5 de noviembre de 1890 en Bollullos de Condado (Huelva), tenía 49 años en el momento de la oposición. Era abogado de profesión. Ingresaría en el escalafón a primeros de diciembre de 1945, como catedrático de canónico en Oviedo.

-El ultimo aspirante, Miguel Hernández Ascó, de 38 años, natural de Potries (Valencia), profesor auxiliar de instituciones de derecho canónico de la central. Tampoco obtiene la plaza en esta ocasión, pero ingresaría en el escalafón a primeros de diciembre del 45 al ocupar la cátedra de Oviedo[134].

El tribunal

El 3 de octubre de 1940 se reunió el tribunal. Inicialmente, su tarea consistía en seleccionar a la persona que debía cubrir a la catedra vacante de canónico en Santiago, pero curiosamente actuaba también para la plaza de Valencia. Allí estaban el obispo de Madrid-Alcalá Leopoldo Eijo y Garay (1923-1963) que asumió la presidencia y, como vocales, el aragonesista

134 Escalafón de catedráticos de 1948.

Juan Moneva y Puyol[135], el presbítero Eloy Montero y Gutiérrez[136], Nicolás Santos de Otto y Escudero[137] y Jesús Mérida y Pérez como secretario[138]. Todos eran catedráticos de la asignatura y, salvo Moneva, también eran clérigos.

No fue sencillo conseguir que se constituyera el tribunal. Al faltar un miembro, se fue solicitando la presencia de los suplentes sin éxito alguno. Francisco Gómez del Campillo y Piedralista excusó su asistencia por ocupaciones de urgencia en Barcelona, Teodoro Andrés y Marco por enfermedad, Manuel Cabrera y Warleta también por enfermedad, José Escobedo y González Alberti por encontrarse de viaje y Jesús Mérida y Pérez por sus ocupaciones pastorales. En vista de lo cual, el presidente dispuso que Mo-

---

135 Juan Moneva y Puyol nació el 21 de agosto de 1871 en Venta de Pollos (Valladolid), y murió en Zaragoza en 1951. Era descendiente por vía materna de José de la Hera, carpintero y héroe de los Sitios. Ingresó como catedrático el 7 de marzo de 1903, ocupando la plaza de canónico en Santiago y Valladolid. Pasó a Zaragoza hasta 1941. Decano en esta universidad y presidente del efímero Estudio de Filología de Aragón. Antes de estudiar leyes se licenció en ciencias fisicoquímicas y llegó a ser presidente del colegio de químicos de Zaragoza. De ideología conservadora, relacionado con el Opus Dei. Autor de las siguientes obras: *Derecho obrero*, tesis doctoral, publicada en 1895; *El clero en el Quijote* (1905), *Primores ciudadanos* (1920); *Introducción al Derecho Hispánico*, Barcelona, colección Labor, (1925); *Gramática castellana* (1925); *Los retratos que pintó Goya* (1927); *Paremias* (1933); *El silencio* (1935); *Comerciantes de altura* (1945). Al año siguiente de su muerte se publicaron sus *Memorias*. Fue gran defensor del derecho foral, presidió estando jubilado el Consejo de Estudios de Derecho Aragonés y la Comisión Ejecutiva del Congreso Nacional de Derecho Civil celebrado en Zaragoza en 1946. En Xordica editorial, en línea. También su "Derecho civil de Aragón", NEJSeix, I, Barcelona, 1950, pp. 181 y ss.; "Derecho aragonés. Historia", NEJSeix, I, Barcelona, 1952; "Fueros de Aragón", NEJSeix, X, Barcelona, 1960, en línea. Escalafón de catedráticos de 1935. Su biografía en Manuel J. Peláez, *Diccionario crítico...*, vol. II, t. I, pp. 153-156.

136 Nació en 1887 en El Bodón (Salamanca) y falleció en 1972 en Blancosancho (Ávila). Era licenciado en filosofía y letras y doctor en derecho canónico con la tesis *El "ius abutendi"* (1914). Auxiliar temporal, ingresó en el escalafón de catedráticos por Sevilla, el 15 de diciembre de 1921. Pasó después a la central, donde fue decano. En escalafón de catedráticos de 1935 y 1948. Su biografía en Manuel J. Peláez, *Diccionario crítico...*, vol. II, t. I, pp. 162-163.

137 Nació en 1880 en Huesca, ingreso en el escalafón el 15 de diciembre de 1921 por Oviedo. Pasó después a Murcia y más tarde a Valladolid. Escalafón de catedráticos de 1935.

138 Nació en 1891 en Murcia. Auxiliar temporal, ingresó como catedrático por Murcia el 6 de agosto de 1935. Excedente voluntario por orden 19 de enero de 1944. Fue rector. En escalafones de catedráticos de 1935 y 1948.

neva Puyol y Eloy Montero visitasen al ministro en busca de la solución y al día siguiente llegó a Madrid, para completar el tribunal, el vocal que faltaba: Jesús Mérida Pérez ejerció como secretario.

Se formó el tribunal para la plaza de Santiago, que actuaba también para la de Valencia, y los opositores eran los mismos en ambos casos. Fueron citados para realizar las pruebas los mismos días con una hora de diferencia. Se supone que serían los mismos ejercicios para las dos plazas. Los informes son los mismos con doble redacción.

El tribunal dispuso que la quinta prueba consistiera en la resolución de un *dubbium* y la sexta una disertación sobre un tema elegido por ellos. Ambas pruebas se propondrían al opositor antes de iniciar los ejercicios y debían ser por escrito, sin más ayuda que el *Codex iuris Canonici.*

Comparecieron solo cuatro opositores: José Maldonado y Fernández del Torco, Pedro Ramón Lamas y Lourido, José Bernal y Montero y Paulino Pedret y Casado. Todos entregaron la documentación, sus trabajos científicos y actuaron por el mismo orden. Todo regulado bajo una legalidad aparente.

Desarrollo de las pruebas

En el primer ejercicio sobre la exposición de sus trayectorias y un análisis de los trabajos presentados, con las objeciones de los otros aspirantes, pasaron todos. También en el segundo ejercicio, donde se exponía la memoria y la defensa del programa y el tercero, que consistió en desarrollar una lección de los programas presentados. De nuevo lo mismo en la cuarta prueba, una lección de su programa, elegida por el tribunal de entre diez sorteadas previamente. Llegaron al siguiente, el caso práctico, que fue considerado para todos válido, así que se presentaron al sexto ejercicio, en el que debían desarrollar el tema: "La dote del beneficio eclesiástico según el Canon 1410 y según el *Corpus Iuris*".

En conjunto, la parte más importante son los informes del tribunal. Llama la atención la estrecha y limitada concepción que tienen los jueces sobre la disciplina. Para descalificar ciertos trabajos utilizaron el argumento de que no se ceñían a los estrictos márgenes de la materia. Se infravaloraron algunos trabajos históricos, sin que pueda entenderse la razón por la cual la historia del derecho canónico estaría fuera de la asignatura. También el hecho de que no valoraran las tesis doctorales arguyendo que éstas ya cumplieron su función al hacer doctores a los aspirantes.

Sobre algunas investigaciones se hacen valoraciones buscando que el autor comulgue con la ideología dominante, descalificándolo en caso contrario. Por ejemplo, Eijo Garay, presidente del tribunal, comentaba de este modo el texto de Maldonado, "Indicación del cuestionario canónico del *Theatro eclesiástico de las Indias Occidentales* de Gil González Dávila":

> Expone la crítica que de ella hacen varios autores, pero sin darnos a conocer su criterio propio sobre esta obra que interesa sobre todo a los historiadores y a cuantos se dediquen a la laudable tarea de desvanecer la leyenda negra que los enemigos de España han forjado en torno a la colonización española, pero no tiene un gran valor desde el punto de vista canónico.

Para Eloy Montero

> ... no deja de ser interesante y de verdadero mérito, aunque es más propio de la disciplina de historia de la Iglesia, que se estudia en el Doctorado.

De Maldonado era el estudio "Datos para el estudio de la importancia de los concilios españoles del siglo XI para el derecho secular". Sobre él sentenció Mérida Pérez que "versa sobre un tema, sin duda interesante, pero propiamente no tiene carácter canónico, pues más bien se refiere a la Historia del Derecho secular español; la disciplina conciliar no se estudia desde un punto de vista verdaderamente eclesiástico, sino solo en cuanto representa un factor de influencia en materias relacionadas con el Derecho del Estado".

El tribunal hizo juicios muy genéricos, indicando que algunos trabajos eran demasiado eruditos, teológicos que no canónicos, excesivamente positivistas (sin construcción doctrinal propia) e incluso dejaron registradas insinuaciones de cierta heterodoxia. En este sentido, Moneva, en una opinión compartida por Otto Escudero, decía de una de las memorias presentadas:

> Desdichadamente inspirada en el Prólogo de Gómez Piñán[139] a la traducción del libro de Eichmam. Se deja llevar del sentido alemán -protestante-, al cual

---

139 Tomás Gómez Piñán, sacerdote y catedrático de historia del derecho, en su depuración fue acusado de contraer matrimonio civil. Militó en el Partido Nacional Republicano de Sánchez Román y estuvo exiliado en Francia. Curiosamente entre una de sus principales obras está *El celibato*, trabajo doctrinal aportado a la oposición de historia general del derecho español, en AGA, sección Educación, 32/07365, legajo 5373-1. Manuel Martínez Neira, "Hacia la madurez de una disciplina. Las oposiciones a cátedra de historia del derecho español entre 1898 y

interesa presentar las Instituciones de la Iglesia como hechos históricos sin derecho a transcendencia actual.

Con estos principios, el tribunal juzgó que muchas de las obras presentadas no serían de "derecho canónico puro", argumento en el que insistió especialmente Moneva. ¿Exceso de celo por parte del tribunal? Podría ser, aunque esta acotación de materias y contenidos sirvió sobre todo para descalificar o también para marcar áreas de influencia y pretendidas escuelas.

En todo caso, y al margen de esta visión reduccionista de la materia, lo que sí se aprecia claramente es que ni las carreras académicas ni las obras de los aspirantes eran extensas o meritorias, como sí puso de manifiesto el tribunal. No se cubrieron las vacantes.

1942. Nueva convocatoria para Valencia y Santiago

La segunda oposición para cubrir las plazas de canónico en Santiago y Valencia, que se habían declarado desiertas, fue convocada en mayo de 1941 y se celebró de febrero a abril de 1942 con un tribunal muy similar a la primera.[140] Casi con los mismos aspirantes y miembros del tribunal, el mayor cambio en el tribunal fue que Moneva ahora era presidente, sustituyendo al obispo de Madrid-Alcalá que, aunque volvió a ser designado por el ministro, no pudo acudir. Por ello, se nombró a un nuevo miembro para el jurado: fray José López Ortiz, como secretario. Este agustino, que sería vicario general castrense entre 1969 y 1977, era muy cercano al Opus dei y a su fundador, como lo era Eijo y Garay. Apenas un año antes, en julio de 1941, había participado como miembro del tribunal en la oposición de historia del derecho de Oviedo, cuya plaza ganó Maldonado, el joven aristócrata que se había postulado en la convocatoria de canónico y que volvería a firmar esta segunda, aunque no se presentaría. Maldonado, como ya se señaló, obtuvo la plaza de Oviedo sin competencia, puesto que fue el único opositor que se presentó.

1936", *CIAN*, 5 (2002), pp. 331-457. Marisa Tezanos Gandarillas, "Tomás Gómez Piñán (1896-1957). Un sacerdote en la Comisión Jurídica Asesora", *Otra iglesia: clero disidente durante la Segunda República y la Guerra Civil*, Feliciano Montero García, Antonio César Moreno Cantano y Marisa Tezanos Gandarillas (coords.), Gijón, Ediciones Trea, 2013.

140 Yolanda Blasco Gil y Jorge Correa, "Primeras oposiciones a cátedra de derecho canónico en la posguerra, 1940-1942"...

El desarrollo

Esta nueva oposición tuvo lugar en los términos habituales. El tribunal libró, tras cada una de las pruebas, informes muy escuetos, igual que se ve en las otras oposiciones del periodo. En ellos se limitaron a señalar que todos los aspirantes pasaron los ejercicios por unanimidad. Solo se señalaron de manera específica algunos detalles sobre el sexto ejercicio. En él destacó Lamas, presentando largos textos sobre los dos temas sorteados: "la regulación canónica de los abades" y "el error común y la jurisdicción de la iglesia". Curiosamente, el candidato Pedret saldría elegido y acabaría obteniendo la cátedra de Santiago el 30 de abril de 1942[141]. Destacó, precisamente, por lo contrario: tan solo un par de folios para cada cuestión. Los criterios van cambiando según el interés.

El propio tribunal acordó para el quinto ejercicio proponer la resolución de dos casos canónicos y la interpretación de un texto a suerte, de entre los formulados por el tribunal sobre las Decretales. El primer caso trataba sobre una cuestión matrimonial, materia central en el derecho canónico. El segundo, sobre los clérigos y el ejército. Merece destacarse este último, de plena actualidad en aquel momento, pues la guerra había terminado en abril de 1939 y el 13 de julio de 1941 había partido el primer tren con voluntarios de la división azul con destino a Alemania. En los dos acontecimientos la participación de la iglesia católica tuvo marcada relevancia:

> Ticio, clérigo seminarista al principio de la guerra española contra el comunismo imperante, se alistó voluntariamente en el ejército nacional, con licencia de su obispo, y por algún tiempo fue considerado entre los soldados voluntarios.
>
> ¿Se debe considerar a Ticio como reducido al Estado laical en virtud de lo que determina el canon 141 parágrafo 2°?[142] ¿Podrá recibir las órdenes mayores?

Pedret arguyó en su escueto comentario que la prohibición canónica de alistarse en el ejército secular se aplica a las guerras intestinas y a las perturbaciones del orden público. Bernal y Montero, por su parte, señaló que la guerra fue justa, necesaria y defendía los sacratísimos derechos de

---

[141] Escalafón de catedráticos numerarios de universidad de 1948 y lista de nuevos catedráticos de 1940 en *Revista de Información Universitaria*, 1940-1941.

[142] Canon 141. par. 1. *Saecularem militiam ne capessant voluntarii, nisi cum sui Ordinarii licentia, ut citius liberi evadant, id fecerint; neve intestinis bellis et ordinis publici perturbationibus opem quoquo moda ferant. par. 2. Clericus minnor qui contra praescriptum par. 1 sponte sua militiae nomen dederit, ipso iure e statu clericali decidit.*

la iglesia, luego Ticio podría ser ordenado. Hernández Ascó también negó la consideración de guerra intestina o civil y más bien la calificó de internacional.

Otra vez fue Lamas quien destacó en el comentario con sus distinciones y apreciaciones desde el derecho canónico y consiguió, sin entrar apenas en consideraciones ideológicas, resolver el caso en sentido positivo: Ticio podría ordenarse. En los comentarios, se aludió repetidamente a excepciones por parte del ordinario del lugar o ciertas situaciones extraordinarias, como la vivida en España durante la guerra. El asunto adquiría ahora una dimensión especial si se tiene en cuenta que quienes obtuvieron las plazas eran capellanes castrenses.

El tribunal había organizado las lecciones que se sortearían para el *sexto ejercicio*[143] y salieron los temas: 11, dedicado a los abades, y el 24 al error común y la jurisdicción de la iglesia. Emitió un informe común a todos

143 Fueron treinta y dos temas, aunque uno aparece tachado: 1. Eficacia jurídica de las resoluciones del fuero interno extrasacramental; 2. El *Stylus curiae* y la jurisprudencia; 3. El orden de criterios de interpretación del can. 18 ¿tiene valor de prelación? ¿qué se entiende por *mens legislatoris* en el derecho propiamente eclesiástico? *Mens legis* y *mens legislatoris;* 4. Extensión de algunas normas canónicas a supuestos distintos de los previstos directamente por ellas. Examen especial de la cláusula *congrua congruis referendo* de los cánones. 675 y 681; 5. ¿Existe un derecho canónico estrictamente privado?; 6. Del derecho electoral y de las asambleas eclesiásticas y el principio jerárquico; 7. Impedimentos matrimoniales y defectos de capacidad. Doctrina general; 8. La excepción canónica y la doctrina de los presupuestos procesales. Excepciones de fondo; 9. La *litis contestatio* ¿tiene carácter contractual? ¿Es el único efecto de la presunción de buena fe, cesando en este momento el que señala el canon 1731, 3°? ¿*quid* si no hay condena a restituir?; 10. El testimonio *septimae manus* (can. 1975) Objeto directo de este testimonio; 11. Abades; 12. Confesores sacramentales; 13. Fe pública eclesiástica: fedatarios; 14 Registros obligatorios por derecho eclesiástico; 15. Cura de almas; 16. Modos de ejercer la Iglesia su Magisterio; 17. Liturgia incluida en el puro derecho canónico; 18. Elección del Papa; 19 Temporalidades de la Iglesia; 20. Diplomacia papal; 21. Influencia de las Falsas Decretales en el Decreto de Graciano; 22. Competencia de la Comisión Pontificia y de las Sagradas Congregaciones en la interpretación del derecho de la Iglesia; 23. Modos de suplir las lagunas de la ley en Derecho canónico; 24. El error común y la jurisdicción de la Iglesia; 25. Jurisdicción de los Vicarios parroquiales; 26. Situación jurídica de los vagos en Derecho canónico; 27. Los elementos accidentales en el contrato matrimonial; 28. Potestad administrativa y judicial en Derecho canónico; 29. Capacidad patrimonial de la Iglesia [aparece tachado]; 30. La dispensa de los impedimentos en el matrimonio según el canon 1045; 31. El arbitrio judicial en derecho penal canónico; 32. Lo contencioso administrativo en derecho canónico.

los méritos y trabajos presentados. A diferencia de la oposición anterior, y a pesar de que la investigación y los méritos alegados son prácticamente los mismos que un año antes, ahora son juicios más positivos y favorables, salvo para Paulino Pedret. Los jueces consideran que sus "Consideraciones acerca del Convenio de España con la Santa Sede de 7 de junio de 1941" carecen de distancia focal, resulta demasiado contemporáneo.

Más positivo fue el juicio sobre Lamas y Lourido. Acerca de su tesis doctoral, el tribunal estimó que era un estudio histórico doctrinal del matrimonio canónico, mientras sus *Prolegómenos de derecho canónico* era un buen trabajo y podía servir de precedente al estudio del derecho canónico positivo en una cátedra. De la *Contribución del derecho eclesiástico al concepto de Ius ad rem*, el jurado consideró que estaba ante un estudio de la doctrina del derecho real aplicado al canónico en relación con el beneficio, que demostraba que el candidato conocía bien el derecho seglar. Por fin, de su obra *El temor reverencial vicio del consentimiento matrimonial*, el grupo se limitó a comentar que el autor guardaba respeto a la jurisprudencia de la curia romana.

Los dos capellanes castrenses Paulino Pedret Casado y Pedro Ramón Lamas Lourido fueron elegidos para ambas plazas, el primero ocupó la de Santiago y el segundo la de Valencia. El resto de los aspirantes, a pesar de que sus méritos fueron descartados por su escasa obra o por no ser ésta acorde con la asignatura, en el futuro acabaron obteniendo plazas. La arbitrariedad de los tribunales queda patente y más cuando observamos que, cinco años después de la primera oposición, en 1945, todos los opositores eran ya catedráticos en una plaza u otra sin que su producción académica hubiera variado de manera considerable[144].

1941. Concurso de traslado a Murcia

En la universidad murciana el concurso de traslado para proveer la cátedra de derecho canónico fue convocado y anunciado el 19 de mayo de

[144] Por orden 5 de noviembre de 1943 (BOE 22 noviembre) se convoca a oposición para proveer las cátedras de canónico de Valladolid y Oviedo. El ganador de la cátedra de Valladolid es Miguel Hernández Ascó y de la de Oviedo José Bernal Montero (17 diciembre de 1945). El 22 de noviembre del mismo año se convocaba el concurso de traslado para proveer la cátedra vacante de Barcelona.

1944[145]. Terminó el plazo el 27 de junio. No hubo aspirantes. Por lo que sería declarado desierto el 4 de julio de 1944[146].

A veces no hay candidatos que reúnan los requisitos para proveer las cátedras con tanta urgencia y necesidad como se dio en las facultades de derecho, desde donde saldrían los nuevos profesionales del mundo jurídico y de la política.

DERECHO PENAL

En esta materia, cabe preguntarse qué derecho penal podría aplicarse en un régimen golpista, sublevado, con delitos de muertes y fusilamientos, dentro del cual se pretendió legitimar el castigo de los vencidos y aportar una apariencia de legalidad a una universidad al servicio de Franco. El estado, por su parte, sostenía su derecho a defenderse contra sus enemigos e instituciones (ILE, JAE), justificando ideológicamente el alzamiento, como movimiento liberador que veía a la universidad como foco de herejías. Para ello se dieron a la tarea de recubrir la violencia con el derecho, mediante las sucesivas leyes de responsabilidades políticas, de depuración de funcionarios públicos, o contra la masonería y el comunismo...[147] El estado legalizó la arbitrariedad. El suyo era un derecho penal represivo influido por doctrinas extranjeras desde el XIX (alemanas e italianas) y que propugnaba aplicar medidas de seguridad preventivas para atajar la comisión de delitos y reeducar a los posibles reos. En una época en que los principios del parlamento electo o la separación de poderes no existían en Alemania e Italia esto encajó en la España de Franco a la perfección, con un sistema represor. En el derecho penal no pueden aplicarse penas por conductas que no eran delitos antes de haberse cometido, y aquí se aplicaron con toda impunidad, aunque las calificaron como medidas de seguridad. Además, se vulneraron otros principios, como juzgar dos veces a una persona por el mismo hecho, también se sancionó con pruebas y testimonios contrarios, primaron las pruebas negativas a las positivas y, lo

---

145 BOE 7 de junio 1944.

146 AGA, sección Educación, 10519-76. BOE 29 de julio 1944.

147 Javier Domínguez Arribas, "El enemigo judeo-masónico en la propaganda franquista (1936-1945), Madrid, Marcial Pons, 2009. Eva Elizabeth Martínez Chávez, "Juristas masones del exilio republicano español en México", *Masonería y sociedades secretas en México*, José Luis Soberanes Fernández y Carlos Francisco Moreno (coords.), México, UNAM-Instituto de Investigaciones Jurídicas, 2018, pp. 365-384.

que es más grave, se vulneró la presunción de inocencia, pues se convirtió en norma que el inculpado tuviera que demostrar su inocencia. No había apenas apelaciones o recursos para interponer. Todo esto se aplicó a los delitos penales. Pero en las depuraciones de funcionarios públicos, como los profesores y otros cuerpos del estado, nos encontramos ante sanciones administrativas en las que comisiones especiales juzgaron conductas todavía más confusas si cabe, para buscar ideologías y convicciones, más que hechos punibles, para probar la culpabilidad de los vencidos.

En este contexto, ¿qué derecho penal podía explicarse en las aulas? Solo los profesores adeptos podrían hacer realidad el imaginario del nuevo régimen en la universidad.

1940. Cátedras de Murcia, Valladolid y Oviedo

Era urgente proveer las cátedras vacantes de derecho penal[148]. Tras la guerra, las tres plazas correspondientes a penal en Murcia, Valladolid y Oviedo salieron a oposición, en turno libre, el 11 de junio de 1940[149].

La primera plaza, Murcia, estaba vacante tras el exilio finalmente a México del catedrático Mariano Ruiz-Funes, afectado por las leyes de responsabilidades políticas y depuración de funcionarios públicos de 1939[150], que sufrió las delaciones de sus compañeros de facultad como las de García-Gallo. Otros penalistas, como Emilio González López, catedrático en Santiago, y Enrique Databuit, catedrático en Barcelona, se exiliaron también a la UNAM. El maestro Luis Jiménez de Asúa, catedrático de la central, lo ha-

---

148 Sobre la legislación represora, Pascual Marzal Rodríguez, "La legislación penal franquista y la represión contra los juristas, *Sedición, rebelión y quimera en la historia jurídica de Europa*, Enrique Álvarez Cora y Victoria Sandoval Parra (eds.), Madrid, Dykinson, 2021, pp. 821-846.

149 AGA, sección Educación, 32/ legajo 13571. La orden de convocatoria y anuncio el 11 de junio de 1940 (BOE 25 de julio). Termina el plazo el 25 de agosto. Se nombra el tribunal por orden 27 de agosto (BOE 6 de septiembre); lista provisional de admitidos y excluidos en BOE de ese día; definitiva 27 de septiembre.

150 Yolanda Blasco Gil y Tomás Saorín Pérez, "Rastro y ausencia del penalista Mariano Ruiz-Funes en la universidad: república, exilio y provisión de su cátedra en la posguerra", *Anuario de Historia del Derecho Español (AHDE)*, vol. LXXXII (2013), pp. 775-828. Para el exilio, Archivo de la Dirección general de personal de la UNAM, expediente Mariano Ruiz-Funes, núm. 9686.

ría a Argentina[151]. Fue quien lideró la renovación del pensamiento penal en España, aunque sería silenciado en el franquismo[152]. Estuvo vinculado a la República y sobresalió como intelectual y político socialista. Opositor al régimen de Primo de Rivera, diputado durante la República. Presidió la subcomisión penal de la comisión jurídica encargada de la publicación del código penal de 1932. Representó una nueva forma de entender el derecho que rompió con la tradición penalista de Silvela y Dorado Montero, al importar a España la discusión y reflexión de la materia penal de Alemania e Italia. Entre sus publicaciones destacadas: las traducciones de *Lehrbuch* de Franz von Liszt (Madrid, 1916-1917) y el *Corso di Diritto Criminale* de Francesco Carrara (volumen I, Madrid, 1922). Asimismo, su lectura inaugural del curso académico 1931-1932 puede considerarse como el estilo de la nueva escuela de derecho penal, lejos de la ciencia puramente exegética hasta Jiménez de Asúa[153]. Se incluyen en su escuela Emilio González López, José Antón Oneca -que han estudiado Guillermo Portilla Contreras, *El derecho penal bajo la dictadura franquista...*, Elisa Speckman, *Penalistas españoles y ciencias penales...*-, Manuel López Rey y José Arturo Rodríguez Muñoz, incorporados a la cátedra de penal antes de estallar la guerra -Marc Carrillo estudió *El derecho represivo de Franco...*-.

Su discípulo Manuel López-Rey Arrojo catedrático de La Laguna se exiliaría finalmente, después de un periplo por Latinoamérica, a Estados Unidos, donde trabajó en la universidad de Cambridge, y luego en la ONU ocupando cargos importantes[154]. En España su nombre fue eliminado de

---

[151] Enrique Roldán Cañizares, *Luis Jiménez de Asúa. Derecho penal, República, Exilio*, Madrid, Dykinson, 2019. En México su expediente académico en Archivo de la Dirección general de personal de la UNAM, núm. 19524.

[152] Enrique Díaz-Aranda, "El extraordinario Luis Jiménez de Asúa", *Los maestros del exilio español en la Facultad de Derecho...*, pp. 189-202. Francisco José Muñoz Conde, "Don Luis Jiménez de Asúa y las modernas tendencias en la ciencia del derecho penal" y Manuel de Rivacoba y Rivacoba, "El derecho penal en el mundo hispánico antes y después de Jiménez de Asúa", ambos en *Revista de la Facultad de Derecho de la Universidad Complutense*, nº extra, 11, *Estudios de derecho penal en homenaje al profesor Luis Jiménez de Asúa (1986)*, pp. 467-482 y 263-278 respectivamente. Recogido en Yolanda Blasco Gil y Tomás Saorín, *Las universidades de Mariano Ruiz-Funes...*, pp. 26-33.

[153] Enrique Bacigalupo, *Jiménez de Asúa, un exiliado que creó escuela*, Madrid, Cuadernos de la Fundación Españoles en el Mundo, 1993, pp. 16-17. Véase Luis Jiménez de Asúa, *Proceso Histórico de la Constitución de la República*, Madrid, 1932.

[154] María F. Núñez y Elena Casanova, "La Universidad de La Laguna: 1927-1939", en *Historia de la Universidad de La Laguna*, 2 vols., María F. Núñez Muñoz (coord.),

los libros de que era autor[155]. Otro reputado penalista, Constancio Bernaldo de Quirós, también catedrático en Madrid de criminología, acabó en República Dominicana...[156] Latinoamérica fue fundamentalmente el lugar de acogida de muchos catedráticos universitarios, como de otros tantos auxiliares o adjuntos que tuvieron que salir de manera forzosa del país[157]. En el caso del catedrático murciano Ruiz-Funes, éste se vio obligado a rehacer su vida personal y profesional después de cumplir los 50 años. Además de un reputado penalista, él había sido ministro de agricultura durante la República y de justicia durante la guerra civil. También, había tenido responsabilidades diplomáticas en Polonia y había sido embajador en Bélgica. Insisto, recaló en México finalmente tras duras dificultades[158].

El maestro Jiménez de Asúa, en su *Tratado de Derecho Penal*[159], elaboró las biografías de penalistas de las diversas escuelas y tendencias: la corriente clásica ya superada; la correccionalista; la positiva -siendo Bernaldo de Quirós uno de sus representantes-; la neopositivista, positivismo crítico y tendencia política criminal... Quedaba de manifiesto que la escuela espa-

---

vol. I, t. II, Universidad de La Laguna, 1998, pp. 3-31, entre otros catedráticos y auxiliares fue suspenso Manuel López-Rey. En el exilio se dieron enfrentamientos y luchas de egos, véase en Yolanda Blasco Gil y Tomás Saorín Pérez, "Un enfrentamiento poco académico entre los penalistas exiliados Jiménez de Asúa y López-Rey Arrojo", México, *Revista Mexicana de Historia del Derecho*, XXXIII (2016), pp. 209-245. López-Rey obtuvo la cátedra de Salamanca en el 36, pero no llegó a ocuparla por la guerra. Manuel Jesús Cachón Cadenas, "López-Rey Arrojo, Manuel (1902-1987)", en *Derecho ex cathedra*, Carlos Petit (ed.), pp. 276-278.

155 Algunos autores, ahora exiliados, que aparecían en los libros de la Editorial Revista de Derecho Privado fueron eliminados de sus portadas: como Manuel López Rey, coautor con Félix Álvarez Valdés de *El nuevo Código penal*, también como autor de *La reforma del Código penal español* y *El valor procesal de la llamada tipicidad*, publicados en la misma Editorial antes de la guerra. Véase "El Estado franquista, editor pirata" publicaciones de derecho, en *Boletín informativo de la Unión de Profesores Universitarios Españoles en el Extranjero (sección México)*, año II, núms. 13-14 (agosto-septiembre de 1944), pp. 7-15, derecho pp. 7-8 y 12-14.

156 El exilio en la República Dominicana, Bernardo Vega, "La emigración española de 1939 y su impacto sobre los dominicanos", *El destierro español en América: un trasvase cultural*, Nicolás Sánchez-Albornoz (comp.), Madrid, Sociedad Estatal Quinto Centenario/Instituto de Cooperación Iberoamericana, 1991, pp. 279-283.

157 Yolanda Blasco Gil y Armando Pavón Romero, "Las mujeres de la UPUEE, México..."

158 Yolanda Blasco Gil y Tomás Saorín, *Las universidades de Mariano Ruiz-Funes...*

159 Luis Jiménez de Asúa, *Tratado de Derecho Penal*, 7 vols., 1949-1963, t. II, Buenos Aires, Losada, 1950, pp. 31-139.

ñola procedía de la tendencia del correccionalismo alemán. Luego llegaría el influjo de la escuela técnico-jurídica con el alemán Edmund Mezger, etc. Con los totalitarismos se juzgó oportuno prescindir de las limitaciones del principio de legalidad para ejercer un poder desmedido... Los años 20 a 40 serán la prueba crítica de la elaboración de la ciencia penal que se instaurará en España.

En este sentido, Ruiz-Funes puede ser considerado un penalista demócrata y de pensamiento científico prudente[160], que consideró a Bernaldo de Quirós su maestro, vinculado además a Quintiliano Saldaña García-Rubio -también discípulo de Liszt- y a Jiménez de Asúa, a quien le unió una fuerte amistad. Ruiz-Funes beberá sobre todo de la doctrina italiana, que cita en sus trabajos. Se interesó más por los problemas político-humanos del penal y, sobre todo, por la criminología: delitos políticos y crímenes de guerra, debido a las circunstancias vividas...[161] Ha ejercido influencia en los penalistas, en aspectos críticos de las prisiones. Otras de sus tesis biologístas de la criminología, endocrinología o criminología clínica han quedado superados o son discutidas[162]. Pero mientras Ruiz-Funes se iba abriendo camino en México, en España se declaraba vacante, en 1940, la cátedra de Murcia que él había tenido en propiedad durante años.

Por otra parte, la plaza de Valladolid había estado ocupada, según consta en el escalafón de 1935, por Vicente de Mendoza y Castaño, un profesor formado en la universidad de Oviedo que ejerció como catedrático en la citada plaza hasta su muerte en 1936.[163] En el mismo escalafón figura al frente de Oviedo Isaías Sánchez y Sánchez Tejerina. Éste pasó a Salamanca

---

160 Jaime Miguel Peris Riera (ed.), *El pensamiento criminológico en la obra de Mariano Ruiz-Funes García: El cientifismo prudente de un penalista demócrata,* Murcia, Fundación Séneca, 2006, p. 22.

161 Mariano Ruiz-Funes, *Evolución del delito político,* México, FCE, 1944; reeditado en 2013; *Criminología de guerra,* Premio Afranio Peixoto, Brasil, 1947.

162 Un análisis de su obra jurídica en el exilio en Beatriz Gracia Arce, *Mariano Ruiz-Funes: intelectual y político (1923-1935). Aportación a la modernización del sistema libera democrático en España y proyección internacional de su obra,* tesis doctoral, Murcia, Facultad de Letras, 2013. Elisa Speckman Guerra, *Penalistas españoles y ciencias penales en el México de mediados del siglo XX...*

163 Ministerio de Instrucción Pública y Bellas Artes, Sección de Universidades. *Escalafón de los catedráticos numerarios de las universidades de la República 31 de agosto de 1935.*

en 1936[164] y, en 1941, logró por concurso de traslado la cátedra de Estudios superiores de derecho penal y antropología criminal del doctorado, en Madrid[165].

Para la plaza liberada por Sánchez y Sánchez Tejerina en Oviedo, Octavio Pérez Vitoria fue nombrado catedrático, por oposición en turno libre, el 19 de noviembre de 1940. Si bien no llegó a ocuparla, pues fue agregado de manera provisional tan solo un mes después, en Barcelona el 17 de diciembre. Ahí cambió su estatus al ocupar la cátedra por concurso de traslado en 1941. Por lo que seguía vacante Oviedo.

El tribunal se reunió en septiembre de 1940 para resolver quiénes se harían cargo de las vacantes de Murcia, Valladolid y Oviedo. Se presentaron cinco *aspirantes* para las tres plazas: Juan del Rosal Fernández[166], Octavio Pérez Vitoria[167], Antonio Ferrer Sama[168], José Guallart y López de Goicoechea[169] y Antonio Peláez de las Heras, aunque éste último se retiró[170]. En el expediente solo están los documentos de Juan del Rosal y Antonio Peláez. Gracias a otras fuentes podemos conocer quiénes eran los candidatos y los miembros del tribunal: sus trayectorias académicas, licenciatu-

---

164 tan solo un mes después, por orden ministerial 11 de marzo del Ministerio de Instrucción Pública y Bellas Artes le fue concedida la permuta de su cátedra de Derecho penal en la Universidad de Oviedo por otra igual en la de Salamanca, que estaba ocupada hasta entonces por el catedrático Emilio González López. José María Puyol Montero, "Sánchez Tejerina, Isaías (1892-1959)", *Diccionario de catedráticos españoles de derecho (1847-1943)...*, Universidad Carlos III, en línea.

165 AGA, sección Educación, legajo 9611-6. Orden de convocatoria y anuncio 8 de mayo de 1941 (BOE del 18). Terminó el plazo el 7 de junio de 1941. Sería nombrado Isaías Sánchez y Sánchez Tejerina por orden 18 de junio de 1941 (BOE 23 de julio de 1941). José María Puyol Montero, "Sánchez Tejerina Isaías", En *Diccionario de catedráticos españoles de derecho (1847-1943)...*, Universidad Carlos III, en línea.

166 Álvaro Ribagorda, "Rosal Fernández Juan del", *Diccionario de catedráticos españoles de derecho (1847-1943)...*, Universidad Carlos III, en línea.

167 Aurora Mª López Medina, "Octavio Pérez Vitoria", *Diccionario de catedráticos españoles de derecho (1847-1943)...*, Universidad Carlos III, *en línea.*

168 María José Muñoz García, "Antonio Ferrer Sama", *Diccionario de catedráticos españoles de derecho (1847-1943)...*, Universidad Carlos III, *en línea.*

169 En *Diccionario de catedráticos españoles de derecho (1847-1943)...*, Universidad Carlos III, *en línea.*

170 Este opositor parece que no llegó a ser catedrático.

ra, doctorado, ayudantías, carrera, cargos desempeñados, obras y trabajos científicos hasta 1940, así como el posicionamiento político[171].

Los aspirantes

Juan del Rosal, nacido en Granada, contaba con 32 años al momento de esta oposición. Había sido discípulo de un socialista y de un falangista. Esto es, de Luis Jiménez de Asúa, quien se vio precisado a exiliarse, y de un falangista convencido como fue José Arturo Rodríguez Muñoz. Paradojas de la guerra. Este último quedó en Valencia: formado en Alemania, catedrático primero en La Laguna después en Valencia, importó las nuevas corrientes técnicas y jurídicas de Welzel y Mezger, con sus traducciones. Así, tradujo al teórico penal y criminólogo, nazi, Edmund Mezger, *Tratado de derecho penal* (1935); *Criminología* (1942); y realizaría la lección magistral *La doctrina de la acción finalista*, en la inauguración del curso 1953-1954 de la universidad de Valencia, que no pudo leer por encontrarse ya enfermo. Mientras con Asúa fue coautor de un libro de nuevo estilo para la enseñanza, *Casos de derecho penal para uso de los estudiantes,* con una extensa parte general sobre la acción penal, superando las corrientes positivistas e impulsando la dogmática hispana[172]. Rodríguez Muñoz había sido secretario de la comisión jurídica asesora de derecho penal que presidía Antón Oneca. Pero tras la guerra sería rehabilitado sin sanción.

En este contexto, el aspirante a la plaza Juan del Rosal, el 21 de abril de 1936, había sido nombrado por cuatro años auxiliar temporal de penal en Madrid[173]. Durante la contienda fue teniente provisional de infantería y,

---

171 Una visión de las oposiciones de derecho penal, en Sebastián Martín, "Penalística y penalistas españoles a la luz del principio de legalidad (1874-1944)", Quaderni fiorentini, XXXVI (2007), pp. 502-609.

172 Luis Jiménez de Asúa, Tomás Cardo y Crespo y José Arturo Rodríguez Muñoz, *Casos de derecho penal para uso de los estudiantes. Seminario de Derecho Penal de la Universidad de Madrid,* Madrid, Librería general de Victoriano Suárez, 1923; 2ª edición aumentada en 1929. Véase Sebastián Martín, "Penalística y penalistas españoles a la luz del principio de legalidad...", pp. 594-596.

173 Antes de la guerra escribió: "Contribución de la determinación de las formas de la culpabilidad", *Revista de Derecho Público,* año V, nº 38 (1936), pp. 13-14; comentarios de la "Monatsschrift für Kriminalpsychologie und Strafrechtsreform", *Revista de Derecho Público,* año IV, nº 38 (1935), p. 62 y nº 41 (1935), pp. 158-160; año V, nº 50 (1936), pp. 63-64 y nº 53 (1936), pp. 164-165. Además, comentó la obra de Edmund Mezger, *Kriminalpolitik auf kriminologischer Grundlage,* Stuttgart, 1934; en

después de terminar la guerra, en 1940, se doctoró con la tesis *Una nueva concepción del delito*[174]. En el momento de aspirar a la cátedra prestaba servicios en la universidad de Barcelona. Había solicitado una plaza en las universidades de Santiago y Valladolid. Pidió participar en esta ocasión también, adjuntando a la instancia solo "una parte de los méritos académicos, así como los documentos de adhesión a nuestro glorioso régimen"[175]. Reitera esta petición un mes después, dando por presentada la instancia, que será completada con la documentación de las anteriores oposiciones[176]. En una de las cartas decía:

> Habiendo sido cursada con anterioridad una instancia para participar en las oposiciones en turno libre de las cátedras de Derecho penal de las Universidades de Santiago y Valladolid, posteriormente de Valladolid y Oviedo, adjunto la presente documentación para completar la anteriormente cursada y para que tenga a bien disponer que se tenga por presentada. Dios guarde a V.E. muchos años. Barcelona día 15 de septiembre de 1940.

El rector de Barcelona solicitó de nuevo la admisión de la documentación[177]. Se confirmó que no había referencias a Juan del Rosal en el registro penal.

El segundo de los opositores fue Antonio Peláez de las Heras, de 37 años, salmantino, doctor en derecho y ayudante de clases prácticas de Salamanca. Se retiró de la oposición, pero cabe destacar el esfuerzo que realizó por presentarse como incondicional al movimiento nacional.

> Hacen constar: Que conocen perfectamente al Doctor Graduado Don Antonio Peláez de las Heras, natural de esta Capital, y le consideran incondicionalmente adicto al nuevo Estado Español, habiendo sido siempre persona de orden e intachable conducta, tanto moral como política.

---

la *Revista de Derecho Público*, año IV, 38 (1935), pp. 196-197; *Archiv für Kriminologie* o de la *Zeitschrift für der gesamte Straftrechtwissenschaft*, año IV, 38 (1935), pp. 59-61.

174 Su tesis doctoral se publicaría más tarde en el *Boletín de la Universidad de Granada*, 1942.

175 AGA, sección Educación, 32/13571. Carta al director general de enseñanza media y superior, 10 de agosto de 1940, y carta del ministro de educación nacional de 16 de agosto de 1940. En la misma fecha, el rector de Barcelona cursó al director general la instancia para que fuera admitido Juan del Rosal a la cátedra de Murcia. En nota manuscrita consta que la documentación completa se presentó a la cátedra de Valladolid, turno libre.

176 AGA, sección Educación, 32/13571. Cartas al Ministerio de educación nacional, de 13 y 15 de septiembre de 1940.

177 AGA, sección Educación, 32/13571. Carta de 16 de septiembre de 1940.

> Y para que pueda hacerlo constar donde le sea necesario, firmamos la presente en Salamanca a diez y seis de Julio de mil novecientos cuarenta[178].

Octavio Pérez Vitoria nació en Barcelona, tenía 28 años al presentarse a la oposición a cátedra. Había estudiado en Barcelona, con premio extraordinario de licenciatura. Hizo los cursos de doctorado en 1934-35 y en 1935 estuvo pensionado para ampliar estudios de derecho penal en Roma, donde abordó el tratamiento de los menores delincuentes en Italia. Obtuvo el título de licenciado de la "Scuola di Perfezionamento in Diritto Penale" con la más alta calificación y mención extraordinaria tras su tesis *il Tribunali per minorenti. Studio di legislazione comparata.* Al estallar la guerra se encontraba en Italia, desde donde regresó para incorporarse a las filas del ejército sublevado.

Se doctoró en la central el 28 de junio de 1940. Obtuvo sobresaliente por su tesis *La minoría penal y su tratamiento: historia, doctrina, legislación.* Era profesor ayudante de penal, por oposición, en Barcelona desde abril de 1936 y auxiliar desde agosto de 1939. Fue encargado de la cátedra durante el primer cursillo intensivo del curso 1939-40. A este *curriculum* había que añadir que era discípulo de uno de los vocales del tribunal, Eugenio Cuello Calón.

El cuarto opositor José Guallart y López de Goicoechea, aragonés de 41 años, era licenciado y doctor en derecho, auxiliar de Jiménez Vicente en Zaragoza. En 1925, había escrito *El derecho penal de los menores: Los tribunales para niños* y, en 1931, *La antijuridicidad como elemento del delito.* Expresó su oposición a la ILE y en especial al Instituto de Estudios Penales en el capítulo "La escuela de criminología" del libro *Una poderosa fuerza secreta. La Institución Libre de Enseñanza,* editada en 1940. En la obra escriben entre otros el marqués de Lozoya, y en ella se dejaba claro que el enemigo a combatir por el nuevo régimen era el espíritu que habían representado tanto la ILE como la JAE[179]. La renovación educativa introducida por la Institución y las

---

178 AGA, sección Educación, 32/13571. Documento de 16 de julio de 1940.

179 La JAE (1907-1939) había sido creada por el ministro de instrucción pública y bellas artes Amalio Gimeno. Luis Enrique Otero Carvajal (coord.), *La destrucción de la ciencia en España: depuración universitaria en el franquismo,* Madrid, Editorial Complutense, 2006, pp. 15-72, cita en p. 67 y ss. Acerca del CSIC, el libro de José María Sánchez Ron, *El Consejo Superior de Investigaciones Científicas: una ventana al conocimiento (1939-2014),* Madrid, CSIC, 2021, la obra es un encargo del Consejo. La historia del consejo precisa una valoración amplia que lleva tiempo de estudio. Un testimonio del expresidente del CSIC, Alejandro Nieto García, *Testimonio de un*

becas en el extranjero concedidas por la Junta, fomentando las relaciones internacionales, quedaban en las antípodas del programa franquista. La dictadura convirtió en bestia negra del régimen la cultura y la educación. Al acabar la guerra en 1939, cabe recordar, se creaba el CSIC con los laboratorios y centros de la JAE.

El quinto y último de los aspirantes era Antonio Ferrer Sama. Accedió a la cátedra de Murcia con sólo 27 años. Nacido el 3 de marzo de 1913 en Pozuelo de Alarcón (Madrid), había cursado sus estudios en Madrid, título de doctor 14 de noviembre de 1940. Discípulo de Cuello Calón -igual que su contrincante Pérez Vitoria-, Ferrer Sama fue profesor ayudante de clases prácticas de la asignatura de penal en Madrid durante dos cursos antes de la contienda -1932-33 y 1933-34-, recuperando el puesto inmediatamente después -curso 1939-40- de ser rehabilitado sin sanción[180]. También ejerció como profesor numerario del Centro de Estudios Universitarios de Madrid durante el curso 1939-1940. Desde mediados de junio de 1940 y hasta que fue nombrado catedrático en Murcia, colaboró en la sección de derecho penal del Instituto Francisco de Vitoria, dependiente del Patronato Raimundo Lulio del CSIC. De nuevo la pertenencia al consejo se pone de manifiesto.

Entre los méritos patrióticos figura como excombatiente y excautivo. En enero de 1942, sería condecorado con la medalla de campaña con distintivo de vanguardia. No cabe duda que en las oposiciones eran un valor destacable las medallas, condecoraciones y los servicios franquistas prestados.

---

jurista (1930-2017), Madrid, Instituto Nacional de Administración Pública-Global Law Press, 2017.

180 Archivo Universidad de Valencia (AUV), General, PDI 77/8.

Junta para Ampliación de Estudios, 1907-1939
Instituto-Escuela-Sección Retiro, 1918-1939
Actual CSIC, 1940-
Proyecto "Lugares del saber y exilio científico"

El tribunal de las cátedras de penal

El 30 de septiembre de 1940, en la sala de profesores de la facultad de derecho de Madrid, se reunió el equipo que debía juzgar a los aspirantes. El grupo estaba formado por Inocencio Jiménez Vicente como presidente, con Eugenio Cuello Calón, Juan Brey Guerra y Romualdo Hernández Serrano que ejercen como vocales.

El presidente Inocencio Jiménez Vicente era el miembro más antiguo del escalafón. Había nacido en Zaragoza el 9 de noviembre de 1876. Ingresó en el cuerpo de catedráticos por oposición entre auxiliares el 9 de mayo de 1906, ocupando la cátedra de penal en Zaragoza[181]. Al tiempo que se desarrollaba esta oposición, solicitó y obtuvo el concurso de traslado a la cátedra de estudios superiores de derecho penal y antropología criminal de doctorado en Madrid. Fue vicepresidente del tribunal de menores de Zaragoza y miembro del consejo superior de protección de menores, fuera del "período rojo" en el cual sería separado del servicio y perseguido[182]. Fue un destacado primorriverista que formó parte de la asamblea nacional consultiva, así como de la comisión permanente del real consejo de instrucción pública y consejero de estado en la "época anterior a la República", donde colabora en la preparación del código penal. Sería reingresado en el escalafón desde el 13 de enero 1938, por las "persecuciones sufridas en Madrid". Entre los 1938 y 1939 impartió conferencias sobre "Política Social del Nuevo Estado", en Zaragoza y Santander. Secretario general de varias asambleas universitarias, miembro de la comisión de reforma universitaria (1938). Perteneció a la hermandad de caballeros de España desde 1938[183].

---

181 En el escalafón de catedráticos numerarios de 1934 ocupa el número 85. En el escalafón de 1935 figura con el número 80.

182 Concurso de traslados convocado por orden 25 de septiembre de 1940 (BOE del 30), Nombrado el 7 de noviembre de 1940 (BOE 11 de enero de 1941). Expediente de oposición, AGA, sección Educación, legajo 9610-18. La plaza de Zaragoza será ocupada previo concurso por José Guallart y López de Goicoechea, anuncio 20 de enero de 1941 (BOE 26 de enero). Termina el plazo el 14 de febrero y es nombrado, como único aspirante, por orden 5 de marzo de 1941 (BOE 29 de marzo). AGA, sección Educación, legajo 9610-2. María Pilar Hernando Serra, *Diccionario de catedráticos españoles de derecho (1847-1943)...*, Universidad Carlos III, en línea.

183 Entre sus obras: *La acción social en Bélgica,* Zaragoza, 1904; *Vademecum del propagandista de sindicatos agrícolas,* Zaragoza, 1907, 2ª ed., 1908; *Vademecum del propagandista de sindicatos obreros,* Zaragoza, 1909; *Las inversiones de los fondos de Previsión.* Con XII apéndices, Madrid, 1927; *Veinte años de previsión social,* Madrid, 1929; *El instituto*

El primero de los vocales, Eugenio Cuello Calón, nació en Salamanca el 26 de octubre de 1879[184], era el segundo miembro más antiguo del tribunal. Lejos quedaba aquel año de 1901 cuando había leído en Madrid su tesis doctoral que trató sobre la *Criminalidad anarquista*[185]. Ingresó en el escalafón de catedráticos por oposición entre auxiliares el 19 de enero de 1911, ocupándose de la cátedra de penal en Barcelona, puesto en el que seguía en el momento de celebrarse esta oposición y que abandonaría para pasar a Madrid[186]. Obtuvo, también por oposición, la cátedra de Granada,

184 Una biografía de Eugenio Cuello Calón (1879-1963) en Manuel J. Peláez, *Eugenio Cuello Calón (1879-1963), Diccionario Crítico de Juristas...*, vol. I (A-L), p. 261.

185 Publicaciones: *La navegación aérea desde el punto de vista del Derecho penal,* Barcelona, Estudio, 1915; *Tribunales para niños,* Madrid, Suárez, 1917; *Penología,* Madrid, Reus, 1920; *El proyecto del código penal alemán de 1919,* Madrid, Reus, 1924; *L´extradition de nationaux. L´extradition des criminels politiques. Estudio presentado a la "2ª Conferencia para la Unificación del Derecho Penal" (Roma, 1928); El código penal de 8 de septiembre de 1928,* Barcelona, Bosch, 1929; *Las faltas en el nuevo código penal,* Madrid, Suárez, 1929; *El nuevo código penal español,* vol. 1, Barcelona, Bosch, 1929; vol. 2, Barcelona, Bosch, 1930; *El derecho penal de Rusia soviética,* Barcelona, Bosch, 1931; *Exposición del código penal reformado de 1932,* Barcelona, Bosch, 1932; *Derecho penal,* 3 volúmenes: 1er volumen, 5ª edición 1940; 2º volumen, 1ª edición 1936; 3er volumen, 1ª edición 1940, Barcelona, Bosch; *Código penal reformado de 27 de octubre de 1932 y leyes complementarias,* Barcelona, Bosch, 3ª edición, 1934; *Criminalidad infantil y juvenil,* Barcelona, Bosch, 1934; *El derecho penal de las dictaduras* (Rusia, Italia, Alemania), Barcelona, Bosch, 1934; *Reformas introducidas en las legislaciones penales alemana e italiana después de la última guerra mundial* (1948); *El Proyecto de Reforma Penal Inglesa* (1948), comentario al *Criminal Justice Bill* de 1947; *La reforma penal en España,* Real Academia de Ciencias Morales y Políticas, 1949; *El nuevo Código Penal de la República Democrática Alemana, su legislación penal especial y la Administración de Justicia penal en estos territorios,* (1952); *Tres temas penales,* Barcelona, Bosch, 1955; *La nueva penología,* 1958; *Derecho penal. Parte general,* Barcelona, Bosch, 1971; *La moderna penología,* Barcelona, Bosch, 1974; *Derecho Penal. Tomo I, Parte General,* Barcelona, Bosch, 1975; *Derecho Penal, Tomo II, Parte Especial,* Barcelona, Bosch, 1975; *Derecho Penal (Parte General),* Barcelona, Bosch, 1980.

186 En el escalafón de catedráticos de 1948 ocupa el número 15 y aparece ya en Madrid. Falleció en Santander en 1963. Concurso de traslado para la cátedra de Madrid: orden de convocatoria y anuncio 17 de septiembre de 1940 (BOE del 21). Termina el plazo el 10 de octubre de 1940. Nombrado Eugenio Cuello Calón por [illegible] *Seguro social y privado,* Madrid, 1934.

si bien nunca llegó a tomar posesión de ella[187]. Tuvo una activa participación en la preparación del Código penal de 1928 y representó al gobierno español en diferentes reuniones internacionales: en la 1ª conferencia para la unificación del derecho penal (Varsovia, 1927), en la 2ª conferencia de unificación (Roma, 1928) y en el congreso internacional de Bucarest en 1929.

Al finalizar la guerra, este académico claramente alineado con el franquismo superó la depuración sin problemas por su "demostrada adhesión al glorioso movimiento nacional"[188]. Acumuló múltiples cargos a lo largo de su carrera: miembro de honor de la sociedad argentina de criminología; vocal de la comisión general de codificación; miembro del CSIC, de su consejo ejecutivo y comisión permanente; fue también jefe de la sección de penal del Instituto Francisco de Vitoria[189]. Es una constante la presencia del consejo.

Resulta paradójico comprobar que, dos décadas atrás, Cuello Calón había formado parte del tribunal para la provisión de la cátedra de Murcia. En aquella ocasión la obtuvo Ruiz-Funes, hombre leal a la República que había sido desprovisto de la cátedra y que ahora se encontraba intentando rehacer su vida en el exilio[190].

Los otros dos vocales reunidos ese septiembre de 1940 eran Brey Guerra y Hernández Serrano, que no eran catedráticos. El primero era magistrado

---

187 Así figura en los escalafones de catedráticos en la casilla de "Observaciones". En el escalafón de 1934 ocupa el número 118.

188 Manuel J. Peláez y Patricia Zambrana Moral, "Más noticias sobre la depuración política universitaria de catedráticos de derecho en España (1936-1943)", *Revista de Estudios Histórico-Jurídicos* (Valparaíso), nº XXIX, 2007. Jaume Claret Miranda, "Cuando las cátedras eran trincheras. La depuración política e ideológica de la universidad española durante el primer franquismo", *Generaciones y memoria de la represión franquista. Un balance de los movimientos por la memoria,* Julio Aróstegui y Sergio Gálvez (eds.), Universitat de València, 2010, pp. 237-257.

189 AGA, sección Educación, 32/13627. Sus publicaciones en Manuel J. Peláez, *Diccionario crítico…,* [hasta 2005], vol. I (A-L), p. 261, sus artículos publicados en revistas españolas especialmente en la *Revista General de Legislación y Jurisprudencia* y en revistas extranjeras como la *Revue Internationale Droit Pénal* de París, *Revue de Droit Pénal et Criminologíe* de Bruselas, *Rivista internazionale di Filosofia del Diritto* de Roma, *Zeistschrift für die gesamte Strafrechtsiwissenschaft* de Berlín.

190 A pesar de estas circunstancias, Ruiz-Funes reconoce haber recibido en su exilio una "cariñosa carta" de Cuello Calón. Mariano Ruiz-Funes, "La tortura del número", *Novedades,* 13 de enero de 1948. Recogido en Manuel Ruiz-Funes (ed.), *Mariano Ruiz-Funes: comentarista de su tiempo…,* pp. 280-282.

del Tribunal Supremo y llegaría a ser presidente honorario de la sala del mismo tribunal y comendador de la orden de Isabel la católica. El otro, Hernández Serrano, era inspector fiscal del Tribunal Supremo, un extremeño muy relacionado con diversos ministros del franquismo[191].

Había un miembro más del equipo, Isaías Sánchez y Sánchez-Tejerina, catedrático de Salamanca, que no estuvo en la reunión inicial. El expediente recoge las comunicaciones que hizo llegar al tribunal informando de su ausencia por problemas de salud y "ocupaciones oficiales inaplazables". A pesar de ello, comenzaron los trabajos preparatorios, esperando para la constitución definitiva a que él pudiera asistir o nombrar a su suplente. Finalmente pudo estar en la oposición y ejerció de secretario.

De entre los miembros del tribunal, este catedrático era el tercero en antigüedad en el escalafón. Nacido el 6 de julio de 1892 en Villarramiel (Palencia), había ingresado como catedrático por oposición entre auxiliares el 3 de abril de 1923 en Oviedo, pasando después a Salamanca donde se encontraba en el momento de celebrarse estos exámenes[192]. Dejó patente su adhesión al movimiento en la hoja de servicios que presentó un año después para su traslado a Madrid:

> Dirigió en Asturias, en los años revolucionarios, anteriores al movimiento, a las Juventudes de Derechas de Asturias, mereciendo la persecución de los elementos de la anti-Patria, y estar a disposición del llamado Tribunal popular en octubre de 1934 en Oviedo, y amenazado de muerte seriamente. Nombrado durante el Glorioso Alzamiento Miembro de la Comisión Depuradora Universitaria, por Decreto de la Junta Técnica del Estado, con fecha 16 de noviembre de 1936. Nombrado Juez Instructor de la Logia Helmántica (Salamanca), terminando este Sumario que le obligó a desplazarse y tomar declaración a varios detenidos en cárceles de diferentes provincias. Nombrado Vocal Letrado del Tribunal contra la Masonería y Comunismo, cargo que, por exceso de trabajo, y falta de salud, pidió respetuosamente ser reemplazado. Como lo ha sido, en efecto. Perteneció como Diputado a la Junta del Colegio de Oviedo

191 Luis Moreno Pastor, *Los orígenes del Tribunal Supremo 1812-1838*, Madrid, 1989. Carlos Jiménez Villarejo, *La destrucción del orden republicano (apuntes jurídicos)*, 4 de marzo de 2007, en línea.

192 Más tarde pasará a Madrid, a la segunda cátedra de derecho penal de esta universidad. AGA, sección Educación, 32/13626. Concurso de traslado para la provisión de la cátedra de estudios superiores de derecho penal y antropología criminal (doctorado). Orden de convocatoria y anuncio 8 de mayo de 1941 (BOE del 18). Termina el plazo el 7 de junio. Nombrado Isaías Sánchez y Sánchez-Tejerina por orden 18 de junio de 1941 (BOE 23 de julio). En escalafón de 1948, en el índice alfabético hay un error en la página 117 al colocarlo con el número 11, pues ocupa el 107. En el escalafón de 1955 tendrá el número 61.

que se constituyó entre los elementos más destacados de las derechas, después de la revolución del 34[193].

Sánchez y Sánchez-Tejerina será caracterizado como "un convencido, no un oportunista", "un reaccionario consecuente y patológico, con evidentes rasgos de fanatismo incontrolado"[194].

---

193 AGA, sección Educación, 32/13626. Publicó entre otras obras: *Lo que castiga la Ley*, Código penal explicado con una introducción del Profesor Saldaña, Madrid, Esperia, 1917; *Teoría de los delitos de omisión,* Un volumen de la Biblioteca Jurídica de Autores Nacionales y Extranjeros, Madrid, Reus, 1918; *Apéndice a la obra de Contestaciones de Derecho Penal de Judicatura,* Madrid, Reus, 1922; *El estado de necesidad en Derecho Penal,* Madrid, Tipografía de la Revista de Archivos, Bibliotecas y Museos, 1923; *Los delitos religiosos en España,* Discurso de apertura en la Universidad de Oviedo, 1934; *Derecho Penal Español,* primera edición, segunda edición corregida y aumentada; tercera edición corregida y aumentada con nueva Jurisprudencia, Salamanca; *El alzamiento nacional, fue un caso de legítima defensa colectiva,* Discurso de apertura en la Universidad de Salamanca, 1940; *Derecho y Procedimiento Penal,* folletos, 1940. Además de artículos publicados en varias revistas, como: *Revista General de Legislación y Jurisprudencia, El Procurador Español, Revista Médica Asturiana, Revista de la SEU* de Salamanca. Algunos de estos artículos reproducidos en revistas extranjeras. Como él mismo consigna en su hoja de servicios al concurso de traslado a Madrid en 1941, ha impartido varias conferencias donde pone patente su adhesión al régimen: "Centenares de conferencias en los Paraninfos de las Universidades de Oviedo y Salamanca. Ateneos, entre otros: Madrid, Santander, Gijón, Oviedo... Debiendo señalar especialmente: un cursillo de 12 conferencias sobre problemas de Psiquiatría pronunciadas en la Universidad de Oviedo. Un cursillo de 8 conferencias, pronunciadas en Salamanca sobre Biología, Psicología y Psicoanálisis. Un cursillo de 4 conferencias sobre los mismos temas que el anterior, en Valladolid. Los dos cursillos de conferencias en Salamanca y Valladolid están en prensa para su publicación. Otras conferencias en los Teatros Coliseum y Liceo de Salamanca, organizadas por la Acción Católica; en el Teatro Campoamor de Oviedo, sobre problemas jurídicos con el llorado José Calvo Sotelo. Conferencia en el homenaje a Menéndez Pelayo, en el Paraninfo de la Universidad de Salamanca. Conferencia en los Cursillos de Formación del Magisterio. Discurso inaugural, con motivo de la apertura de Curso del Instituto Italiano de Cultura... En realidad, pasarán de un millar las conferencias pronunciadas". AGA, sección Educación, 32/13626, concurso de traslado para la cátedra de Estudios superiores de derecho penal y antropología criminal (doctorado) en Madrid.

194 Juan Carlos Ferré Olivé, *Universidad y guerra civil: lección inaugural del curso académico 2009-2010...,* p. 29.

El desarrollo de la oposición

El 3 de octubre se constituyó el tribunal. Como era preceptivo, el equipo de jueces se ocupaba de tomar las decisiones finales sobre los ejercicios quinto y sexto. Para el quinto se acordó proponer varios casos prácticos para que los opositores hicieran la calificación jurídica de uno de ellos por escrito, incomunicados, permitiendo consultar el código penal común en una edición sin notas de jurisprudencia. Para el sexto ejercicio se acordó formular varios temas para la elección de uno, sin permitirles ni textos, ni notas, ni textos legales ni obras de consulta. Las objeciones se harían en un máximo de diez minutos y otros diez para la réplica.

Fueron llamados por orden los admitidos, que presentaron sus trabajos. El tribunal acordó que todas las publicaciones pudieran ser examinadas por los propios opositores. Se trataba de los siguientes materiales:

-Juan del Rosal: 1. "Síntesis programática de derecho penal"; 2. "Perfiles al fuero del trabajo"; 3. "El proceso valorativo judicial"; 4. Artículo publicado en la *Revista de Trabajo*; 5. Artículo publicado en la *Revista Jurídica Der Gerichtssad*; 6. Artículo en la *Revista de Derecho Público,* sin publicar; 7. "Apuntes para un concepto ontológico del delito"; 8. "Una nueva forma de servicio al estado nacional-socialista"; 9. "Programa de derecho penal"; 10. "Una nueva concepción del delito"; 11. "Memoria: concepto, método y fuentes".

-Octavio Pérez: 1. Artículo publicado en la *Revista di Diritto Penitenziario*; 2. "La nueva legislación italiana sobre tribunales de menores"; 3. "El discernimiento como fundamento de la responsabilidad criminal de los menores" -separata-; 4. "La minoría penal"; 5." Nuevos tribunales de menores de Italia", en la *Revista general de legislación y jurisprudencia,* sin publicar; 6. "Memoria: concepto, método y fuentes y programas"; 7. "El centro de reeducación de menores de Roma"; 8. "El museo criminal de Roma"; 9. "El reformatorio de menores de la isla de Nisiola"; 10. "El "asistenziario" para libertos de Nápoles".

-José Guallart: 1. "El derecho penal de los menores"; 2. "Lecciones de metodología jurídica"; 3. "Separata del *Bulletin de l´Institut Intermeriaire Internacional* sobre "El nuevo código penal español"; 4. "El nuevo código penal español"; 5. "El X congreso penal y penitenciario Internacional"; 6. "Tribunales tutelares de menores -1930"; 7. "Tribunal tutelar de menores -1931"; 8. "La antijuridicidad como elemento del delito"; 9. "Rappost, presentado por José Guallart al Congreso penal y penitenciario internacional de Berlín -1935"; 10. "Nota bibliográfica" en la revista jurídica *Zeitschrift für die gesante Strafreertswissenschaft*; 11. artículo "Los nuevos asilos en el tratamiento de la juventud abandonada o delincuente";12. "La pedagogía correccional", sin publicar; 13."Estadística de las actuaciones de los tribunales tutelares de menores"; 14. "Programa"; y 15. "Memoria, concepto, método, fuentes y programas".

-Antonio Peláez: 1. "El delito de apropiación indebida en el código penal español", sin publicar; 2. "Programa"; 3. "Memoria, concepto, método y fuentes".

-Antonio Ferrer Sama presenta cuatro trabajos: 1. "El error en derecho penal"; 2. "La tentativa como especial tipo de lo injusto"; 3. "Programa de derecho penal"; 4. "Concepto, método y fuentes del Derecho penal".

El mismo día de la constitución se inició el proceso. El presidente leyó el artículo 13 del reglamento y llamó a los cinco opositores, que se presentaron y entregaron trabajos y programas.

El *primer ejercicio* tuvo lugar el 16 de octubre. Fue llamado Juan del Rosal que expuso su labor personal en una hora. Se concedió la palabra a los otros opositores para las objeciones, que el aspirante contestó. Todos los miembros del tribunal manifiestan que el ejercicio "le habilita para continuar la oposición porque acertó a expresar el tema con suficiente información cultural y sin que apreciasen exposición de conceptos, que a su juicio merezcan el calificativo de errores". Al día siguiente fue llamado Octavio Pérez, al que objetaron Rosal, Ferrer y Guallart. También en este caso fue unánime el tribunal, al considerar que el ejercicio "le habilita para continuar la oposición". E igual proceso para Antonio Ferrer, José Guallart y Antonio Peláez de la Heras. Todos pasaron al segundo.

El *segundo ejercicio* comenzó el 19 con Juan del Rosal. Expuso su trabajo sobre el concepto, método, fuentes y programa, invirtiendo el plazo máximo. Luego las objeciones. Lo mismo con Octavio Pérez y Antonio Ferrer aquel mismo día por la tarde, y José Guallart y Antonio Peláez al día siguiente. De nuevo pasaron todos al tercer ejercicio.

La tarde del 21 de octubre empezó el *tercer ejercicio.* Del Rosal desarrolló la lección 35 de su programa, "El problema de las características del delito. A. En orden a la simplicidad o a la complejidad. B. En orden a las relaciones entre ellas, valor funcional de esta teórica". Invirtió en su exposición cuarenta y cinco minutos y dio paso al siguiente aspirante, Octavio Pérez, que expuso su lección "Delitos contra la vida y la integridad corporal y continuación". "Consideración especial del delito de contagio". Ferrer se ocupó de la lección "El delito como acción. Concepto general e indicación de los elementos de la acción. La manifestación de voluntad. Formas de manifestación: la comisión, la omisión y la comisión por omisión; sus diferencias. El resultado: el daño y el peligro". Guallart expuso "La construcción técnica del concepto de delito. Contribución de la ciencia germana: Carlos Binding. Ernesto Beling. Modernas orientaciones. Sistematización de los conceptos. Concepto realista. Concepto jurídico. Enfoque sistemático. El delito. Sus elementos". Y Peláez de "Penas pecuniarias: sus ventajas e inconvenientes. Consideración especial de la multa. La insolvencia. Penas privativas de derechos". También en esta ocasión pasaron todos.

El *cuarto ejercicio* dio comienzo el 24. Una vez más inició Del Rosal, que insaculó diez lecciones correspondientes a su programa. El tribunal eligió la 99: "Delitos contra la vida y la integridad corporal.- Homicidio, del homicidio en general.- Noción. Casos de error.- Homicidio. Preterintencionalidad.- Homicidio culposo.- Homicidio en riña tumultuaria, Auxilio e inducción al suicidio y homicidio consentido". El opositor quedó incomunicado durante cuatro horas y ya en la tarde expuso la lección que fue aprobada.

Al día siguiente para Pérez Vitoria el tribunal eligió la lección 24: "Ausencia de Antijuridicidad. Causas de justificación. El citado de necesidad, su noción. Estado dc necesidad y legítima defensa. El estado de necesidad como conflicto entre bienes o derechos. Conflicto entre bienes de igual valor o entre bienes de valor desigual. El estado de necesidad en el Derecho español. Consideración especial del denominado hurto famélico". Para Antonio Ferrer, los jueces optaron por la 42: "Sordomudez. Estado emotivo o pasional. Violencia moral. Sus diferencias con la violencia material. Legislación española y jurisprudencia respecto a los referidos estados". Como sucedió el día anterior, los opositores quedaron incomunicados por cuatro horas para presentar por la tarde y durante una hora su lección. También fueron habilitados ambos para continuar, reiterando el mismo argumento: "porque acertaron a expresar el tema con suficiente información cultural y sin que apreciasen exposición de concepto, que a su juicio merezcan el calificativo de errores".

El día 26 actuaron dos nuevos aspirantes. Guallart insaculó las lecciones. El tribunal seleccionó la 51: "Las formas actuales de la reacción jurídica: Reacción preventiva y represiva. El problema de la unidad o dualidad de los códigos de reacción jurídica. Los medios de defensa ante el delito. Derecho penal. Prevención jurídica indirecta. Medidas de policía. Medidas de seguridad. Penas. Conceptos, diferenciación. Intentos de sistematización de la materia. Delimitación del contenido propio del derecho penal. Las penas y las medidas de seguridad. Su concepto y contenido. Tendencia monista. Tendencia dualista. Nuestra posición". Para Peláez eligieron la 68:

"Delitos contra la Propiedad". Ambos permanecieron incomunicados las cuatro horas preceptivas durante la mañana y en la tarde Guallart realizó su exposición durante una hora. Pero Antonio Peláez de la Heras manifestó su decisión de retirarse. Guallart pasó al siguiente ejercicio.

El *quinto ejercicio* se realizó el 27, aunque en las actas figura por error el 26. A los aspirantes se les señaló un caso práctico escrito que debían realizar en un plazo de dos horas y media, incomunicados y usando exclusivamente, como se había establecido anteriormente, una edición del código penal común, sin comentarios ni jurisprudencia. Agotado el plazo, el secretario recogió los documentos y custodió para que, al día siguiente, los cuatro opositores leyeran sus trabajos.

En la valoración se encuentra un hecho notable:

> todos los miembros del tribunal estimaron errónea la calificación jurídica que todos los opositores habían hecho del caso sometido a su estudio para aquel fin de calificación, pero atendiendo a que analíticamente acierta a percatarse de los elementos de hecho y de derecho que juegan en el conjunto (si bien este no concuerda con el criterio del Tribunal) y que razonan su punto de vista con ideas doctrinales, estiman que aquellos pueden continuar actuando en el resto de los ejercicios.

En dicha argumentación queda patente el espíritu indulgente de un tribunal que tenía urgencia por cubrir las vacantes, olvidando la alta exigencia y dura competencia asociada necesariamente al acceso a cátedras universitarias.

El día 30 será el *sexto y último ejercicio* para el que se señaló el tema: "El dolo eventual en la legislación y jurisprudencia española". Los aspirantes desarrollaron el ejercicio por escrito durante un plazo de dos horas, sin libros ni notas. Una vez terminado, los opositores leyeron los temas y el tribunal consideró que todos habían acertado en su desarrollo.

La valoración de los trabajos

El 31 llegó el momento en que los jueces presentasen por escrito sus valoraciones de los trabajos. Era el paso previo a la deliberación sobre el juicio que les merecían los aspirantes.

La consideración de Isaías Sánchez y Sánchez-Tejerina, secretario del tribunal, sobre el desempeño de los opositores es la siguiente:

-A Juan del Rosal, se le critica su excesiva admiración por los grandes maestros. Sus trabajos pecan de oscuridad en la exposición. Muestra empeño, pero no acaba de comprender las doctrinas penales de profesores alemanes. Además, el culto excesivo a sus maestros: Wolf, Schasfftein... le impiden ver otras doctrinas muy estimables. Fuera de la idea del delito como "infracción de deber", que tampoco es novedad, sus trabajos resultan oscuros. A veces la novedad está en la terminología utilizada, como en el caso de su estudio sobre el proceso valorativo judicial. Tiene aciertos como afirmar que el método no puede ser positivista, ya que trata de conceptos irreales: la antijuridicidad, la culpabilidad y si se debe tener en cuenta la realidad empírica será para transformarla en valores.

-De Octavio Pérez Vitoria destaca su método, sistematicidad y buen conocimiento de la ciencia penal. Aparte de los trabajos informativos, presenta tres a destacar: la "Memoria penal" es un estudio bastante completo de los problemas del menor. En la exposición de doctrinas y método dice que el derecho penal es ciencia normativa y formal; el estudio del delincuente no puede ser objeto de estudio del derecho penal; el sistema del derecho penal no puede ser más que técnico-jurídico, no antropológico ni sociológico. Por tanto, el método tiene que ser el técnico-jurídico; el derecho penal debe seguir las huellas del derecho privado, del administrativo y del procesal y hacer uso tanto de la inducción como de la reducción, así como del análisis y de la síntesis. El programa, considera, está bien sistematizado y revela conocimiento bastante exacto de la ciencia penal.

-De Antonio Ferrer Sama le gusta que tenga criterio propio, "su espíritu independiente", dice, que no se deja influir o admirar en exceso por los grandes maestros. Además, le sorprende gratamente que ataque de manera resuelta los problemas de técnica jurídica, y logre exponerlos con método y claridad. En el trabajo sobre el error expone opiniones valiosas y puntos de vista desligándose de los grandes maestros. Expone ideas interesantes sobre la culpa inconsciente, como caso de error. Sobre la previsibilidad, tal como la exponen los clásicos y otros autores posteriores. El error de significación antijurídica igual al error de derecho. Sostiene que la obediencia debida es un caso de error, puesto que falta la culpabilidad. El trabajo sobre la tentativa es otro esfuerzo bien encauzado para buscar solución a la dogmática jurídica. En su método y programa recoge doctrinas discretas, revelando independencia, pero reflejándolo de una manera equilibrada tanto al escribir como al exponer.

-De José Guallart destaca su formación, claridad y que es sistemático en sus estudios. Parte del principio de la responsabilidad moral y las conclusiones a las que llega son forzosamente aceptadas. El neoclasicismo, según opina, da las mejores fórmulas jurídicas. Su continua preocupación por los problemas de los menores le colocan en un lugar estimable. Notable le parece su exposición del método y programa. Según el opositor, los distintos aspectos de la ciencia penal indican en cada caso el método adecuado. Le resulta muy interesante su idea de las íntimas relaciones entre el derecho penal y el derecho procesal criminal, sin el conocimiento de ya que aquel es imposible lograr certezas sobre cuestiones procesales penales.

Por su parte, el vocal Juan Brey Guerra, magistrado del Tribunal Supremo[195], realiza un informe extenso de cada uno de los aspirantes:

-De Juan del Rosal, que tiene suficientes trabajos para poder calificarlo. Es claro, pero utiliza demasiados tecnicismos. Brey Guerra opina que todos, salvo uno que no puede leer porque no sabe alemán, tienen notas suficientes para calificarlos; labor expositiva de puntos doctrinales; predominio del relato con doctrina extranjera sobre todo alemana; parco en el desarrollo de su criterio, soluciona bien su punto de vista y el de la doctrina; intenta utilizar el estilo alemán; el campo filosófico predomina sobre el derecho positivo. Estas indicaciones se refieren a sus trabajos: 1° Una nueva concepción del delito. 2° Concepto, método y fuentes del derecho penal. 3° Contribución a la determinación de las formas de la culpabilidad. 4° El proceso valorativo judicial. 5° Apuntes para un concepto ontológico del delito. 6° Una nueva forma de servir al Estado nacional socialista. A juicio del informante, los trabajos "Síntesis programática de derecho penal" y "Programa de derecho penal" presentan su labor expositiva, metódica y conceptual. Completo, bien ordenado y claro. Los "Perfiles al fuero del trabajo" y "Una nueva forma al servicio del Estado nacional socialista" los considera elementos complementarios para juzgar la formación del opositor, que revela su amplia cultura general especializada en temas de derecho penal y conocedor de las orientaciones modernas. En síntesis, siguió el consejo de Arturo Rocco cuando expuso que "es urgente imitar a los tudescos y tomarlos como paradigma en cuanto a la técnica de la ciencia purista del delito". Destaca los trabajos "Una nueva concepción del delito" y "Contribución a la determinación de las formas de culpabilidad".

-Sobre Octavio Pérez Vitoria, el vocal Brey Guerra considera que su trabajo escrito denota una preocupación por los problemas de derecho sustantivo y procesal con atención a la represión de la delincuencia entre menores. "Tema que sugestiona y atrae, pero que presupone otros que el profesor de derecho penal debe reputar transcendentales y comprensivos

---

195 Juan Francisco Lasso Gaite, "Aportación a la historia del Tribunal Supremo de España", *Revista General de Legislación y Jurisprudencia*, diciembre 1966, pp. 3-72.

de la singularidad a que dedicó sus tareas este opositor, cierto que publicados los folletos y opúsculos que enjuició quizá cuando no se pensaba en que pudieran traerse a este concurso no han de apreciarse sino en cuanto a la especialidad que determinó su publicación". Sin tener en cuenta este aspecto encuentra su trabajo "La minoría penal" digna de aplauso; el lado filosófico de cada cuestión, la evolución práctica y la historia sintética en el derecho positivo de distintos estados. Este trabajo está escrito con exposición interesante y clara. "El 'Assistenziario' para libertos de menores de Nápoles", "El museo criminal de Roma", "El reformatorio de menores de la isla de Nisida, "El centro de reeducación de menores de Roma", son otros trabajos informativos que revelan "la sugestión que el tema ejerce en las aficiones del investigador que quiere especializarse sin tendencia estudiosa". Claros y comprensivos, suficientes para un trabajo informativo. "La nueva legislación italiana sobre tribunales de menores"; artículo publicado en el número seis de *Psicología y Psigmetría infantil*". Se trata de una crítica breve y razonada de la legislación, con fina observación, aunque poco acertado en su juicio crítico final revela una personalidad con conocimientos suficientes que contrasta con recurrencias ajenas. El trabajo biográfico "Quintiliano Saldaña", publicado en *Rivista di diritto Penitenciario* se caracteriza por la exposición sintética de la doctrina de pragmatismo penal destacando en pocas líneas el mérito de la comprensión lógica. Por último "El discernimiento como fundamento de la responsabilidad criminal de menores", son cuatro páginas, pero en opinión del vocal Brey Guerra, suficientes para ver la evolución histórica en el estudio del discernimiento de los menores, modo de apreciarlo y efectos jurídicos del proceso de investigación. Considera muy razonable la tesis que mantiene, que viene a ser la de los tribunales... Quizás la única viable en el estado en que se encuentran los conocimientos psico-fisiológicos. Concluye Brey Guerra: "¡Lástima que este señor opositor no hubiera juzgado determinante el modo de enjuiciar nuestro primer tribunal de menores en España y el tratamiento en el Reformatorio de Amurrio y en él la personalidad del benemérito D. Gabriel Mª de Ibarra y de la Revilla!". Más transcendental le parece su memoria sobre el concepto, método, fuentes y programa de derecho penal: clara y metodizada, que revela los estudios del autor. Lo único que le objeta es que resulta descoordinado en extensión e intención al exponer el concepto y método del modo penal, pero ello no quita para que pueda estimar su trabajo, donde predomina la exposición de teorías y su propio criterio.

-De José Guallart, el vocal Juan Brey Guerra resalta su exposición metódica con precisión y claridad. Sus trabajos (salvo el escrito en alemán que tampoco puede juzgar por desconocer el idioma) revelan conocimientos profundos, expuestos con precisión y claridad pedagógica. Son de diversos tipos: hay de información jurídica como la "Relación de notas bibliográfica", "El X Congreso Penal y Penitenciario Internacional" es evaluado por su interés histórico y por sus citas bibliográficas. En él Gallart demuestra que es perito en la materia. De igual manera sucede con el "Nuevo Código Penal Español", donde expone de manera sintética el contenido según sus orientaciones y reformas introducidas en el derecho positivo, juzgado con acierto. Sobre "Le nouveau Code Penal Spagnol" realiza la crítica que mereció el opositor en la Association Internationale de "Droit Penal" con la siguiente frase: "Un resumé si instructif". De otra parte, a este opositor le preocupó el derecho penal para los menores: 1° Su trabajo se inserta en las publicaciones del Consejo superior de protección a la infancia, en el que hace relación histórica de los tribunales de menores en Italia; en él, aprecio el mérito de recopilación de datos legislativos y doctrinales muy interesantes y notas bibliográficas que enseñan asiduidad de lectura. 2° "El tribunal tutelar de menores", Zaragoza octubre 1921-dicembre 1931. Destaca en este trabajo la novedad en la exposición de notas estadísticas. 3° Congrés penal "Et penitentiaire international de Berlin 1935"; se exponen razones muy pertinentes para justificar la tesis del autor respecto a facultades de los tribunales de menores; revela buen criterio, aunque no sean ideas nuevas. 4° "El Derecho penal de los menores". Obra digna de figurar entre lo seleccionado como bueno; o a mi juicio le avalaron su exposición metódica, precisión y claridad de doctrina. Cita de manera especial la sección de estudio "Las causas de la delincuencia juvenil" ya que, opina, de su exposición pueden deducirse consecuencias prácticas y transcendentales para órdenes afines a la materia de estudio. 5° "Las naves asilos en el tratamiento italiano de la juventud abandonada o delincuente"; trabajo publicado en la revista "Universidad de Zaragoza"; obra en la que destaca como en otras de este autor, el tipo expositivo que en este trabajo es de mejorar en el sistema correctivo y educativo de los menores. Como trabajos de mayor comprensión figuran: 1° "Lecciones de metodología jurídica". Juzga su labor expositiva de nociones jurídicas, y dice que es sistemático compendioso en muchas partes, pero claro y bien redactado. 2° "La Pedagogía correccional", labor instructiva y de soluciones. Revela espíritu crítico, orientación reflexiva y de ideas propias. 3° Programa de Derecho Penal". Completo, metódico, comprensivo y bien enunciado. El vocal Brey Guerra considera que Guallart es tal vez demasiado extenso en la parte histórica y algo reducido en la especial destinada al estudio de las infracciones criminales en particular. Pero no le resta mérito si se atiende a que este segundo aspecto presenta menos complejidad en el planteamiento de tesis al menos para la labor docente universitaria. 4° "Estudio sobre el concepto, método, fuentes y programa de la asignatura de derecho penal". La estima labor de mérito por su orientación científica y por los variados conocimientos que revela. Sin duda que ha presidido este trabajo, o al menos lo ha influido, la idea recogida de las conclusiones del Congreso internacional de Roma de 1938 que el autor cita en la página X, observándose que trata de adecuar su labor a aquel propósito. El carácter del derecho penal en los diversos momentos históricos le parece sintética y ya tratados. Plausible la idea apuntada al folio XXXIV, que dadas las notas que pueden apreciarse en los trabajos de opositor, sabría llevarla a la práctica, una actuación practica reaccionaria ante las tendencias doctrinarias. El trabajo "La antijuricidad como elemento del delito" revela la preocupación de contribuir en la doctrina del significado valorativo del expresado concepto como estimativo del acto, tal vez tomando parte en la tarea intentada por Merkel de que pueda el legislador dar un concepto real de la antijuridicidad que simplifique su labor. El vocal ve en el trabajo comentado al expositor de doctrina, con afirmaciones propias que revelan el claro discernimiento del pensamiento de los tratadistas para exponerlos con acierto. Corrobora el juicio que tiene del aspirante como de una persona estudiosa, su folleto "La reforma de la instrucción pública en Italia". Brey Guerra concluye que en Guallart perdura su afán expositivo donde muestra su afición docente de enseñar, que considera aprendió bien sobre la materia.

-De Antonio Ferrer Sama: I. "El error en derecho penal". Destaca en él, dice el vocal Brey Guerra, el estudio que hace del dolo; su relación en la teoría de la representación; el análisis de sus elementos y el discernimiento que debe conocer con referencia al valor del hecho: no es menos interesante el parangón entre la doctrina de la docencia y la que distingue entre "desconocimiento de las leyes personales y desconocimiento de las leyes extrapersonales", el análisis de las consecuencias del error de hecho y el de derecho, así como la referencia a la doctrina y jurisprudencia españolas. Revela preparación adecuada para tratar cuestiones y criterio para discernir las soluciones. II. "La tentativa como especial tipo de lo injusto" le parece estimable por el estudio que hace en relación con los elementos del delito; labor breve, pero por sus apelaciones a conceptos filosóficos sobre la doctrina que admite, por la exposición que hace del pensamiento de otros tratadistas, y por el comentario de disposiciones legislativas, lo considera digno de consulta. III. "Programa de derecho penal": se encuentra perfectamente iniciadas las cuestiones que integran la técnica del derecho penal, con suficientes temas y cuestiones de la parte general y especial. IV. "Concepto, método y fuentes del Derecho penal. Con estilo claro, con exposición precisa, da cuenta del contenido de los epígrafes de la memoria. Considera acertado su juicio sobre lo que debe ser un programa de derecho penal.

Vista la valoración hecha por Brey Guerra, es necesario revisar la realizada por otro de los vocales, Romualdo Hernández Serrano, inspector fiscal del Tribunal Supremo. Era, como se ha dicho, un extremeño bien relacionado con ministros franquistas. Éste, al contrario, emitirá juicios de forma escueta:

-De Pérez Vitoria opina que se ha fijado de manera especial en los menores y su aportación principal es la monografía sobre la Minoría Penal, en la que se estudia con acierto el derecho histórico y el derecho comparado. Los otros trabajos que presenta -aparte la Memoria pedagógica, bien orientada y completa- breves y también dedicados a los menores, tienen carácter informativo y de novedad, limitándose a dar a conocer instituciones y organismos italianos, sin ser construcciones teóricas. En el programa adopta un término medio, y en cuanto a la extensión y desarrollo de los temas resulta bastante aceptable.

-De Ferrer Sama, nota característica en sus trabajos es la claridad expositiva y sistemática. Tienen una finalidad pedagógica. En ellos, dice el vocal Hernández Serrano, predominan fuentes italianas, pero la bibliografía no es muy considerable. El programa es minucioso y meditado. Aparte de los trabajos reglamentarios, solo presenta un estudio sobre la "Tentativa" como especial causa de lo injusto, éste es fruto de la reflexión.

-De José Guallart, dice, es el que presenta mayor cantidad de trabajos. El número supera al volumen. Casi todos los trabajos se han publicado. En ellos demuestra una línea de estudio de larga trayectoria en la materia. Son ensayos de aplicación del derecho penal a cuestiones de carácter social. Especialmente preparados los de la delincuencia en los menores. El programa es fruto de una elaboración meditada y dedica especial relevancia a la historia de autores españoles.

-Sobre Juan del Rosal, este vocal manifiesta que también presenta un gran número de trabajos, que revelan su constante estudio y preocupación por el derecho penal. Cabe resaltar su buena información bibliográfica alemana con datos recientes; su forma de exponer confusa, complicada y atrevida, con términos como "epocal", "tengenciamos", "problematismo"..., lo que le lleva a la incorrección gramatical, dialéctica y filosófica; y su entusiasmo y afición por la disciplina. En su opinión el programa es suficientemente completo.

Ahora toca presentar la opinión del vocal Eugenio Cuello Calón, de quien se ha señalado, era miembro del CSIC:

-A Juan del Rosal le atacará sobre todo sus textos por su difícil comprensión y su léxico "deplorable", tampoco realiza una gran investigación. Dice expresamente: "Presentó varios trabajos impresos, artículos de revista de reducidas dimensiones. Juntamente con éstos ha presentado algún trabajo inédito entre los que destaca por su mayor extensión el denominado: Una nueva concepción del delito". No aspira este estudio, no obstante, el título que lo encabeza, a realizar una investigación sobre el concepto del delito en general sino a la fijación de las concepciones formuladas sobre esta materia por algunos de los penalistas del nacionalismo alemán y especialmente por Wolf, Dahm y Schafstein. Después de una larga exposición, a la que se consagran más de las tres cuartas partes del trabajo, en la que hallan acogida considerable cantidad de cuestiones desprovistas de relación directa con el tema propuesto -como la ciencia del derecho penal, la dogmática jurídico-penal y otras- no expone ideas y conceptos propios referentes a la esencia y elementos del delito, sino que se limita a las ideas de los mencionados juristas alemanes. Hay en este trabajo como notas más relevantes, característica que se halla fuertemente acentuada en los restantes estudios presentados por este opositor, un formidable acarreo de datos bibliográficos, con gran frecuencia inconexos, sin trabazón con el texto al que acompañan, al que a veces oscurecen y asfixian dada su desmedida profusión. Según el vocal Eugenio Cuello Calón: "No me es posible emitir juicio preciso acerca del fondo de este trabajo por la confusión de ideas y temas que en él se entrecruzan y mutuamente se oscurecen haciendo muy difícil su comprensión y su texto no pocas veces ininteligible". Dice que a semejante ausencia de claridad contribuye no poco su léxico deplorable que el mismo autor intenta disculpar advirtiendo que "el lenguaje conceptuoso y duro obedece a una pertinaz influencia del idioma alemán fruto de los largos años pasados en aquel país". Las mismas características de texto confuso, ininteligible en gran número de páginas, se dan en su artículo "El proceso valorativo judicial".

-De Pérez Vitoria, dice el catedrático de Barcelona, Cuello Calón, que presenta varios trabajos entre los que destaca su libro "La minoría penal". Este, como otros de los aportados, muestran que el opositor es un especialista en las cuestiones de Derecho penal de los menores, que estudia con gran claridad y acopio de datos tanto científicos como legislativos. Todos los grandes problemas suscitados al tratar la infancia y la delincuencia en la juventud se examinan y exponen con método riguroso y claridad.

-De Ferrer Sama dice que aporta trabajos inéditos. En "El error en derecho penal", que es el de mayor importancia, se da un profundo conocimiento del tema, originalidad de las soluciones y un fino sentido crítico.

-José Guallart tiene un número considerable de publicaciones que tratan en su mayoría de la delincuencia de los menores, cuestión que aborda con gran competencia y juicio claro. Presenta un estudio sobre "La antijuridicidad como elemento del delito", donde expone la doctrina alemana.

Finalmente, el presidente, Inocencio Jiménez Vicente emite su juicio:

-De Juan del Rosal, su trabajo "Una nueva concepción del delito" es la tercera redacción de la tesis doctoral, que no ha presentado al tribunal, y muestra su dedicación a la literatura germana de los últimos años. El esfuerzo produjo acopio de ideas, pero no su fecundación. La obscuridad demuestra que no ha logrado asimilarlo. Lo mismo ocurre con la Memoria que no consigue una concepción pedagógica de la asignatura. El Programa no tiene la fuerza constructiva que pretendía el opositor. Los artículos y apuntes de penal no reflejan bien su colaboración asidua en revistas tanto en España como en Alemania. Los artículos sobre otras materias son de divulgación social. Queda demostrado que se dedica a preparar oposiciones de manera incompleta y poco acertado, dedicándose con exclusividad a una parte de la ciencia alemana.

-Acerca de Octavio Pérez Vitoria, reconoce que su formación es bastante completa tanto en España como en Italia principalmente, lo cual se observa en sus publicaciones. Su obra en general es el tema de su tesis "La Minoría penal" con información completa sobre lo extranjero. Es concienzudo y claro como buen jurista y con condiciones de sociólogo. La memoria y el programa le acreditan como profesor. Es clara su opinión favorable sobre este opositor.

-En opinión del presidente, Inocencio Jiménez Vicente, Antonio Ferrer Sama tiene trabajos poco abundantes, pero muestran su finura del sentido jurídico y una robusta y fecunda formación española. "El error en Derecho penal" le acredita como crítico y como expositor, con ideas originales sugestivas. La Memoria y el Programa denotan su formación sólida para la docencia. El presidente del tribunal también manifiesta una buena opinión sobre Ferrer Sama.

-José Guallart muestra en sus trabajos su vocación temprana, con publicaciones desde hace años. Sus estudios aparecen en artículos, libros y colaboraciones con instituciones penales y pedagógicas. Se observa desde sus "Lecciones de Metodología" (1924) y su "Derecho penal de los Menores" (1925) y a través de sus continuas publicaciones hasta el momento. Por otra parte, su formación resulta completa, en sus trabajos se ve la influencia de la ciencia española y su estancia en Italia, Alemania, Francia y Bélgica. Dice que "es fiel opositor de lo extranjero y buen conocedor de lo nacional. Sostenedor de lo más aprovechable de lo clásico y cultivador de los avances sólidos de la ciencia. Su especialización en el aspecto jurídico se acredita en su trabajo sobre la antijuridicidad; y en la práctica con sus trabajos sobre el derecho penal de los menores. Su memoria y programa, los más completos en estas oposiciones, son reflejo de un ejercicio asiduo de la enseñanza, realizado a conciencia y voluntad de superarse.

Resolución

Una vez completados los ejercicios y emitidos los informes, el mismo día 31 de octubre por la tarde, el tribunal procedió a la votación. Los votos del secretario Sánchez Tejerina, del vocal Cuello Calón y del presidente Inocencio Jiménez se emitieron en igual sentido: en primer lugar, Guallart, seguido de Ferrer Sama y en tercer puesto, Pérez Vitoria. El vocal Hernández Serrano votó a Guallart para el primer lugar, para el segundo a Ferrer Sama y para el tercero a Pérez Vitoria. El vocal Brey Guerra votó en el siguiente orden: Guallart, Del Rosal y Ferrer Sama. Hay un acuerdo general sobre los tres candidatos seleccionados, y tan solo uno otorga su voto, en segundo lugar, a Del Rosal.

El 1 de noviembre se constituyó de nuevo el tribunal y llamados por orden de calificación, los opositores eligieron las plazas: Guallart la cátedra de Valladolid, Ferrer Sama la de Murcia y Pérez Vitoria la de Oviedo[196]. Ferrer Sama era el que había recibido las valoraciones más escuetas, además de tener poca obra. Después escribiría unos trabajos sobre comentarios al Código penal, y pronto se dedicó al tribunal de menores, aunque volvería a la universidad y se dedicaría al ejercicio, como veremos.

---

196 Nombrados por orden 19 de noviembre de 1940 (BOE 2 de diciembre) para las cátedras de Valladolid, Murcia y Oviedo, respectivamente.

1941-1943. Trayectorias posteriores: entre oposiciones, ejercicio profesional y acusaciones de plagios

Merece la pena destacar la trayectoria posterior que siguieron los nuevos catedráticos, para poder valorar el caudal científico que aportaron, desde sus respectivas nuevas plazas, a la universidad española. Guallart había obtenido el primer puesto ya que el tribunal hizo valer su antigüedad en lugar de considerar su producción científica, que era escasa, limitándose a "dos breves artículos expositivos de la dogmática-jurídica alemana"[197]. Eligió Valladolid y un año después, en 1941, se trasladaría por concurso a Zaragoza a la plaza que había desempeñado Isaías Sánchez y Sánchez Tejerina por traslado al doctorado en Madrid[198]. Mientras, Ferrer Sama, a pesar de sus también escasas publicaciones (apenas cuatro trabajos contando la memoria de la oposición) ocupó la cátedra que había desempeñado el exiliado Mariano Ruiz-Funes en Murcia. En un futuro escribiría "El error del derecho penal" (1941) y "Comentarios al Código Penal" (1946). Después se dedicaría al tribunal de menores, siendo nombrado excedente, aunque luego volvería a la universidad pasando a Valencia y dedicándose al ejercicio profesional, y más tarde a Madrid donde se jubilaría[199].

El último, Octavio Pérez Vitoria que eligió Oviedo, en 1941 por concurso de traslado pasaría a la universidad de Barcelona[200]. Las plazas ocupadas sirvieron de puente para concursar tan solo un año después a otros destinos preferidos.

Mientras, Juan del Rosal, el único candidato que no obtuvo plaza y que recibió duras críticas por su uso excesivo de autores alemanes[201], discurso confuso y acumulación de bibliografía, conseguiría la cátedra al año

197 Sebastián Martín, "Penalística y penalistas españoles a la luz del principio de legalidad…", p. 594.

198 AGA, sección Educación, legajo 9610-2, ya citado.

199 Yolanda Blasco Gil y Tomás Saorín, *Las universidades de Mariano Ruiz-Funes…*, pp. 138 y 140.

200 AGA, sección Educación, legajo 9609-1. Concurso de traslado para la cátedra de penal de la facultad de Barcelona. Orden de convocatoria y anuncio 7 de abril de 1941 (BOE 18 de abril). Terminó el plazo el 8 de mayo de 1941. Se presentó junto con José Antón Oneca -natural de Madrid, de 44 años, y que desempeñaba la cátedra en Santiago, 1940- y fue nombrado Pérez Vitoria, orden 23 de julio del 41 (BOE 14 de agosto).

201 Años después también Ruiz-Funes pondría el dedo en la misma llaga "… si el joven del Rosal, en posesión de un apellido tan poético, al que conocí barbilampi-

siguiente, en 1941, en Valladolid, que había dejado vacante Guallart[202], y acabaría liderando como penalista "la escuela más numerosa de la disciplina" en España[203]. No obstante, Del Rosal, antiguo discípulo del también exiliado Luis Jiménez de Asúa[204], sustituiría las ideas de función social y humana de la materia penal enseñadas por su maestro, por un derecho penal totalitario, coactivo y al servicio del nuevo estado. Para fomentarlo se creó el instituto de criminología en Madrid, dependiente del ministerio de educación.

El criminólogo Antonio Peláez de las Heras, miembro propagandista de ACNdP, que se retiró de esta oposición, volvería a intentarlo dos veces más en el periodo 1941 y 1943, también sin éxito. En las oposiciones, turnos auxiliares, para la provisión de cátedras de penal vacantes en Valladolid y La Laguna en 1941 se presentó junto a Juan del Rosal Fernández, Manuel Serrano Rodríguez, José Ortego Costales y Ricardo Mur Linares. Fueron nombrados finalmente Juan del Rosal Fernández y José Ortego Costales, para las cátedras de Valladolid y La Laguna respectivas[205]. El *tribunal* estaba formado por Eugenio Cuello Calón, presidente, Isaías Sánchez y Sánchez Tejerina, José Guallart y López de Goicoechea, Octavio Pérez Vitoria, vocales, y Antonio Ferrer Sama, como secretario. Los mismos de antes y los nuevos de ahora. Y como curiosidad, la exclusión del aspirante Ricardo

---

ño, blondo y comunista, me supera o le supero yo, y en definitiva si traduzco tan mal como él", en su artículo "La tortura del número"..., p. 281.

202 Nombrado el 7 de diciembre de 1941 (BOE 19 de enero de 1942). Del Rosal llegaría a ser decano de su facultad en 1946 y vicerrector en 1953. Escribió su libro *Nuevo sentido del derecho penal,* Valladolid, 1942. Luego en 1957 pasaría a Madrid, donde fue decano en 1971. Manuel J. Peláez, *Diccionario crítico de juristas...*, vol. II (M-Z), pp. 432-433.

203 Sebastián Martín, "Penalística y penalistas españoles a la luz del principio de legalidad...", p. 595.

204 Más tarde escribiría Luis Jiménez de Asúa, *Tratado de derecho penal,* tomo II. *Filosofía y Ley Penal,* Buenos Aires, Editorial Losada, 1950, donde un capítulo especial está dedicado a los crímenes de guerra.

205 AGA, sección Educación, legajo 2143, orden de convocatoria y anuncio de la plaza de Valladolid, 28 de marzo de 1941 (BOE 7 de abril). Terminó el plazo el 6 de junio de 1941. Nombramiento del tribunal 13 de junio de 1941 (BOE 19). Por orden 21 de junio (BOE 29) agregada a esta convocatoria la de igual denominación y turno de La Laguna. Lista provisional de admitidos y excluidos 18 de septiembre de 1941 (BOE 23). Lista definitiva 6 de octubre. El 7 de diciembre de 1941 (BOE 19 de enero 1942) nombrados Juan del Rosal y José Ortego.

Mur Linares, por acusarle el tribunal de plagio que comunicaron al director general de enseñanza:

> Que el opositor a las referidas cátedras Don Ricardo Mur Linares, con el fin de cumplir el requisito exigido por el vigente Reglamento de oposiciones a cátedras de presentar un trabajo original de investigación presentó ante el Tribunal, aseverando ser resultado de su investigación personal, un trabajo titulado "La exclusión del dolo por concurrir un error de derecho en la doctrina medieval italiana".
>
> El tribunal que, apenas conocido el trabajo, adquirió la certidumbre de tratarse de un plagio, localizó en brevísimo plazo la obra plagiada la cual resultó ser la del Profesor de la Universidad Manburgo Woldeinar Engelmann titulada "Irrtum und Schuld nach der italienischen Lehre und Praxis des Mittelalters" Berlín, Gurg Stilke, 1922. Después de minucioso cotejo entre el trabajo presentado por el Sr. Mur y el texto alemán del Profesor Engelmann y confirmado el plagio por aquel realizado el Tribunal, por unanimidad, acordó su eliminación de los ejercicios de la oposición.
>
> Más no paró aquí la actuación irregular del Sr. Mur. Después de ser excluido y sorprendido la buena fe del bedel encargado del servicio y custodia del local donde se guardaban los trabajos y documentación de los opositores, el referido Sr. Mur ilícitamente solicitó y obtuvo de aquel la entrega de los trabajos por él presentados con excepción del plagiado, cuya sustracción principalmente perseguida, seguramente para suprimir la prueba material de su frustrado engaño, que no pudo conseguir por haberlo puesto previsoramente el Tribunal a buen recaudo.
>
> El Tribunal estimando la gravedad de estos hechos y especialmente teniendo en cuenta que el Sr. Mur asevera en su documentación ser Auxiliar de clases prácticas en la Facultad de Derecho de la Universidad de valencia, los pone en conocimiento de V.I. Dios guarde a V.I muchos años.
>
> Madrid 5 de diciembre de 1941

La cuestión del plagio no era novedad, por ejemplo, desde el de Franckenau denunciado por Gregorio Mayans en el XVIII, o aquellos dictámenes académicos del mismo periodo[206] vertidos sobre la obra de filosofía del catedrático Facundo Sidro Villarroig en el Estudio General de Valencia, hasta ahora…[207] Antonio Peláez de las Heras de nuevo se presentó a la

---

206 Armando Pavón Romero y Yolanda Blasco Gil, "Acerca de la cuestión del plagio académico" en *La irrupción de la escritura en el Estudi General de Valencia (1767-1797),* Valencia, Tirant Humanidades, 2022, pp. 128-143.

207 En el pasado Gregorio Mayans ya mencionaba la cuestión del plagio en su demostración en 1752 al escribir sobre la vida de Francisco Ramos del Manzano o José Fernández de Retes, donde se menciona el plagio de Franckenau. En *Novus Thesaurus juris civilis, et canonici* de Geert Meerman, 7 vols., La Haya, 1751-1753, V, 21-35 y VI, 5-20. En la correspondencia de Gregorio Mayans y Siscar, *Epistolario,*

oposición, turno libre, de Santiago en 1943, estando ya vigente la nueva ley de reforma universitaria. Ahora se presenta con 40 años. En el tribunal seguiría como presidente Eugenio Cuello Calón, omnipresente en todas las oposiciones, y como vocales José Guallart, Antonio Ferrer Sama, Octavio Pérez Vitoria y José Ortego, secretario[208]. Los aspirantes: Antonio Peláez de las Heras, Eleuterio González Zapatero, Manuel Serrano Rodríguez y Joaquín Bastero Archano. Antonio Huerta Ferrer queda excluido por presentar la documentación fuera de plazo. Convocada la oposición no se presentará Eleuterio González, por lo que también queda excluido. Los tres restantes pasarán todos los ejercicios sin problemas, y finalmente obtiene la cátedra Manuel Serrano Rodríguez por obtener los tres votos reglamentarios, los otros dos se distribuyeron entre el resto de los opositores. A Peláez de las Heras lo encontraremos, ya fuera del periodo cronológico de este libro, como profesor adjunto de la universidad salmantina.

DERECHO POLÍTICO

El derecho político era una de las asignaturas más señaladas del nuevo estado totalitario, que dio paso al cambio del pensamiento jurídico-político

---

Volumen XVII: Cartas... de Francisco Cerdá y Rico a Gregorio Mayans y Siscar, 17 de diciembre de 1779, "alude a su edición de *Sacra Themidis hispanae arcana* (1780) en que repetía los argumentos de Mayans reivindicando la autoría de Juan Lucas Cortés, usurpada por Franckenau. El trabajo de Mayans había sido publicado por Meerman, en pp. 21-35", citado en el prólogo de Mariano Peset, Yolanda Blasco Gil y Jorge Correa, en *Universidad, colegios, poderes, XIV Congreso internacional sobre historia de las universidades, Valencia, Facultad de derecho, 16 y 17 de octubre de 2019,* València, Universitat de València, 2021, pp. 11-40. José María Escudero hizo un trabajo sobre este plagio, "Tríptico escandinavo (en recuerdo de Gunnar Tilander)", comunicación leída por el autor en los *VII Encuentros históricos España-Suecia,* organizados en Madrid y Segovia por la UNED y la embajada de Suecia en noviembre de 1999, pp. 425-447. Bartolomé Clavero y Sebastián Martín citarán la cuestión del plagio actual, recogido en el prólogo citado arriba.

208 AGA, sección Educación, 31/1477, legajo 10477-1. Oposición turno libre para la cátedra de derecho penal de Santiago. Orden de convocatoria y anuncio 9 de diciembre de 1942 (BOE del 18). Termina el plazo el 15 de febrero de 1943. Lista provisional 10 de marzo (BOE 22). Tribunal designado el 24 de mayo de 1943 (BOE 5 de junio). Lista definitiva 15 de junio. Nombrado Manuel Serrano Rodríguez el 12 de noviembre de 1943 (BOE 22).

en España[209]. De político eran algunos profesores exiliados como Francisco Ayala García-Duarte [210], catedrático de la universidad central que se exilió a Argentina y Puerto Rico donde fue profesor de sociología, posteriormente desarrolló su carrera literaria en Estados Unidos; también Mariano Gómez González, nombrado presidente del Tribunal Supremo por la República durante la guerra civil (1936-1939), que había ocupado cátedra en Valencia acabó en Argentina. El catedrático de político e internacionalista Manuel Martínez Pedroso, en Sevilla desde 1927, se exilió a México[211]. El también socialista Fernando de los Ríos Urruti, que ocupó plaza en Granada y Madrid, y desempeñó cargos de responsabilidad en la República, marchó a Estados Unidos[212].

Una todavía joven estudiante era Aurora Arnaiz Amigo, natural de Sestao (Vizcaya), estudiaba derecho en Madrid, donde se alojaba en la Residencia de Señoritas[213]. Durante la guerra tuvo una activa participación:

---

209 Sebastián Martín, "Funciones del jurista y transformaciones del pensamiento jurídico-político español (1870-1945) II", en *Historia constitucional: Revista Electrónica de Historia Constitucional*, 12 (2011), pp. 161-201.

210 Francisco Ayala, "Ensayos políticos y sociológicos", *Obras Completas*, volumen V, Barcelona, Galaxia Gutenberg-Círculo de Lectores, 2009, pp. 710-716. Francisco Ayala, Eduardo Llorens Clariana y Nicolás Pérez-Serrano Jáuregui, *El derecho político de la Segunda República*, Sebastián Martín Martín (ed.), Universidad Carlos III de Madrid, 2011. También la obra de Ayala fue silenciada. Sus traducciones fueron eliminadas de la lista de autores de la Editorial Revista de Derecho Privado en sus catálogos: Francisco Ayala, *Teoría de la Constitución*, de C. Schmitt, y *La opinión pública*, de Mannheim. Véase en "El estado franquista, editor pirata. V Las publicaciones de Derecho", *Boletín informativo de la UPUEE (sección México)...*, año II, núms. 13-14 (agosto-septiembre de 1944), pp. 7-8.

211 VV. AA., *El exilio español en México, 1939-1982*, México, FCE, 1982, p. 832. Eva Elizabeth Martínez Chaves, *España en el recuerdo, México en la esperanza...*, pp. 457-463. Yolanda Blasco Gil, "Académicos derrotados. Juristas exiliados en la UNAM"..., p. 229.

212 Fernando de los Ríos, "Inquietudes suramericanas", en *Obras completas*, vol. V, Escritos de la guerra civil y el exilio, Teresa Rodríguez de Lecea (ed.), Barcelona, Rubí/Anthropos/Fundación Caja de Madrid, 1997, pp. 232-243. Una visión general por universidades y facultades en Mauricio Fresco, *La emigración republicana española: una victoria para México...* Yolanda Blasco Gil y Armando Pavón Romero, "Las mujeres de la UPUEE...", profesores exiliados pp. 567-581. Sobre Fernando de los Ríos, Yolanda Blasco Gil, *1943: La Transición Imposible...*, p. 41.

213 Claudia Silvia Llanos Delgado, "El mundo de la mujer, un proyecto para la difusión en español del pensamiento libre de las mujeres durante el siglo XX", en *Los costes de la libertad intelectual en universidades de México y España*, Armando Pavón

comisaria política de brigada y representante de las juventudes socialistas... Después de exiliarse a Francia llegó a América, pasó por República Dominicana, Cuba, y al final recaló en México donde se establecería definitivamente en 1939. De nuevo la UNAM fue refugio del exilio, donde ella acabaría la carrera de derecho, y en 1952 se doctoró. Fue la primera mujer profesora titular de derecho a tiempo completo -similar a la plaza de catedrática en la universidad española- de derecho constitucional y de teoría general del estado, por oposición celebrada en 1954[214].

Al exiliarse los profesores dejaron sus cátedras vacantes, que se convirtieron muchas de ellas en botín de guerra para los adeptos al régimen. Ahora tocaba ocupar, asaltar, las cátedras de derecho político, con las teorías del caudillaje y los principios fundamentales del estado, en un España sin constitución.

Romero y Yolanda Blasco Gil (coords.), Valencia, Tirant Lo Blanch, 2023, pp. 461-501.

214 Archivo Histórico de la UNAM, Dirección General de Servicios Escolares, expediente de estudiante de Aurora Arnaiz Amigo, enero de 1947, núm. 67910; Dirección General de Personal Académico y Administrativo, expediente de profesora 11552. Más sobre ella en Yolanda Blasco Gil y Armando Pavón Romero, "Las mujeres de la UPUEE...", en particular pp. 597-598; de los mismos autores "La UPUEE desde una perspectiva de género", en *Deconstruyendo estereotipos, construyendo equidades. La participación de las mujeres en la vida académica,* México, 2022. Entre sus obras, *Idea e ideología de la ciencia política,* tesis licenciatura, México, Facultad de Derecho, UNAM, 1952; *Ética y Estado,* México, UNAM, 1959; *Ciencia del Estado,* México, Antigua Librería Robredo, 1959; *Feminismo y femineidad,* México, Porrúa, 1965; *Retrato hablado de Luisa Julián: memorias de una guerra,* Madrid, Compañía Literaria, 1996... También sobre esta profesora Antonina Rodrigo, "Aurora, Arnaiz Amigo", *Mujer y exilio, 1939,* Madrid, Compañía Literaria, 1999; Joseba Zabala, *¿Pero quien es Aurora Arnaiz?,* Donostia, Gara, 2003.

Junta para Ampliación de Estudios, 1907-1939
Instituto Internacional
Instituto-Escuela
Residencia de Señoritas
Actual CSIC, 1940-
Proyecto "Lugares del saber y exilio científico"

Junta para Ampliación de Estudios, 1907-1939
Instituto Internacional
Instituto-Escuela
Residencia de Señoritas
Actual CSIC, 1940-
Proyecto "Lugares del saber y exilio científico"

1941-1942. Oposiciones a las cátedras de Sevilla y Oviedo

La plaza de Oviedo había estado ocupada, orden 15 de junio de 1933, por Teodoro González García, que pasó por concurso de traslado de administrativo a político en esa misma universidad. El 9 de mayo de 1934 fue nombrado letrado del Tribunal de garantías constitucionales, por lo que solicitó una excedencia, hasta julio de 1936. Suprimido el tribunal de garantías en la zona sublevada, el 4 de mayo de 1937, se reincorporaría de nuevo a la universidad. La orden, suscrita por el ministro Sainz Rodríguez, decretó el 28 de febrero de 1939, tras su suspensión por depuración, el reingreso a la universidad de Oviedo, donde permanecería solo dos cursos. Finalmente, en 1940 -después de un segundo proceso depurador- por concurso pasó a la cátedra de político en Valladolid[215].

En Sevilla, la cátedra había quedado vacante por el exilio de Manuel Martínez Pedroso, miembro del tribunal de garantías constitucionales, depurado y separado del servicio activo. Llegó a México en 1939, donde colaboró en La Casa de España -después El Colegio de México-[216], donde el presidente Cárdenas acogió a los primeros intelectuales republicanos por iniciativa de Daniel Cosío[217] y con ayuda de la embajada de México en Francia. Profesor extraordinario en la UNAM. Desde 1940 impartió teoría del estado y derecho internacional en la escuela de jurisprudencia. En 1941 fue titular de ambas cátedras y posteriormente profesor de carrera. Allí fundó y dirigió los seminarios de derecho internacional público y de teoría del estado[218].

---

215 Sebastián Martín, "González García, Teodoro (1897-1980)", *Diccionario de catedráticos españoles de derecho (1847-1943)...*, Universidad Carlos III, en línea.

216 Clara E. Lida, "La fundación de La Casa de España en México. Un eslabón entre México y la Segunda República española. 1931-1940", *Boletín de la Institución Libre de Enseñanza,* Madrid, Fundación Francisco Giner de los Ríos-Institución Libre de Enseñanza, 2013, pp. 9-17.

217 Daniel Cosío Villegas, *Memorias,* México, Joaquín Mortiz, 1976, pp. 173-179. Clara E. Lida y José Antonio Matesanz, *La Casa de España en México,* México, El Colegio de México, 1988 y *El Colegio de México: una hazaña cultural 1940-1962,* México, El Colegio de México, 1990.

218 Yolanda Blasco Gil, "Académicos derrotados. Juristas exiliados en la UNAM", *Teoría y Derecho: Revista de pensamiento jurídico,* 20 (2016), pp. 217-240, en particular p. 229. Eva Elizabeth Martínez Chávez, *España en el recuerdo, México en la esperanza,* tesis doctoral, La Rábida, Universidad Internacional de Andalucía-Universidad de Huelva, 2015, pp. 457-463.

El 19 de noviembre del 41 se constituía en Madrid el tribunal para juzgar las oposiciones de político, vacantes en Oviedo y Sevilla, con el presidente Carlos Ruiz del Castillo, y los vocales Alfonso García-Valdecasas, Gonzalo del Castillo y Alonso, Recadero Fernández de Velasco y Alfonso de Hoyos y Sánchez. Se presentaron Francisco Javier Conde García -destacado falangista, el gran teórico del caudillaje-, Juan Misol Matilla, Ignacio María de Lojendio Irure, Francisco Elías de Tejada Spínola, Luis Sánchez Agesta, Nicolás Ramiro Rico y Eugenio Vegas Latapié, del que hasta el presidente del tribunal dirá que no puede juzgarse con el criterio habitual en estas pruebas porque "se trata de una vida política henchida de fe en principios fundamentales", de esa manera expone actividades políticas, "traza su silueta política más que su silueta intelectual... deduce consecuencias arriesgadamente antiintelectuales". Vegas Latapié formaba parte de la asociación y revista *Acción Española,* creada en octubre de 1931, presidida por Ramiro de Maeztu; Pedro Sáinz Rodríguez, vicepresidente; el mismo Eugenio Vegas Latapié, secretario, y Javier Vela como tesorero[219].

El primer ejercicio fue el 2 de diciembre y no compareció Juan Misol. Los demás aspirantes fueron pasando los ejercicios hasta llegar al quinto. En el transcurso de esta prueba, se recibió un escrito de Nicolás Ramiro Rico informando que se encontraba enfermo "retenido en cama por un agudo dolor intestinal" y no podía asistir a la lectura del ejercicio. El tribunal lo citó el 26 de enero de 1942. Llegada la fecha, el opositor continuaba enfermo por lo que se aplazó hasta el día siguiente. Ese día se recibió la noticia de que Conde García también estaba enfermo. El tribunal dio un nuevo plazo a los opositores indispuestos, el 29 de enero y el 1 de febrero, respectivamente, para poder realizar sus ejercicios el 30 y el 2. Ramiro Rico declinó finalizar la oposición. Conde García compareció junto a los otros cinco restantes e hizo el sexto y último ejercicio.

---

219 Acerca de Vegas Latapié, Beatriz Gracia Arce, *Trayectoria política e intelectual de Mariano Ruiz-Funes: República y exilio...*, pp. 60-61. En Tomás Saorín y Yolanda Blasco Gil, "Universidad e Hispanidad. Tres décadas de trayectorias entrecruzadas del ministro José Ibáñez Martín y el catedrático exiliado Mariano Ruiz-Funes"..., p. 269.

Ciencia española en el exilio, 1939-1989
La Casa de España, 1938-1940-El Colegio de México, 1940-
Biblioteca Daniel Cosío Villegas, 1940-
Proyecto "Lugares del saber y exilio científico"

Respecto a los juicios que recibieron las propuestas pedagógicas de los candidatos fueron muy diversos. De Conde García se dice que en su memoria pedagógica y programa se aprecia "una formación casi exclusivamente germánica", "arranca del formalismo alemán", "con ignorancia de otros pensamientos o mal aprecio de ellos", otros la ven "considerada", "demasiado tradicional". Mientras la de Lojendio muestra gran preocupación por los problemas que se estudian en la disciplina y su afición a la historia. La de Elías de Tejada es demasiado extensa y no se aprecia un rigor científico. De Sánchez Agesta dicen que es obra de un jurista, equilibrada y bien documentada, lo mismo se aprecia en su programa... Sobre Eugenio Vegas Latapié juzgan que tanto la memoria como el programa son sencillos, claros, pero poco más... Y de Nicolás Ramiro que posee grandes "facultades de investigador", "aficiones analíticas" y un programa que está bien. Los opositores presentan trabajos, como Vegas Latapié sobre la figura del caudillo, así como Conde sobre el caudillaje.

Finalmente, las cátedras fueron ganadas por Ignacio María de Lojendio Irure (que eligió Sevilla) y Luis Sánchez Agesta (Oviedo)[220]. Este último formará parte más tarde del tribunal de oposición para Santiago, en 1943, que presento a continuación, donde se verá la trayectoria seguida por Conde García.

1943. Cátedra de Santiago de Compostela

El catedrático de Santiago, Carlos Ruiz del Castillo, había sido nombrado en 1941 por concurso de traslado para la provisión de la cátedra de Estudios superiores de ciencia política y derecho político en doctorado de la central, por lo que la plaza estaba vacante.[221] La oposición, a turno libre,

220 AGA, sección Educación, legajo 237. La cátedra de Oviedo salió a concurso de traslado el 19 de mayo de 1944 (BOE 7 de junio) Terminó el plazo el día 27 y fue declarada desierta por orden 4 de julio de 1944 (BOE del 29), AGA, sección Educación, legajo 10519-75.

221 AGA, sección Educación, legajo 9610-23 orden de convocatoria 24 de septiembre de 1940 (BOE del 30), anuncio 24 de septiembre de 1940 (BOE 7 octubre). Termina el plazo el 26 de octubre. Por orden 17 de enero de 1941 (BOE del 23) ampliado el plazo de admisión de solicitudes por diez días, a partir de la publicación, para dar cumplimiento al decreto 18 de septiembre de 1935. Fueron los aspirantes Nicolás Pérez Soriano, el más liberal, incorpora entre los trabajos que presenta temas de derecho comparado, con Alemania e Inglaterra e incluye trabajos sobre América, como: "Las libertades municipales en el imperio español de América",

para proveer dicha plaza fue convocada y anunciada en el Boletín oficial de 3 de marzo de 1943[222].

Los *aspirantes* fueron: Francisco Javier Conde García, el gran falangista y teórico del caudillaje, José Luis Santaló Rodríguez de Viguri y Antonio Seiquer Velasco. Todos presentaron los documentos necesarios, incluyendo certificados de no aparecer en el registro central de penados y rebeldes. Antonio Seiquer Velasco presentó, además, certificado de no haber pertenecido al profesorado oficial durante la República, antes del 18 de julio del 36.

Conde García, de una férrea ideología falangista, llegaría a ocupar importantes cargos políticos durante el franquismo. Nació el 3 de diciembre de 1908 en Burgos. Tenía 35 años. Su vida universitaria transcurrió en Madrid y Sevilla, y se doctoró en derecho en la central, ampliando estudios en París y Berlín, con un trabajo sobre Bodino[223]. Participó de manera activa

---

Revista general de legislación y jurisprudencia, 1918; "Génesis de la independencia de las colonias españolas de América", *Revista Informaciones*-del Ministerio de Estado-, 1929; Luis del Valle Pascual, Tomás J. Elorrieta Artaza y Carlos Ruiz del Castillo y Catalán de Ocón y Recadero Fernández de Velasco Calvo. Sería nombrado por concurso de traslado Carlos Ruiz del Castillo y Catalán de Ocón, orden 22 de abril de 1941 (BOE 12 de mayo). Entre sus trabajos no hay de derecho comparado con otros países de Europa, y nada de América. Destaca *El conflicto entre el comunismo y la reforma social*, Madrid, 1929; *El socialismo como sistema de reforma social*, Barcelona, 1930; "El derecho de asociación", lección pronunciada en la VII Semana Social de España, Madrid, 1934; "La superación de nacionalismo y de internacionalismo y la acentuación de los valores humanos del derecho", en la Asociación para el progreso de las ciencias, 1934; *Democracia y constitución rígida*, Roma, 1936; "En el confín de dos épocas" (La repercusión de la crisis moderna del espíritu en la idea del Estado), discurso leído en la inauguración del curso académico 1939-1940, en la Universidad de Santiago. Acerca de las cátedras de doctorado, Manuel Martínez Neira y José María Puyol Montero, *El doctorado en derecho 1930-1956*...

222 AGA, sección Educación, legajo 1475, caja 31/10476-1. La oposición fue convocada y anunciada en BOE 3 de marzo de 1943, terminó el plazo el 1 de mayo. El tribunal fue nombrado por orden 24 de mayo; lista provisional 2 de junio y lista definitiva 15 de junio (BOE 5 de junio). Francisco Javier Conde García fue nombrado catedrático el 18 de noviembre (BOE 11 de diciembre).

223 Francisco Javier Conde García, *El pensamiento político de Bodino*, tesis inédita, presentada en la facultad de derecho de la universidad de Madrid, 1935, que según dice el autor en su obra *Escritos y fragmentos políticos*, 2 vols., Madrid, 1974, I, p. 21 del prólogo, es más bien: una síntesis del pensamiento de Bodino, una composición e integración "armónica" desde las perspectivas de la religión, tecnicidad,

en política, durante el primer gobierno de la zona nacional, al constituirse el primer Consejo Nacional de FET y de las JONS[224].

---

metafísica del estado, teología política y técnica jurídica, soberanía, de las fuentes principales.

224 Yolanda Blasco Gil y Jorge Correa, "Francisco Javier Conde García, una cátedra de Derecho Político en una España sin Constitución", en *Presente y futuro de la Constitución española de 1978*, Facultad de Derecho, Universitat de València, Tirant lo Blanch, 2005, pp. 67-89. Sobre su época de estudiante David Jato, *La rebelión de los estudiantes*, Madrid, 1968, pp. 404-406, sobre todo 405, donde aparece la mención a Javier Conde en el primer gobierno de la zona nacional. En opinión de Jato, en p. 405, "La doctrina falangista hizo posible que no se confundiera el Alzamiento con un vulgar golpe militar. Inevitablemente, salvo las mentes reaccionarias, los valores intelectuales de la zona nacional se agruparon bajo la ideología joseantoniana. Alcanzaron atención especial los ensayos de Laín Entralgo". Véase Pedro Laín Entralgo, *España como problema*, Madrid, 1949. Para ver las disputas entre las varias facciones del franquismo véase la contestación que le hace al entonces falangista Laín, el miembro del Opus Dei Calvo Serer, en su obra *España sin problemas*, Madrid, 1949. Mariano Peset, "Clausura", *La enseñanza del derecho en el siglo XX. Homenaje a Mariano Peset*, Madrid, 2004, pp. 565-578, en particular pp. 570-571, donde al remorar los libros que estudió durante su carrera universitaria recoge que: "por aquellos años hubo dos polémicas sobre España y los españoles, que recogían viejas ideas regeneracionistas. Una de ellas, entre las facciones del régimen de Franco, por un lado, Laín Entralgo, falangista -aunque evolucionó y escribió más tarde su *Descargo de conciencia* (1930-1960), Barcelona, 1976-, rector de la universidad de Madrid con Ruiz-Giménez, estudioso de la generación del 98 y de Menéndez Pelayo, publicó como resumen de su postura su *España como problema...*, con la pretensión de abrir un tanto la cerrazón intelectual del primer franquismo. En posterior edición reunió bajo este título éste y otros libros...". En el Opus dei se encuentra Calvo Serer, como miembro numerario, que se encargará de contestarle a Laín, véase Calvo Serer, *España sin problemas...* También, Gregorio Morán, *El maestro en el erial. Ortega y Gasset y la cultura del franquismo*, Barcelona, 1998, sobre la vuelta de Ortega y Gasset a España. Mariano Peset escribió sobre la segunda polémica, exterior, que se dio entre dos historiadores españoles en el exilio: Américo Castro, *La realidad histórica de España*, México, 1954, con un "interesante análisis de las aportaciones de las minorías a la cultura española"; Claudio Sánchez Albornoz le contesta con su libro *España: un enigma histórico*, 2 vols., Buenos Aires, 1956, "sobre si Séneca era español o cuáles eran los caracteres del hombre hispánico. Laín intervendrá contra Albornoz con respuesta airada del historiador del derecho". Lo recoge David Jato, en *La rebelión...*, p. 406. En esa época surge la primera novela de la guerra de A. de Foxá, *Madrid de Corte a Checa*, 7ª ed., Madrid, 1976, según Jato se trata de casi una historia estudiantil que comienza con las andanzas de la F.U.E. en los últimos años de la monarquía. Para situarnos en contexto, con un estudio detallado María Fernanda Mancebo, *La Universidad de Valencia en guerra. La F.U.E.*, Universidad de Valencia, 1992.

Antonio Seiquer Velasco nació el 1 de enero de 1917 en Madrid, tenía 26 años. Pertenecía a la ACNdP. José Luis Santaló Rodríguez de Viguri fue miembro del seminario de estudios gallegos en 1926; miembro de Acción Católica; auditor del cuerpo jurídico militar del alto tribunal de justicia militar. Se presentó en 1940 a las cátedras de Oviedo y Sevilla de filosofía del derecho, donde recibió fuertes críticas por sus trabajos al ser considerados ajenos a la disciplina. Adjuntaba su "incondicional adhesión al nuevo Estado mediante el certificado de la Secretaría del Consejo Supremo de Justicia Militar", con hoja de servicios prestados en "el territorio de la auténtica España". Conde era, por tanto, el aspirante de mayor edad.

El *tribunal* estaba presidido por Fernando María Castiella Maíz, miembro del CSIC y por los vocales: Enrique Gómez Arboleya, primer profesor que introdujo la sociología en la asignatura cuatrimestral de derecho político que se impartía el primer curso[225]; Luis Sánchez Agesta, que solo un año antes había obtenido la cátedra de Oviedo y que sería autor del famoso tratado dedicado a esta materia[226]; Segismundo Royo-Villanova Fernández-Cavada[227] y Juan Manuel Castro Rial. Los dos primeros eran catedráticos de Granada y el último de Salamanca. El tercero era catedrático excedente[228]. Actuó como secretario Luis Sánchez Agesta. El tribunal se encargó de preparar los temas del cuestionario para los dos últimos ejercicios[229]. El orden de actuación de los opositores fue: en primer lugar, Francisco Javier Conde

---

225 Mariano Peset, "Clausura", *La enseñanza del derecho...*, p. 573.

226 Sus *Lecciones de derecho político*, 4ª ed., Granada, 1951, resultaba «indigesto» según palabras de Mariano Peset en "Los libros que estudié...". Frente a este manual se encontraba el de García Pelayo titulado *Derecho constitucional comparado*, 2ª ed., Madrid, 1951, que "parecía un prodigio de claridad por contraste evidente". En todo caso, dice Peset, estos textos apenas rozaban las leyes fundamentales vigentes en la dictadura.

227 Segismundo Royo-Villanova tiene una edición corregida y aumentada del manual escrito por su padre, catedrático de Administrativo en Valladolid, Antonio Royo-Villanova titulado *Elementos de derecho administrativo*, 23ª ed., Valladolid, 1952.

228 Como presidente suplente figura Carlos Ruiz Del Castillo Catalán de Ocón, del CSIC; vocales suplentes, Gonzalo del Castillo Alonso, Luis Legaz Lacambra. Ignacio M. Logendio Irure y Valentín A. Álvarez y Álvarez. El primero era catedrático de universidad jubilado y catedráticos de Santiago, Sevilla y Oviedo los otros. Sobre la época, José Antonio López García, *Estado y derecho en el franquismo: el nacionalsocialismo: F. J. Conde y Luis Legaz Lacambra*, Madrid, 1996.

229 En las actas de oposición solo se encuentran los juicios emitidos por algunos miembros del tribunal, no los ejercicios de los opositores.

García, seguido de José Luis Santaló Rodríguez de Viguri y, en tercer lugar, Antonio Seiquer Velasco.

En *el primer ejercicio*, según las normas reglamentarias, se sometió la obra de los opositores a juicio del tribunal, que también valoró la defensa de cada aspirante a las objeciones de sus contrincantes. Desde el primer momento se destacan como muy meritorios los trabajos de Conde. En los expedientes se encuentran comentarios del tribunal muy significativos.

Para el vocal Segismundo Royo-Villanova, Conde expone con brillantez y claridad su vida universitaria en Madrid y Sevilla, como si eso fuera realmente importante; su ejercicio como profesor auxiliar de derecho político y administrativo en Sevilla; sus estudios en Berlín. También que hizo un resumen de sus trabajos sobre el pensamiento político de Bodino que fue su tesis doctoral, con la idea falangista de nación, el caudillaje, *La representación en el régimen de caudillaje* (obra que aún no había concluido) y *La introducción al derecho político actual.* Una exposición fácil que revela sus largos años de estudio y seria preparación. Y respondió bien a las objeciones. Por su parte, Luis Sánchez Agesta afirma que el opositor expone su labor de investigación científica como etapas de su orientación y formación. Con una exposición sencilla y lógica respondió de manera acertada a las preguntas que le hizo Santaló sobre su estudio del caudillaje y de manera desorientada a las de Seiquer, quizás por no haber entendido que se refería a la falta de juicios valorativos en algunas de sus obras.

Frente a estas opiniones, los otros opositores recibieron juicios menos favorables. Según Segismundo Royo-Villanova, el opositor Santaló se refiere a sus estudios en Oviedo, a un doctorado en Madrid y a sus trabajos durante cinco cursos en la cátedra de Nicolás Pérez Serrano. Sus publicaciones son la tesis doctoral sobre los Estados pontificios, la *Introducción a la política del imperio nuevo* y su *Manual de Derecho político.* Como él mismo confiesa no está satisfecho con esta última obra. Su exposición resulta clara. Ha trabajado con constancia, pero sus inclinaciones por la filosofía del derecho y el derecho internacional, a cuyas cátedras opositó, han impedido que centrase más su atención y sus dotes sobre el derecho político.

Sobre Sequier, el mismo Royo-Villanova indica que describe su vida académica en Murcia y sus estudios gracias a las becas concedidas por la Diputación de Murcia, la facultad de derecho de Madrid, del instituto Francisco de Vitoria, del Instituto de Estudios de Administración Local y del de Estudios Políticos. Expone detenidamente, pero acaba siendo poco brillante su tesis doctoral acerca de la concepción política de Vázquez de Menchaca. Aunque lo considera un trabajo serio. El resto de los trabajos sobre doctrina política del movimiento y el partido único son demasiado breves. Aunque tiene alguna idea interesante. No se luce en el ejercicio por falta de orden, poca facilidad de expresión y sobre todo por falta de investigación.

Para el vocal Gómez Arboleya, el aspirante Santaló hizo un ejercicio sin nada a destacar, aunque manifiesta tener vocación universitaria. Ante las objeciones de Conde sobre la exposición de la teoría de la política en Schmitt, Santaló reconoce que cita sin haber leído su obra, solo por apuntes de clase. Seiquer tampoco lo hizo mejor ya que su ejercicio resultó poco lucido, por su falta de madurez. Realizó una farragosa exposición sobre el cuidadoso trabajo de Vázquez de Menchaca.

Por último, la opinión de Sánchez Agesta, quien cree que Santaló expuso las distintas materias que son objeto de su preocupación científica: el derecho político, la sociología y la filosofía del derecho. Pero entiende que hubo lagunas, confunde la filosofía y la ciencia de la sociedad e ignora el movimiento de la sociología alemana. Al analizar el pensamiento de Donoso se refiere solo a sus lecciones del Ateneo. Él mismo declaró que no estaba satisfecho de la obra más amplia que presentó: el *Manual de Derecho Político*. Respondió a las objeciones de Conde, pero no pudo dar cuenta de sus deficiencias en la teoría de los valores. Sus interpretaciones políticas de carácter histórico son desafortunadas. Contestó de manera acertada a las objeciones de Seiquer. De este último aspirante, el vocal Sánchez Agesta comenta lo siguiente: Seiquer expuso durante una hora su labor científica y dedicó especial atención a su tesis doctoral sobre Vázquez de Menchaca. Resalta su vocación y laboriosidad, pero su trabajo adolece al compararlo con el de sus compañeros de ser poco extenso y personal… Esto, opina, es signo de inmadurez para el profesorado. A las objeciones de sus compañeros sobre estos aspectos de su obra respondió con acierto.

En el *segundo ejercicio*, acerca de la exposición escrita del concepto, método, fuentes y programas, así como la contestación a posibles objeciones, también coincide el tribunal en la superioridad de Conde García.

Según Royo-Villanova "la memoria cuidada, densa y bien escrita revela un serio espíritu investigador y notables conocimientos de la materia adquiridos en las mejores fuentes. La exposición fue en todo momento fácil y brillante". Para el vocal Gómez Arboleya fue un "ejercicio muy brillante y profundo en que el Sr. Conde expuso su sistema de derecho político". Y a juicio de Sánchez Agesta: "el Sr. Conde expuso el contenido de su memoria delineando con claridad lógica un pensamiento orgánico sobre la naturaleza en la política como modo en la actividad social del hombre definido por su objeto, la organización, cuyas diferentes "figuras" permiten comprender la historia política del hombre. Se advirtió en estas exposiciones una sólida base filosófica, que quizá flaquea únicamente en la ausencia de una fundamentación final de su concepto de la política".

Ante tantos halagos, solo Sánchez Agesta se permite alguna crítica sobre cierto exceso de introducción filosófica y el trato desigual que le da a algunas estructuras políticas. Los otros dos opositores, Santaló y Seiquer, recibieron duras palabras del tribunal. Las opiniones de sus jueces fueron las siguientes:

Royo-Villanova indica que el programa de Santaló "adolece de inconexión", mientras Seiquer "... su parte del método resulta poco trabajada. El programa de 33 lecciones demasiado reducido para una cátedra diaria. La exposición desprovista de brillantez". Por su parte Gómez Arboleya indica en su juicio que Santaló "manifestó alguna confusión respecto a puntos fundamentales de la disciplina". Observa también "... falta de sistema de su programa". E insiste: "En este ejercicio falló el Sr. Seiquer quizá más que en el primero las condiciones de claridad y sistema que se requieren en un profesor universitario, debido a esto deslució su esfuerzo con graves confusiones y falta de brillantez".

Para Sánchez Agesta: "El Sr. Santaló hizo un segundo ejercicio muy desigual". "... Incurrió en errores de detalle y en omisiones y afirmaciones caprichosas ..., programa cuyo orden es caprichoso y antipedagógico, sin que se vea en él una clara idea sistemática en el conjunto, ni un estudio ordenado de los problemas en el detalle. No pudo responder a alguna objeción del Sr. Conde sobre la atribución a la nación de «un alma sustancial e inmortal" (página 319 de la memoria) y sobre la repetición de las interpretaciones de Schmitt advertidas en el primer ejercicio. Respondiendo a una objeción del Sr. Conde se reafirmó en que éste le imputaba de situar en Kant el origen el Estado totalitario". "El Sr. Seiquer hizo una exposición confusa y mediocre de su memoria. Ésta en su contenido es poco extensa y sólo contiene algunas afirmaciones vagas y generales de dudoso valor y originalidad. El programa es también breve y confuso". Antonio Seiquer Velasco abandonó la oposición después de este segundo ejercicio. No tenía nada que hacer después de los comentarios tan negativos.

En el *tercer ejercicio*, los dos opositores realizan una lección del programa presentado. Conde García eligió la 38, sobre la obra de Maquiavelo, tema que le interesaba desde un principio y que, cinco años después, se convertiría en la monografía *El saber político de Maquiavelo*. El tema elegido constaba de los siguientes epígrafes: "Teoría del Estado moderno (continuación).

Maquiavelo. La fama de su nombre. El misterio de la actitud maquiavélica. El Estado como obra de arte".

Santaló eligió la lección 41: *Las formas de gobierno en sí.* La lección se desarrolla del siguiente modo: "1. Teoría general de la monarquía: etimología. 2. Valoración clásica de la forma. 3. Desviaciones del concepto y posibilidad de reconstrucción. 4. Variedades principales de la monarquía. 5. Teoría general de la república: etimología. 6. Valoración clásica e interpretación actual. 7. República presidencialista. 8. República parlamentaria y convencional. 9. República directorial. 10. Teoría general de la Dictadura: concepto y orígenes. 11. Dictador, rey y caudillo. 12. Interpretaciones actuales".

El tribunal coincidió de nuevo en lo acertado que estuvo Conde y en lo mal que lo estaba haciendo Santaló. Las conclusiones del jurado confirmarían estas opiniones. Acerca de Conde, Royo-Villanova escribiría que la exposición es brillantísima, con erudición y consideraciones sugestivas sobre la obra de Maquiavelo. Pero su estudio es más bien un ensayo que un estudio de las ideas. Gómez Arboleya, por su parte, juzgó que el opositor eligió la lección que desarrolló con originalidad y brillantez, acreditando madurez de pensamiento y sus condiciones de opositor. Para Sánchez Agesta la oposición de Conde fue muy cuidada en la forma y sostuvo una tesis interesante, aunque le resultan muy discutible.

Sobre Santaló, Royo-Villanova señaló lo siguiente: el opositor muestra de nuevo su facilidad y claridad de exposición. Sin embargo, la lección no contiene nada digno de especial mención, salvo la falta de consideraciones interesantes sobre la Dictadura y sus clases. Considera que debía haber leído a Schmitt. Gómez Arboleya valoró que Santaló explicó de manera muy elemental algunas nociones, sin originalidad ni profundidad. Sánchez Agesta fue contundente: la exposición de Santaló fue pobre y muy elemental.

En *el ejercicio cuarto,* Conde sacó a suerte diez lecciones de su programa[230] y el tribunal eligió la lección 49, titulada *El Estado demoliberal contemporáneo. Organización política de Francia. Historia constitucional francesa. La Constitución vigente: las nuevas actas constitucionales. Los grandes tratadistas del derecho constitucional francés. Organización política de Portugal.* Para Santaló, el equipo de jueces eligió la 47 de entre las que el aspirante sacó en suerte[231]. Se trataba de la lección titulada *Función deliberante. 1. Derecho español:*

---

[230] Las lecciones fueron las siguientes: 12, 23, 24, 25, 43, 49, 51, 60, 62 y 63.

[231] Santaló sacó a suerte las lecciones: 4, 8, 26, 39, 45, 47, 56, 61, 62 y 63.

precedentes históricos. 2. Las cortes de Castilla. 3. Las cortes de León. 4. Las cortes de Aragón. 5. Otros reinos. 6. Desde la unidad nacional hasta 1700. 7. La casa de Borbón. 8. 1808-1936. 9. Régimen vigente: examen de la ley de cortes. 10. Derecho anglosajón. 11. Estados compuestos. 12. Estados unitarios.

Como era preceptivo, se pusieron a disposición de los opositores los libros solicitados y se les incomunicó en la sala-seminario de derecho público, disponiendo de seis horas para realizar el ejercicio. Al finalizar se recogieron los trabajos que serían leídos para que el tribunal los juzgara.

Los tres miembros del tribunal volvieron a coincidir una vez más, ahora para indicar que Conde, que hasta el momento se había destacado de sus contrincantes, había realizado un trabajo poco afortunado. Según Royo-Villanova: el ejercicio es mediano por incompleto. No se tratan las cuestiones fundamentales del derecho constitucional francés, ni se ha considerado apenas el estado portugués. Para Gómez Arboleya, le falta sistema y una justa ponderación de elementos a exponer, siendo una exposición muy confusa e incompleta. Sánchez Agesta opinó también que la exposición de la lección fue muy confusa y apenas desarrolló los epígrafes señados.

El aspirante Santaló mereció únicamente la aprobación de Royo-Villanova. En sus valoraciones indica que la lección del programa sobre las cortes españolas desde su nacimiento histórico se realizó con orden y claridad ciñéndose al programa. Pero no hubo en la disertación nada nuevo ni original, aunque elogia la facilidad con que ha expuesto sin consultar apenas unas breves notas. La mejor parte ha sido la histórica hasta el siglo XIX. Advierte que no es cierto que en las cortes del nuevo estado haya desaparecido el elemento político. Pregunta que pasa con los ministros y los consejeros nacionales.

Para Gómez Arboleya, la exposición de Santaló fue confusa y superficial…, sin señalar los problemas fundamentales de carácter jurídico político que plantean las cortes. Para Sánchez Agesta su exposición, si bien se ajusta al programa carece de sistema y no finaliza resolviendo los numerosos problemas que se plantean en esta lección. En general su programa es asistemático y antipedagógico.

En *el quinto ejercicio* se comenta por escrito durante tres horas un texto de derecho positivo, sacado a suerte de entre tres escogidos por el tribunal, que correspondió al: *Comentario a la ley inglesa de 18 de agosto de 1911, fijando los poderes de la cámara de los Lores en relación con los que tiene la de los Comunes.*

El juicio del tribunal sobre los opositores:

Para Royo-Villanova, Conde había trazado la historia parlamentaria inglesa con gran brillantez de estilo literario. Sin embargo, juzga que no conoce las causas inmediatas de la crisis que ocasionó dicha ley. Sus comentarios, bastante acertados, no denotan completo conocimiento del derecho constitucional inglés. Gómez Arboleya considera que el ejercicio fue bueno, diseña las líneas importantes de la evolución parlamentaria inglesa y el sentido de la ley. Según Sánchez Agesta, Conde realizó un excelente comentario al situar la ley en la historia constitucional inglesa.

Mientras Santaló sería juzgado por Royo-Villanova con más severidad. Opina que se limita a un frío comentario de la ley, artículo por artículo. El trabajo carece de interés y de originalidad. Gómez Arboleya considera que solo glosa los artículos de la ley, sin analizar su significado histórico y sentido político. El vocal Sánchez Agesta hizo un comentario similar, pues a su juicio Santaló comentó la ley atendiendo a la significación de sus términos, sin considerar su importancia histórica y política.

Llegados al *sexto ejercicio* el programa era:

> Tema 1°, La teoría católica del derecho natural y los derechos de la persona humana.
>
> Tema 2°, La declaración de derechos del hombre y el ciudadano de 1789 y los derechos de la persona humana en el Mensaje de Navidad de 1942, de S.S. Pío XII.
>
> Tema 3°, El refrendo ministerial en los distintos regímenes.
>
> Tema 4°, Los teólogos y pensadores jurídicos y políticos españoles de los siglos XVI y XVII y la teoría del poder político.
>
> Tema 5°, Las causas de la crisis política contemporánea.

El tema sacado resultó el segundo. Los juicios del tribunal sobre los trabajos realizados:

Para Royo-Villanova, Conde realizó de manera satisfactoria "la exposición de los antecedentes e influencias en la Declaración de derechos del hombre y del ciudadano". La segunda parte, sobre el mensaje de Pío XII, resultó "completa y sugestiva, aunque un poco más floja". El juicio de Gómez Arboleya sobre el sexto ejercicio no aparece en las actas de oposición. Están, en cambio, las palabras de Sánchez Agesta, para quien: "La exposición del Sr. Conde fue muy completa teniendo un estudio muy cuidado de la significación de la Declaración de derechos y del Mensaje Pontificio".

Sobre Santaló, Royo-Villanova declaró que había desarrollado bien el tema mostrando su estudio y sistema, aunque fuese algo literario. Para Sánchez Agesta demostró un gran conocimiento de los concilios.

En resumen, al juzgar los trabajos de Conde y Santaló dan opiniones escuetas, apenas una frase, sin entrar en detalles ni juicios razonados.

Para Royo-Vilanova, Santaló tiene una buena tesis, pero el resto de su obra es poco convincente a pesar de sus méritos literarios. En cambio, el trabajo de Conde es en general meritorio. Alaba fundamentalmente su *Introducción al derecho político actual* [232]. Sánchez Agesta considera que la obra de Santaló está anticuada y con "numerosos errores que acusan una absoluta falta de comprensión de los problemas". Mejor juicio le merece la de Conde, aunque es el único que apunta críticas. También destaca la *Introducción al derecho político actual* como mejor obra del opositor, por la amplitud de materiales empleados y por las tesis que muestra[233]. El último de

---

232 El juicio completo de Royo-Vilanova: "1. Memoria. Revela la seria formación del opositor acompañada de interesantes puntos de vista originales sobre la realidad política. La parte dedicada al método no es muy extensa, pero sí sugestiva. Las fuentes abundantes y selectas. 2. Programa. El sistema es original, si bien hay alguna desproporción entre el interés dedicado a algunos problemas en comparación con otros no menos importantes; véase: el derecho constitucional contemporáneo. 3. La representación en el régimen del Caudillaje. No es un trabajo acabado, pero las ideas que apunta son interesantes. 4. El pensamiento político de Bodino. Es el primer trabajo de oposición en el orden cronológico y manifiesta la agudeza investigadora de su autor. 5. Ranke y La idea nacional. Breve y clara exposición del pensamiento político de Ranke. 6. La idea falangista de nación. Enjundioso trabajo. 7. La utopía de La ínsula Barataria. Interesante y breve escrito, tiene más valor literario que científico. 8. El Estado totalitario como forma de organización de las grandes potencias. Forma parte de otra obra presentada por el opositor. 9. Un artículo de C. Schmitt. Traducción. 10. Dos Libros de C. Schmitt. Nota bibliográfica muy clara. 11. La empresa del imperio. Artículo interesante, pero de valor más bien de propaganda política. 12. Introducción al Derecho Político actual. Es el trabajo más profundo del opositor. En él se ponen de manifiesto sus grandes conocimientos, su claridad y corrección de lenguaje y un fino espíritu crítico. 13-14-15-. Traducciones esmeradas en buen castellano de *El Leviathan*, de unos artículos de Schmitt y de la Verwaltungsrechtswissenschaft de Spigel. 16. Contribución a La doctrina del Caudillaje. Este trabajo, aunque discutible en sus conclusiones, pone de relieve la originalidad del autor".

233 En opinión de Sánchez Agesta: "1. *Memoria*. La memoria del Sr. Conde se compone de 273 páginas en que por una aceptable razón de sistema se desenvuelven los problemas metodológicos fundamentales en relación con la esencia de la realidad política. Aunque pudieran hacerse algunas observaciones desde un punto de vista

los jueces, Gómez Arboleya, repite ideas ya apuntadas sobre Santaló, como su calidad literaria, por ejemplo, y le reprocha defectos en la bibliografía. Acerca de Conde expresa valoraciones similares a los anteriores jueces y, en general, tiene de su obra una opinión muy favorable[234].

---

doctrinal, toda ella responde a una idea claramente comprendida y desenvuelta con nitidez, basada en una excelente información. El acopio de fuentes está bien seleccionado. 2. *Programa.* Sistemático, pero desigual en la extensión que dedica a determinados problemas. 3. *La representación en el régimen del Caudillaje.* Esbozo de un estudio en que se reseñan algunas doctrinas contemporáneas sobre este problema. No puede juzgarse la tesis porque no está más que apuntada, sin que la obra esté aún terminada. 4. *El pensamiento político de Bodino.* Tesis doctoral con una excelente información y que demuestra dotes de investigador y originalidad en la construcción. 5. *Ranke y La idea nacional.* Conferencia donde se analiza el pensamiento político de Ranke. 6. *La idea falangista de Nación.* Estudio en que, junto a algunos errores de detalle, hay una original interpretación de la idea española de Nación como unidad de destino en lo universal. 7. *La utopía de la ínsula Barataria.* Ensayo de una construcción sobre el sentido del Quijote, sobre la técnica fenomenológica de Heidegger. En el punto 10. *Dos libros de C. Schmitt.* Artículo breve de propaganda y contradictorio con otras interpretaciones del autor. 11. *La empresa del Imperio.* Es un artículo político de escasa densidad científica. 12. *Introducción al Derecho político actual.* Excelente obra de información en que se contiene una exposición de todas las doctrinas políticas contemporáneas y se apuntan algunas tesis originales. Es la obra más completa del opositor y la que mejor muestra sus dotes de construcción y exposición. En el punto 16. *Contribución a la doctrina del Caudillaje.* Construcción conceptual de esta institución, apreciable, aunque la tesis sea quizás discutible por el valor equívoco de los caracteres por los que la singulariza".

234 Gómez Arboleya sobre Conde: "1. *Memoria.* Excelente en originalidad, rigor de desarrollo y riqueza de información, que acredita una personalidad formada y dotada ricamente. 2. *Programa.* Responde a una idea sistemática y se desarrolla de acuerdo con ella, quizá con el único defecto de falta de proporción entre algunas de sus partes. 3. *La representación en el régimen de caudillaje.* Estudio fragmentario, aunque la parte presentada ofrece un agudo análisis de teorías políticas contemporáneas. 4. *El pensamiento político de Bodino.* Tesis doctoral excelente en donde se interpreta la obra de Bodino con profundidad y acierto. 5. *Ranke y la idea nacional.* Exposición breve de las ideas políticas centrales de Ranke. 6. *La idea falangista de Nación.* Continúa el trabajo anterior y, en general, acertadamente esboza una teoría falangista de nación. 7. *La utopía de la ínsula Barataria.* Conferencia aguda, pero sin valor científico. Aquí habla de los siguientes puntos 8. *El Estado totalitario como forma de organización de las grandes potencias.* Es capítulo de otra obra presentada. 9. *Un artículo ele C. Schmitt.* Es una traducción. 10. *Dos libros de Schmitt.* Nota más ajustada a necesidades de propaganda que a las exigencias de una crítica serena. 11. *La empresa del imperio.* Es un artículo casi periodístico de propaganda política. 12. *Introducción al Derecho político actual.* Libro acertado en donde, después de una exposición crítica de las teorías políticas contemporáneas, se procuran diseñar las

Finalmente, salió elegido por unanimidad Conde García, que llegaría a ocupar importantes puestos políticos. En 1944 el ministerio le concederá dispensa docente para dedicarse a actividades científicas y pedagógicas en la central[235]. Mientras la cátedra de Santiago saldría a oposición en 1944[236].

Merece destacarse su trayectoria. En el primer gobierno de la zona nacional, cuando se constituyó el primer consejo nacional de FET y de las JONS, entre los trabajos del consejo, tuvo importancia su contribución en la redacción del Fuero del Trabajo. La voz del sindicalismo nacional se condensaba en un trabajo del que eran autores universitarios destacados, entre ellos Joaquín Garrigues y Javier Conde García. Conde fue consejero de estado, consejero nacional, procurador de cortes; asumió la dirección del Instituto de Estudios Políticos, dirigiendo la *Revista de Estudios Políticos* durante varios años; también dirigió la revista de la asociación internacional de hispanistas, *Clavileño.* Miembro del CSIC y del Instituto de Cultura Hispánica. Aparecerá junto a los falangistas más fuertes del momento: Arrese, José Antonio Elola Olaso, también González Vicén, Salas Pombo y Rafael Sánchez Mazas, formando parte de la comisión de estudio de la falange, con motivo de la preparación de la ley de principios fundamentales del estado. Después se dedicaría a la carrera diplomática[237].

---

líneas cardinales del sistema propio. Por estilo, rigor y aparato bibliográfico acredita la madurez y agudeza mental del opositor. 16. *Contribución a la doctrina del caudillaje.* Conferencia en donde se intenta una construcción original del caudillaje, distinguiéndolo de otros modos de mando personal, y cuyas tesis, muy brillantes, no siempre son acertadas".

235 En 1949 la comisión permanente del Consejo Nacional de Educación le propone para desempeñar la cátedra por concurso de traslado. Sebastián Martín, "Conde García, Francisco Javier (1908-1974)", *Diccionario de catedráticos españoles de derecho (1847-1943)...*, en línea.

236 AGA, sección Educación, 31/1475, legajo 10476.

237 Embajador de España en Filipinas, China, Uruguay y Canadá. En 1959 cesó como embajador en Montevideo y pasó a Otawa, hasta el año 1969, en que se reincorporaría al ministerio español de asuntos exteriores. En 1971 fue nombrado embajador en la República Federal de Alemania, donde murió tres años después. Impartió conferencias en diversas universidades alemanas y americanas. Fue miembro de la Real academia de ciencias morales y políticas desde 1955, y recibió numerosas condecoraciones: cruces de Carlos III, Isabel la Católica, Cisneros... Sheelagh Ellwood, *Prietas las filas. Historia de la falange española, 1933-1983,* Madrid, 1984, p. 177. Mariano Peset, "El laberinto mágico desde la historia", *Encuentros de historia y literatura. Max Aub y Manuel Tuñon de Lara,* Valencia, 2003, pp. 15-45. Sobre la ley de principios fundamentales del estado, Joaquín Arrarás Iribarren y Carlos Sáenz de Tejada, *Historia de la Cruzada Española,* 8 vols., Madrid, 1939- 1944; Alicia

Santaló ejercería la abogacía en Santiago, donde fue profesor de dicha universidad y autor de diversas biografías históricas y estudios jurídicos. Entre sus obras *Introducción a la política del Imperio nuevo*, 1938; *El tercer Marqués del Socorro: su familia y su tiempo (1802-1882)*, 1975; *Los caballeros de la orden de Santiago en el siglo XX*, 1979.

Unos años antes de resolverse la oposición de político, de nuevo, y como muestra de la urgencia en proveer plazas, en Valencia el 28 de septiembre de 1942 se reunieron los catedráticos y auxiliares de la junta de facultad, convocados por el decano Salvador Salom, para recordarles que se encontraban vacantes las auxiliarías del grupo 9° de político e internacional público y privado, por declararse desierto el concurso de oposición del mes de mayo. De tal manera, el grupo 9° era anunciado el 5 de diciembre para su provisión[238].

Era, en definitiva, la necesidad del sistema o su necedad por completar el cuadro académico, en general, de manera urgente con personajes adeptos a su ideología: políticos fascistas.

DERECHO INTERNACIONAL

Esta asignatura, sin duda, era importante para el nuevo régimen, teniendo en cuenta las organizaciones internacionales que no habían respetado los sublevados con el estallido de la guerra, e inmediatamente después los oídos sordos del régimen a las advertencias internacionales. El aislamiento que sufrirá el país por el golpe de estado a la República, el exilio forzoso de muchos ciudadanos, en el interior y en el exterior, que supuso un drama humanitario de alcance internacional, los actos de barbarie perpetrados contra civiles durante la guerra y después, que incluyeron tortura, desapariciones forzadas, asesinatos… Así como la vulneración de los derechos que conllevó el fascismo. Constituían un conjunto de problemas que hace

---

Alted Vigil, *Política del nuevo Estado sobre el patrimonio cultural y la educación durante la guerra civil española*, Madrid, 1984. Con la ley de principios fundamentales del estado vigente, los catedráticos de estudios políticos, entre ellos Conde, comentarán entre los años 58 a 59 esta ley en la *Revista de Estudios políticos.* José Luis Arrese Magra, *Hacia una meta institucional*, Madrid, 1957, pp. 118-121; *Una etapa constituyente*, Barcelona, 1982, en particular pp. 56-267. Jerónimo Molina, "Javier Conde y Leopoldo Ranke", *Empresas Políticas*, año I, n° 1, (2° semestre 2002), pp. 63-81.

238 Acta de la Facultad de Derecho de la Universidad de Valencia, 28 de septiembre de 1942, p. 39.

fácil suponer que para el franquismo era necesario proveer sus cátedras con gente adepta, capaz de vincular el pensamiento político imperante y la función del derecho internacional. Si bien Franco fue adaptando su régimen a las circunstancias internacionales para asegurar su continuidad. Hay que atender, por tanto, a esta disciplina que aborda tanto el internacional público como el privado, que recogemos también aquí.

1940. Oposición en Sevilla y La Laguna

En la cátedra de político de Sevilla había estado Manuel Martínez Pedroso, que también destacó en derecho internacional público[239]. Recapitulando, este catedrático fue miembro del Tribunal de garantías constitucionales[240]; depurado y separado del servicio, llegó a México en 1939 a la edad de 46 años. Inicialmente colaboró en La Casa de España, después El Colegio de México, ejerció asimismo como profesor extraordinario en la UNAM. Desde 1940 fue profesor de teoría del estado y de derecho internacional en la Escuela de Jurisprudencia de la UNAM. En 1941 fue nombrado profesor titular de ambas cátedras y posteriormente profesor de carrera. Fundó y dirigió los seminarios de derecho internacional público y de teoría del estado[241]. Por otra parte, José Quero Molares (1905-1987) fue catedrático de internacional público y privado en Sevilla. Durante la guerra pasó a Barcelona como agregado, ejerciendo durante escaso tiempo de rector-comisario accidental, en sustitución del antropólogo, historiador y jurista Pere Bosch Gimpera. Fue consejero de justicia de la Generalitat de Catalunya y subsecretario de estado en la República. En 1937 sería depurado y sancionado. Se exilió a Francia. Cuenta con una extensa obra, la mayoría artículos en revistas de su asignatura, en diversas partes, en Cata-

---

239 Manuel Martínez Pedroso, *La prevención de la guerra,* México, El Colegio de México-Centro de Estudios Sociales, 1943; "*Curriculum vitae*", en *Manuel Martínez del Pedroso. Homenaje,* Fernando Serrano Migallón (pres.), México, Cátedra México País de Asilo/Editorial Porrúa/UNAM, Facultad de Derecho, 2008.

240 Joan Oliver Araujo, "El Tribunal de Garantías Constitucionales", *Constitución y derecho público. Estudios en homenaje a Santiago Varela,* Valencia, 1995, pp. 309-392. En la República, véase Rosa María Ruiz Lapeña, *El Tribunal de Garantías Constitucionales de la II República española,* tesis doctoral, Universidad de Zaragoza, 1981; curiosamente con el mismo título y junto con Emilio Gómez Orbaneja, *El Tribunal de Garantías Constitucionales en la II República española* Barcelona, Bosch, 1982.

241 VV.AA., *El exilio español en México, 1939-198…* Eva Elizabeth Martínez Chávez, *España en el recuerdo, México en la esperanza…*

luña, Buenos Aires, Francia...[242] La cátedra de La Laguna estaba sin profesor, pues el titular, Fernando María Castiella Maíz, a quien veremos en esta oposición como miembro del tribunal, casi al mismo tiempo en que tomó posesión, pidió excedencia, que le fue concedida para continuar en Madrid como auxiliar temporal.[243]

En España, la oposición (turno libre) para la cátedra de internacional público y privado de Sevilla y La Laguna[244] fue convocada y anunciada por orden 11 de junio de 1940[245]. Terminó el plazo el 23 de agosto. Se nombró el tribunal el 29[246]. La lista provisional de admitidos y excluidos apareció en el boletín del estado el 20 de septiembre, y la lista definitiva el 27.

Los *aspirantes* eran: Pedro Cortina Mauri, Juan Peche y Cabeza de Vaca, Eduardo Pérez Griffo, Juan Manuel Castro Rial, Jesús Esperabé de Arteaga y González, y Eusebio Díaz Morera. Del primero, Cortina Mauri, sabemos que era auxiliar temporal de la facultad de derecho de Madrid, por orden 7 de diciembre de 1939, de derecho internacional; por orden 24 de mayo de 1940 se le encargó la cátedra vacante de internacional privado; para esta oposición acompaña certificación de su "incondicional adhesión al Nuevo Estado", emitida por el subsecretario del ministerio de asuntos exteriores, Juan Peche y Cabeza de Vaca; su principal obra era *La guerra civil sin reconocimiento de beligerancia*[247]; Eduardo Pérez Griffo, natural de Málaga, de 28 años de edad, doctor en derecho y profesor auxiliar por oposición de derecho político e internacional público y privado, capitán honorífico del cuerpo jurídico militar, juez militar permanente número ocho de la plaza de Madrid, juez especial contra organizaciones clandestinas, y del sumario

242 AGA, sección Educación, 21/20534 expediente personal; 32/13477, legajo 8588-3 oposición a la cátedra de derecho internacional privado Madrid; 32/13464, legajo 8137 a la de internacional público de Madrid; 32/13523, legajo 9138-3 oposición de Sevilla y La Laguna en 1935. Sobre este profesor, Manuel Cachón Cadenas, "Quero Molares, José", *Diccionario de Catedráticos españoles de Derecho (1847-1984)*... Universidad Carlos III, en línea.

243 *Diccionario de Catedráticos españoles de Derecho (1847-1984)*...Universidad Carlos III, en línea.

244 AGA, sección Educación, legajo 9579-1. Por orden 3 de octubre de 1940 fue agregada la de La Laguna (BOE 7 octubre).

245 BOE 25 de junio de 1940.

246 BOE 9 de septiembre de 1940.

247 Pedro Cortina Mauri, *La guerra civil sin reconocimiento de beligerancia*, Madrid, CSIC-Instituto Francisco de Vitoria, 1940. AGA, sección Educación, 21/20522 expediente personal; 32/16197 expediente ayudante.

substanciado contra los autores del complot contra el generalísimo preparado por el día del desfile de la victoria. Además de los certificados correspondientes aporta testimonio notarial de los servicios prestados durante la guerra civil, certificado de lealtad al glorioso movimiento, expedido por falange y copia de la orden de recompensas militares obtenidas, pero no presenta publicaciones; Juan Manuel Castro Rial Canosa, miembro de la ACNdP, fue nombrado ayudante de universidad en 1935, colaboró con la falange antes del 18 de julio de 1936, durante la guerra fue teniente de infantería en las brigadas de Navarra y participó en las operaciones de Santander, Asturias y Teruel, en junio de 1940 estaba pensionado en Alemania por el ministerio de relaciones exteriores y con beca de la universidad de Berlín, pidió la depuración para participar en estas oposiciones y fue rehabilitado el 24 agosto 1940[248]; Jesús Esperabé de Arteaga y González, licenciado por Salamanca, cursos de doctorado en 1929-1930, auxiliar temporal de Salamanca, antes de la contienda había militado en izquierda republicana, por lo que sufrió represalias en el franquismo y fue separado de la carrera académica[249]; y Eusebio Díaz Morera, también este profesor, auxiliar temporal de Barcelona, acreditará la incondicional adhesión al movimiento nacional por su condición de excombatiente.

El *tribunal* estaba compuesto por: el presidente, Eduardo Callejo y de la Cuesta; los vocales, José María Trias de Bes, Luis Gestoso Tudela y Antonio de Luna García; por último, el secretario, Fernando María Castiella Maíz. El presidente Callejo y de la Cuesta era catedrático de filosofía del derecho en Valladolid, ministro de instrucción pública en la dictadura de Primo de Rivera, en 1940 vocal del patronato Raimundo Lulio del CSIC y de la Comisión general de codificación, consejero permanente de estado[250]. El vocal José María Trias de Bes, catedrático de Barcelona, político de la Lliga regionalista durante la Restauración, colaborador del régimen franquista, en la posguerra continuó siendo asesor jurídico internacional en

---

248 BOE 11 de septiembre de 1940. AGA, sección Educación, 32/15505 (9345-28) expediente de licenciado; 32/15522 (9353-61) doctor; 32/16197 (9951-21) expediente depuración.

249 Javier Infante y Eugenia Torijano, "El derecho internacional de los siglos XIX y XX en la cuna del derecho internacional: una visión más de la relación entre Francisco de Vitoria y la facultad de derecho salmantina", *Historia del Derecho desde Salamanca: (estudios en homenaje a la prof.ª Paz Alonso Romero)*, Regina Polo Martín y Eugenia Torijano Pérez (coords.), Universidad de Salamanca, 2021, pp. 289-334.

250 AGA, sección Educación, 32/15553 y 32/13556, títulos y oposiciones respectivamente.

el ministerio de asuntos exteriores[251]; Luis Gestoso Tudela, también vocal, catedrático de Murcia, miembro de Acción Popular durante la República. En 1937 fue detenido como desafecto al régimen en la prisión de Murcia, en 1939 tiene lugar el proceso de depuración y en 1940 es reintegrado sin sanción[252]. Por motivos expositivos dejaré para el final de esta descripción de los miembros del tribunal a Antonio de Luna. Así que ahora veré a Fernando María Castiella Maíz, que actuó como secretario, catedrático en La Laguna, desde 1931 miembro de Juventud monárquica de Bilbao, junto a José María Areilza dirigió una organización de requetés, voluntarios legionarios albiñanistas del partido nacionalista español y monárquicos; con la República fue detenido y preso en San Sebastián, expulsado de España y Suiza por Salvador de Madariaga; tras la guerra, miembro de falange, testificó a favor de Antonio Luna y de Federico de Castro; estuvo adscrito a la universidad de Valladolid y después como agregado indefinido a historia del derecho internacional (doctorado) en Madrid[253].

El último vocal del que me ocuparé es el mencionado Antonio de Luna García[254], falangista acérrimo, catedrático de internacional público en Madrid. Durante la República fue secretario de la comisión jurídica asesora, miembro de la junta de relaciones culturales del ministerio de estado, secre-

---

251 AGA, sección Educación, 31/16.853, expediente 1474-39; 32/15054.

252 AGA, sección Educación, 21/20356 expediente personal, Yolanda Blasco Gil y Tomás Saorín, *Las universidades de Mariano Ruiz-Funes...*, delaciones en su contra pp. 95-98.

253 AGA, sección Educación, 32/16201, legajo 9952-32 expediente personal; 21/20522, legajo 31018-147 depuración.

254 AGA, sección Educación, 21/20424. Sus publicaciones: *Accidentes de trabajo. Jurisprudencia y comentarios del libro tercero del Código del Trabajo,* en colaboración con Antonio Rodríguez Martín, Sevilla, Tipografía de la Revista de Tribunales de Sevilla, 1927; prólogo de la obra de Manuel Reventós y Noguer e Ignacio de Oyarzabal Velarde, *Colección de Textos Internacionales,* tomo I, Barcelona, Bosch, 1936; *Justicia,* Madrid, Aguilar, 1940; *Don Álvaro de Luna y la España preimperial de Don Juan II, 1405-1454: del caos a la unidad nacional,* Madrid, Aguilar, 1942. Conferencias: "Federalismo europeo", conferencia pronunciada el 11 de marzo de 1948 en el ciclo "Concepto de Europa" celebrado en el Ateneo de Madrid; "El Poder Exterior", conferencia pronunciada en el Instituto de Estudios Políticos en abril de 1962, Madrid, Instituto de Estudios Políticos, 1962. Distinciones recibidas: Gran Cruz de la Orden de Isabel la Católica en 1961. Véase Mónica Lanero Táboas, "Proyectos falangistas y política judicial (1937-1952): dos modelos de organización judicial del Nuevo Estado", *Investigaciones históricas: Época moderna y contemporánea* (Universidad de Valladolid), nº 15 (1995), pp. 353-372; *Una milicia de la justicia. La política judicial del franquismo (1936-1945),* Madrid, Centro de Estudios Constitucionales, 1996.

tario de la federación de asociaciones españolas de estudios internacionales, fundador y director del instituto de estudios internacionales y económicos de la fundación nacional para investigaciones científicas. Ahora, para proseguir, recurriremos a dos descripciones, una del Madrid previo a la guerra civil y, otra, del propio catedrático De Luna, que pueden ayudar a entender algo más de este profesor. La primera proviene de una entrevista de Gabriel Celaya concedida a Ian Gibson, publicada en parte en 1979:

> A esta tertulia íbamos, pues, estudiantes de la Residencia de Estudiantes, que muchos eran actores de La Barraca, del teatro de Federico, iban el mismo Federico, Eduardo Ugarte, que era el otro codirector, con Federico, de La Barraca, muchos residentes y muchos amigos. Y allí nos reuníamos todos los días en el mismo sitio... Nosotros estábamos allí en una mesa. Y en la mesa de enfrente había otra tertulia, que eran todos los fundadores de la Falange: José Antonio Primo de Rivera, Jesús Rubio (que después fue ministro), José María Alfaro... Nos conocíamos todos y nos insultábamos, pero era todo como un juego porque nos decíamos: "¡Cabrones! ¡Fascistas! ¡Rojos!". Esto sería el año 1934. No había hostilidad. Las tertulias eran separadas y en los periódicos nos metíamos los unos con los otros, pero no había una cosa de guerra, era cosa de amigos, de intelectuales, de estudiantes, y nos veíamos en las mismas exposiciones, en los mismos conciertos, en las mismas obras teatro. Madrid era muy pequeño... luego estábamos juntos tomando una cerveza en el bar del teatro, esto ya no parece verosímil; sin embargo, ¡era así!

De otro lado, Antonio Truyol y Serra, en un artículo dedicado a De Luna García, tras su muerte, lo caracteriza apoyándose en unas palabras de Manuel Díez de Velasco:

> Don Antonio de Luna nunca en su vida "discriminó a los hombres por sus ideologías"; "valoraba a los hombres exclusivamente por sus actos y era profundamente apasionado en su dialéctica y en sus recuerdos"; por ello "tuvo muchos amigos y también singulares". Y recuerda muy oportunamente el catedrático de Barcelona (discípulo y antiguo colaborador de Don Antonio) que uno de esos amigos singulares "con cuya amistad se honró y siempre proclamó, fue otro granadino universal: Federico García Lorca"[255].

Acaso estas caracterizaciones solo nos ayudan a comprender por qué, en un cierto momento y en un grupo, podían concurrir personas que en el futuro casi inmediato recorrerían senderos tan diferentes; así, aquella fotografía en que aparecen juntos Federico García Lorca, Antonio de Luna, Rafael Aguado, José Segura y Manuel de Falla. Madrid era pequeño; las

---

255 Antonio Truyol y Serra, "Don Antonio de Luna García (1901-1967)", en *Revista española de derecho internacional*, vol. 21, 2, (1968), pp. 157-179, en especial, p. 163.

diferencias estaban allí y queda claro que aquellos gritos de "fascistas" o "rojos" no formaban parte de un juego. Llegado el momento de las definiciones encontramos al dramaturgo fusilado y a De Luna como delator, conspirador y encargado de la depuración de los miembros de la universidad central de Madrid.

Al estallar la guerra Antonio de Luna abrazó de manera tenaz la causa nacional y se negó a abandonar Madrid como había dispuesto el gobierno republicano, motivo por el cual perdió la cátedra y la dirección del Instituto de estudios internacionales y económicos. Fue detenido y, tras ser puesto en libertad,

> se incorporó a la Quinta columna como agente del Servicio de Información y Policía Militar del I Cuerpo de Ejército nacional. De hecho, se le atribuye una participación importante en el golpe militar que el coronel Casado llevó a cabo contra el Gobierno de Negrín, debido a su amistad con el político socialista Julián Besteiro.[256]

De Luna se sitúa así en el ojo del huracán, con un papel destacado en las últimas jornadas de la guerra y, en consecuencia, recibirá altas encomiendas del nuevo régimen de las que se dará cuenta enseguida. Primero debe mencionarse uno de los actos inaugurales del régimen en el que participó activamente De Luna, ocurrido apenas un mes después de terminada la contienda: un auto de fe, como los de quinientos años atrás, ahora en el huerto de la universidad central, cuyo objeto fue una quema de libros. Y si hay dudas sobre aquella famosa frase de "muera la inteligencia", el texto del diario *Ya* del 2 de mayo de 1939 despeja el discurso de Antonio de Luna:

> Para edificar a España una, grande y libre, condenados al fuego los libros separatistas, los liberales, los marxistas, los de la leyenda negra, los anticatólicos, los del romanticismo enfermizo, los pesimistas, los pornográficos, los de un modernismo extravagante, los cursis, los cobardes, los seudocientíficos, los textos malos y los periódicos chabacanos. E incluimos en nuestro índice a Sabino Arana, Juan Jacobo Rousseau, Carlos Marx, Voltaire, Lamartine, Máximo Gorki, Remarque, Freud y al *Heraldo de Madrid*[257].

---

256 Pascual Marzal, "Luna García, Antonio (1901-19679)" en *Diccionario de catedráticos españoles de derecho (1847-1943)...*, Universidad Carlos III, en línea.

257 "Auto de fe en la Universidad Central. Los enemigos de España fueron condenados al fuego", Diario *Ya*, 2 de mayo de 1939, p. 2. Recogido en Ana Martínez Rus, "Expolios, hogueras, infiernos. La represión del libro (1936-1951)", *Represura. Revista de Historia Contemporánea española en torno a la represión y la censura aplicadas al libro*, nº 8 (2013), en línea.

Fue una de las gloriosas jornadas de un fascista, una curiosa manera de celebrar la festividad del libro quemándolos. En general, como diría Mariano Ruíz-Funes en "La corrupción de la universidad española", *Las Españas* (1947), estamos ante una nueva inquisición, la iglesia y la falange, que vigilará la enseñanza y controlará entre otros los libros prohibidos... En el acto estarían presentes Salvador Lissarrague Novoa, secretario provincial de la jefatura de educación y de la delegación madrileña de falange, y David Jato Miranda, jefe provincial del SEU.

Si los datos mencionados ya dibujan a Antonio de Luna, la información de su comportamiento inmediato posterior no nos defraudará. Casi resulta lógico que luego de tan incendiario discurso fuera designado miembro de la comisión de depuración de la universidad de Madrid y que, cuando fue depurado, se permitiera acusar de "rojos" a Francisco Ayala García-Duarte, Joaquín Rodríguez Rodríguez y Jesús Vázquez Gayoso, que acabaron en el exilio[258]. De Luna, como no podía ser menos, fue rehabilitado sin sanción. Formaba parte del régimen y, por ello, es comprensible que fuera designado director del Instituto Francisco de Vitoria de derecho internacional, consejero del CSIC desde 1943, delegado de España en la ONU, miembro del Tribunal Permanente de Arbitraje de La Haya y embajador en Austria y Colombia...[259] Esto da buena idea de la composición de los tribunales, sujetos al consejo.

---

258 Francisco Ayala Duarte, nació en Granada, en 1932, letrado de la secretaría técnica del congreso de diputados, catedrático de derecho político en La Laguna desde 1935, en 1936 miembro de la secretaría del ministerio de Estado..., se exilió a Argentina, Puerto Rico y EEUU, en AGA, sección Educación, 32/16201 plaza de auxiliar; 32/15122 grado de doctor y 32/14018 grado licenciado; Joaquín Rodríguez Rodríguez, natural de Alhama de Almería, se le sancionó por no presentarse a su cargo de catedrático sin autorización tras la depuración, también por pertenencia a al partido comunista y antes a las juventudes socialistas, era catedrático de mercantil en La Laguna (AGA, 32/13533-1) incorporado a la de Valencia durante la guerra, se exilió a México en mayo de 1939; y Jesús Vázquez Gayoso, natural de Vilaoudriz, A Pontenova (Lugo), licenciado en derecho y especialista en derecho indiano, fundador en 1934 de izquierda republicana, nombrado secretario técnico de gobernación al estallar la guerra civil, se exilió después de Francia a La Habana, en junio de 1939, con el golpe de estado contra Rómulo Gallegos en el 48 marchó a México y fue ministro del gobierno republicano en el exilio. Jorge Domingo Cuadriello, *El exilio republicano español en Cuba*, 2009, Madrid, Siglo XXI, p. 520.

259 Aparece en Manuel J. Peláez, *Infrahistorias e Intrahistorias del Derecho español del siglo XX: Un paisaje jurídico con treinta figuras*, Barcelona, Cátedra de Historia del Derecho y de las Instituciones de la Universidad de Málaga-l'Institut pour la Culture et la Coopération, 1995, pp. 79-82; Javier Cervera, *Madrid en guerra. La ciudad*

De vuelta a la oposición, el 28 de octubre de 1940 se constituyó el tribunal. Se discutió el sistema para realizar los ejercicios quinto y sexto, levantando la sesión hasta el próximo día. El 29, después de examinados los expedientes, se continuó la discusión sobre los ejercicios. El quinto consistiría, como venía siendo usual, en la resolución de un caso práctico de internacional privado, elegido a suerte de entre tres propuestos por el tribunal inmediatamente antes de comenzar, incomunicándose a los opositores durante un plazo máximo de cuatro horas y pudiéndose facilitar textos legales. Mientras, en el sexto se expondría por escrito un tema de internacional público y otro de entre diez por cada materia, propuestos por el tribunal, incomunicando de nuevo a los opositores durante máximo de 8 horas. Se acordó que entre el ejercicio primero y segundo cada opositor dispondría de un tiempo máximo de diez minutos para objeciones y el opositor tendría media hora para réplicas. Según el reglamento, en los dos últimos ejercicios los trabajos serían leídos en la misma sesión o en la inmediata.

El 30 se reunió el tribunal, bajo la presidencia de Eduardo Calleja y de la Cuesta. Al presentarse los opositores se les explicó la forma en que habían de realizar los dos últimos ejercicios. Éstos depositaron sus trabajos, así como la memoria sobre el concepto, método y fuentes de la asignatura y el programa:

> Pedro Cortina Mauri:
> *La guerra civil antes del reconocimiento de la beligerancia.*
> Doce informes, números 1,2,3,4, 6, 7, 8, 11, 12, 14, 16 y 18.
>
> Eduardo Pérez Griffo:
> *Diego de Covarrubias y Leiva, internacionalista.*
>
> Juan Manuel Castro Rial:
> *Represalias*
> *Generalidades de la guerra total.*
> *Ideas sobre el nuevo derecho privado alemán.*

---

clandestina, 1936-1939, Madrid, Alianza Editorial, 1998, pp. 258-259, 335-337, 379, 384-388, 392 y 396. José Orlandis Rovira, *Años de juventud en el Opus Dei,* Madrid, Rialp, pp. 180-181. También se habla en Juan J. Gil Cremades, "Un expediente sancionador. Sobre un capítulo de la biografía intelectual de González Vicén", en *Sistema,* n.º 113 (1993), pp. 37-55, en particular pp. 42-47. José Calvo González, "Algo más sobre Guerra Civil, Universidad y censura. De las sanciones y depuración de González Vicén (En ocasión de contar historias)", en *Sistema,* nº 116 (1993), pp. 85-100.

Jesús Esperabé de Arteaga y González:
El derecho de gentes en las obras de Fray Domingo Báñez.
El derecho natural, positivo y de gentes

Eusebio Díaz Morera:
La guerra justa y el uso de la propaganda por los beligerantes.
La cláusula Rebus sic stantibus y el ataque a la Flota francesa en Mers el Kebir.
La comunidad jurídica internacional y el derecho de gentes.
Situación jurídica respectiva del Gobierno Nacional de España y del control naval durante la guerra de liberación.
Reflejos jurídicos de la Convención de Roma de 1933 sobre daños causados por aeronaves.
Nacionalidad de la mujer casada.

Terminada la sesión Cortina Mauri advirtió al tribunal que los veintiún trabajos que había presentado eran minutas o copias de dictámenes, realizados como funcionario de la asesoría jurídica del ministerio de exteriores, por lo que no era conveniente que se comunicasen al resto de opositores, ni que pudieran ser objetados. El tribunal estimó que si habían de servirle como méritos no podían sustraerse al conocimiento e impugnación del resto de opositores. Además, como alguno de esos trabajos no debían ser publicados, se procedió a su examen, resultando: eliminar ocho de ellos. Dejando trece para ser estudiados e impugnados en su caso por los opositores.

Comenzó el *primer ejercicio*, el 11 de noviembre de 1940, por la tarde. Actuó primero Pedro Mauri, durante una hora. El tribunal acordó que los juicios se unieran al acta, de igual manera se procedería con el resto de los opositores. Al día siguiente continuó Pérez Griffo, con objeciones de Esperabé. Después el ejercicio de Castrol Rial con objeciones de Díaz Morera y Pérez Griffo. El 13 comenzó su ejercicio Esperabé, con objeciones de Pérez Griffo y Castro Rial. Seguiría Díaz Morera, con objeciones de Pérez Griffo y Casto. Los juicios del tribunal se unen por separado al expediente. El día 15 dio comienzo el *segundo ejercicio*... Y el 21 tendría lugar el *tercero*:

Cortina Mauri eligió la lección 34 de su programa de internacional público sobre “Responsabilidad de los Estados en la esfera internacional”.

Pérez Griffo la lección 33 de internacional privado sobre “La prenda y la hipoteca”.

Castro Rial la 23 de internacional privado “Las personas morales en el Derecho Internacional Privado”, y expuso durante la hora reglamentaria como el resto.

Continuó el *tercer ejercicio*. Esperabé de Arteaga eligió la 26 de internacional privado sobre "La reciprocidad". Por su parte, Díaz Morera eligió la lección 10 de internacional público "La geografía y la economía política como elemento influyente en el Derecho Internacional a través de la política contemporánea".

Terminada la sesión los vocales Luna y Castiella propusieron excluir al opositor Díaz Morera por la falta de formación que demostraba en su lección, pero los otros dos vocales y el presidente no estuvieron conformes. Se acordó por unanimidad que el resto pasara, excepto Díaz Morera que no la obtuvo.

En el *cuarto ejercicio*: Cortina Mauri extrajo 10 bolas del programa de internacional privado. El tribunal eligió la número 30, "Del matrimonio en Derecho Internacional Privado", fue incomunicado para prepararlo. Por la tarde expuso la lección.

Fue llamado Eduardo Pérez Griffo y de su programa de internacional público el tribunal eligió la lección 20: "Derechos y deberes de los Estados", a continuación, fue incomunicado... Después lo haría Juan Manuel Castro Rial el número 21: "La voluntad en los tratados internacionales" y fue incomunicado. Por la tarde, llamados los opositores Pérez Griffo y Castro Rial expusieron por orden las lecciones.

Actuó Esperabé de Arteaga, el tribunal eligió la lección 32: "El reconocimiento de los Estados" y fue incomunicado. Luego Eusebio Diaz Morera que, tras llamarle varias veces el bedel, no se presentó. Por lo que quedó excluido. Esa tarde Esperabé desarrollaría la lección.

El *quinto ejercicio* tendría lugar un día después. Una vez leídos por el secretario los tres casos prácticos, propuestos y numerados, se insacularon tres bolas. Castro por ser el opositor más joven extrajo la bola a suertes, la número 3:

> A, súbdito español, contrae matrimonio canónico en París con asistencia del Cónsul español, con B, de nacionalidad francesa. A los pocos días estalla la guerra europea y los esposos se trasladan a Málaga, donde él tenía sus negocios. La vida conyugal se hace intolerable por sevicia del marido, y la esposa vuelve a Francia en 1922 instalándose en casa de sus padres, siendo de advertir que el marido satisfizo los gastos de dicho viaje.- A, 3n 1923, entabla en Francia y ante el Tribunal civil francés demanda de separación fundada en abandono del domicilio conyugal por parte de la esposa. Esta se opone a la demanda.- Los tribunales franceses en 1926 y en última instancia acuerdan dicha separación.- Promulgada en España la ley del divorcio durante la República, el marido comparece ante los tribunales franceses y pide el divorcio vincular fundándose en una separación judicial de más de tres años, cuyo

> tribunal en última instancia lo acuerda a pesar de la oposición de B.- En mérito de esta sentencia A contrae matrimonio con C, súbdita suiza.- De ambas uniones no hay descendientes. A muere en Diciembre de 1939 instituyendo heredera universal a C, el *de cujus* deja patrimonio de bienes muebles e inmuebles en Francia y en España.-
>
> Se pregunta: Derechos y acciones que puede ejercitar B.

Fueron incomunicados los opositores durante cuatro horas para preparar el caso. Después procedieron a la lectura de sus trabajos.

Concurrieron de nuevo los cinco opositores para practicar la primera parte del *sexto ejercicio*. Se leyeron los diez temas de internacional público propuestos, e insaculadas diez bolas, el opositor Castro extrajo la bola número 9 "El bloqueo" y se procede a incomunicarlos. Pero cuando comenzaban a instalarse se presentó Esperabé, que no había podido llegar antes por dificultades "de traslado". El tribunal acordó en principio admitirlo a los ejercicios siempre que no reclamase en contra ningún opositor, y consultados éstos manifestaron que nada tenían que oponer.

Al recoger los trabajos, notaron la ausencia de Pérez Griffo que se había retirado por encontrarse enfermo. Poco después se presentaría su padre, Eduardo Pérez del Río, magistrado en el ministerio de justicia, para comunicar que su hijo se encontraba enfermo de gravedad, por lo que desistía de continuar en la oposición, y pedía que constara en acta. Cortina, Castro y Esperabé leyeron sus trabajos que juzgó el tribunal. Y, llamados los opositores, el tribunal leyó los diez temas de internacional privado propuestos, e insacularon diez bolas, y el opositor Castro extrajo la bola número diez "Asistencia jurídica internacional" y los incomunicaron de nuevo. Se reunió el tribunal y los opositores leyeron por orden sus trabajos, que fueron juzgados de manera acostumbrada. Temas de derecho internacional público y privado:

Derecho internacional privado

1. La teoría de los estatutos
2. La concepción anglosajona del derecho internacional privado
3. Personalidad y territorialidad en derecho internacional privado
4. La autonomía de la voluntad en derecho internacional privado
5. Las calificaciones
6. El reenvío
7. El fraude de la ley
8. La doctrina del interés nacional

9. Sucesiones
10. Asistencia jurídica internacional

Derecho internacional público

1. El derecho internacional y la política
2. Las relaciones entre el derecho internacional y el interno
3. La personalidad de la Iglesia en el orden internacional
4. La competencia exclusiva
5. La prescripción en derecho internacional
6. La sucesión jurídica en el orden internacional
7. El Tribunal Permanente de Justicia Internacional
8. La propiedad privada en la guerra
9. Bloqueo
10. La neutralidad y su evolución

El tribunal, después de cambiar impresiones, dispuso que el opositor Cortina Mauri, adepto incondicional, merecía la primera cátedra y Castro Rial, antiguo teniente de infantería, la segunda.

El 1 de diciembre, al ser preguntados los opositores, Cortina Mauri eligió la cátedra de Sevilla y, en consecuencia, el teniente propagandista, Juan Manuel Castro Rial, se quedó con La Laguna. Fueron nombrados por orden 7 de enero de 1941[260].

Los *juicios sobre los ejercicios,* como los del presidente Eduardo Callejo, tomados como representativos del resto, sirven para dar una idea de cómo se procedió. En su opinión:

Primer ejercicio

> Pedro Cortina Mauri: expone, con palabra sobria y buen tecnicismo sus trabajos en el extranjero; revela extensa preparación y vocación pedagógica. Apenas se ocupa de los trabajos que ha presentado.
>
> Eduardo Pérez Griffo: con locución algo declamatoria expone su preparación que no parece muy completa. Le objetó el Sr. Esperabé superficialmente y le replicó con desenfado.

---

260 BOE 12 de enero de 1941.

Juan Manuel Castro Rial: revela extensa y sólida preparación filosófica. Se expresa en forma impecable y elocuente. Parece tener vocación pedagógica y dominio de la materia, sobre todo en Derecho Internacional Público. Le objetan los Sres. Díaz, Pérez Griffo y Esperabé, sin gran importancia en el fondo y los replica con soltura.

Jesús Esperabé de Arteaga: muestra alguna desorientación, pero con afición a los estudios internacionales en los que ha trabajado hace bastante tiempo. Le objetaron a fondo los opositores Pérez Griffo y Castro Rial y los refutó bien.

Eusebio Díaz Morera: con palabra fácil expone sus trabajos y estudios en el extranjero. Analiza los que ha presentado en lo que se observan algunos defectos de información. Le objetan los Sres. Pérez Griffo y Castro con bastante dureza y los replica en forma adecuada.

Segundo ejercicio

Cortina: posee condiciones pedagógicas y extensos conocimientos. Dedica pocos minutos al método y las fuentes y apenas se ocupa de los trabajos presentados.

Pérez Griffo: habla con soltura y muestra preparación, pero se aparta con frecuencia del contenido de las memorias presentadas.

Castro Rial: sin tanta elocuencia como en el anterior, demuestra en este buena preparación y dominio de la materia. Tampoco se ajusta, exactamente, a las memorias.

Esperabé: ejercicio modesto. Incurre en algunas divagaciones e inexactitudes.

Díaz Morera: ejercicio estimable. Alardea de erudición en la cita de autores. Los programas son más bien cuestionarios con epígrafes generales y vagos sin el desarrollo temático de los enunciados del contenido de cada lección.

Tercer ejercicio

Cortina: desarrolla con notable competencia la lección por él elegida. Revela dominio de la materia y buenas condiciones pedagógicas.

Pérez Griffo: expone con habilidad y buen tecnicismo. El tema tiene poca sustancia internacional y parece más bien una lección de derecho civil.

Castro Rial: trabajo muy notable. Acentúa su extensa preparación filosófica. Domina el tema que no pudo terminar por falta de tiempo.

Esperabé: incurre en divagaciones y expone con palabra fácil, resultando un ejercicio aceptable.

Díaz Morera: poco afortunada la elección de tema. Más contenido periodístico que pedagógico. Incurre en algunos errores. Estuvo mejor en los ejercicios anteriores.

Cuarto ejercicio

Cortina: explica la lección de modo magistral muy nutrida de doctrina y legislación. Muestra condiciones pedagógicas muy estimables.

Pérez Griffo: el tema ofrece dificultades por estar la materia dividida en dos lecciones y hace constantes incursiones a la otra. Expone con palabra fácil un tanto declamatoria.

Castro Rial: ejercicio muy completo. Sobresale al tratar con abundante doctrina y extensos conocimientos la cláusula *"rebus sic stantibus"*. Revela excelentes condiciones pedagógicas.

Esperabé: ejercicio deficiente a pesar de que leía con frecuencia párrafos enteros de un libro que tenía delante.

Quinto ejercicio

Cortina: trabajo muy completo. Analizó con acierto todos los problemas planteados con fino análisis y gran sentido jurídico.

Pérez Griffo: ejercicio pasable con algunas omisiones de importancia.

Castro Rial: muy buen ejercicio con gran fundamentación y extensa cita de autores, aunque omite algún aspecto accidental del problema.

Esperabé: ejercicio bastante incompleto por comparación con los anteriores.

Sexto ejercicio 1ª parte

Cortina: buen ejercicio, pero inferior a los anteriores de este opositor.

Castro Rial: excelente trabajo con mucha doctrina y cita de autores. Muy pedagógico.

Esperabé: incurre en algunas divagaciones históricas y pueden señalarse varias omisiones.

Sexto ejercicio 2ª parte

Cortina: buen ejercicio y completo en todos los aspectos del tema que trata con gran conocimiento.

Castro Rial: ejercicio excelente con mucha fundamentación doctrinal.

Esperabé: al principio divaga con generalidades. Incurre en alguna omisión resultando algo confuso.

Veamos el juicio que le merecen los trabajos presentados al presidente:

Pedro Cortina Mauri: su monografía "La guerra civil antes del reconocimiento de la beligerancia" revela gran preparación y dominio de la materia jurídico-internacional.

Me abstengo de juzgar los dictámenes presentados por dicho opositor por estimar que no son trabajos de investigación sino documentos de carácter oficial, que redactó como funcionario y ajenos a toda preocupación pedagógica.

Juan Manuel Castro Rial: en sus trabajos "Represalias", "Generalidades de la guerra total" e "Ideas sobre el nuevo derecho privado alemán" demuestran extensos conocimientos en los estudios de derecho internacional y una vasta

> preparación filosófica con abundante información de las fuentes contemporáneas. Sería deseable que se orientara más resueltamente en la vía de los estudios clásicos y de derecho natural.
>
> Jesús Esperabé: muy bien trabajada su monografía sobre "Fray Domingo Bañez". No es tan acertado su trabajo sobre "El derecho natural positivo y de gentes". Ambos son estimables y revelan conocimiento de los autores clásicos.
>
> Madrid 20 de noviembre de 1940 [Firma Eduardo Callejo]

Al finalizar los que no obtienen plazas solicitaron la retirada de sus expedientes. Y el presidente elevó la documentación al director general de enseñanza. Con lo que todo el proceso queda bajo la aparente legalidad del sistema.

1942. Concurso de traslado para Salamanca

El concurso para la provisión de la cátedra de internacional público y privado de Salamanca se convocó y anunció el 8 de julio de 1942[261]. Terminó el plazo el 15 de agosto. Hubo un único aspirante, el propagandista Juan Manuel Castro Rial[262].

El concursante expuso que era teniente de infantería, catedrático de internacional público y privado en La Laguna, desde el 7 de enero de 1941, en este momento agregado a la de Valladolid -posesión 17 de febrero-. Aparte de presentar cuatro trabajos -dos publicados en Berlín y otros en la *Revista de Derecho Internacional* del CSIC y en la *Revista de Estudios Políticos* de Madrid-, así como tres conferencias impartidas en Alemania sobre la presencia de España en la nueva Europa, alega entre sus méritos patrióticos: "haber sido Oficial de Infantería en los Tercios de Jura y Zumalacárregui en la guerra de Liberación y actualmente Teniente de Infantería en la División española de voluntarios en Rusia, a la que sigue afecto". Por tanto, fue nombrado para el traslado a Salamanca Juan Manuel Castro Rial, el 25 de septiembre de 1942[263]. La cátedra de La Laguna volvía a encontrarse sin profesor.

---

261 BOE 28 de julio de 1942.

262 Manuel Díez de Velasco, "Juan Manuel Castro-Rial Canosa (1915-2005)", *Revista española de derecho internacional,* 58, 1 (2006), pp. 11-13.

263 BOE 14 de octubre de 1942, AGA, sección Educación, legajo 10519-3.

1942. Historia del derecho internacional (doctorado) en Madrid

La provisión de la cátedra de historia del derecho internacional en doctorado, en la facultad de derecho de Madrid, salió a concurso de traslado. Orden de convocatoria y anuncio 7 de octubre de 1942.[264] Hubo un solo aspirante: Fernando María Castiella Maíz. Recordemos, bilbaíno de 34 años, era agregado desde octubre de 1939 a la universidad central para dicha cátedra. Ahora adjunta su hoja de servicios con su buen expediente académico y sus estancias: en 1930 en el Institut des Hautes Etudes Internationales de l´Université de París; alumno de l´Academie de Droit International de la Haya, también en 1930; además de haber sido invitado por el secretario general de la sociedad de Naciones para participar como colaborador temporal en trabajos de la undécima Asamblea de la Sociedad de Naciones en Ginebra... Al año siguiente por acuerdo de la JAE, junio de 1931, fue pensionado para estudiar derecho en Inglaterra y Suiza, en las universidades de Cambridge y Ginebra, siendo renovado como pensionado durante otros cuatro años. Asistió a la conferencia del desarme de la Asamblea de Naciones Unidas. Se doctoró en la universidad central con la tesis "Origen, naturaleza y alcance de los dictámenes del tribunal permanente de justicia internacional". En diciembre de 1935 obtuvo la plaza de derecho internacional público y privado de La Laguna. Su carrera académica y méritos patrióticos son de sobra conocidos de otras oposiciones.

Los servicios prestados, antes del nombramiento de catedrático: el 1 de mayo de 1935 por concurso de méritos ingresó como investigador en el Instituto de Estudios Internacionales y Económicos en Madrid. Pero sería separado por desafección al "régimen rojo". El 14 de mayo de 1936 la Asociación Francisco de Vitoria le eligió como asociado para cubrir una vacante. El gobierno nacional le nombró representante en el tribunal permanente de arbitraje internacional de La Haya. El 8 de noviembre de 1939 el presidente de falange le nombró jefe de la sección de política exterior del Instituto de Estudios Políticos. El ministro de educación dispuso fuera agregado en la universidad de Madrid. A principios de 1940 el ministro del aire lo nombró vocal de la comisión codificadora del aire. En julio del 41 el ministro de justicia lo nombra profesor de derecho internacional del Instituto Francisco de Vitoria. Después fue juez depurador de los funcionarios del Instituto de España y centros dependientes. En 1942 vicedirector del instituto Francisco de Vitoria dependiente del CSIC y vocal del tribunal de oposiciones de la carrera de diplomática. El ministro de asuntos exteriores

---

264 AGA, sección Educación, 10519-97. BOE 17 octubre de 1942.

lo nombra consejero de la hispanidad y miembro de la cancillería. Un año antes, en 1941, en la cruzada anticomunista fue soldado voluntario en la división azul, obtuvo la cruz de hierro y otras condecoraciones. Permaneció en filas como simple soldado, según expone, renunciando a su graduación de capitán honorario del cuerpo jurídico militar.

Acerca de sus obras: la más importante es *Reivindicaciones de España* en colaboración con José María Areliza y prologado por Alfonso García-Valdecasas. Ésta fue galardonada con el premio nacional de literatura Francisco Franco en 1941. Él mismo dice: "sin petulancia puede decirse que la obra es una considerable aportación a la historia del derecho internacional positivo que más directa y entrañablemente puede afectar a los españoles". También escribió una monografía sobre *La nacionalidad de la mujer casada*, que publica el CSIC; y en la *Revista de la Facultad de Derecho de Ma*drid "La nacionalización de las normas de colisión".

Fernando María Castiella Maíz fue profesor de historia diplomática y de política exterior de España, en los cursillos de 1940-1942 organizados por el Instituto de Estudios Políticos. En la universidad central impartiría en 1940, una conferencia sobre la doctrina internacionalista de Juan Ginés, de Sepúlveda y lecciones extraordinarias sobre "El régimen de Tánger". Además, publicó en la prensa artículos sobre derecho internacional. La Escuela superior del ejército le invitó a dar conferencias sobre "España y el Derecho de la Neutralidad". No había más que decir. Por orden 24 de noviembre de 1942[265] fue nombrado catedrático Castiella Maíz.

1943. Oposiciones a cátedras de Valladolid y La Laguna

La plaza de La Laguna estaba vacante en el escalafón de 1935. La de Valladolid había estado ocupada por Camilo Barcía Trelles que desde octubre de 1920 había pasado de Murcia a Valladolid por concurso. Cesó por orden 10 de noviembre de 1936 y fue provisionalmente a la universidad de Santiago. Tuvo problemas con la depuración por considerársele de "ideas izquierdistas", que "tenía armas", que era masón (rotario), y "no juraba sino prometía...". Aunque en el tribunal opinan que es persona intachable. Por orden 6 de julio de 1942 fue nombrado catedrático de internacional público y privado de Santiago. En 1943 fue revisado su expediente de

[265] Nombrado catedrático Fernando María Castiella Maíz, BOE 10 de enero de 1943.

depuración, con confirmación de su cátedra sin sanción. Contaba con una gran cantidad de obra, numerosísima[266].

Estas dos plazas salieron a oposición. En el acta de constitución del tribunal de internacional público y privado de Valladolid[267] (turnos auxiliares) consta que se reúnen en Madrid, el 11 de mayo de 1943[268]. En el salón de grados de la facultad de derecho de la universidad central, presidida por José Yanguas Messía -vizconde de Santa Clara, miembro de la asamblea de Primo de Rivera y de las cortes franquistas[269]-, pertenece al CSIC; vocales, José Trias de Bes[270], Luis Gestoso Tudela[271], Fernando María Castiella Maíz y Juan Manuel Castro Rial, secretario. Todos catedráticos de Barcelona, Murcia, Madrid y Salamanca, respectivamente. Se distribuyó entre el tribunal la preparación del cuestionario para los dos últimos ejercicios. El quinto se acordó versara en un caso práctico de internacional privado, a desarrollar en tres horas. El sexto consistiría en contestar durante tres horas, por escrito, un tema de internacional público. Los jueces examinaron el cuestionario para el último ejercicio, que constaba de catorce temas[272]:

Tema I: La escuela clásica española y los fundamentos del Derecho Internacional

Tema II: La Comunidad internacional

Tema III: Panamericanismo e hispanidad

Tema IV: El Pontificado y la paz

---

266 AGA, sección Educación, 21/20352, 15047-2 expediente de depuración.

267 En el escalafón de catedráticos de 1935 figura que ocupaba la plaza Camilo Barcia Trelles.

268 AGA, sección Educación, 31/1478. Tribunal de oposiciones a la cátedra de internacional público y privado de Valladolid, turnos auxiliares. Acta de constitución 11 de mayo de 1943. Convocados por orden ministerial 11 de julio de 1941, modificada el 7 de julio de 1942, que sustituyó la cátedra que estaba anunciada de Salamanca por la de Valladolid.

269 Antonio Truyol Serra, "José María de Yanguas Messía (1890-1974)", *Anales de la Real Academia de Ciencias Morales y Políticas*, 52 (1975), pp. 279-298.

270 Un extracto en Jaume Claret, "La repressió franquista a la Universitat de Barcelona. La fi de l´autonomía universitaria republicana", *Afers*, vol. 18, 45 (2003), pp. 319-335; *La Repressió franquista a la universitat catalana: La Universitat de Barcelona Autònoma, de la Segona República al primer franquisme*, Vic, Eumo, 2003.

271 Andrés Sobejano Alcayna, *Recuerdo de D. Luis Gestoso*, Murcia 1957; Luis Miguel Moreno Fernández, *Acción popular murciana. La derecha confesional en Murcia durante la II Repú*blica, Murcia 1987; Yolanda Blasco Gil y Tomás Saorín, *Las universidades de Mariano Ruiz Funes…*

272 AGA, sección Educación, 31/1478. Acta número 2 de 11 de mayo de 1943.

Tema V: Significación de Westfalia ante el Derecho Internacional

Tema VI: Justicia internacional

Tema VII: Protección del nacional en el extranjero

Tema VIII: Tánger ante el Derecho internacional

Tema IX: Gobiernos de hecho y gobiernos en exilio

Tema X: Proceso histórico de las normas internacionales sobre el comercio de los neutrales

Tema XI: La nacionalidad en el Derecho público

Tema XII: Responsabilidad internacional del Estado

Tema XIII: Neutralidad y no beligerancia

Tema XIV: El positivismo y la ciencia del Derecho Internacional

Los opositores presentaron sus trabajos científicos y exposición escrita del concepto, método, fuentes y programas de la disciplina de los dos primeros ejercicios. Se leyó la lista de aspirantes: Eusebio Díaz Morera, Antonio Poch Gutiérrez de Caviedes[273], Vicente Ramírez de Arellano Marcos y, por último, Ramón Sedó Gómez, que no se presentó[274].

Entonces, el presidente informó del propósito de la superioridad competente de agregar a estas oposiciones la vacante de igual clase y turno de La Laguna. Se considera oportuno aplazar la práctica del primer ejercicio, que se había anunciado para este día, hasta que se confirmara de manera oficial la plaza agregada[275]. Cuatro días después el presidente comunicó la respuesta:

Ministerio de Educación Nacional, Universidades, Ilustrísimo Sr.:

Por orden de esta fecha el Excelentísimo Sr. Ministro ha dispuesto que se suspende la celebración de las oposiciones enunciadas, según la orden de 7 de julio de 1942 (BOE del 15) para la provisión de la cátedra de Derecho Internacional Público y Privado de la Universidad de Valladolid, y que sea agregada a la misma convocatoria, y el turno de Auxiliares, la cátedra de igual denominación vacante en la Universidad de La Laguna, con un nuevo plazo de dos meses, a fin de que puedan solicitar la cátedra agregada, solamente, los aspirantes que lo deseen. Lo que comunico a V.I en cuanto se cumpla el

---

273 Enrique Vilariño Pintos, "Perfil biográfico y trayectoria doctrinal del profesor Antonio Poch Gutiérrez de Caviedes", en *Comunidad internacional y Sociedad internacional después del once de septiembre*, Gernika Gogoratuz, 2005, pp. 21-31, recoge la lista de sus publicaciones en pp. 193 y ss. Vallejo Díez de Velasco, "*In memoriam.* Antonio Poch Gutiérrez de Caviedes", *Revista de Derecho Comunitario Europeo,* 8 (2004), pp. 703-706.

274 AGA, sección Educación, 31/1478. Acta número 3 de 12 de mayo de 1943.

275 AGA, sección Educación, 31/1478. Acta número 4, de 24 de mayo de 1943.

> plazo fijado y se hayan cumplimentado los trámites fijados por las disposiciones vigentes. Dios guarde a V.I. muchos años. Madrid 28 de mayo de 1943. El director General de Enseñanza Universitaria. P.O. Luis Ortiz. Firmado y rubricado. Hay un sello en tinta en que se lee: Ministerio de Educación Nacional. Sección de Universidades. 28 de mayo 1943. Salida[276].

Por lo que se acuerda que los opositores puedan retirar sus trabajos. La oposición se reanudaría con los mismos miembros del tribunal. De nuevo se distribuyó el cuestionario del último ejercicio sobre internacional público, y se discutió la forma de realizar la quinta prueba, acordando un caso práctico de internacional privado, a desarrollar en tres horas[277]. El cuestionario para la última prueba[278]:

1. Estatuto jurídico de los canales de Suez y Panamá
2. Precursores de Francisco de Vitoria
3. Significación de la paz de Westfalia en el orden Internacional
4. El bloqueo marítimo
5. El tratado de paz hispano-yanqui de 1898
6. Concepción de un nuevo orden jurídico internacional
7. Valor jurídico de los "gentlemen´s agreements"
8. Prisioneros, evadidos y salvados en la guerra marítima y aérea
9. Proyección del Derecho Privado en el Derecho Internacional Público
10. Fronteras de España

Los temas abarcan las fronteras del país, los prisioneros y evadidos en guerra. Trata el nuevo orden internacional…, en un momento en el que se está librando una guerra mundial.

Ésta será la lista de aspirantes por orden de actuación: 1° Eusebio Díaz Morera, 2° Antonio Poch Gutiérrez de Caviedes, 3° Vicente Ramírez de Arellano Marcos y 4° Mariano Aguilar Navarro[279]. Los tres primeros con

---

276 AGA, sección Educación, 31/1478. Acta número 5, 28 de mayo de 1943.

277 AGA, sección Educación, 31/1478. Acta de nueva constitución, 6 noviembre 1943.

278 AGA, sección Educación, 31/1478. Nueva acta número 2, 7 de noviembre de 1943.

279 Manuel J. Peláez, "Aguilar Navarro, Mariano", en Manuel J. Peláez (coord.), *Diccionario Crítico de Juristas Españoles, Portugueses y Latinoamericanos…*, vol. 1, pp. 52-53.

derecho a opositar a ambas cátedras, el último solo a La Laguna. Y se dio a conocer el cuestionario para el sexto ejercicio[280].

El *primer ejercicio*. Comenzó Díaz Morera con su labor personal, contestando a las objeciones. Con el resto de los opositores se siguió idéntico procedimiento[281]. Los jueces expresaron su juicio sobre los ejercicios -que se consignará en pliego aparte al expediente-, y continua la práctica del primer ejercicio[282].

Se deliberó con amplitud el ejercicio realizado por los candidatos. Después de concretar los informes definitivos, el tribunal acordó declararlos aptos a todos para pasar al siguiente[283].

El *segundo ejercicio,* exposición oral del concepto, método, fuentes y problemas de la disciplina, sería el día 22[284] y el siguiente[285]. Abierta la sesión, deliberación del segundo ejercicio de los opositores y acuerdo de declararlos aptos pasar a la siguiente prueba. Por la tarde el *tercer ejercicio.* Díaz Morera eligió de su programa de internacional público la lección 45: "La *occupatio bellica* y el carácter del enemigo sometido. Efectos que produce respecto al ejercicio de la soberanía, a las personas, a los bienes, a la religión y al honor de los habitantes. Situación de los bienes del Estado ocupado". Acabada la actuación, le siguió Poch, que eligió la lección número 17 de su programa de derecho internacional público: "El orden medieval; la Cristiandad y la vida internacional: a) el Imperio como forma de vida internacional. b) El Papado como forma de derecho internacional. c) Precedentes del espíritu moderno. d) La desintegración del orden medieval. Repercusión en el orden internacional. e) Soberanía y formación de las naciones"[286]. Continuaron los otros al día siguiente. Ramírez de Arellano con el número 47: "Soluciones violentas: no bélicas la represalia". Aguilar la lección 50: "Guerra y neutralidad. 1. Concepto y función de la guerra. 2.

---

280 AGA, sección Educación, 31/1478. Nueva acta número 3, 8 de noviembre de 1943.

281 AGA, sección Educación, 31/1478. Nueva Acta número 4, 18 de noviembre de 1943.

282 AGA, sección Educación, 31/1478. Actas número 5 y 6, 19 de noviembre de 1943.

283 AGA, sección Educación, 31/1478. Acta número 7, 21 de noviembre de 1943.

284 AGA, sección Educación, 31/1478. Actas números 8 y 9, 22 noviembre de 1943.

285 AGA, sección Educación, 31/1478. Acta número 10, 23 de noviembre de 1943.

286 AGA, sección Educación, 31/1478. Actas números 11 y 12, 24 de noviembre de 1943.

Prevención de la guerra. 3. La guerra justa. 4. La guerra fuera del derecho, pacto Kellog"[287]. El tribunal acordó declararlos aptos[288].

En el *cuarto* comienza Díaz Morera. Se sacaron a suerte diez lecciones del programa del aspirante. El tribunal eligió el número 34: "Obligaciones y Contratos". Quedan a su disposición los libros solicitados y queda incomunicado. Después Díaz Morera expuso su ejercicio. Y los jueces emitieron sus informes en pliego aparte al expediente. Llegó el turno de Poch Gutiérrez de Caviedes, se extrajeron las lecciones. El tribunal eligió la 16: "El problema de los derechos adquiridos. a) Exposición y crítica. -La retroactividad en el derecho internacional privado. Estudio y juicio crítico". Y se sigue igual procedimiento que el anterior[289]. A Ramírez de Arellano le correspondió el número 36: "Generalidades.- Actos de comercio. Comerciantes", también se le incomunicó poniendo a su disposición los libros solicitados, y pasado el tiempo reglamentario se procedió a su exposición. A Aguilar Navarro le correspondió la 44: "Causas mercantiles. Teoría de los Títulos Valor.- 1. Sistemas materiales. 2. Clases de títulos. 3. Requisitos de validez de la letra de cambio. La provisión. 4. Efectos de la letra. 5. Transmisión de la letra. 6. Estudio especial del cheque. 7. Efectos de la pérdida de los documentos." E igual procedimiento se siguió como en el resto de las oposiciones[290]. El 30 de noviembre el tribunal declaró aptos a los opositores para la siguiente prueba[291].

El 1 de diciembre el *quinto ejercicio*, sobre un caso práctico de derecho privado, a desarrollar en tres horas:

> D.A.N. español, nacido en Zaragoza, de padres aragoneses y su esposa Dª M.S. otorgan, en el año 1930, en París, donde residen, desde 1925, testamento mancomunado ológrafo, por el que recíprocamente y a falta de hijos, se instituye heredero universal el cónyuge que sobreviva. En 1933 A.N. fallece en España, donde se abre la sucesión. El caudal relicto comprende concesiones administrativas en Barcelona, una finca rústica en Francia, una casa en Londres y valores mobiliarios en París y Roma. G.H. impugna ante los Tribunales españoles la validez del testamento, alegando la personalidad de hijo natural del causante, reconocido por escrito privado del padre.
>
> Solución procedente

---

287 AGA, sección Educación, 31/1478. Acta número 13, 25 noviembre de 1943.

288 AGA, sección Educación, 31/1478. Acta número 14, 26 de noviembre de 1943.

289 AGA, sección Educación, 31/1478. Actas números 15 y 16, 27 de noviembre de 1943.

290 AGA, sección Educación, 31/1478. Actas números 17 y 18, 29 de noviembre de 1943.

291 AGA, sección Educación, 31/1478. Acta número 19, 30 de noviembre de 1943.

Se incomunicó a los opositores durante tres horas y luego recogieron los trabajos, encerrados en sobres, firmados por el secretario y presidente, lacrados y sellados bajo custodia del secretario. Todo bajo la legalidad del sistema. Después los opositores los leyeron y el tribunal pasó a deliberar para concretar los juicios definitivos[292]. Los declaran aptos para el final[293].

El *sexto ejercicio.* Se procedió a sacar a suerte, del cuestionario redactado, el tema a desarrollar. Fue el número siete: "Valor jurídico de los *gentlemens agreements*" -el mismo tema que había salido en una de las oposiciones mencionadas-. Se incomunicó a los opositores por tres horas, y terminado el ejercicio fueron recogidos y encerrados en sobres. Los jueces redactaron sus valoraciones. El acta de votación sería controvertida por no haber acuerdo para la segunda cátedra:

> Para el número uno: el secretario, Juan M. Castro Rial, vota a favor del opositor Antonio Poch Gutiérrez de Caviedes; el vocal, Fernando de Castiella Maíz vota a favor del mismo opositor; el vocal Luis Gestoso Tudela, vota "no ha lugar"; el vocal José M. Trias de Bes vota a favor del opositor Eusebio Díaz Morera; el presidente, José Yanguas Messía vota a favor del opositor Antonio Poch Gutiérrez de Caviedes.
>
> Para el número dos: el secretario, Juan Manuel Castro Rial vota a favor del opositor Vicente Ramírez de Arellano Marcos; el vocal Fernando Mª Castiella Maíz vota a favor del opositor Mariano Aguilar Navarro; el vocal Luis Gestoso Tudela, vota "no ha lugar"; el vocal José Trias de Bes vota a favor del opositor Eusebio Díaz Morera; el presidente, José Yanguas Messía vota a favor del opositor Mariano Aguilar Navarro.

El presidente anunció entonces que en vista de los votos obtenidos para el segundo puesto procedía una segunda votación, que finalmente dio el siguiente resultado: el secretario votó a favor de Arellano; el voto de Fernando de Castiella fue a favor de Aguilar, el otro vocal Luis Gestoso Tudela "no ha lugar", José M. Trias de Bes votó a Díaz Morera y el presidente a Aguilar. No cedió el tribunal en sus votaciones, no variaron. Al obtener el mismo resultado negativo en la segunda vuelta el presidente ordenó de nuevo una tercera y última votación para el segundo puesto, en la que los jueces votaron de igual manera. El presidente en vista de los votos propuso

---

[292] AGA, sección Educación, 31/1478. Actas números 20 y 21, 1 de diciembre de 1943.

[293] AGA, sección Educación, 31/1478. Acta número 22, 2 de diciembre de 1943.

para el número uno a Antonio Poch Gutiérrez de Caviedes, por tres votos conformes, quedando vacante la cátedra del segundo lugar[294].

Al final el 4 de diciembre de 1943 fue llamado Antonio Poch Gutiérrez Caviedes que eligió la vacante en Valladolid[295]. Quedó propuesto para dicha cátedra, no habiendo lugar a la provisión de La Laguna, por no tener el resto de opositores los votos necesarios[296].

1944. Concurso para La Laguna

Se trata del concurso de traslado anunciado para la provisión de la cátedra de internacional público y privado en La Laguna, que había quedado vacante primero por el traslado como agregado de Juan Manuel Castro Rial a Valladolid, en 1941, y después como catedrático a Salamanca, en 1942. Salió la orden de convocatoria y anuncio el 19 de mayo de 1944[297]. Terminó el plazo el día 27 de junio. No hubo aspirantes. Por lo que fue declarado desierto, orden 4 de julio[298].

Antes, cabe recordar, la plaza de La Laguna había estado ocupada por José Ramón de Orúe y Arregui, en 1923, que transcurridos dos años pasó a Valencia -posesión en 1926-. En Valencia, Orúe Arregui fue catedrático numerario de derecho internacional público y privado hasta su muerte (1925-1953), y llegará a ser profesor de la academia de derecho internacional de La Haya. Orúe intentó modernizar la enseñanza del derecho internacional. En 1949-50 será el encargado de la lección inaugural del curso académico en Valencia: "Las dos fases del regionalismo internacional"[299]. Una de ellas impulsada por Europa con la Sociedad de Naciones y otra la

---

294 AGA, sección Educación, 31/1478. Actas números 23, 24 y 25 de 3 de diciembre de 1943.

295 AGA, sección Educación, 31/02022, expediente 10926/109 título de catedrático.

296 AGA, sección Educación, 31/1478. Acta número 26 de 4 de diciembre de 1943.

297 BOE 7 de junio de 1944.

298 BOE 29 de julio de 1944. AGA, sección Educación, legajo 10519-77.

299 AUV, General, PDI, caja nº 1357/3. José Ramón de Orúe y Arregui, *Las dos fases del regionalismo internacional*, lección inaugural del curso 1949-1950, Universidad de Valencia, Secretariado de Publicaciones intercambio científico y extensión universitaria, 1949, 140 páginas. María Fernanda Mancebo, "Consecuencias de la guerra civil en la Universidad valenciana: depuraciones y exilios", *Cuadernos del Instituto Antonio de Nebrija de estudios sobre la Universidad*, nº 4 (2011), pp. 165-187. Yolanda Blasco Gil, "Entre la trayectoria universitaria y social: los catedráticos de derecho en Valencia, 1900-1939", en *Promoción universitaria en el mundo*

americana con la ONU. Plantea una situación más compleja al hablar de un universalismo limitado[300].

DERECHO PROCESAL

El derecho procesal puede hacer avanzar el derecho. Regula la forma, medios, actuaciones y relaciones en un procedimiento judicial, la manera de proceder de todas las partes que intervienen, ya sea en el procedimiento civil, penal, laboral o contencioso administrativo. Pero en la España franquista de posguerra no podía asegurarse un procedimiento judicial con todas sus garantías. Una cosa sería el derecho que se explicaría en las aulas universitarias, las doctrinas, y otra muy distinta la realidad que se descubriría en la práctica. Aunque el adoctrinamiento se daba en esa universidad dominada por los fieles partidarios al régimen. Mientras, algunos de los grandes procesalistas ahora en el exilio, que contribuyeron a la renovación de los estudios procesales durante los años anteriores a la guerra civil, como José Ramón Xirau Palau, natural de Figueres (Girona), catedrático en Barcelona, Niceto Alcalá-Zamora Castillo, natural de Madrid, catedrático en Valencia, o Rafael de Pina Milán, natural de Murcia, catedrático en Sevilla de derecho de procedimientos, se exiliaron.

Los dos últimos se refugiaron en México donde continuarían sus trayectorias docentes e investigadoras en la UNAM[301], institución ésta que sirvió de refugio a gran parte de los profesores exiliados. También sus nombres fueron silenciados en la España franquista... En la Editorial *Revista de Dere-*

---

hispánico, siglos XVI al XX, Armando Pavón Romero (coord.), México, UNAM-IISUE, 2012, pp. 191-233.

300 Antonio Ventura-Traveset i González, reseña a "Las dos fases del regionalismo internacional", (lección inaugural del curso por el Ilmo. Sr. Don José Ramón de Orúe y Arregui, catedrático de derecho internacional en la universidad de Valencia), publicada en la *Revista Crítica de Derecho Inmobiliario,* nº 258 (noviembre 1949), pp. 747-752.

301 En escalafón de catedráticos, agosto 1935, ocupaba el número 411. En México en Archivo General de Personal de la UNAM, Rafael de Pina, expediente 7785 y Niceto Alcalá-Zamora Castillo, expediente 7909. Eva Elizabeth Martínez Chávez, *España en el recuerdo, México en la esperanza…*, pp. 474-485. Yolanda Blasco Gil, "Académicos derrotados. Juristas exiliados en la UNAM"…, p. 229.

cho Privado se eliminaron los nombres de las traducciones de José Ramón Xirau (*Demasiados abogados*, de Calamandrei -autor, además, de las notas a *La condena en costas*, de Chiovenda)[302]. Desde el *Boletín informativo de la UPUEE*, sección México, en 1944 se denunciaba expresamente esta práctica:

> La Editorial *Revista de Derecho Privado* había conseguido en los últimos tiempos anteriores a la guerra civil-internacional española un gran prestigio entre los juristas por la cuidadosa selección y presentación de las obras que publicaba. En aquella época estaba extendiendo sus actividades, con el mismo éxito, a otros campos de las ciencias sociales.
>
> La mayor parte de los libros publicados por esta Editorial eran traducciones de obras extranjeras. La casa tenía la costumbre de publicar al final de cada volumen un catálogo de las obras por ella editadas, consignando el nombre de los autores y traductores. Después de la guerra, sus libros, mucho peor presentados, siguen insertando el catálogo, pero si se compara con los anteriores, se observa que ha seguido la misma política de suprimir todo nombre no grato al "Imperio azul", que otras editoriales ...
>
> ... El criterio de la casa acerca de quién sea "persona non grata" debe ser un tanto inestable, porque algunos de los traductores han merecido el honor de que, tras una temporada de ostracismo, hayan reaparecido sus nombres en catálogos posteriores ...[303]

Una vez más el estado actuaba como editor pirata de las obras de los exiliados.

1940. Oposición para las cátedras de Barcelona y Murcia

La plaza de Barcelona había quedado vacante por el exilio forzoso, tras la depuración, de José Ramón Xirau Palau, quien había contribuido de manera enérgica a la renovación del derecho procesal, y tras la depuración se instaló en Francia donde trabajaría en la Unesco hasta su jubilación.[304]

---

302 Archivo del Ateneo Español de México, serie UPUEE, "El Estado franquista, editor pirata" *Boletín informativo de la Unión de Profesores Universitarios Españoles en el Extranjero (sección México)...*, año II, núms. 13-14 (agosto-septiembre de 1944), p. 7.

303 Cita en "El estado franquista, editor pirata. V Las publicaciones de Derecho", *Boletín informativo de la UPUEE (sección México)...*, año II, núms. 13-14 (agosto-septiembre de 1944), pp. 7-8.

304 Por orden 22 de febrero de 1939 separado del servicio, junto con otros siete catedráticos de universidad, entre los que figuraba su hermano Joaquín -que sería profesor en México-, Archivo de la Dirección General de Personal, expediente UNAM 112/131/19324. Sobre José Xirau AGA, sección Educación, 31/16953,

Dispone de una extensísima obra, artículos en diversas revistas españolas, italianas y alemanas fundamentalmente. Así como numerosas recensiones y prólogos. Por otra parte, la plaza de Murcia se encontraba vacante por la muerte en 1936 de su titular, Matías Domínguez Ballarín, catedrático primero de procedimientos judiciales y práctica forense en Santiago, Salamanca, Sevilla y Valencia, después de procesal también en Valencia y luego en Murcia.

El 11 de junio de 1940 se convocó y anunció la oposición, por turno libre, para la provisión de las dos cátedras de procesal en Barcelona y Murcia.[305] Terminó el plazo el 23 de agosto. El nombramiento del *tribunal*, el 24 del mismo mes, recayó en: Blas Pérez González como presidente y, como vocales, Mauro Miguel y Romero, José María Serrano, Eduardo Divar y Leonardo Prieto Castro[306]. La lista definitiva de los *opositores* admitidos, el 26 de septiembre: Valentín Silva Melero, Antonio Martínez Bernal, Jaime Guasp Delgado y Ángel Enciso Calvo.[307] Finalmente obtuvieron las cátedras Jaime Guasp Delgado y Valentín Silva Melero, orden 11 de diciembre de 1940[308], ocupando las plazas de Barcelona y Murcia, respectivamente[309].

Jaime Guasp, natural de Vigo, estudió en Madrid la licenciatura en derecho que finalizó en 1934 con nota de sobresaliente, mereciendo al año siguiente el premio extraordinario. Entre 1934-1935 realizó las asignaturas de doctorado y, a punto de finalizar su carrera, Guasp fue invitado por Francisco Beceña a colaborar en la cátedra de procesal de Madrid. Así, fue nombrado ayudante de clases prácticas durante los cursos 1934-1935 y 1935-1936. Por resolución de 17 de noviembre de 1939, el director general de enseñanzas nombró a Guasp auxiliar en esta universidad de procesal para el curso 1939-1940. El 2 de noviembre de 1940 defendió su tesis con premio extraordinario, ante el tribunal formado por Antonio de Luna García, presidente, Nicolás Pérez Serrano, vocal, y Fernando María Castiella, secretario. En los primeros años de la posguerra fue también profesor del

---

expediente 1563, expediente personal. AGA, sección Educación, 32/7348, expediente 5363/5; 32/7355, expediente 5367/3.

305 BOE 25 de junio de 1940.

306 BOE 29 de agosto de 1940.

307 Lista provisional de aspirantes admitidos y excluidos en BOE 14 de septiembre de 1940.

308 BOE 24 de diciembre de 1940.

309 AGA, sección Educación, legajo 9623.

Centro de Estudios Universitarios de la ACNdP.[310] Conseguiría en primer lugar la cátedra de Barcelona.

Valentín Silva Melero, natural de Oviedo, se licenció en su ciudad natal en 1926 y obtuvo premio extraordinario. En 1928 defendió en la central su tesis doctoral *Contribución al estudio del negocio jurídico ilícito en Derecho civil*, con la calificación de aprobado, el título le sería expedido en 1940. El 17 de febrero de 1928 solicitó a la JAE la concesión de una pensión para ampliar estudios de civil en Alemania. Le fue concedida y en el curso 1928-1929 estuvo en la universidad de Berlín. Bajo tutela de Francisco Beceña, catedrático de procedimientos judiciales y práctica forense, se orientó hacia la disciplina de derecho procesal[311]. En Oviedo sería nombrado, en noviembre de 1928, ayudante de clases prácticas, plaza en la que permaneció, mediante sucesivas renovaciones del decanato, hasta el 30 de septiembre de 1937 en que cesó por estallar la guerra. Concluida la guerra, el 10 julio de 1939 fue nombrado auxiliar temporal, adscrito a las cátedras de procesal y penal, posesión 11 de julio; cesó el 9 de enero de 1941 por acceder a la cátedra en Murcia ya mencionada[312].

A los dos aspirantes que quedaron sin plaza en esta ocasión volveremos a verlos más adelante. El primero de ellos, Ángel Enciso Calvo, conseguiría un año después la de Valencia que había dejado vacante Niceto Alcalá-Zamora Castillo tras su exilio[313]. Aunque antes protagonizó un concurso de traslado que aprovechó para promocionarse.

---

310 Manuel Cachón Cádenas, "Guasp Delgado, Jaime (1913-1986)", *Diccionario de catedráticos españoles de derecho (1847-1943)...*, Universidad Carlos III, en línea.

311 Francisco Beceña, *Magistratura y justicia. Notas para el estudio de los problemas fundamentales de la organización judicial*, Madrid, 1928. Juan Montero Aroca, "Aportación a la biografía de Francisco Beceña", *Revista de Derecho Procesal Iberoamericana*, I (1980), pp. 131-163. Pascual Marzal Rodríguez, *Magistratura y República. El Tribunal Supremo (1931-1939)*, Valencia, Editorial Práctica de Derecho, 2005.

312 Manuel Ángel Bermejo Castrillo, "Silva Melero, Valentín (1905-1982)", *Diccionario de catedráticos españoles de derecho (1847-1943)...*, Universidad Carlos III, en línea.

313 Entre su obra posterior, Niceto Alcalá-Zamora y Castillo, *Proceso, autocomposición y autodefensa (contribución al estudio de los fines del proceso)*, México, UNAM, 1947; *Índices de la "Revista de la Escuela Nacional de Jurisprudencia"*, Tomos I-XII, núm. 1-48, 1939-1950, México, UNAM, 1961. Archivo de la Dirección General de Personal Académico de la UNAM, expediente 7909.

Institut d´Estudis Catalans, 1907-1939/1942-
Actual Biblioteca de Letras, Barcelona
Proyecto "Lugares del saber y exilio científico"

1941. Concurso de traslado a Valladolid

Al año siguiente, en 1941, tuvo lugar el concurso de traslado para la cátedra de procesal en Valladolid[314]. En el escalafón de 1935 figuraba Emilio Gómez Orbaneja, que había ocupado sucesivamente la cátedra de Salamanca y esta de Valladolid[315]. Después fue secretario de sección del tribunal de garantías constitucionales durante la República. Su cátedra estaba vacante porque estaba enfrentando dos procesos: uno de depuración y, otro, de responsabilidades políticas[316]. Del primero había un fallo de separación definitiva del servicio, aunque estaba en revisión y a punto de terminar. El proceso de responsabilidades políticas estaba en marcha, si bien, entraba en una etapa de ralentización[317]. En los dos expedientes se le imputaba una significación izquierdista, incluyendo su participación en la FUE como organizador en Valladolid.

Ambos procesos son cada vez mejor conocidos gracias a la labor de diferentes autores, como las hijas e hijo del propio Emilio Gómez Orbaneja o los profesores de derecho Manuel Cachón Cadenas y Carlos Petit. Sabemos que, en 1936, luego de dar un curso en la universidad internacional de verano, en Santander, se marchó a Francia con su esposa, y desde Pau envió un escrito al presidente de la junta de defensa nacional, fechado el 18 de septiembre. En él expresa su adhesión al alzamiento y explica las dificultades de su viaje, entre otras cosas, porque su esposa había dado a luz y sus padres se encontraban aislados en Santander: "una vez en territorio extranjero, he podido al fin elegir libremente. Elegir entre lo que es y no

---

314 AGA, sección Educación, legajo 9615-8. Orden de convocatoria y anuncio 10 de marzo de 1941 (BOE del 17). Termina el plazo el 6 de abril de 1941.

315 Será catedrático de ambas universidades en periodos distintos. Para Valladolid, AGA, sección Educación, 32/13501, legajo 8601/2, concurso de traslado a la cátedra de Procesal en Valladolid convocado en 1932; 31/4138 y 31/4139, de nuevo concurso de traslado a Valladolid en 1946.

316 Gracias a información amablemente proporcionada por el catedrático Manuel Cachón Cadenas, autor de *Historias de procesalistas, universidades y una guerra civil (1900-1950)*, Madrid, Universidad Carlos III de Madrid, 2012; junto con Carlos Petit, "Emilio Gómez de Orbaneja", *Diccionario de juristas españoles...*, sabemos que a Gómez Orbaneja se le abrieron esos dos expedientes, el de depuración y el de responsabilidades políticas.

317 Esta apreciación es de Manuel Cachón Cadenas, en *Historias de procesalistas, universidades y una guerra civil (1900-1950)...*, p. 206, y se debe a que, tras las gestiones del año 1940, el tribunal de responsabilidades políticas de Valladolid cedió la competencia al de Madrid, donde el caso primero se ralentizaría y, luego, se estancaría.

es España… [y hace] votos por la rápida victoria total y el resurgir de la Patria"; y poco más de un mes después, el 26 de octubre escribe otro texto, ahora para el presidente de la comisión técnica de Instrucción Pública declarando "con el mismo fervor, mi adhesión de funcionario y de español al movimiento salvador de la Patria"[318].

Unos meses después, en febrero de 1937, se le abrió el proceso de depuración. El gobernador de Valladolid manifestó en su contra. Lo señaló como uno de los organizadores de FUE y declaró que en virtud de "su marcada significación izquierdista y la campaña que realizaba fueron méritos para ser nombrado secretario del Tribunal de Garantías Constitucionales". Se recibió un informe similar del jefe de policía y, otro del rector en que informaba que había pasado a condición de supernumerario con reserva de plaza, señalaba además que probablemente seguía en Francia. Gómez Orbaneja escribió en descargo, argumentando que la FUE no existía cuando él fue estudiante; que en 1930 y 1931 él se encontraba estudiando en Alemania; que sus cursos y conferencias habían sido estrictamente académicas, sin sesgo político y que había ganado por concurso su nombramiento de secretario del tribunal de garantías constitucionales[319], y que entre los miembros del tribunal había catedráticos como Carlos Martín Álvarez, gobernador civil de Madrid durante la dictadura de Primo de Rivera, y

---

318 Las citas en el *Diccionario de catedráticos españoles de derecho (1847-1943)…*, Universidad Carlos III, en línea. Estas citas provienen del expediente de depuración.

319 Martín Bassols-Coma, *La jurisprudencia del Tribunal de Garantías Constitucionales de la II República española*, Madrid, 1981. Miguel Ángel Aparicio, *El status del Poder judicial en el constitucionalismo español (1808-1936)*, Barcelona, 1995. En la República, Francisco Javier Elola, "Hacia un verdadero poder judicial", *Revista de los Tribunales…*, 64 (1930), pp. 633-638, 649-654, 666-670, 681-686, 698-704, 732-735 y 750-755; "Hacia una nueva justicia en la segunda apertura de los tribunales de la República", *Revista de los Tribunales…*, 66 (1932), pp. 543-545; Luis Asensio, "Jueces y catedráticos de derecho (Réplica)", *Revista de los Tribunales…*, nº 68 (1934), pp. 321 y 322; Tomás Espuny Gómez, "El poder judicial en la Constitución y en los proyectos presentados a las Cortes", *Revista de los Tribunales…*, 69 (1935), pp. 135-137. Por otra parte, véase Otto Bachof, *Jueces y Constitución* (1ª edición, Tubinga, 1959, traducción de Rodrigo Bercovitz y prólogo de Tomás-Ramón Fernández), Madrid, 1985. En contexto, Manuel Azaña, *Memorias políticas y de Guerra*, 2 vols., Barcelona, Crítica, 1996. Mónica Lanero, *Una milicia de la justicia…*; Pascual Marzal, *Magistratura y República…* Recientemente, Miguel Pino Abad, "La depuración republicana de funcionarios judiciales hasta el inicio de la Guerra Civil", *AHDE*, t. 93 (2023), pp. 397-459; *La depuración de funcionarios de la administración de justicia durante la Segunda República*, Madrid, Dykinson, 2024.

Francisco Beceña, quien a principios de la contienda, agosto de 1936, fue encarcelado por milicianos del bando republicano y fusilado poco después.

Poco le sirvió su escrito, pues el 18 de mayo de 1937, la comisión depuradora propuso sancionarlo con la separación definitiva del servicio e inhabilitación para cargos de confianza. Sin embargo, unos días después, el 1 de junio, el presidente de la Comisión de cultura y enseñanza se proclamó competente para atender la solicitud de Gómez Orbaneja en su reingreso a la cátedra de Valladolid. Poco más de un mes después, el 8 de julio, su padre compareció ante dicha comisión de cultura y enseñanza para señalar que las acusaciones contra su hijo podrían ser un error, pues declaró que un primo del joven Emilio, llamado José de Orbaneja y Aragón había sido presidente de FUE en Madrid.

El esfuerzo paterno no alcanzó para salvar a Emilio y por orden de 21 de agosto de 1937 recibió como sanción la separación definitiva del servicio:

> Vistos los expedientes instruidos a D. Blas Ramos Sobrino y D. Emilio Gómez Orbaneja, Catedráticos de la Facultad de Derecho de la Universidad de Valladolid, de conformidad con la propuesta de la Comisión de Cultura y Enseñanza, y con arreglo a los dispuesto en el Decreto de 8 de noviembre último y Ordenes de 10 del mismo mes y 17 de febrero pasado, para su aplicación, dispongo: La separación definitiva del servicio de D. Blas Ramos Sobrino y de D. Emilio Gómez Orbaneja, e inhabilitarles para el desempeño de cargos directivos y de Instituciones Culturales y de Enseñanza.[320]

Casi un año había pasado, el 18 de julio de 1938, cuando Gómez Orbaneja solicitó la reapertura del expediente y ofreció el testimonio de distintas personas muy reputadas que podían ayudar a modificar la resolución. Declararon Carlos Martín Álvarez, uno de los vocales del Tribunal de garantías constituciones, que además había participado en el nombramiento de Gómez Orbaneja como secretario; César Silió, también vocal del mismo tribunal; los rectores de las universidades de Valladolid y Salamanca, así como el arzobispo de Burgos. Carlos Martín dijo que Gómez Orbaneja había sido elegido secretario del tribunal en virtud de sus excelentes méritos, sin que se tuviera en cuenta su posición política, la cual se desconocía; César Silió declaró que, como vocal de dicho tribunal, había visto a Gómez Orbaneja desempeñarse de manera técnica sin que se le viera influido por una posición política; el arzobispo de Valladolid manifestó conocerlo des-

---

320 Orden publicada en el BOE 30 de agosto de 1937. Véase también Manuel Cachón Cadenas, *Historias de procesalistas, universidades y una guerra civil (1900-1950)...*, pp. 155-156; Manuel J. Peláez, *Diccionario crítico...*, vol. I, pp. 386-387.

de que era un niño y que respondía por su conducta, nada contraria al "movimiento nacional"; finalmente, los rectores de Valladolid y Salamanca declararon que su desempeño como catedrático había sido correcto e intachable, sin que se le viera influido por alguna posición política. Junto con estos testimonios, también llegaron informes negativos de la jefatura del servicio de seguridad y del delegado del orden público[321].

Para fortuna de Gómez Orbaneja, las declaraciones a su favor pesaron más y, el 9 de noviembre de 1938, el jefe de la oficina para la depuración del personal propuso levantar la sanción impuesta. Consideraba que los informes policiacos podrían haber confundido a Emilio Gómez Orbaneja con su primo. Sin embargo, el asunto estaba lejos de terminar. El 11 de abril de 1939 se reabriría el expediente nuevamente. A fines de diciembre de ese año, Gómez Orbaneja solicitó el pago de la mitad de su sueldo como catedrático, pero la solicitud fue desestimada el 29 de enero de 1940. Pocos días antes, el 22 de enero se había iniciado el expediente de responsabilidades políticas.[322] Esto es, la sanción de separación definitiva del servicio seguía vigente mientras se le instruía el expediente de responsabilidades políticas.

Durante el año de 1940 Gómez Orbaneja enfrentó tanto la revisión de su expediente de depuración como el proceso de responsabilidades políticas. En ambos casos, se aportó información a favor y en contra. Del proceso de depuración se obtuvieron dos resoluciones; una, el 24 de septiembre de ese año y, otra, el 11 de febrero del siguiente. En ambos casos se proponía la sanción de traslado forzoso:

> El instructor de la revisión propone sanción de traslado forzoso con prohibición de solicitar vacantes durante cinco años, postergación por el mismo periodo e inhabilitación para puestos de mando y confianza, dando por probada la 'ideología izquierdista, afín a la Institución Libre de Enseñanza', así como la cercanía y los apoyos a la FUE; su tardanza en incorporarse a la zona nacional mostraría su 'recelo o desconfianza al Movimiento'. Una segunda resolución del 11 de febrero, 1941, motivada por orden de 24 de enero (se ha observado que su instrucción [del expediente] y juicio se ha fundado en 'supuestos')[323]

---

321 La información de este párrafo proviene del *Diccionario de catedráticos españoles de derecho (1847-1943)...*, Universidad Carlos III, en línea.

322 Manuel Cachón Cadenas, *Historias de procesalistas, universidades y una guerra civil (1900-1950)...*, p. 197.

323 *Diccionario de catedráticos españoles de derecho (1847-1943)...*, Universidad Carlos III, en línea.

La resolución definitiva del proceso de depuración llegaría el 18 de junio de ese mismo año de 1941 y consistió en la sanción de traslado forzoso a otra universidad[324], el exilio interior[325]:

> Ilustrísimo Sr: Visto el expediente de revisión instruido a don Emilio Gómez Orbaneja, Catedrático que fue de Derecho Procesal en la Facultad de Derecho de la Universidad de Valladolid,
>
> Ha dispuesto que el mencionado Catedrático se reintegre a la función activa, pero sancionándole con traslado a otra Universidad, y que perciba el sueldo de entrada de 9600 pesetas anuales hasta tanto exista dotación vacante en su categoría... Ibáñez Martín, Ilustrísimo Sr. Director General de Enseñanza Superior y Media.[326]

Orbaneja recuperó la cátedra de derecho procesal, pero fue trasladado a la universidad de Salamanca, donde tomó posesión el 31 de diciembre de 1941[327]. Era un primer paso para recuperar su carrera docente. Para entonces, el proceso de responsabilidades políticas había entrado en una etapa de ralentización. Al respecto, Manuel Cachón, que ha estudiado y publicado el expediente de responsabilidades políticas, nos informa que desde 1940, Gómez Orbaneja había solicitado el traslado de su caso al tribunal de responsabilidades políticas de Madrid, cosa que sucedió. El interés, nos dice Cachón, podría deberse a que el tribunal de Valladolid fuera demasiado parcial. Los hijos del catedrático señalan que "Otra cosa sobre la que se mostraba poco explícito pero que le obsesionaba era hasta qué punto en las represalias se habían mezclado las envidias, ruindades, rencores y enemistades locales, que aplicaba al caso del Valladolid de posguerra..."[328] El mismo Cachón dice que al transferirse del tribunal de Valladolid al de Ma-

---

324 Manuel Cachón Cadenas, *Historias de procesalistas, universidades y una guerra civil (1900-1950)...*, p. 196, *Diccionario de catedráticos españoles de derecho (1847-1943)...*, Universidad Carlos III, en línea.

325 También sus traducciones fueron silenciadas. Se eliminó su nombre de la Editorial Revista de Derecho Privado: Emilio Gómez Orbaneja, *Instituciones de Derecho Procesal civil*, de Chiovenda, véase en "El estado franquista, editor pirata. V Las publicaciones de Derecho", *Boletín informativo de la UPUEE (sección México)...*, año II, núms. 13-14 (agosto-septiembre de 1944), pp. 7-8.

326 BOE 21 de julio de 1941.

327 Manuel Cachón Cadenas, *Historias de procesalistas, universidades y una guerra civil (1900-1950)...*, p. 158, dice que los autores del prólogo de *Derecho y proceso* también citan correctamente la fecha.

328 María, Carmen, Josefina y Antonio Gómez Mendoza, "Prólogo. Emilio Gómez Orbaneja, nuestro padre", en Emilio Gómez Orbaneja, *Derecho y Proceso*, estudios compilados y revisados por María Gómez Mendoza, Pamplona, Civitas-Thomson

drid, el proceso se paralizó y finalmente se declaró prescrito en noviembre de 1966 y fue archivado definitivamente en diciembre del mismo año[329].

Una vez repuesto en la cátedra de Salamanca, Gómez Orbaneja no sólo siguió con su carrera docente, sino que trató de buscar mejores destinos. Así se registró en la oposición de 1942, que veremos más adelante, convocada para una cátedra de derecho procesal en Madrid -y de la que hablaré más adelante- pero finalmente no se presentó. En 1946 presentó un recurso contra la orden ministerial del 18 de febrero de 1946, mediante la cual se había adjudicado una segunda cátedra de derecho procesal en Madrid a Leonardo Prieto Castro. Argumentaba que esa cátedra debía haber salido a oposición y no a concurso de traslado. Su recurso fue desestimado. Ese mismo año, se convocó a oposición dos cátedras, una a Valladolid y, otra, a La Laguna. Gómez Orbaneja presentó una instancia en la que solicitaba la cátedra de Valladolid, pues hacía valer su antiguo nombramiento en esa cátedra y en esa universidad. Le fue concedida la solicitud y así ocupó, por segunda ocasión, la cátedra de derecho procesal de Valladolid. De hecho y como señala Chacón: "era la segunda ocasión en la que Gómez Orbaneja seguía el mismo recorrido administrativo: traslado de la Universidad de Salamanca a la de Valladolid"[330]. En el futuro, Gómez Orbaneja trabajaría para la Compañía Hispano Argentina de Electricidad y para el Banco Urquijo[331].

De vuelta a la provisión de la vacante de Valladolid, se presentaron dos *aspirantes*: Mauro Miguel Romero, que había sido vocal en las oposiciones de Barcelona y Murcia, y Valentín Silva Melero, que había conseguido la

---

Reuters, 2009, p. 17. También citado por Manuel Cachón Cadenas, *Historias de procesalistas, universidades y una guerra civil (1900-1950)...*, p. 168.

329 Manuel Cachón Cadenas, *Historias de procesalistas, universidades y una guerra civil (1900-1950)...*, p. 206. La publicación del expediente con una interesante introducción en pp. 195-231

330 Manuel Cachón Cadenas, *Historias de procesalistas, universidades y una guerra civil (1900-1950)...*, p. 160. Y sólo para concluir su trayectoria hasta su jubilación fue entre 1967 y 1970 supernumerario con reserva de cátedra, en virtud de integrarse al Consejo superior bancario. En 1971 pasó a supernumerario con reserva de cátedra, pero sin sueldo porque fue contratado por la universidad autónoma de Madrid para hacerse cargo del departamento de derecho procesal. Allí lo alcanzó la jubilación, si bien, continuó con la docencia varios años más, *Diccionario de catedráticos españoles de derecho (1847-1943)...*, Universidad Carlos III, en línea.

331 María, Carmen, Josefina y Antonio Gómez Mendoza, "Prólogo. Emilio Gómez Orbaneja, nuestro padre...", p. 18.

plaza de Murcia y en este momento solicita dos traslados simultáneamente, a Valladolid en primer lugar y, en segundo, a Sevilla.

Valentín Silva presentó diez publicaciones[332]. Entre los méritos y servicios hizo constar que era capitán honorario del cuerpo jurídico militar, en el que prestaba servicios desde septiembre de 1938. Pertenecía a falange desde el 15 de mayo de 1933, indicando su condición de excautivo y excombatiente, así como el hecho de contar con la medalla de campaña y cruz roja del mérito militar. Fue alumno de la universidad de Berlín el curso 1928-29 y encargado de cátedra en procesal, mercantil y penal en varios cursos (de 1932 a 1936 y desde 1939 hasta el momento del concurso). En los cursos 1938-39 y 1940 desarrolló temas sobre el renacimiento imperial contemporáneo y los movimientos alemán, italiano y español. Entre sus méritos señaló que había realizado traducciones de doctrina alemana, concretamente de la obra *El obrero alemán en el Nacionalsocialismo*, de Fritz Mann, por encargo del departamento de propaganda de la embajada alemana.

Mauro Miguel, por su parte, era catedrático de procesal en Salamanca, agregado a la de Valladolid. En la instancia que presentó, pidió se tuvieran en cuenta varias consideraciones, todas de carácter político. La primera de ellas era que, por real orden 16 de noviembre de 1925, fue nombrado por oposición catedrático de procedimientos judiciales y práctica forense en La Laguna después de lo cual, previa excedencia, pasó a la cátedra de Valladolid por quedar vacante; a pesar de ello el ministerio lo postergó por su significación derechista, nombrando a Emilio Gómez Orbaneja, que fue más tarde secretario del tribunal de garantías. La segunda consideración era que, al sobrevenir el "Glorioso Movimiento Nacional", contribuyó al

---

332 Publicaciones y trabajos literarios y científicos que presenta: "Contribución al estudio del negocio jurídico ilícito en Derecho civil", tesis doctoral; "Contribución al estudio de la relación jurídica procesal", *Revista Legislación y jurisprudencia,* agosto septiembre, 1930; "Las sentencias constitutivas", abril de 1931 de la misma revista; El compromiso, septiembre-octubre de 1931; Notas para el estudio de la confesión en el proceso civil, septiembre de 1933; Notas para el estudio del concepto del Derecho procesal, marzo de 1934; La cosa juzgada en el proceso civil, enero de 1936; El llamado deber de decir verdad en el proceso civil, junio de 1936; En torno a la reforma del procedimiento civil italiano. Sobre la política jurídico penal nacionalsocialista. Notas sobre Derecho Militar, en *Revista de la Universidad de Oviedo,* marzo de 1940; en prensa, en los *Anales de la Universidad* "Algunas cuestiones de derecho público derivadas del pensamiento de José Antonio Primo de Rivera".

mismo económicamente y autorizó a uno de sus hijos para ingresar voluntario en la marina de guerra a los 17 años y a su hija para que prestase servicio de enfermera como falangista; sobre su otro hijo indicó que fue sorprendido por el inicio del movimiento en Madrid, tras lo cual fue detenido y condenado a muerte por intentar salir de la zona roja para no ingresar en su ejército, permaneciendo preso en Barcelona hasta la liberación de la ciudad. Su tercera anotación era que, como había permanecido siempre en territorio nacional, no había necesitado ser depurado. Al margen de comentarios políticos, el aspirante presentó ocho trabajos[333] y como servicios prestados señalaba los siguiente: con anterioridad al nombramiento de catedrático, en 13 de enero de 1911 fue nombrado auxiliar interino de Valladolid y en los cursos sucesivos hasta el 30 de septiembre de 1930, desempeñando la cátedra de procesal y otras. Con posterioridad al nombramiento, fue catedrático de procesal; el 4 de diciembre de 1939 encargado por el concepto de acumulada de la cátedra de político en Valladolid en la que explicaría durante varios cursos.

Este segundo aspirante, Mauro Miguel Romero sería nombrado finalmente para la cátedra de Valladolid, orden 6 de noviembre de 1941[334]. No pudo jubilarse al cumplir los 70 años, porque no completaba el mínimo de 20 años de servicio. Así que solicitó una prórroga y, estando en esta situación, falleció en 1946[335].

1941. Nuevas cátedras en Valencia, Santiago y Granada

La cátedra de derecho procesal en Valencia, ahora vacante, la había desempeñado Niceto Alcalá-Zamora Castillo (Madrid, 1906- Madrid, 1985), hijo del presidente de la República, Niceto Alcalá-Zamora Torres[336]. Licen-

---

333 En la publicación de obras y trabajos científicos o literarios presentados figuran: *Las acciones civiles en el Derecho procesal*, Madrid, 1906-1920; *Lecciones y modelos de Práctica Forense* (Derecho Procesal Práctico 5ª edición 1934); *Derecho Procesal Teórico (procedimientos judiciales)*, 2 vols., Madrid, 1934; *Comentarios a la Ley de Enjuiciamiento civil concordada con los Códigos Civil y Mercantil*, 1917; *Ejecución de Sentencias civiles y extranjeras*, 1918; *Manual de Suspensión de Pagos y Quiebras*, 1920; *Comentarios de la Ley de Suspensión de Pagos* en colaboración con José María de Echavárri, 1932.

334 BOE 22 de noviembre de 1941.

335 *Diccionario de catedráticos españoles de derecho (1847-1943)...*, Universidad Carlos III, en línea.

336 Niceto Alcalá-Zamora Torres, "El Tribunal de Garantías Constitucionales. Antecedentes, naturaleza y objeto de las diferentes funciones que le incumben", *Revista*

ciado y doctorado en derecho en Madrid, 1928, había realizado estudios de especialización en Múnich en 1930, ampliando sus conocimientos sobre organización de tribunales en Alemania, Austria e Italia en 1933[337]. Entre sus profesores estuvieron los juristas Riezler y Kisch. Obtuvo la cátedra de procesal por oposición un año antes, en 1932, en Santiago, desde la que pasó a Murcia en 1935 y el mismo año a Valencia, por permuta. Había pertenecido a la FUE durante la República. En esa última ciudad le sorprendió la guerra. No se presentó en la secretaria general de la universidad el 15 de septiembre de 1936, como era debido, según orden de 28 de agosto. Por tanto, sería sancionado por el gobierno republicano, según escrito remitido por el ministro al jefe de la sección de universidades José Mª Ots Capdequí[338]. Resultaba difícil, entonces, que Alcalá-Zamora Castillo se presentara. De hecho y debido a la inestabilidad del periodo febrero-julio de 1936, salió de España con su familia, padres y hermanos, en un viaje familiar que se transformó en exilio. Primero a Francia, donde en 1938 escribió crónicas sobre la guerra civil publicadas en *L'Ere Nouvelle*, periódico de

---

de los Tribunales y de Legislación Universal, núms. 22, 24, 25, 26, 28 y 29 (1933); *Memorias (Segundo texto de mis Memorias)*, Barcelona, 1977; *Los defectos de la Constitución de 1931*, publicado junto con *Tres años de experiencia constitucional*, Madrid, 1981.

337 Niceto Alcalá-Zamora Castillo, "Notas para la reforma de la Ley de Enjuiciamiento Civil", *Revista General de Legislación y Jurisprudencia*, 82 (1933); "Jueces, Jurisdicción, Jurisprudencia. Réplica de don César Camargo", *Revista de los Tribunales y de Legislación Universal*, 68 (1934), 65-70 y 92-94; "De nuevo sobre la provisión de vacantes en el Tribunal Supremo. Respuesta al señor González de la Calle", *Revista de los Tribunales...*, 68 (1934), pp. 145-150; "Jueces y catedráticos de Derecho. Respuesta final a los señores Camargo, González de la Calle e Iglesias", *Revista de los Tribunales...*, 68 (1934), pp. 249-254, 265-269 y 281-285. Antonio Noguerol Martínez, "Terciando. Para el amigo y compañero Alcalá-Zamora", *Revista de los Tribunales...*, 68 (1934), pp. 241-242.

338 Archivo Universidad de Valencia (AUV), General, caja 1354/3. Sobre Niceto Alcalá-Zamora Castillo y la provisión de su catedra, Yolanda Blasco Gil y María Fernanda Mancebo, "Niceto Alcalá-Zamora Castillo y Pedro Urbano González de la Calle. Profesores exiliados y provisión de sus cátedras vacantes", *Cuestiones Pedagógicas*, 19, (2008/2009), pp. 173-189, que seguiré. También acerca de su trayectoria académica y profesional, Yolanda Blasco Gil, "Entre la trayectoria universitaria y social: los catedráticos de derecho de Valencia, 1900-1939", *Promoción universitaria en el mundo hispánico*, Armando Pavón (coord.), México, IISUE-UNAM, pp. 191-233. Imer B. Flores, "Niceto Alcalá Zamora y Castillo (1906-1985): Estampas del derecho en broma y en serio", *Los maestros del exilio español en la Facultad de Derecho...*, pp. 1-32. Archivo de la Dirección general de personal de la UNAM, expediente 7909.

izquierdas[339]. Marchó a Argentina donde ejerció de profesor de derecho procesal penal en el Instituto de altos estudios penales y criminología de la universidad de la Plata durante el año 1945[340]. Su padre permaneció en el país, pero él recibió una invitación del filósofo del derecho Luis Recaséns Siches[341] y se trasladó a México en 1945 para incorporarse a la UNAM. Otro procesalista exiliado en la UNAM será Rafael de Pina Milán que era catedrático en Sevilla[342].

La plaza de Santiago estaba vacante en el escalafón del profesorado desde 1935. Por su parte, la cátedra de Granada había pertenecido a Gabriel Bonilla Marín (Jaén, 1888-México, 1965), quién fue catedrático de derecho civil en Santiago y después de procedimientos judiciales y práctica forense en Granada. Al finalizar la guerra tuvo que exiliarse a México donde se incorporó en 1941 como docente en la Escuela nacional de economía[343].

Esta oposición para cubrir las plazas vacantes se convocó inicialmente para las universidades de Valencia y de Santiago el 28 de marzo de 1941[344], aunque finalmente se agregó a esta convocatoria la cátedra de Granada[345]. El presidente del tribunal era José Viñas Mey -miembro propagandista, de la ACNdP[346]- y los vocales, Mauro Miguel Romero, José María Serrano Suá-

---

339 Su carrera académica en España se puede seguir por los trabajos citados en nota anterior.

340 Un año antes publicaría, Niceto Alcalá-Zamora Castillo, "Justicia penal de guerra civil", *Ensayos de Derecho procesal, civil, penal y constitucional*, Buenos Aires, 1944, pp. 253-294

341 Eva Elizabeth Martínez Chávez, "Luis Recaséns Siches. Un puente entre culturas", *en Los empeños de una casa. Actores y redes en los inicios de El Colegio de México 1940-1950*, Aurelia Valero Pie (coord.), México, El Colegio de México, 2015, pp. 119-2014.

342 Archivo de la Dirección general de personal académico de la UNAM, expediente Rafael de Pina 7785.

343 Yolanda Blasco Gil, "Académicos derrotados. Juristas exiliados en la UNAM"..., otros exiliados en pp. 231-232. Sobre Gabriel Bonilla Marín, Eva Elizabeth Martínez Chávez, *España en el recuerdo, México en la esperanza...*, pp. 427-436.

344 AGA, sección Educación, legajo 9617.

345 Orden 10 de julio de 1941 (BOE 28 de julio de 1941).

346 Viñas Mey nació en Toledo el 15 de marzo de 1894 y murió en Madrid el 17 de abril de 1981, de la ACNdP, con la categoría de adscrito/inscrito, numerario/cooperador, los centros en los que estuvo fueron Valencia y Murcia. Fuentes: *Boletín de la Asociación Católica de Propagandistas* de 1924: C-1942, inscrito en 1929, nivel B. Otras fuentes: Archivo Histórico de la ACdP y el *Diccionario Biográfico de la ACdP...*, en línea, aunque éste no es del todo exacto. Agradezco a Juan Carlos Valderrama

rez y Manrique Mariscal de Gante; Leonardo Prieto Castro actuó como secretario[347].

En la lista figuran tres aspirantes: Ángel Enciso Calvo, Miguel Fenech Navarro y Antonio Martínez Bernal. El primero de ellos, Ángel Enciso, era profesor auxiliar temporal de la cátedra de derecho procesal en Madrid y no solo había pasado el proceso de depuración con todos los pronunciamientos favorables, sino que había probado su adhesión al nuevo estado luchando por su implantación y dando en la lucha "su sangre", según cuenta en la documentación presentada. Miguel Fenech era natural de Málaga, y su carrera académica se había desarrollado entre 1940-1942 como ayudante de clases prácticas de procesal en Madrid; en 1941, 29 de mayo, firmó la oposición a derecho procesal de Valencia, haciendo valer ser incondicional al régimen. También en esas fechas firmó la cátedra entre auxiliares a derecho procesal de Santiago[348].

Antonio Martínez Bernal, al que luego volveremos a ver un año después (1942) en la oposición a igual cátedra en Murcia, realizó toda su carrera académica en la universidad de Murcia, en la que desempeñó los siguientes cargos y funciones docentes: el 28 de marzo de 1933 fue nombrado ayudante de clases prácticas de historia del derecho, cesó el 30 de septiembre del año siguiente; por encargo del decanato de la facultad, impartió un cursillo de nueve lecciones sobre "Derecho Procesal Social", durante el curso 1934-1935; tras la guerra civil, el 30 de agosto de 1939, sería nombrado auxiliar temporal de derecho penal y procesal, y el 15 de noviembre de ese año sería encargado de la cátedra de derecho procesal, a partir de 1940 encargado de curso[349].

Abenza que me facilitara el censo de socios de la ACNdP en Valencia entre 1920 y 1970, que se va completando. Así como la invitación a participar y aprender en el seminario que dirige dentro del proyecto "De la movilización estudiantil a la reforma social: génesis histórica, proceso de institucionalización y desarrollo organizativo de la ACNdP en Valencia (1920-1970)". Sus indicaciones y trabajos han sido de gran utilidad, sobre el jurista y líder histórico de Acción Católica, *José María Haro Salvador. Un hombre de nuestro tiempo. Testimonios y homenajes (1965-2015)*. Edición y notas de Juan C. Valderrama Abenza, Valencia, Fundación Universitaria San Pablo CEU, 2018.

347 Se nombra tribunal por orden 14 de junio de 1941 (BOE 29).

348 Carlos Petit, *Diccionario de catedráticos españoles de derecho (1847-1943)*..., Universidad Carlos III, en línea.

349 Manuel Cachón Cadenas, en *Diccionario de catedráticos españoles de derecho (1847-1943)*..., Universidad Carlos III, en línea.

Los opositores presentaron sus *curricula* y sus trabajos de investigación antes de que se iniciaran los ejercicios de oposición para que los pudiera examinar el tribunal, como resultaba preceptivo. El equipo de jueces, también según lo previsto, discutió la organización de los ejercicios quinto y sexto -el caso práctico y un cuestionario elaborado por el propio tribunal- y señaló el 3 de noviembre de 1941 como fecha para comenzar la oposición. Antes, el 20 de octubre, los miembros se reunieron para examinar el cuestionario del sexto ejercicio, que constaría de treinta temas.

El 3 de noviembre se iniciaron las pruebas. Aquella tarde hicieron sus presentaciones Enciso y Fenech y al día siguiente el jurado emitió su opinión, considerando ambas correctas. Martínez Bernal actuó después. Los tres aspirantes pasaron al segundo ejercicio.

En las pruebas siguientes, los tres aspirantes fueron considerados válidos por el tribunal que comentó los ejercicios con gran prolijidad, algo poco frecuente en estas oposiciones de la primera posguerra, en la que solemos encontrar juicios someros y poco fundamentados. En esta ocasión, se leen y discuten todos los trabajos, que se juzgan detalladamente sin que ninguno de los tres parezca destacar de los otros a juzgar por las palabras del tribunal.

Tras la sexta prueba, el tribunal sí que muestra valoraciones muy diferentes de los aspirantes. Sobre Bernal hay una opinión unánime de que su trabajo es insuficiente. Con Enciso y Fenech son benévolos en general, salvo Leonardo Prieto, que será muy duro con el primero de ellos.

La votación se realizó el 8 de diciembre de 1941. En el resultado, la plaza de Valencia recayó en Ángel Enciso Calvo y en Miguel Fenech Navarro la de Granada[350]. La cátedra de Santiago quedaría desierta. Así, aunque Antonio Martínez Bernal obtuvo dos votos, otorgados por Manrique Mariscal de Gante y Leonardo Prieto Castro, las críticas a sus trabajos fueron el detonante. Mariscal de Gante afirmó que los trabajos presentados eran menos numerosos que los de los otros candidatos y ello se explicaba "por su primitiva preferencia por el Derecho Administrativo y por sus desgracias familiares y encontrarse en la zona roja durante el Glorioso Alzamiento", aunque también recibió elogios al manifestar que a pesar de esos inconve-

---

350 Nombrados catedráticos por orden 23 de diciembre de 1941 (BOE 10 de enero de 1942).

nientes éstos revelaban "gran cultura, buenas dotes de exposición y sumo interés por esta rama del Derecho"[351].

De otra parte, es revelador o al menos interesante el caso de Enciso Calvo. A pesar del esfuerzo que supone preparar una oposición y salir victorioso, pues había sido nombrado titular de la cátedra de Valencia en diciembre de 1941, resulta que no acudiría de inmediato a sus obligaciones docentes. En las actas de juntas de facultad figura que en el año académico 1941-1942, tras ser provista la cátedra y debido a lo avanzado del curso, Ángel Enciso optó por acudir cada quince días a impartir tres clases seguidas de derecho procesal, dejando las restantes a un auxiliar. No obstante, formaría parte de los tribunales de exámenes en junio y en septiembre. Pero en septiembre de 1943 solicitaría su excedencia para trabajar en el Consejo superior de protección de menores. Ya no volvería a la universidad hasta cuatro décadas más tarde... La cátedra sirvió de escalón para metas más altas o preferidas.

1942. De nuevo la cátedra de Murcia

En 1942 se convocó la oposición, turno libre, para la provisión de la cátedra de procesal de Murcia. Esta plaza, que como hemos visto tan solo dos años antes había quedado en manos de Valentín Silva Melero, estaba vacante porque una orden ministerial de 9 de enero de 1941 permitió la agregación de su titular a la cátedra de derecho penal de Oviedo, a la que Silva Melero estuvo ligado desde entonces y de cuya universidad sería rector.

Esta nueva oposición tuvo lugar entre 1942 y 1943 y contó con un *tribunal* que estuvo formado por Ignacio de Casso Romero como presidente y como vocales tenía a Mauro Miguel Romero, Pedro Apalategui, José Viñas Mey y José María Serrano Suárez. El último actuó como secretario. Todos bien conocidos. Se presentará como único *aspirante* Antonio Martínez Bernal, un opositor que hemos visto en otras plazas mencionadas y que ahora conseguirá ser nombrado catedrático, orden 23 de febrero de 1944[352].

---

351 Entrada de Manuel Cachón Rodenas, en *Diccionario de catedráticos españoles de derecho (1847-1943)...*, Universidad Carlos III, en línea.

352 AGA, sección Educación, 31/1477, legajo 10477-2. Orden de convocatoria y anuncio 24 de septiembre de 1942 (BOE 9 de octubre). Termino el plazo el 8 de diciembre. Tribunal nombrado por orden 24 de mayo de 1943 (BOE 12 de junio).

El aspirante pasó todos los *ejercicios* sin problemas puesto que su memoria, programas, trabajos y publicaciones fueron bien aceptados. El sexto ejercicio versó sobre el tema que le tocó a suerte y que llevaba el número 12 del programa: "La cosa juzgada". Su actuación fue juzgada por el tribunal de forma benévola: sus jueces dejaron escrito que el aspirante conocía bien la materia por el cargo que desempeñaba, siendo muy favorables. Finalmente, Antonio Martínez Bernal sería propuesto para ocupar la cátedra de derecho procesal vacante en Murcia. Por otra parte, en 1943 saldría a concurso de oposición la cátedra de procesal en Madrid[353].

1942-1944. Oposición a cátedra vacante en la central

Esta cátedra de procesal vacante en la universidad de Madrid se convoca el 16 de julio de 1942.[354] Aunque el nombramiento definitivo del tribunal y las instancias de las solicitudes de los aspirantes tendrán lugar en 1943. Las oposiciones se celebrarán entre 1943 y 1944, el expediente recoge las actas y los ejercicios de la oposición[355]. En el acta de constitución del *tribunal*, en Madrid, 22 de noviembre de 1943, figura que concurrieron los jueces de la oposición: presidente, Ignacio de Casso Romero; vocales, José María Serrano Suárez, Miguel Fenech, Pedro Apalategui y Mauro Miguel Romero, que actuaría como secretario. Antes el presidente manifestó que habiendo renunciado a la presidencia Felipe Clemente de Diego, le correspondía a él asumir el cargo como suplente que era. Además, dio cuenta de las renuncias del vocal José Viñas Mey y de los vocales suplentes Juan Ossorio Morales y José Guallart.

Los *candidatos* a la oposición serán: Ángel Enciso Calvo, Jaime Guasp Delgado, Leonardo Prieto Castro y Emilio Gómez Orbaneja -a quien en principio no se le admite por "no haber abonado los derechos de formación de expediente"[356]-.

En acta de la sesión del día 23 de noviembre de 1943, cada uno de los jueces dio cuenta de los temas redactados por ellos para realizar el sexto

Lista provisional 17 de junio (BOE 25) y definitiva 6 de julio. Nombramiento del catedrático en BOE 14 de marzo de 1944.

353 AGA, sección Educación, 31/1471, legajo 10472.

354 Se publica en el BOE 27 de julio 1942. Manuel Cachón Cadenas, *Procesalistas españoles...*, pp. 159-160 y 196.

355 AGA, sección Educación, 31/1471 y 31/1472, legajo 10472.

356 BOE, 25 de junio de 1943.

ejercicio. Se dispuso que este ejercicio consistiría en un caso práctico igual para todos los candidatos que en su momento comunicaría el tribunal. Podrían utilizarse textos legales. El tribunal se reuniría al día siguiente para acordar definitivamente el cuestionario.

Acto seguido, el presidente comunicó una reclamación del opositor Enciso Calvo, presentada al ministerio de educación nacional, en la que manifiesta que "habiendo transcurrido más de los tres meses que fija el artículo 10 del Reglamento, y no habiendo constituido el Tribunal dentro del mencionado plazo, procedía la anulación del mismo y en su consecuencia que el Ministerio designase otro, por considerarle caducado". No le gusta el tribunal elegido. En este sentido, el opositor Guasp también presentó otro escrito, oponiéndose a tal pretensión, porque entendía que no había infracción reglamentaria, y lo que se pretendía era retrasar la oposición. A él sí parece gustarle el tribunal, que le será favorable... El tribunal acordó esperar la resolución del ministerio.

Así pues, la oposición seguiría al día siguiente. El tribunal procedió a la lectura del cuestionario para el último ejercicio:

1. El proceso de Derecho común y el juicio ordinario de la Ley de Enjuiciamiento Civil
2. Aportaciones de la ciencia extranjera al estudio de las instituciones procesales españolas
3. La acción y el derecho subjetivo
4. La identificación de las acciones. Pluralidad de acciones y pluralidad de causas
5. La jurisdicción. Evolución histórica de la *Jurisdictio* en la Dogmática clásica romana. La jurisdicción en el estado moderno; relaciones con otras funciones estatales
6. Actos ilícitos procesales
7. El dolo procesal y la revocación de la sentencia
8. Relación entre la distribución de la carga de la prueba y el principio dispositivo
9. La confesión cualificada. Naturaleza y efectos
10. El hecho notorio y el conocimiento del Juez en el Derecho positivo español y en la jurisprudencia
11. El juicio civil con pluralidad de partes
12. La "continencia de la causa". (*Forum continentiae causarum* y *Forum connexitatis materialis*)
13. El disentimiento y el allanamiento a la demanda. Su naturaleza jurídica respectiva; sus efectos; sus límites
14. La lógica del Juez y su control en Casación

15. La apreciación conjunta de la prueba; legalidad de esta práctica procesal. ¿Puede excluir en todo caso la Casación?
16. Cosa juzgada y ejecución procesal
17. Origen y evolución histórica del documento notarial garantizado. Su naturaleza jurídica. Opiniones de autores extranjeros sobre el derecho positivo español
18. La quiebra. La recepción en Alemania del Derecho español de quiebras
19. El concurso de acreedores. Naturaleza jurídica del cargo de administrador
20. El secuestro
21. Eficacia de la sentencia civil fuera del proceso civil
22. Distinción entre el perito y el testigo en ambos procesos
23. *Res de qua agitur* en el proceso penal
24. Las cuestiones prejudiciales en relación con la *litis pendencia*
25. El principio de oficialidad en el proceso penal
26. Presupuestos de la acción y presupuestos del proceso en el juicio penal
27. Daño y delito. El ofendido y el perjudicado en el proceso penal
28. Caracteres generales del Derecho procesal del trabajo en las principales legislaciones
29. La instancia única revisora en la jurisdicción contenciosa-administrativa contra resoluciones especialísimas y en la legislación del nuevo Estado.

Continua el acta con la comparecencia de los opositores. Pero antes el presidente dio cuenta de la reclamación presentada por Enciso Calvo, para la anulación del tribunal por haber caducado el nombramiento, protestando también porque los aplazamientos se habían dado a conocer a través del tablón de anuncios y no en el BOE. Ante lo cual, el presidente manifestó que, una vez consultadas las reclamaciones ante el ministerio, continuaba el tribunal porque había sido por fuerza mayor “conocida por ciencia propia”, dice, por lo que se desestimaba la reclamación de Enciso.

De igual modo, el presidente declaró que el ministerio entendía que no era necesaria la convocatoria en el BOE, más que para la primera citación. Será de nuevo una arbitrariedad o simplemente un asunto formal...

De nuevo, fueron llamados los opositores ya conocidos por las anteriores oposiciones vistas, comparecieron: Ángel Enciso, Ángel Guasp -de ACNdP- y Leonardo Prieto. Mientras que Emilio Gómez Orbaneja no compareció, por lo que le consideró que había decaído en su derecho. Poco tenía que hacer ante tales contrincantes tan aguerridos... Así, los opositores hicieron entrega de sus trabajos, salvo Enciso que no presentó ninguno más, aparte de los enviados por el ministerio al tribunal, el 26 de noviembre. En total 12 trabajos.

Las oposiciones se reanudarían el 14 de diciembre. Siguiendo el artículo 19 del reglamento de oposiciones, se procedió a llamar a los opositores para realizar el *primer ejercicio*: Enciso Calvo no se presentaría, quizás por no haberse aceptado su impugnación al tribunal… Transcurrido el tiempo reglamentario, sin justificar su ausencia, el tribunal consideró decaído en su derecho, según el artículo 17 del reglamento de oposiciones. Solo quedaron dos opositores. A continuación, fue llamado Guasp para practicar el ejercicio, quien hizo la presentación y exposición de su labor personal utilizando el tiempo reglamentario. Luego se concedió la palabra a Prieto Castro para hacer las oportunas objeciones.

El tribunal emitió su juicio sobre el ejercicio de Jaime Guasp, procedente de la universidad de Madrid. Desde este primer ejercicio hasta el final todo serán alabanzas hacía él. Como ejemplo, veremos las opiniones del presidente que coincidirán con las del resto:

Casso considera a Guasp muy brillante, de fácil expresión y seguro en la contestación de las objeciones recibidas. Es un traductor y publicista con firmeza mental, un observador sistemático y sintético. Tenaz en alcanzar la cátedra, "perfeccionando su capacitación especialista en derecho procesal".

Respecto a las objeciones recibidas por Leonardo Prieto, éste realiza impugnaciones sin resultado, según opinión del tribunal. En la réplica de Guasp, rechaza tales objeciones con razonamientos justificados sin concederle importancia. A pesar de todo se consideran su labor personal suficiente para pasar al segundo ejercicio.

El 15 de diciembre fue llamado Prieto Castro para el primer ejercicio, después hubo turno de palabra para que Guasp realizara objeciones, a las cuales contestó Prieto. El tribunal consideró aptos a los dos opositores para pasar al segundo. Recojo la opinión del presidente debido a la extensión de los juicios, aunque como se ha señalado todos coinciden. Los jueces emiten su juicio sobre el primer ejercicio de Prieto en los siguientes términos: por parte del presidente Casso éste resalta que Prieto es muy trabajador, traductor frecuente, autor prolífico, especialista en derecho procesal sobre todo alemán, abogado en ejercicio, vocal del tribunal contencioso-administrativo de Zaragoza. Pero le reprocha que resulte confuso, "gran concepcionista, y difícil expositor de lo que escribe o conoce. Aunque tiene gran voluntad, se defiende mal o de manera torpe.

En cuanto a la impugnación de Guasp: opina que el opositor se ciñe a la obra didáctica de Castro y manifiesta que es "una obra afrancesada e impropia de un profesor que lleva 17 años dedicado a la enseñanza, y no por la aportación del derecho extranjero, sino porque no conoce el derecho procesal". Como se ve Guasp resulta bastante duro en sus palabras. Dice de su contrincante que comete más de 300 errores y cita páginas donde están. Una pormenorizada impugnación la de Guasp... Más objeciones de Guasp: éste confiesa que a pesar de la amplitud de tiempo es imposible ocuparse de toda la obra de su contrincante, por lo que elige una representativa con carácter general y reciente como es su *Exposición del Derecho procesal español*, y apostilla "sin que esto indique que no sean censurables todas las demás". Sigue siendo muy duro... En su opinión la obra en su tercera edición contiene los mismos errores consustanciales con el pensamiento científico y formación de Prieto.

Luego la réplica de Prieto, que afirma lo contrario: opina que su coaspirante no había alegado nada de tipo científico y que su obra seguía en pie. Además, hace referencia a circunstancias personales vividas con él, cuando alude a la hospitalidad que había prestado a Guasp en su casa de Zaragoza y también al juicio que había merecido su libro al profesor alemán Schönke. Todos estos argumentos parecen fuera de lugar.

Prieto, a juicio de miembros del tribunal, parece nervioso en su réplica y da la impresión de no haber sacado partido a las observaciones que le hicieron. Posiblemente estuviera nervioso y recurrió a cosas personales no propias en las oposiciones académicas, aunque de todo se ha visto.

El tribunal acordó que pasarán al segundo ejercicio Guasp y Prieto Castro. Desde este primer ejercicio la oposición se decanta a favor del primero.

El 16 fue llamado Guasp para realizar el *segundo ejercicio*. Como era lógico Prieto Castro realizó objeciones a las que contestó el primero. Después del ejercicio efectuado por Guasp se emitieron los juicios. Según el presidente Casso, de nuevo acredita documentación, hace una exposición sistemática e integra, tanto filosófica, crítica, bibliográfica, de las cuestiones tratadas: concepto, método y fuentes de la asignatura. Opina que su memoria es muy ponderada y el programa bien concebido, con una idea central que se divide lógica y racionalmente. El opositor continúa defendiendo de manera hábil su trabajo con documentación. Por lo que se refiere a la impugnación de Prieto considera que hay vacilaciones, imputaciones fuertes y otras no tan sólidas. Guasp iba a por todas.[357]

---

357 Pedro Aragoneses Alonso, "El magisterio de Jaime Guasp", *Libro homenaje a Jaime Guasp*, Niceto Alcalá-Zamora Castillo (coord.), Manuel Alonso Olea, Pedro Aragoneses y Jesús González Pérez (eds.), Granada, Comares, 1984, pp. 133-144;

Las impugnaciones, también muy duras, del opositor Prieto Castro se resumen así: "1) Solo ha dado el opositor Guasp el concepto de derecho procesal civil, debiendo haberse entendido a toda la disciplina procesal (se citan las observaciones en el modo desordenado en que fueron expuestas). 2) No se ha referido al concurso ni a la quiebra ni al proceso penal. 3) Afirma que los autores citados por Guasp no los ha tenido en sus manos y se cita alguno que no existe. 4) La obra citada *La lucha por el derecho* no viene a cuento. 5) *El concepto del Derecho procesal* es un hurto a Carnelutti. 6) Respecto al Método, también está tomado de Carnelutti y cita varios textos para demostrar que lo concerniente a la Metodología es copia, y en cuanto a la aplicación del método no cita ningún autor y se refiere solo a la Ley de Enjuiciamiento civil. 7) Acerca del Método de enseñanza, cuanto dice es referencial y carente de experimentación porque el Sr. Guasp no ha dado ni una clase. 8) Combate que la costumbre sea una fuente del Derecho procesal, aunque haya ciertos usos reiterados que suplan en parte sin quebrantarlos, los textos ordenadores. 9) Entre los juicios especiales están por su especialización de trámites la acumulación y los incidentes y no los menciona y 10) Considera que el juicio ejecutivo como cognición no lo es y así lo sostienen los autores alemanes."[358]

El tribunal aprecia que el trabajo del opositor al exponer sistemática y de manera ordenada su memoria es muy meritorio. Y curiosamente considera las impugnaciones leves, y de nuevo reitera que algunas son discutibles y otras inciertas. Así que en nada se ve perjudicado el segundo ejercicio para poder pasar al siguiente.

Las impugnaciones de Prieto a su contrincante Guasp fueron muy duras, dice que: solo ve una parte del derecho procesal que afecta a la rama civil y lo expone de modo desordenado; cita autores que no ha leído y algunos que no existen; tiene obras que no vienen a cuento en esta oposición; lo tacha de robar el concepto de derecho procesal a Carnelutti; también copia de este autor el método; sobre su método docente dice que no tiene porque no ha dado clases, por tanto, no tiene experiencia; combate que la costumbre sea fuente del derecho procesal; no menciona algunos juicios especiales importantes; y le parece grave considerar erróneamente el juicio

también "El magisterio de Jaime Guasp", *Revista de la Facultad de Derecho de la Universidad Complutense,* 72 (1986-1987), pp. 647-661.

358 La obra de Prieto Castro puede verse en Santiago Sentís Melendo, "La obra procesal de Prieto-Castro", en *Estudios de Derecho Procesal,* Buenos Aires, 1967, II, pp. 233-248.

ejecutivo como cognición. Una ofensiva muy dura. Ambos contrincantes se atacan a degüello por conseguir la plaza. Lucha de egos académicos, donde valen todas las descalificaciones entre los contrincantes por conseguir las cátedras.

La réplica de Guasp no se quedó atrás. Rechazó o contestó una a una todas las objeciones hechas por Prieto. Dice que en cuanto al hurto que comenta del concepto de pretensión, Carnelutti lo toma en otro sentido, extraprocesal y que en 1941 ha rectificado. Defiende su programa y memoria, así como sus puntos de vista originales y todo lo demás que le achaca. Se avala en la mayoría de la doctrina extranjera. Pero no le concede importancia, actúa de manera displicente. De nuevo algún miembro del tribunal, el secretario Miguel Romero, considera que Guasp se hace cargo de las objeciones de Prieto quitándole importancia. Se va decantando más si cabe la oposición hacía Guasp.

El mismo día 17 Prieto Castro fue llamado para realizar el segundo ejercicio sobre concepto, método, fuentes y programas de la disciplina, durante el tiempo reglamentario. El presidente concedió la palabra a Guasp para hacerle objeciones, a las que contesto el disertante. El tribunal los consideró a ambos aptos para el tercer ejercicio.

Al día siguiente el tribunal emitió su juicio sobre el segundo ejercicio de Prieto Castro, que según el presidente Casso: sigue observando confusión e imprecisión en los conceptos, así como falta de medida del tiempo para la exposición, aunque resulta completo en la bibliografía -también inglesa y francesa-. Su programa no es el apropiado para las oposiciones. Se defiende con torpeza y nerviosismo. Asimismo, Guasp mencionó sus errores y omisiones de derecho positivo español, a lo que el opositor contestó que eran minucias y reconoció algunas cosas como deficientes.

En las objeciones de Guasp se dice que la memoria de Prieto refleja deficiencias como en todas sus obras, exposición obscura y confusa, traduce constantemente páginas de autores alemanes, como muestra de su desconocimiento del derecho procesal español. Prieto le replica que las objeciones realizadas solo demuestran la ignorancia de Guasp. Ya que citar a Sauer no tiene nada de particular. Y el tratar de manera extensa el concurso y la prueba es mérito de su trabajo. Pero no define el proceso porque ya lo ha hecho: "… lo dicho a propósito de las contribuciones es una broma del Sr. Guasp". Además, lo señalado sobre su postura con el derecho natural, lo ve inadmisible.

El secretario de las oposiciones considera que en la segunda parte del ejercicio Prieto expone los méritos de creación e investigación, científicos y de enseñanza. Y termina con las fuentes y programas, rebatiendo las objeciones de Guasp.

Cuatro días antes de nochebuena, se acordó declarar a ambos aspirantes aptos para realizar el *tercer ejercicio*. Se deliberó sobre la necesidad de estudiar de manera detenida los trabajos presentados por éstos en el primer ejercicio, debido al gran número de aportaciones y falta de copias. Se decidió que, antes de pasar al tercer ejercicio, debían reunirse en sesión privada para examinar los trabajos. Y se acordó que fuera al día siguiente.

Después de navidad se reanudaron las oposiciones. El 10 de enero de 1944 tuvo lugar el *tercer ejercicio*. El presidente llamó a Guasp para verificar la lección 85 de su programa: "Concepto y naturaleza de la apelación. Fundamento de la apelación. Presupuestos de la apelación. Procedimiento de la apelación en general. Efectos de la apelación". Se procedió a emitir el juicio: según el presidente, la lección 85 sobre "La apelación" está bien encuadrada, planteada y desarrollada, con abundante bibliografía. Resultó claro y metódico en la exposición. Midió bien el tiempo y sus observaciones procesales fueron muy acertadas. El resto, en su mayoría, coincidió en los mismos argumentos.

Se convocó a Prieto para que concurriera al día siguiente para realizar el tercer ejercicio, la lección 61 de su programa: "La infracción de ley o de doctrina legal y el quebrantamiento de formas como causas del recurso de casación. La doctrina legal: la jurisprudencia; los principios generales del derecho. Motivos del recurso de casación por infracción de ley"[359].

El tribunal juzgó este ejercicio de Prieto Castro: según el presidente Casso, la "lección 61. Motivos de casación por infracción de Ley, señala que ha habido error de copia de esta lección en el programa. Es esta figura más extensa: "La unificación de ley o de doctrina legal y el quebrantamiento de formas, como causas del recurso de casación. La doctrina legal; la jurisprudencia; los principios generales. El derecho. Motivos de recurso de casación por infracción de ley". Como se observa, se limita al último epígrafe que figura en su programa. Comienza anunciando "traer una lección que pueda ir directamente a los escaños del Tribunal Supremo". Hace un estudio, sin duda, original y, en general, con conclusiones admisibles; otras atrevidas. La exposición muy desordenada y confusa. Constante referencia al derecho alemán; también a veces a la jurisprudencia francesa. Menos a

---

[359] Francisco J. Jiménez Fortea, *El recurso de casación…*, ya citado.

la española. Como queda dicho, sin embargo, demuestra conocimiento y estudio del asunto".

Los jueces, previo cambio de impresiones y teniendo en cuenta los ejercicios de Guasp y Prieto, acuerdan declararlos aptos para el *cuarto ejercicio.* A continuación, fue llamado Guasp para realizar el ejercicio, extrajo a suerte diez lecciones de su programa. Acordaron que fuera la 58: "Cosa juzgada notaria". Y el opositor quedó incomunicado.

Guasp fue llamado para exponer la lección 58, el cuarto ejercicio. El tribunal emitió su juicio sobre Jaime Guasp: según el presidente, encuentra análogas características que en el anterior ejercicio. Considera que se trata de una lección magistral, sistemática y bien documentada, con claridad y donde se examinan todos los aspectos, aplicaciones y orientaciones procesales y los problemas consiguientes de derecho civil. En cuanto a las observaciones y propuestas de reforma fueron muy sensatas y resultó muy académico. De nuevo se llamó al opositor Prieto Castro para el cuarto ejercicio, el cual sacó diez lecciones de su programa, a suerte de las 108 que lo componían. Se acordó que fuera el número 32: "Prueba por confesión de las partes" y se le dieron las 6 horas reglamentarias para prepararlo, con los textos solicitados -la mayoría doctrina alemana y también española-, quedando incomunicado.

De igual modo se llamó a Prieto Castro para que expusiera la lección 32, demostrando aptitud para pasar al quinto ejercicio. El tribunal se reunió para emitir su juicio sobre el cuarto ejercicio de Prieto Castro: el presidente considera que examina el tema con amplitud y analizando los distintos aspectos, antecedentes y aplicaciones tanto dentro como fuera del proceso. Pero, su ejercicio vuelve a ser confuso en algunas cuestiones. Sobre el juramento habla varias veces, y en algunas con muchas dudas. Por tanto, resuelve que no es una lección magistral. El tribunal, teniendo en cuanta los ejercicios realizados por los opositores, acordó declararlos aptos para pasar al quinto ejercicio.

El 27 fueron llamados los opositores para verificar el *quinto ejercicio*, el ejercicio práctico para el cual se propuso el siguiente caso:

> En 1920 A facilita a B en concepto de préstamo la cantidad de doscientas mil pesetas, suma que éste se compromete a devolver en el plazo de un año. En 1940 A cede por escritura pública a X el crédito aludido y el notario autorizante notifica en forma al deudor B la cesión con lectura íntegra del documento, facilitándole copia literal del mismo.
>
> Poco tiempo más tarde el cesionario X formula demanda ejecutiva contra el deudor B, acompañando a la misma la primera copia de la escritura de cesión, dictándose sentencia de remate y mandando seguir adelante la ejecución.

> Habiéndose embargado algunos semovientes como propiedad del deudor y que en realidad pertenecían a un tercero E, éste formula demanda de tercería a la que acompaña una información testifical de la que aparece que los indicados semovientes habían sido adquiridos por el tercerista en un mercado a pesar de lo cual el Juez rechaza de plano la demanda sin admitirla a trámite, con fundamento en la falta de título.
>
> Unos meses después de cuanto antecede el deudor B formula demanda ordinaria solicitando la nulidad de la sentencia de remate y del juicio, fundándose en que la obligación estaba prescrita.
>
> Se interesa conocer desde el punto de vista doctrinal y legal:
>
> 1° Posibilidad del deudor en la nulidad intentada y si, además de la razón invocada por el mismo, en el caso de que aquélla no fuera admisible, sí se podría impugnar la ejecución por algún otro motivo y procedimiento a seguir en su caso. 2° Valor jurídico de la notificación de la cesión y de la prescripción, en su caso, desde el punto de vista procesal. 3° Consideraciones que sugiera la posición del juzgado al rechazar la demanda de tercería, naturaleza jurídica de ésta, desde el punto de vista procesal y consideración especial del título. 4° Las que se deriven o sugieran al opositor el caso consultado.

A los opositores se les concedió cinco horas para la resolución.

El 28 se leyó el ejercicio. Al siguiente día el tribunal emitió su juicio. Como ejemplo representativo de la mayoría de los jueces, el presidente consideró que ambos opositores habían desarrollado bien la prueba desde su punto de vista, pero los dos tenían deficiencias en el enfoque y en la solución. En general los valora como discretos.

El 31 de enero los jueces concurrieron de nuevo para cambiar impresiones sobre los ejercicios, declarándolos aptos para pasar al sexto ejercicio. El día 4 de febrero fueron llamados los opositores para el último ejercicio. El tema sacado a suerte fue el 6: "Actos ilícitos procesales". Acto seguido se les comunicó que disponían de cinco horas para realizarlo y se les incomunicó. Transcurrido el tiempo entregaron los trabajos que serían leídos al día siguiente. La votación pública tendría lugar el día 8. Pero antes, 7 el tribunal emitió juicio sobre el último ejercicio. Así, el presidente manifestó que Guasp había orientado la cuestión más hacia la práctica. Mientras, Prieto lo había hecho hacia la teoría. La sistemática de Guasp fue la misma que en otros ejercicios, "encasillando concretamente los aspectos y los problemas". Prieto en este caso ha estado mejor que en los otros, aunque sigue teniendo oscuridades y dudas, que no se dan en Guasp, aun cuando pueda discrepar en cuestiones como ilicitud de actos al igual como con Prieto. Lo mismo opinará el resto del tribunal. Sigue la misma tónica, el mejor situado es Guasp hasta el final, mientras Prieto sigue siendo oscuro y con vacilaciones. Según el secretario del tribunal, en resumen, Prieto aun conociendo los puntos principales del tema los expone de manera confusa.

El mismo día el tribunal, en sesión privada, deliberó sobre la labor realizada por los opositores a lo largo de la oposición. Emitió los informes en conjunto.

-Acerca de los trabajos de Guasp:

Su tesis doctoral, "Juez y hechos en el proceso civil", desarrolla en seis capítulos la función el juez, *secundum allegata et probata*, la decisión judicial, la convicción psicológica del juez, su iniciativa particular y el problema que ofrece la Ley de Enjuiciamiento Civil. Mereció la nota de sobresaliente. Esta tesis no fue realizada para hacer una oposición a cátedra. Está inspirada en la legislación y doctrina germánica, resultando peligroso al tratar de sacrificar totalmente el interés privado en beneficio de la colectividad.

Su otro trabajo: *La ejecución procesal en la ley hipotecaria* es un estudio difuso de los artículos 129 a 235 de la Ley Hipotecaria, pero que muestra su gran conocimiento de la materia, aun cuando en lo que se refiere a la génesis de ese procedimiento contiene indicaciones un tanto superficiales. Tampoco resalta la escasa aplicación práctica que tiene... No obstante, demuestra la erudición del opositor y su preocupación por los problemas de derecho procesal.

Por otra parte, en sus *Comentarios a la LEC*: resulta demasiado excesivo en detalles y principios, que pueden provocar dudas en el ejercicio de las profesiones jurídicas.

Entre las figuras que introduce en España, siguiendo a James Paul Goldschmidt y Francesco Carnelutti está la de sustituir el concepto de pretensión por el de acción, como ya puso de manifiesto en la réplica a las objeciones que le hizo Prieto. Manifiesta con esto su sólida formación procesal -doctrina alemana e italiana fundamentalmente- y su deseo de superación.

La traducción de Carnelutti, *Nuevo proceso civil italiano,* es una interesante aportación a la ciencia española al mostrar el nuevo proceso civil italiano.

-Acerca de los trabajos de Prieto:

Aparte de sus traducciones que muestran que conoce idiomas extranjeros, de su obra *Exposición del derecho procesal civil en España* solo ha publicado el primer volumen del cual ya se conocen las ideas por las traducciones italianas y alemanas. Lo más sobresaliente es el moderno concepto de la acción y las excepciones procesales y los principios generales... Contiene mucha bibliografía extranjera, pero apenas nacional o francesa. A la obra le falta claridad para el fin docente. El otro trabajo se refiere al arbitraje que desarrolla con detalles, aunque omite sentencias del Tribunal Supremo que marcan las nuevas orientaciones[360].

Una vez vistos los juicios, el presidente nombró a quien se le adjudicaba la cátedra vacante, y después de interrogar a los vocales votaron lo siguiente: Miguel Romero votó a favor de Guasp; Fenech a Prieto; Serrano se abstuvo de votar; Apalategui votó a Guasp; el presidente también votó a Guasp. De esta manera resultó propuesto por mayoría de votos Jaime Guasp Delgado para la cátedra de Madrid.

Prieto Castro sería nombrado para la segunda cátedra de procesal en Madrid, creada al año siguiente, en 1945, según orden 18 de febrero de 1946. Aunque el 9 de abril se acordó que acabara ese curso en Zaragoza.

1944. Concurso de traslado para Barcelona, Santiago y Valencia

El 7 de junio de 1944 se convocó un nuevo concurso de traslado para las cátedras de procesal de Barcelona, Santiago y Valencia, esta última la había ganado Ángel Enciso Calvo, en 1941, solicitando excedencia en 1943. Finalmente, fueron declaradas desiertas Santiago y Valencia, 4 de julio[361], al no presentarse ningún aspirante. En tanto que Miguel Fenech Navarro fue nombrado para la cátedra de Barcelona, por orden 12 de agosto de 1944 (BOE del 29).

---

360 Francisco Bastida Freijedo, *Jueces y franquismo: el pensamiento político del Tribunal Supremo durante la dictadura*, Barcelona, 1986.

361 AGA, sección Educación, legajo 10519-71. Orden convocatoria y anuncio 19 de mayo de 1944 (BOE 7 de junio). Termina el plazo el 27 de junio. Declaradas desiertas las plazas por orden 4 de julio de 1944 (BOE del 29).

III. Asignaturas de derecho privado

DERECHO CIVIL

La asignatura de derecho civil, al regular las relaciones jurídicas entre particulares, no parecía especialmente significada en el ámbito académico para el nuevo régimen. Sin embargo, sí que resulta notorio que muchos de sus catedráticos ocuparon importantes puestos en la administración republicana. Precisamente por ello fueron objeto de represión, de modo que se encuentra en esta materia un movimiento bastante importante de plazas para proveer durante estos primeros años de las universidades franquistas[362].

En los años veinte y treinta hubo una gran generación de civilistas en España. Fueron los primeros en salir al extranjero y estudiar allí. El referente inmediato será Felipe Clemente de Diego Gutiérrez (1866-1945). Entre otros estaba José Castán Tobeñas, Federico de Castro, Leopoldo García-Alas García-Argüelles -hijo de Clarín-, Demófilo de Buen Lozano, Felipe Sánchez-Román Gallifa -hijo del también civilista Felipe Sánchez Román... Unos quedaron, otros fueron fusilados o se exiliaron[363]. El estado silenció a los exiliados, algunas de sus obras serían pirateadas, como hemos visto. Fueron violados sus derechos de autor: a partir de la omisión de la autoría, que en algunos casos se otorgó de manera descarada a otros y otras -incluso a bibliotecarias...; así como la utilización de obras no consentidas por sus creadores. Estos aspectos debían estar protegidas por la ley[364], pero se dio la pura arbitrariedad en la dictadura.

---

362 Yolanda Blasco Gil y Jorge Correa, "Oposiciones 'patrióticas' a cátedras de derecho civil en la posguerra (1940-1942)", en *Ciencia y academia. IX Congreso internacional de historia de las universidades hispánicas* (Valencia, septiembre 2005), 2 vols., Universitat de València, I, 2008, pp. 225-250.

363 Néstor de Buen, "Los exiliados españoles en la Facultad de derecho de la Universidad Autónoma Nacional de México", en *El destierro español en América. Un trasvase cultural,* Nicolás Sánchez Albornoz (comp.), Madrid, Sociedad Estatal Quinto Centenario/Instituto de Cooperación Iberoamericana, 1991, pp. 103-113.

364 Fueron silenciados por la Editorial Revista de Derecho Privado en su catálogo, como autores de las siguientes obras: Demófilo de Buen, de *Introducción al estudio*

En general, fueron usuales los manuales para la enseñanza. Son libros que gozan de amplio mercado y que acostumbran a publicar los catedráticos de derecho. Castán Tobeñas[365] editó su *Derecho civil*[366] para opositores a registros y después para notarías; la obra, con numerosas ediciones, fue recargada cada vez con más erudición y se utilizaría largos años en las facultades. Castán fue un jurista franquista, con éxito en sus contestaciones a notarias. En ellas daba tres soluciones a los casos planteados: una afirmativa, otra negativa y la ecléctica, entre una y otra, que era la suya... Junto con Federico de Castro, Castán ha sido considerado -entre los que quedaron- lo mejor de la asignatura, hasta la llegada más tarde de Manuel Albadalejo García, José Luis Lacruz Berdejo y Luis Díez-Picazo y Ponce de León... Con sus manuales se han formado decenas de generaciones de juristas. Otra cosa era su ideología. En España, principalmente, Castán bebería de la doctrina de Sánchez Román -que supuso una renovación de la materia civil- y de Clemente de Diego, que como él fue presidente del Tribunal Supremo, 1945-1967; así como de Pérez González y Alguer, los traductores del Enneccerus, Kipp y Wolf, entre otros. En su generación hubo gente científicamente muy valiosa. Aunque algunos tuvieron que exiliarse, como los ya mencionados Demófilo de Buen, Sánchez Román-Gallifa a México -donde este último fue abogado consultor de la presidencia, 1940-1946, y

---

del Derecho civil; Felipe Sánchez Román, autor del prólogo a esta obra. Además, Demófilo de Buen, el primer tomo de la tercera edición de su libro *Derecho civil común y foral* fue publicado en 1936 y llevaba en la portada el nombre de su autor. Pero acabada la guerra, los editores sustituyeron la antigua portada y pusieron el libro a la venta atribuyéndolo a los redactores de la *Revista de Legislación y Jurisprudencia*. Más sangrante todavía, el segundo tomo que no había sido terminado por De Buen, pero que lo dejó redactado, e impresa y corregido la tercera parte, salió publicado a nombre de Francisco Bonet Ramón, *Derecho civil común y foral. Derecho de familia y sucesiones*. También en el *Libro homenaje al profesor Felipe Clemente de Diego. Catedrático de derecho civil de la universidad central, con motivo de su jubilación*, en la portada de la edición fascista de la Real Academia de jurisprudencia y legislación, de 1940, en donde colaboró De Buen fue suprimido su nombre, véase "El Estado franquista, editor pirata, II. La Historia de España. (Una usurpación descarada)", *Boletín informativo de la UPUEE...*, año II, núm. 8 (marzo 1944), pp. 3-4. Aparecen, pues, obras de los exiliados atribuidas a otras personas afines al régimen, lo que se denunciará desde el exilio en "El Estado franquista, editor pirata", *Boletín informativo de la UPUEE...*, (1944), pp. 7-8.

365 Sobre Castán, la biografía de Antonio Serrano, *Un día en la vida de José Castán Tobeñas*, Valencia, 2001, donde se entrelazan momentos importantes de la época con las tendencias musicales, cinematográficas, etc.

366 *Derecho civil*, 2 vols., Madrid, Editorial Reus, 1926-1927; 2ª ed. 1932.

se dedicó a cuestiones petroleras- y otros fueron fusilados -como Leopoldo García-Alas-. De Alemania, beberían de los pandectistas como Windscheid. De Italia, de los de su época como Ruggiero o Di Giordi. En Francia, de Colin y Capitant y de los exégetas. Acerca de las publicaciones científicas, durante la República José Castán realizó trabajos progresistas y avanzados a su tiempo. Fue nombrado en 1933 magistrado del Tribunal Supremo[367]. Después cambió de bando... Se vería afectado también por las denuncias de los exiliados. En este sentido, la obra del profesor Demófilo de Buen fue objeto de un atentado pirata, cuando al ir a registrar el *Curso elemental de derecho civil*, de Colin y Capitant, se omite que las notas de la edición española sean del profesor De Buen, solo consta que la nueva edición fue puesta al día por Castán... Otra vez "El Estado franquista, editor pirata"[368]:

> ... el Instituto Reus y la Editorial Reus se han refundido en una sola empresa, a la terminación de la guerra española, con el título sintético de "Instituto Editorial Reus". Tenemos a la vista su catálogo de "administraciones exclusivas y obras publicadas, a partir de la liberación". Se refiere únicamente a publicaciones jurídicas ya a contestaciones a programas de oposiciones. De nuevo es objeto de un atentado pirata la obra del profesor Demófilo de Buen. Al registrar las reediciones de algunos de los tomos del Curso elemental de derecho civil, de los profesores franceses Colin y Capitant, se omite que las notas de la edición española son del señor De Buen, y se hace constar tan solo que la nueva edición ha sido revisada y puesta al día por don José Castán ...

1940. Concursos de traslado a Madrid

En el 40 la primera plaza de civil para la que se convocó concurso de traslado tenía como objetivo cubrir la vacante de Felipe Clemente de Diego, nombrado durante la guerra presidente del Tribunal Supremo por Franco,

---

367 Juan González de la Calle, "La administración de justicia y la política", *Revista de los Tribunales...*, 65 (1931), pp. 361-365; "El Tribunal Supremo de Justicia y los diversos elementos que le integran", *Revista de los Tribunales...*, 68 (1934), pp. 103-106; "El Tribunal Supremo de Justicia y los diversos elementos que le integran. Aclaración y ampliación", *Revista de los Tribunales...*, 68 (1934), pp. 301-308. Véase en Pascual Marzal Rodríguez, "El papel del Tribunal Supremo durante la II República y la Guerra Civil", *Justicia y represión en los estados totalitarios. España, Alemania e Italia (1931-1945)*, José Antonio Pérez Juan y Sara Moreno Tejada (coords.), 2021, pp. 83-98. Marta María Lorente Sariñena, Fernando Martínez Pérez y María Julia Solla Sastre, *Historia legal de la justicia en España (1810-1978)*, Madrid, Iustel, 2012.

368 "El Estado franquista, editor pirata", V, Las publicaciones de Derecho, en *Boletín informativo de la UPUEE...*, año II, núms. 13-14, (agosto-septiembre de 1944), p. 8.

decreto 27 de agosto de 1938 -a propuesta del ministro de justicia Tomás Domínguez Arévalo-. Este cargo lo desempeñó hasta su muerte en 1945. Además, fue miembro de la asamblea nacional y procurador en las cortes a comienzos de la dictadura. Clemente de Diego introdujo la organización de la parte general del derecho civil alemán, la pandectística, en España[369].

La convocatoria oficial del concurso se hizo el 30 de mayo de ese año, 1940[370], y en ella se indicaba que podían firmarla los catedráticos numerarios del mismo grado de enseñanza que, habiendo ingresado por oposición o por concurso, desempeñaran en propiedad asignatura igual a la vacante[371]. También podían acceder los profesores auxiliares que tuvieran reconocido este derecho y los catedráticos excedentes[372]. El plazo de admisión era de veinte días y a los aspirantes se les pedía, como venía siendo habitual, el título de catedrático -pues era para traslado siendo ya catedráticos- y el certificado de depuración. De igual manera, el ministerio dejaba claro que también se tendrían en cuenta los méritos que los concursantes hubieran prestado a la causa nacional.

Los *firmantes* de la plaza fueron algunos destacados franquistas: Juan Ossorio Morales, Blas Pérez González, Alfonso García-Valdecasas y García-Valdecasas -uno de los fundadores de falange-, Ignacio de Casso Romero y José Viñas Mey. Todos ellos, además de presentar sus estudios, harían ostentación completa de lealtades y méritos políticos.

Tan solo cuatro meses después, el 17 de septiembre de ese mismo 1940, se publicó una nueva convocatoria para la otra cátedra de derecho civil en Madrid: la vacante de Felipe Sánchez-Román y Gallifa, exiliado. Este profesor, diputado a cortes en 1931, dirigió el Partido Nacional Republicano y fue miembro de la agrupación al servicio de la República. Cuando en 1939 fue separado de la universidad por el gobierno franquista, se exilió a

---

369 Yolanda Blasco Gil, "Notas sobre la recepción de la parte general de Savigny en España", *Cuadernos del Instituto Antonio Nebrija*, vol. 1, nº 2 (1999), pp. 11-39, significaba un esfuerzo de sistemática y claridad, distinto al viejo casuismo o reglas de la enseñanza anterior.

370 AGA, sección Educación, legajo 9604-1. La convocatoria en BOE 2 de junio de 1940.

371 Según lo dispuesto en el decreto 18 de septiembre de 1935, en su parte no derogada por los de 25 de enero y 22 de junio de 1936, y lo dispuesto por órdenes 30 y 31 de mayo de 1940.

372 Según ley 11 de septiembre de 1931 el orden de preferencia de los aspirantes será el establecido por real decreto 17 de febrero de 1922.

México. Allí fue profesor de derecho comparado en la UNAM y falleció en aquel país.[373]

La vacante de Sánchez-Román se agregó a la anterior, concediendo un nuevo plazo de veinte días para que pudieran solicitar el traslado los candidatos que no lo hubieran firmado. En este nuevo plazo solo se presentó un nuevo aspirante: Luis Sancho Seral, catedrático de Zaragoza[374].

Los méritos de los aspirantes a las dos codiciadas cátedras madrileñas son los siguientes:

Blas Pérez González, que llegaría pronto a gobernador de Segovia y después a ministro de Gobernación, había nacido en Santa Cruz de la Palma (en Gran Canarias) en 1898 y era catedrático numerario por oposición en Barcelona, donde ocupaba la plaza de derecho civil español común y foral según real orden de 3 de julio de 1928. Desempeñó su tarea durante ocho años consecutivos: desde su nombramiento hasta 1936, cuando fue cesado por la *Generalitat* junto a otros profesores.

En su informe, da una gran importancia a sus méritos "patrióticos", destacando que, si bien el 24 de enero de 1936 fue nombrado decano de la facultad de derecho, fue destituido el 27 de febrero siguiente por su destacada significación españolista, razón por la que fue enviado a prisión el 28 de septiembre. En 1937 fue nombrado jefe segundo de la asesoría jurídica del cuartel general en Burgos; el 10 de noviembre de 1938 primer fiscal del Tribunal Supremo y consejero de FET y de las JONS; en agosto de 1939 se le encargó la delegación nacional de justicia y derecho, y en octubre de ese

---

373 Manuel Ferrer Muñoz, "Felipe Sánchez -Román y Gallifa", *Los maestros del exilio español en la Facultad de Derecho…*, pp. 365-388. Yolanda Blasco Gil, "La UNAM, receptora de profesores españoles exiliados: una valoración de la Escuela Nacional de Jurisprudencia", *Universidades de Iberoamérica: ayer y hoy*, Hugo Casanova, Enrique González y Leticia Pérez (eds.), México, UNAM-IISUE, 2019, pp. 389-423, en particular, pp. 396-398. Archivo de la Dirección general de personal de la UNAM, expediente de Felipe Sánchez Román 5721.

374 AGA, sección Educación, legajo 9602-1, convocatoria y anuncio 17 de septiembre de 1940 (BOE del 29). Por esta orden se agrega este concurso al otro, anunciado en el BOE de 17 de junio último, concediéndose un nuevo plazo de veinte días naturales, a contar desde la publicación de este anuncio, para que puedan solicitar los que no lo hubieran hecho con anterioridad. Termina el plazo el día 18 de octubre de 1940. Aspirante Luis Sancho Seral. Nombrado catedrático, por concurso de traslado, Blas Pérez González, por orden 22 de noviembre de 1940 (BOE del 11).

año vocal de libre designación de la junta política[375]. El opositor expuso también como mérito ser docente en dos cursillos monográficos: uno de derecho hipotecario y otro sobre obligaciones extracontractuales.

Entre sus *publicaciones* señala algunos artículos: "El requisito de la viabilidad", publicado en la *Revista crítica de derecho inmobiliario* y los titulados "Las doctrinas de Pietro Bonfante" y "La extensión de la hipoteca a la indemnización por siniestro" que vieron la luz en la *Revista jurídica de la facultad de derecho de la universidad de Barcelona*. Asimismo, indica que la *Revista de derecho privado* lo designó como presidente del consejo de redacción desde el final de la guerra civil por iniciativa de su fundador, Felipe Clemente de Diego, aunque no indica si llegó a escribir algún trabajo en dicha publicación.

El mérito académico más importante de cuantos presenta es, sin duda, la traducción al castellano, junto con José Alguer (ayudante de cátedra y luego agregado), del *Tratado de derecho civil* de Enneccerus, Kipp y Wolff, con anotaciones y comentarios al derecho civil español. Acompaña a su informe, aún en galeradas, gran parte del volumen séptimo de esta traducción, el correspondiente al derecho de familia. También añade algunos prólogos y un trabajo inédito[376].

El siguiente de los candidatos a la codiciada plaza madrileña era Juan Ossorio, catedrático de civil en Granada, nacido en Manila en 1901. Entre los cargos que había desempeñado hasta el momento señala los siguientes: fue auxiliar temporal del grupo de derecho natural, romano e historia del derecho y, desde el año 1935, catedrático numerario de derecho civil por oposición entre auxiliares, con el número uno de las tres plazas[377]. Acabada la guerra, se reintegró a su función universitaria por orden de 26 de enero de 1940 tras ser depurado sin sanción.

---

375 Carmen Losa Contreras, "Pérez González, Blas (1898-1978), *Diccionario de catedráticos españoles de derecho (1847-1943)...*, Universidad Carlos III, en línea.

376 Los prólogos son los preparados para *El testimonio militar* (1935), de Lorenzo Martínez Fuset, y para el libro *Responsabilidades civiles y políticas* (1940) de Luis Benítez de Lugo. El trabajo inédito sobre las "Bases para la reforma de la justicia" es el proyecto de una memoria de la fiscalía del Tribunal Supremo.

377 En 1939 fue designado como premio, con el número 249 del escalafón de catedráticos. Aunque en su hoja de servicios consta que fue nombrado catedrático el 29 de marzo de 1935, toma posesión 10 abril. Ascendió a la séptima categoría del escalafón con 10.000 pesetas. Antigüedad y efectos económicos a partir de primeros de junio de 1939, efectos pasivos desde 24 de octubre de 1938.

Ossorio había cursado en la universidad de Cambridge sus estudios de ingreso, que le fueron convalidados para España en 1922, por real orden de 21 de junio como grado de bachiller. Realizó la licenciatura en derecho en Granada y el doctorado en la central, obteniendo en ambos la calificación de sobresaliente. La JAE le otorgo una beca -dotada con 425 pesetas anuales y 500 para viajes-, para pasar cuatro meses en la London School of Economics, donde pudo estudiar el sistema jurídico anglosajón.

Sus publicaciones: *La doctrina de la* consideration *en derecho contractual inglés*, tesis doctoral, 1932; *Los enfermos mentales y la legislación civil*, Granada, 1933 y *Las servidumbres personales*, Madrid, 1935[378]. También presenta la traducción y un apéndice a la obra de Giorgio del Vecchio, *Los principios generales del derecho*, Barcelona, 1933, con prólogo de Clemente de Diego. Exhibe también como méritos académicos varios artículos. El primero es "Las servidumbres *in faciendo* en derecho español" publicado en la *Revista de derecho privado* (número 249, 1934); añade también los trabajos que aparecieron publicados en diversos números del *Boletín de la Universidad de Granada*: "La pluralidad de tutores", en el número 49 (1938); "La literatura jurídica en la España nacional durante la guerra", en el 54 (1939); y "El legado de parte alícuota", en el 57 (1940). Aporta diversas notas y recensiones bibliográficas en estas revistas.

Entre sus méritos patrióticos, Ossorio no olvida destacar los servicios militares prestados en la zona nacional como voluntario en infantería, indicando que permaneció en campaña desde 1936 hasta el fin de la contienda. También en 1937 se le concedió por méritos de campaña el empleo de alférez provisional y fue ascendido después a teniente. Distinguido con la cruz de guerra, dos cruces rojas del mérito militar y la medalla de campaña[379].

Otro de los aspirantes fue Alfonso García-Valdecasas y García-Valdecasas, nacido en 1904 en Montefrío (Granada), conocido por haber sido uno de los fundadores de la falange y por su sorprendente trayectoria política. Él fue uno de los catedráticos que abandonó su puesto como protesta por

---

378 Una publicación posterior su *Manual de sucesión testada*, Madrid, Instituto de Estudios Políticos, 1957.

379 En 1939 fue nombrado comisario director de comercio de Granada y en 1940 asesor del Instituto de estudios políticos en materias de derecho privado. En la lista de 1940-1941, publicada en *Información Universitaria. Revista de Educación nacional*, años I y II, publicación semanal, figura en 1941 como catedrático de derecho civil en Murcia, p. 200.

el cierre de la universidad de Madrid, ordenado por el gobierno de Primo de Rivera en 1929. En 1931, se adhirió a la agrupación al servicio de la República promovida por Ortega y Gasset, organización que abandonó al año siguiente para convertirse, en 1933, en ideólogo y fundador del partido de extrema derecha de falange, acudiendo también como invitado a la fundación de las JONS[380]. Sería apartado de su cátedra por la República en 1936[381].

En su solicitud consta que, tras su doctorado en Bolonia, mereció el premio Víctor Manuel, fue nombrado auxiliar temporal de derecho en Granada, el 12 de marzo de 1926, convirtiéndose en catedrático de derecho civil de Salamanca por oposición un año después, 22 de abril de 1927. Fue declarado excedente por haber sido nombrado director general del Timbre. En 1931 nombrado, por traslado fuera de concurso, catedrático de derecho civil español, común y foral de la universidad de Granada.

Entre los méritos del candidato García-Valdecasas, su expediente recoge los siguientes cargos: residente de la sección española del Comité de juristas hispano-italiano, vocal del CSIC y vicepresidente de la Real academia de jurisprudencia y legislación. Representó a los juristas españoles en varios congresos científicos en Alemania e Italia. Las publicaciones presentadas: "La fórmula H.M.H.N.S. en las fuentes epigráficas romanas"[382], reseñada con elogio en la *Revista de la fundación Savigny para la historia del derecho*; "La naturaleza jurídica del matrimonio en el derecho español", publicada en el *Boletín del colegio de abogados*; "El sentido de la cultura española", en la *Revista de Occidente*, donde se sumaba a la corriente nacionalcatólica, entonces tan en boga, sobre la escuela de juristas y teólogos españoles del

---

380 Mª Pilar Hernando Serra, "Catedráticos y política durante la segunda república, 1931-1939", *Permanencia y cambio. Universidades hispánicas 1551-2001*, coordinadores Enrique González y Leticia Pérez, 2 vols., México, 2005, I, pp. 419-443, en especial p. 433, sobre este cambio de trayectoria; Jean Bécarud y Evelyn López Campillo, *Los intelectuales españoles durante la II República*, Madrid, 1978, p. 88. Consta en la lista de 1940-1941, p. 168, publicada en *Información Universitaria. Revista de Educación nacional*, años I y II, publicación semanal.

381 Más sobre la depuración republicana en Jaume Claret, *El atroz desmoche...*, pp. 20-22; así como Marc Baldó, "Aterrados, desterrados y enterrados: La represión franquista del profesorado universitario", *Saitabi*, 59 (2009), pp. 191-210. Luis Enrique Otero Carvajal (coord.), *La destrucción de la ciencia en España: depuración universitaria en el franquismo...*; *La universidad nacionalcatólica. La reacción antimoderna*, Madrid, Universidad Carlos III, 2001; también, *La universidad nacionalcatólica. La reacción antimoderna*, Madrid, Universidad Carlos III, 2014.

382 Fue publicada en el *Anuario de Historia del Derecho Español*, 5 (1928), pp. 5-82.

siglo de oro; y “El hombre y yo”, estudio de antropología filosófica. Suma también diversos artículos de revistas, conferencias en centros o congresos científicos y la publicación de “Las relaciones de vecindad”, traducción de la obra de Pedro Bonfante, con prólogo, notas, concordancias y apéndices de derecho español.

En su expediente, García-Valdecasas incorporó inéditos como “Posesión y título de bienes muebles en derecho español”, “Preceptos y mandatos” y “Sobre un supuesto tipo de fideicomiso familiar ibérico”. Tiene en preparación otros trabajos de filosofía del derecho, doctrina general del derecho y derecho privado.

Los *méritos políticos* de este aspirante aparecen como declaración jurada en que consta que fue fundador de falange española y miembro de su primer triunvirato, con José Antonio Primo de Rivera y Julio Ruiz de Alda, así como colaborador de la revista *Acción Española*, constituida como sociedad cultural y grupo de presión durante la República. El documento indica que fue voluntario en la guerra civil, excombatiente en posesión de la medalla de campaña en vanguardia y propuesto para una cruz de guerra. Fue asimismo vocal de la comisión de cultura de la junta técnica del estado y, posteriormente, subsecretario de educación en el primer gobierno franquista. Los cargos ocupados en falange: consejero nacional, director del instituto de estudios políticos y miembro de la junta política.

Ignacio de Casso Romero, sevillano de 55 años, era catedrático de derecho civil en Sevilla desde 1911, aunque desempeñaba interinamente la cátedra madrileña a que opositaba. Este veterano candidato fue nombrado en 1939 director general de los registros y del notariado y quedó excedente. Hasta este momento -señala el interesado-, lleva en activo veintiocho años y veintisiete días mientras que suma, como excedente, nueve meses y cinco días.

El *currículum,* carrera y honores que presenta Ignacio de Casso es extenso y, además, lo expone con toda minucia: premio extraordinario en licenciatura, doctor en derecho con sobresaliente. Fue pensionado por la JAE en Francia, Alemania e Italia, desde 1 de octubre de 1911, hasta finales de septiembre de 1913, circunstancia que le permitió trabajar en París con Saleilles y Planiol, en Berlín con Otto von Gierke, Kohler, Theodor Kipp, Martín Wolff, Hellwig y Stamler, mientras que en Milán pudo hacerlo con Alfredo Ascoli y en Roma con Filomusi Güelfi. Una enumeración realmente importante de autores académicos que también podría ser prueba de unos contactos superficiales.

Este aspirante traduce, escribe y habla el francés, alemán e italiano, traduce inglés y latín. Durante 1921 pasó un semestre en Alemania para ampliar estudios sobre derecho inmobiliario y en 1925 fue pensionado para estudiar en Portugal "El privilegio de *miatadé*". Tres años más tarde estuvo de nuevo en la universidad de Múnich.

Además, fue vicerrector de la universidad Sevilla por real orden de 8 de junio de 1917 y de nuevo ocupó el cargo durante los años 1928 a 1930. Decano en la facultad de derecho de la universidad hispalense. La misma facultad le encomendó que fuera su representante en Madrid para varios cometidos: el debate sobre la autonomía universitaria de 1919 y, en 1925, para estudiar el plan de reforma de los estudios y mejora del profesorado. Indica también que ha colaborado de forma reiterada en la fiesta del libro, mereciendo la gratitud del rectorado.

Entre sus *méritos* como docente, Ignacio de Casso hace constar que ha sido profesor usual de derecho de la Escuela Social desde su creación y, más tarde, de política social agraria. También ha explicado en Madrid la cátedra de civil y ha sido docente en un curso de estudios económicos, políticos y administrativos, de 1935 a 1936, en la facultad de derecho de la central. Impartió cursos de verano en la universidad católica de Santander.

De sus actividades relacionadas con la docencia, desde la vertiente política, señala que, en 1914 y en su calidad de concejal del ayuntamiento de Sevilla, fue nombrado vocal de la Junta de primera enseñanza, siendo además secretario de la primera comisión local de mutualidad escolar. Durante el periodo de la dictadura de Primo de Rivera fue presidente de la Junta local de primera enseñanza, cargo que volvió a desempeñar en 1937, creando distintas escuelas y grupos escolares, así como la obra del "almuerzo escolar" en Sevilla, que dejó en 1937. Además, fundó colonias escolares. Por todo lo cual se le concedió la cruz de Alfonso XII. Académico de número de la Real academia de buenas letras de Sevilla, desde el año 1934, fue también vocal de la comisión general de codificación por orden del ministerio de justicia de 18 de abril de 1938.

Al llegar a la parte patriótica, tan importante en todos los aspirantes para ser juzgados por el tribunal, Ignacio de Casso indica que, por decreto 25 de agosto de 1939, fue nombrado juez instructor de los expedientes de depuración del personal docente de todas las universidades de España, salvo Madrid, Barcelona y Valencia[383]. Por ese mismo decreto, de 25 de agosto, sería director general de los registros y del notariado y por orden de 26 de octubre de ese año fue designado para la vacante que ahora salía a oposición. Formó parte del CSIC como vicedirector del Instituto de derecho Francisco de Vitoria del patronato Raimundo Lulio. Fue también presidente de la asociación Cardenal Albornoz, sin duda por su doctorado en Bolonia; así como de la cámara oficial de la propiedad urbana de Sevilla. Además, se convirtió, en 1929, en vocal de la junta consultiva de cámaras de la propiedad urbana y representante de la zona sur de España, cargo que lo llevaría a la diputación provincial, durante la dictadura de Primo de Rivera. Asimismo, fue vicepresidente del tribunal tutelar de menores de Sevilla, vocal del comité de cultura del colegio de abogados -reelegido dos veces- y secretario del patronato de reclusos y liberados.

Siguen sus trabajos científicos: Casso expone los premios recibidos, destacándolos con insistencia como únicos. Así, en 1906 fue premio único en el concurso público nacional de la Sociedad económica de amigos del país de Córdoba sobre el tema "La participación en los beneficios en las empresas industriales y agrícolas". Ese mismo año obtuvo también el premio único en el concurso del Ateneo de Sevilla, sobre "Los diferentes sistemas de remuneración del trabajo" y el año siguiente por su trabajo sobre "La crisis agraria en la provincia de Sevilla". Fue premio único en el concurso público organizado por la facultad de derecho de Salamanca en 1926 con su estudio sobre "Los modernos sistemas jurídicos. Su exposición y crítica" y también premio único en el concurso de 1928 organizado por la Cámara oficial agrícola de Sevilla con su escrito sobre "La movilización de la propiedad rústica".

A nivel internacional, en su informe declara que era miembro de la Internatíonale Vereinigung für vergleichende Rechtswíssenschaft und Volkswirtschaftslehre de Berlín y que representó al ministerio de justicia en la reunión de los juristas alemanes, en Berlín y Múnich, durante el año 1939. Hablamos, en fin, de numerosos cargos relevantes vinculados a sucesivas dictaduras.

Alude a algunos cursos monográficos en la facultad de derecho de Sevilla, sobre derecho sucesorio comparado, propiedades especiales y derecho

---

383 Pronto sería sustituido, Jaume Claret, *El atroz desmoche*..., pp. 67 y 300, no se sabe por qué. El capítulo cuarto permite comprender la maraña burocrática y los personajes de la depuración.

hipotecario alemán y; en Madrid, a un curso breve sobre el libro primero del Código civil italiano, que se estaba redactando.

De Casso menciona sus estudios y publicaciones dedicadas al derecho civil y centradas en conceptos como el contrato de cuenta corriente, la formación del profesorado, la participación de los beneficios, la crisis agraria en la provincia de Sevilla, la movilización de la propiedad inmueble, la aportación a la sistemática del abuso del derecho, la propiedad comercial, la aparcería agrícola y pecuaria, la posesión por razón de servicio en Alemania y los modernos sistemas jurídicos. Incluye también algo sobre la inquisición española, el problema de la propiedad de la tierra y nociones de derecho hipotecario[384]. Algunos de los trabajos fueron galardonados con los premios ya mencionados. En colaboración con Viñas Mey escribió un manual de *Derecho civil español*[385] .

El último de los candidatos para las plazas madrileñas fue precisamente José Viñas Mey, catedrático de derecho civil en Valencia que había nacido en Toledo en 1894. En virtud de oposición, en turno de auxiliares, había sido nombrado catedrático civil en Santiago en 1927. Cinco meses después

---

384 *El contrato de cuenta corriente,* tesis doctoral, Universidad de Sevilla, 1907; *La noción internacional de la fundación,* Sevilla, 1910; *El concepto de la persona social,* Madrid, 1911; *La posesión por razón de servicios en Alemania,* Sevilla, 1913; *El concepto de la jurisprudencia y la escuela del derecho libre,* Sevilla, 1915; *El arbitrio judicial en el código civil alemán y en el suizo,* Sevilla, 1916; *La aparcería agrícola y pecuaria,* Madrid, 1923; *El problema de la propiedad de la tierra, estudio filosófico-histórico-crítico,* discurso de apertura del curso académico en la Universidad de Sevilla, Sevilla, 1923; "Formación del profesorado", memoria presentada al Congreso nacional de educación, publicado en la revista *Universidad,* Zaragoza, 1925; *El derecho civil en la* Summa theologica, Sevilla, 1925; *Esquema de una introducción al estudio del derecho,* Sevilla, 1926; "Los modernos sistemas jurídicos. Exposición y crítica", trabajo premiado por la facultad de derecho de la Universidad de Salamanca, revista *Universidad,* Zaragoza, 1926; *El eterno imperativo social de la norma jurídica,* discurso, Sevilla, 1925; *La participación en los beneficios de las empresas industriales y agrícolas,* Sevilla, 1907; *Los diferentes sistemas de remuneración del trabajo,* estudio premiado por el Ateneo de Sevilla, Sevilla, 1908; *La crisis agraria en la provincia de Sevilla. Causas y soluciones,* memoria premiada por el Ateneo de Sevilla, Sevilla, 1909; *Aportación a la sistemática del abuso del derecho,* discurso de recepción en la Academia de Buenas Letras, Sevilla, 1934; y la colaboración en distintas revistas, como la *Revista de derecho privado,* con artículos doctrinales de recensiones bibliográficas y comentarios de jurisprudencia civil y mercantil del Tribunal Supremo, en la revista *Universidad* de Zaragoza y en la *Revista Jurídica de Cataluña,* así como otras alemanas e italianas, en especial la *Deutsche Juristenzeitung* y la *Rivista di Diritto Civile.*

385 Ajustado al programa de oposiciones de notarías, Instituto Reus, 1926.

se convirtió en catedrático de la misma asignatura en Murcia, por concurso, y también por traslado, en 1933, fue nombrado catedrático en Valencia. Consta su depuración en 1939.

De los servicios prestados dentro del ámbito universitario, Viñas Mey señala: desde 1927 a 1935, desempeñó en la universidad de Murcia su cátedra de derecho civil más otra acumulada de la misma asignatura y también de clase diaria, sin percibir gratificación. Vicerrector de la misma universidad nombrado por el gobierno del general Primo de Rivera y secretario de la facultad de Valencia, así como asesor jurídico de la delegación sindical provincial.

Alega en los servicios prestados al movimiento nacional los "méritos de sufrimiento": estuvo en prisión en la cárcel Modelo de Valencia desde octubre a diciembre de 1936, pertenece a la hermandad de cautivos por España, gran mérito para tener en cuenta, y fue destituido del cargo de catedrático desde enero de 1937 hasta la toma de Valencia por el ejército sublevado.

Entre los *méritos* académicos y profesionales: cursó la carrera de derecho con nota de sobresaliente y con la misma calificación se licenció en 1915, doctorándose en 1920. A lo largo de sus estudios obtuvo catorce matrículas de honor. Desempeñó el cargo de ayudante de clases prácticas de historia del derecho en la central durante los cursos 1919, 1920 y 1921[386].

Las *publicaciones* que aporta son escasas, solo tres, y todas publicadas en la *Revista de Derecho Privado,* sobre: "El derecho de retención"[387]; "Más sobre el derecho de retención"[388]; "La prenda irregular"[389]. Incorpora como méritos numerosas reseñas publicadas en esta revista fundada por Clemente de Diego[390]. No llega a presentar los ejemplares de sus libros por pérdida

386 Viñas Mey posiblemente no intentó probar en otra oposición. En la lista de la Revista *Información Universitaria* de 1940-1941, p. 240, y en escalafones posteriores se puede observar que siguió en Valencia, donde se jubiló.

387 *Revista de Derecho privado,* vol. IX, pp. 102 y ss.

388 *Revista de Derecho privado,* vol. X, pp. 1 y ss.

389 *Revista de Derecho privado,* vol. XII, pp. 342 y ss.

390 "Rassegna di Letteratura giuridica spagnuola", *Anuario di Diritto comparato e di studi legislativi* (Roma) desde 1932 y los siguientes años. En la *Revista de Derecho privado*: Carlos López de Haro, *El derecho de retención,* volumen IX, pp. 287 y ss.; Alberto Brenes Córdoba, *Derecho civil. Tratado de obligaciones y contratos, vol.* XX, pp. 128 y ss.; José González, *El derecho real de superficie, vol.* X, pp. 31 y ss.; R. A. Parra, *Acciones posesorias,* vol. XIV, pp. 451 y ss.; Carlos Pavón, *Método del código civil argentino y de*

de gran parte de ellos. Viñas Mey tampoco escribió en años posteriores en Valencia. Su único libro fue el escrito con Casso.

Finalmente, tras estudiar la documentación aportada, el ministerio de educación nacional, a través de su dirección general de enseñanza, nombró catedrático de Madrid por concurso de traslado a Ignacio de Casso Romero. Era el más antiguo de los aspirantes y el tribunal valoró bien su expediente o *currículum*[391]. Quizás era quien contaba con una obra más presentable, aunque sin la altura de su predecesor, Clemente de Diego. Blas Pérez sería propuesto para la otra vacante, siendo su obra más notable la traducción del tratado alemán en cuyo trabajo no sabemos qué parte tuvo su colaborador.

1940. Mención a los estudios superiores de derecho privado

De otra parte, en los estudios superiores de derecho privado (en doctorado) sería nombrado por concurso de traslado Alfonso García-Valdecasas y García-Valdecasas, orden 22 de noviembre de 1940[392]. Este profesor se

---

las obligaciones, vol. XV, pp. 64 y ss.; Alexandre Ligeropoulo, *Le problème de la fraude a la loi,* vol. XVI, pp. 224 y ss.; Marcel Rouse, *Condition juridique des enfants naurels en Espagne,* vol. XVI, pp. 304 y ss.; Maurice Serin, *Les conflits des lois dans les rapports franco-espagnols en matière de mariage, de divorce et de séparation de corps,* vol. XVI, pp. 303 y ss.; J. C. Trujillo, *Derecho romano,* vol. XV, pp. 64 y ss. y *Matrimonios ante los cónsules,* vol. XV, pp. 64 y ss.; Mariano Grandoli, *Nulidad de matrimonio. Nulidad de testamento,* vol. XV, pp. 96 y ss.; Francisco Hostench, *El derecho de despido en el contrato de trabajo,* vol. XVI, pp. 272 y ss.; José Otero Valentín, *Etiología jurídica,* vol. XVI, pp. 304 y ss.; Francisco Salmerón, *La defensa del conductor en el nuevo código penal,* vol. XVI, pp. 304 y ss.; B. Celorio y Alfonso, *La refacción,* vol. X, pp. 95 y ss.; Alfredo Colmo, *Técnica legislativa del código civil argentino.* vol. XV, pp. 63 y ss.; Enrique Díaz de Guijarro, *El contrato de pasaje. Estudio de derecho marítimo,* vol. XVI, pp. 272 y ss.; Paul Roubier, *Les conflits de lois dans le temps,* vol. XVIII, pp. 94 y ss.; A. Circu, *La nozione di erede nel Diritto italiano vigente,* vol. XV, pp. 96 y ss.; Adolfo Rava, *Il matrimonio secondo il nuovo ordinamento italiano,* vol. XVI, pp. 304 y ss.; Francesco Marci, *Le costumanze giuridiche e la rifoma del diritto privato in Italia,* vol. XVII, pp. 95 y ss.; Vittorio Polacco, *Las sucesiones,* vol. XVIII, pp. 384 y ss.

391 Orden 22 de noviembre de 1940. Figura en la lista de 1940-1941 de catedráticos de 1941, *Revista de la Información,* p. 136.

392 Para los Estudios superiores de derecho privado (doctorado) de civil en Madrid, AGA, sección Educación, expediente 9610/22. La convocatoria y anuncio el 17 de septiembre de 1940 (BOE 29). Por esta orden fue agregado este concurso de traslado al de derecho civil, anunciado en BOE 7 de junio último, concediendo nuevo plazo de 20 días naturales desde la publicación del anuncio para que puedan

licenció en derecho en Granada en 1923. Poco después fue becado por el Colegio de España en Bolonia, donde leyó su tesis doctoral dirigida por el profesor Costa, que consiguió como se ha dicho el premio Vittorio Emanuele en 1925. Amplió sus estudios en Alemania. En 1927 obtuvo por oposición la cátedra de civil de Salamanca, con tan solo 22 años. Pero en 1929 renunció como protesta por el asalto de las fuerzas públicas en la universidad y captura de estudiantes de la FUE. Pasó a la cátedra de Granada en 1931, de donde era natural.

Además de diputado por Granada en las cortes constituyentes de 1931, por la agrupación al servicio de la República, fue secretario de la comisión redactora de la Constitución. Al año siguiente, y defraudado por la política republicana, creó el Frente Español. Intervino junto con José Antonio Primo de Rivera en el acto de fundación de la falange, en 1933, pero al poco tiempo abandonó. García-Valdecasas regresó a Alemania, donde fue discípulo de los maestros, filósofo y sociólogo, Husserl y Heidegger, en la universidad de Friburgo. Al estallar la guerra se encontraba en Friburgo, y regresó para incorporarse a las tropas nacionales como sargento de artillería. En 1937 fue nombrado consejero nacional y al año siguiente subsecretario de educación nacional, hasta 1940. Sería el primer director del Instituto de estudios políticos, en 1939, y de su revista, 1941-1943[393].

Desde 1940, como se ha mencionado, fue nombrado catedrático en la universidad de Madrid, primero en doctorado europeo de estudios superiores y después en derecho civil, hasta jubilarse. En 1943, García-Valdeca-

---

solicitar los que no lo hubieran hecho antes. Termina el plazo el 18 de octubre de 1940. Aspirantes: Luis Sancho Seral -sus documentos están en derecho civil- y Nicolás Pérez Serrano, catedrático de la central. Pero fue nombrado por concurso de traslado Alfonso García-Valdecasas y García-Valdecasas, sumado en la segunda convocatoria, junto a otros. Nombrado por orden 22 de noviembre de 1940 (BOE 12 de enero de 1941.

393 Principales obras de que dispone: "La fórmula HMHNS en las fuentes epigráficas romanas (contribución a la historia de los sepulcros familiares y hereditarios en el Derecho Romano", *Anuario de Historia del Derecho Español* 5 (1928), pp. 5-82; *Naturaleza jurídica del matrimonio*, Madrid, 1930; "Hombre y yo", *Jerarquía*, octubre de 1937, pp. 23-40; *Orientaciones actuales del Derecho privado*, Madrid, 1941; *Los Estados totalitarios y el Estado español*, Madrid, 1942; *El problema del Derecho y la vocación jurídica de nuestro tiempo*, Madrid, 1946; *Menéndez Pelayo y la cultura española*, Madrid, 1946... Carlos Nieto Sánchez, en *Diccionario de catedráticos españoles de derecho...*, Universidad Carlos III, en línea. AGA, sección Educación, (05) 1.28, 21/20507. Juan Vallet de Goytisolo, "Alfonso García-Valdecasas y García-Valdecasas", *Anales de la Real Academia de Ciencias Morales y Políticas* 80 (2003).

sas firmó un escrito junto con otros 26 procuradores en el que reclamaban a Franco su promesa de devolver la jefatura del estado a la corona. Cesado de sus cargos públicos, al año siguiente promovió un documento con más de 50 catedráticos afirmando que el conde de Barcelona era la esperanza para la reconciliación de España, por lo que fue confinado en Alcañiz. Después tuvo una amplia trayectoria como jurista y abogado. Sería presidente de la academia de ciencias morales y políticas y académico de la española y de jurisprudencia y legislación.

1940. Oposiciones a las cátedras de Oviedo y Salamanca

En 1940 se convocaron las cátedras de civil para las universidades de Oviedo y Salamanca[394]. La primera estaba vacante por el traslado de Ignacio Serrano a Valladolid. La de Oviedo por el fusilamiento del rector y catedrático Leopoldo García-Alas García-Argüelles, hijo de Clarín[395].

El *tribunal* estuvo presidido por Felipe Clemente de Diego y le acompañaron como vocales Santiago Gil Casares, Ignacio de Casso Romero, Blas Pérez González y Juan Ossorio Morales. Algunos eran sobradamente conocidos por sus posiciones ideológicas, como se ha visto en otros tribunales, y muy especialmente Gil Casares. Este vocal, diputado de la CEDA, había sido rector de Santiago y ya en 1937 había organizado un encuentro de los "rectores de la España liberada"; en el momento de la oposición era magistrado del Tribunal Supremo.

Hubo cuatro *aspirantes* a la plaza: el valenciano Luis Donderis Tatay, César Delgado González, de Villalpando (Zamora), José Fernández Santa Eulalia, de Boal (Asturias) y José Beltrán de Heredia y Castaño, de Sala-

394 AGA, sección Educación, legajo 9578-1. Orden de convocatoria y anuncio 11 de junio de 1940 (BOE del 25). Terminó el plazo el 23 de agosto de 1940. Nombramiento del tribunal: orden 28 de agosto de 1940 (BOE 6 de septiembre). Lista provisional de admitidos y excluidos (BOE del 14). Lista definitiva 25 de septiembre.

395 Jaume Claret, *El atroz desmoche...*, pp. 196-197, donde se recoge el proceso en el capítulo sobre la universidad de Oviedo y se menciona el texto de la tesis doctoral de Francisco Galera. Fue ejecutado el 20 de febrero del 37. Republicano, que además tenía el "único pecado" de ser hijo de Clarín; y se le acusó de masón, aunque no parece que lo fuera. Victoria Hidalgo Nieto, "La represión masónica en Asturias", *La masonería en la historia de España*, coordinado por José Antonio Ferrer Benimeli, Zaragoza, 1985, pp. 188-199, en especial pp. 197 y 198. Mariano Tirado y Rojas, *La masonería en España*, Maxtor Editorial, 2024.

manca. El último candidato, del que no figura su hoja de servicios, era un hombre que contaba con las influencias del Opus Dei y que pertenecía a una ilustre familia, en la que destacaba el historiador dominico Vicente Beltrán de Heredia.

Todos los candidatos entregaron sus trabajos científicos y su correspondiente memoria, la exposición escrita sobre el concepto, método, fuentes y programa de la disciplina.

El *primer ejercicio* -según el artículo 26 del reglamento de universidades-, consistió como venía siendo usual en exponer la labor personal, y el tribunal juzgó que el ejercicio de los opositores Donderis y Fernández acusaba deficiencias, mientras el de Delgado resultó bastante aceptable. En cambio, el trabajo de Beltrán de Heredia reveló que el candidato tenía, según los jueces, grandes dotes de profesor y una sólida preparación. A pesar de las diferencias ya visibles en este tramo inicial, el tribunal consideró por unanimidad que los cuatro opositores eran aptos para pasar al siguiente ejercicio.

El *segundo ejercicio* consistió en la exposición del mismo concepto, método, fuentes y programa de la asignatura. El tribunal también consideró deficiente, una vez más, el trabajo de Donderis, indicando que su programa era pobre y muy escasas sus fuentes; también hizo constar que el aspirante presentó un trabajo que revelaba buena voluntad pero que en todo momento dio la sensación de anticuado y simplista.

Al referirse a Delgado, los jueces indicaron que se encontraban ante un trabajo discreto, con una memoria que cumplía de manera digna su fin. Fernández Santa Eulalia, recibió un halago por dar a su ejercicio "cierto aire de modernidad". Si bien parte del tribunal consideró que su contenido era deficiente y denotaba escasa formación técnica. No hay acuerdo.

Beltrán de Heredia volvió a brillar en este ejercicio, demostrando, a juicio del tribunal, tanto su sólida preparación como sus buenas condiciones de exposición. El presidente Clemente de Diego diría: "el ejercicio del opositor Beltrán, en conjunto, ha sido bastante afortunado, revelando dotes poco comunes con gran acopio de bibliografía nacional y extranjera, certera dirección de pensamiento y técnica, el opositor discurre dignamente. Su programa bien construido va acompañado de un índice de literatura jurídica que demuestra aventajada formación".

Por tanto, se declaró apto por unanimidad al opositor Beltrán de Heredia. Los otros tres pasaron el ejercicio, pero sin contar con el voto afirmativo de todos los jueces. El grupo encargado de realizar la selección ya había decidido el sentido de su decisión en este ejercicio.

Pero, antes de avanzar con las pruebas, el secretario dio cuenta de una carta del presidente De Diego comunicando que no podía continuar las oposiciones por enfermedad, por lo que fue sustituido por Felipe Gil Casares, el miembro más antiguo del tribunal.

El *tercer ejercicio*, que consistía en desarrollar una lección del programa, volvió a resultar poco favorable para el valenciano. El tribunal opinó que la lección relativa a la posesión, que fue la expuesta por Donderis, resultó muy insuficiente, ya que repitió el texto de Castán con pocas citas o referencias y falta de labor personal, siendo un estudio superficial que, además, no resultó claro en su exposición.

Delgado hizo su prueba sobre las "Obligaciones alternativas" y el jurado la consideró pobre y cansina, con acopio de supuestos y doctrinas conocidas. En cuanto a Fernández Santa Eulalia, que presentó su lección sobre los "Modos de la declaración de voluntad", fue considerado confuso por los jueces, aunque también consideraron que había mostrado un buen manejo de la palabra y una presentación sugestiva. Después de todo, era un maestro profesional ejercitado en lides forenses.

El ejercicio de Beltrán de Heredia sobre la "Causa de los negocios jurídicos" sería, una vez más, el favorito. El tribunal lo consideró un ejercicio de gran interés en el que el candidato había demostrado la solidez de sus conocimientos, superando incluso las brillantes pruebas precedentes. Las actas indican que sus jueces opinaron que había estado bien la exposición oral y se había ceñido a los problemas más importantes de la cuestión. Además, fue sistemático y claro en la exposición y demostró un continuo conocimiento bibliográfico. Así que el salmantino vuelve a ser el aspirante preferido. A estas alturas de la prueba no quedaban dudas del resultado final.

En el *cuarto ejercicio*, desarrollo escrito y disertación de una lección sacada al azar, los jueces volvieron a destacar a Beltrán de Heredia y acordaron por unanimidad su paso al siguiente ejercicio. El resto también continuó, pero solo por mayoría. No obstante, Donderis, Delgado y Fernández Santa Eulalia prefirieron no comparecer, por lo que se les consideró que habían decaído en su derecho.

En solitario, Beltrán de Heredia realizó el *quinto ejercicio*, un caso práctico, que según los informes de las actas resolvió con claridad, acierto y talento, demostrando su dominio del derecho positivo y su visión práctica.

Y pasó a la última de las pruebas, el *sexto ejercicio.* Un ejercicio acordado por el tribunal sobre obligaciones pecuniarias y que, de nuevo, mereció juicio muy favorable, suficiente para cubrir las exigencias. Entendieron que Beltrán de Heredia resolvió con acierto, demostrando otra vez buen conocimiento del derecho positivo, buena preparación y condiciones jurídicas para desempeñar la cátedra.

El tribunal informó sobre los trabajos presentados por el candidato. Uno de ellos el "Usufructo sobre usufructo", dos estudios sobre posesión ("Elementos constitutivos de la posesión" y "La posesión en la legislación y jurisprudencia italiana") y el último, "Luís Vives, jurista", un estudio filosófico en colaboración con otros autores. El primero fue el más relevante para el tribunal, quienes indicaron que era muy estimable, con gran aportación de doctrina y cierta originalidad en el derecho positivo español. En general, todos los trabajos reciben alabanzas: el tribunal los encontró interesantes, muy documentados y sistemáticos, con conclusiones que demuestran profundos conocimientos y originalidad de gran utilidad para la ciencia.

No había ninguna duda, como era de esperar se propuso por unanimidad a José Beltrán de Heredia y Castaño para ocupar una cátedra vacante[396].

El salmantino eligió dos cátedras: la de su ciudad natal y la de Oviedo. A la primera accedería si ésta quedaba libre (lo que sucedería en el caso de que el concurso de traslado de la cátedra de Valladolid se resolviera a favor de Ignacio Serrano, aún catedrático en Salamanca), ocupando la segunda en caso contrario.

396 En 1941, en la lista de 1940-1941 de catedráticos de universidad de la *Revista de Información Universitaria* figura como catedrático de derecho civil en Salamanca, p. 136; y en p. 7, en el apartado de nuevos catedráticos de universidad por orden de escalafón, sección séptima, con sueldo anual de 1.200 pesetas, con el número 411 en las listas de 1940-1941, categoría de ascenso número 83, aunque aparece como catedrático de derecho civil en Oviedo en lugar de Salamanca, posiblemente otro error; el resto de aspirantes a la plaza no aparecen. Lista en la Revista de Educación Nacional, *Información Universitaria,* año 1941 completo, no publican índices, pp. 160-232, repaginadas 51-61. Está en la Biblioteca Nacional de Madrid. El primer número de la *Revista Universitaria,* año II, número 40, 7 de enero de 1941, muy interesante, resumen de la labor en 1940 y número 61. Aparece la relación o lista de los nuevos catedráticos de universidad por orden de escalafón.

Por último, José Beltrán de Heredia Castaño sería nombrado para la cátedra de Salamanca y quedó desierta la de Oviedo[397]. Pero el profesor no cumpliría con el desempeño de su plaza de Salamanca: practicó el llamado *guadalajarismo*[398] pues, sin pedir excedencia, mantuvo los cargos políticos en Madrid y llegó a ser rector de la universidad de Salamanca. Lo cual no deja de ser bastante curioso, ya que el tribunal de la oposición había recalcado de manera insistente que las dotes didácticas del candidato lo convertían en la persona más idónea para la cátedra[399].

1940 y 1941. Concursos para Valladolid, Barcelona y Sevilla

Valladolid

También en 1940, el 8 de junio, se convocó a concurso la cátedra de civil de Valladolid[400]. En el escalafón de catedráticos de 1935 dicha plaza la ocupaban: Calixto Valverde y Valverde, de 70 años ya jubilado (fallecería al año siguiente) y Vicente Guilarte González, de 45 años, que estaba a punto de ser inhabilitado[401]. A Guilarte se le había incoado expediente de depuración el 26 de febrero de 1937 y unos días después, el 9 de marzo, presentó pliego de descargo. El 7 de septiembre se declaraba "militante de F.E. Tradicionalista de las JONS", adjuntando cartas de Calixto Valverde, del Abad de Silos y del general Manuel Dávila, informes favorables de autoridades académicas y eclesiásticas, así como de la jefatura provincial del SEU. Vista esa documentación, el 9 de diciembre fue confirmado en el cargo con inhabilitación "para el desempeño de cargos directivos y de

---

397 Para la cátedra de Salamanca se nombra a Beltrán de Heredia por orden 7 de diciembre de 1940 y se declara desierta Oviedo por orden 3 de diciembre (ambas en BOE del 16).

398 Mª Isabel Ramos Ruiz, "El 'guadalajarismo' en el rectorado de Tovar Llorente en la Universidad de Salamanca (1951/1956). El comienzo de su fin", *Ciencia y Academia,* IX Congreso *Internacional* de Historia de las Universidades hispánicas (Valencia, septiembre de 2005), 2 vols., Universitat de València, II, pp. 391-418.

399 Publicaría después algunos libros en la Editorial de la *Revista de Derecho Privado*: *La comunidad de bienes en el derecho español,* Madrid, 1954; *El cumplimiento de las obligaciones,* Madrid, 1956; *La renta vitalicia,* Madrid, 1963.

400 AGA, sección Educación, legajo 9606-1. Orden de convocatoria 8 de junio de 1940 (BOE 25 junio).

401 El otro catedrático de civil, Vicente Guilarte González, estuvo a punto de ser inhabilitado, J. Claret, *El atroz desmoche…*, pp. 132-133.

confianza en Instituciones Culturales y de la Enseñanza". El 30 de junio de 1942 solicitó la revisión del expediente de depuración "teniendo en cuenta la intrascendencia de los cargos y la conducta académica y ciudadana anterior y posterior al 18 de Julio de 1936". A pesar de ello, tuvo que esperar al 10 de julio de ese año 1942 para que su expediente fuera revisado y el ministerio resolviera confirmarlo sin sanción[402]. Entre tanto, la plaza que había ocupado salió a oposición.

Los *aspirantes* a la cátedra de Valladolid fueron dos: Ignacio Serrano Serrano, natural de Valladolid, de 32 años, catedrático de Salamanca desde 1935 y Manuel Antonio Romero Vieites, natural de Madrid, de 39 años, catedrático en Santiago desde 1936.

A primera vista resulta evidente la intención de los candidatos: el primero quería volver a su tierra y el segundo acercarse a la suya. Con edades y méritos similares, el segundo resultó ser menos patriota según la ideología imperante, pues al principio se le inculpa en la depuración, aunque se le retira la denuncia después[403].

En el expediente de Ignacio Serrano -miembro de la ACNdP de Valladolid- figura que era licenciado en derecho con premio extraordinario, doctor en derecho y licenciado en filosofía y letras, encontramos los siguientes méritos académicos: Durante ocho años, desde 18 de junio de 1930, fue profesor auxiliar de las asignaturas de romano y civil en Valladolid y el 18 de julio de 1935 fue nombrado catedrático en Salamanca. Fue decano del colegio de licenciados y doctores en ciencias y filosofía y letras del distrito universitario de Salamanca, por nombramiento de la dirección general de enseñanza de 27 de septiembre de 1939.

En el apartado patriótico consta como soldado voluntario de 1936 a 1938 y oficial primero honorario del cuerpo jurídico militar, orden 22 de febrero de 1938 del ministerio de defensa nacional, simultaneando las tareas militares con las docentes. Actuó como vocal ponente en consejos de guerra, vocal de la comisión de examen de penas de Salamanca y como auditor delegado de esa auditoría.

---

402 Carlos Petit, "Guilarte González, Vicente (1895-1962)", *Diccionario de catedráticos españoles de derecho (1847-1943)...*, Universidad Carlos III, en línea.

403 Tenía el cargo de decano (BOE 7 de enero de 1937). Finalmente carecía de fundamentos la inculpación y se le retirará, Jaume Claret, *El atroz desmoche...*, pp. 73, 171 y 356.

Su *publicación* más importante es el manual *Programas de derecho civil, parte general, primer y segundo curso*, publicado en Salamanca, 1939-1940. También presenta unos nuevos fragmentos de las *Instituciones* de Gayo, en la *Revista crítica de derecho inmobiliario*[404]. Tiene además otros artículos en la misma revista como "Justa causa *traditionis*", publicado en varios números[405]. Otros trabajos suyos: *El registro de la propiedad en el código civil suizo*, "Problemas de vigencia que plantea el Fuero del trabajo" y *El Fuero del trabajo. Doctrina y comentario*[406].

Más méritos que figuran en su expediente: haber sido pensionado en 1930 por la JAE para estudiar derecho inmobiliario en Suiza y por la universidad de Valladolid para estudiar derecho romano en Italia, en el verano del 1934. En general, Ignacio Serrano presenta una obra más amplia que el otro aspirante[407], que ahora veremos.

El segundo candidato, Manuel Antonio Romero Vieites, había sido premio extraordinario de bachiller y había obtenido licenciatura y doctorado en derecho. Fue depurado por el gobierno de la República por una orden de 20 de octubre de 1937, que lo suspendió de empleo y sueldo por un año y lo inhabilitó para cargos de mando y confianza en la enseñanza. Además, su depuración se produjo con toda clase de pronunciamientos favorables por la junta de gobierno del colegio de abogados de Madrid el 25 de noviembre de 1939.

Entre sus cargos académicos destaca que fue decano de la facultad de derecho de Santiago, por orden 7 de enero de 1937, cargo que desempeñó hasta su depuración. Se pone de manifiesto el hecho de la depuración por parte del bando republicano era un mérito para conseguir la plaza, aunque aquí de nada le sirva.

---

404 Número de agosto de 1934.

405 A partir del número de julio de 1934 (de septiembre a diciembre de 1934 y de enero a mayo de 1935).

406 *El registro de la propiedad en el código civil suizo*, Valladolid, 1934, 186 páginas; "Problemas de vigencia que plantea el Fuero del trabajo", en la revista Ciencia tomista, Salamanca, nº 173/4, (1938); *El Fuero del trabajo. Doctrina y comentario*, Valladolid, 1939.

407 Ignacio Serrano aparece en el escalafón o lista de 1941, p. 232, en Salamanca, en la Revista *de Información Universitaria*. Sin embargo, parece que hay algún error, pues ya era catedrático en Valladolid, donde permaneció hasta su muerte en 2005. Al ser una publicación oficiosa, con diferentes fechas de aparición en *Información Universitaria*, no se pone al día. Además, hay que tener en cuenta la desorganización que debía haber en el ministerio con tantas oposiciones y concursos.

Sobre sus publicaciones, Romero Vieites tan solo menciona "La mejora. La *fórmula mejora de tercio y quinto* y el sentido estricto de la voz *mejora* en el derecho hereditario español"[408].

En vista de los méritos de ambos, las publicaciones, y la escasa antigüedad del segundo (solo un año), fue designado catedrático de derecho civil en Valladolid Ignacio Serrano Serrano, orden 22 de noviembre de 1940[409]. Años más tarde, su hijo Ignacio Serrano García también lo sería de la misma cátedra.

Barcelona

Algo después, en 1941, se abre otro concurso de traslado. En este caso es para Barcelona[410] y está preparado para cubrir la vacante que había dejado Pérez González al trasladarse a Madrid. La firma un único *aspirante*, el valenciano y miembro del Opus dei Francisco Bonet Ramón, que será nombrado a primeros de julio[411]. Nacido el 28 de julio de 1907, ganó la cátedra de civil por oposición a los 34 años y había tenido como destino provisional la universidad de Barcelona.

El candidato se presenta con una rápida carrera universitaria que se desarrolló del siguiente modo. Fue premio extraordinario de licenciatura de derecho en Valencia durante el curso 1928-29 y se doctoró al curso siguiente, el de 1929-30. Recibió la pensión Alfonso XIII de la diputación provincial de Valencia para ampliar estudios de civil en Roma en el curso 1930-31 y, a su regreso, fue nombrado por concurso oposición profesor auxiliar temporal de derecho en Valencia, adscrito a las asignaturas de penal y mercantil. Después pensionado por la JAE durante el curso 1933-34 para realizar trabajos de investigación sobre derecho civil en las universidades de París y Berlín.

Francisco Bonet se convirtió en catedrático de civil en Santiago, por oposición entre auxiliares, en abril de 1935, y por concurso de traslado catedrático de la misma asignatura en Zaragoza, desde 26 de julio de 1935;

---

408 En la *Revista de Derecho Privado,* serie A., volumen XX, Madrid, 1935.

409 BOE 9 de diciembre de 1940.

410 AGA, sección Educación, legajo 9601-1. Orden de convocatoria y anuncio 30 de mayo de 1941 (BOE 5 de junio). Termina el plazo el 24 de junio de 1941.

411 BOE 24 de julio de 1941. Sin embargo, en la lista de catedráticos de 1940-1941 de *Información Universitaria* figura como titular de la cátedra de derecho civil en Zaragoza, p. 136; nos encontramos ante otro error en esas listas.

el 2 de abril de 1940 fue destinado con carácter provisional a la cátedra de civil en Barcelona.

Era miembro de la real academia de jurisprudencia y legislación desde 1935, vocal del tribunal de oposiciones a varias cátedras de derecho mercantil de escuelas de comercio en el año 1935 y vocal del tribunal de oposiciones a cátedras de civil en Santiago y La Laguna en 1936; también vocal del tribunal contencioso-administrativo de Zaragoza, 1936-1940 y de Barcelona desde 1940.

Bonet fue director del seminario de derecho privado de Barcelona y representante de la facultad de derecho en la Junta de su biblioteca universitaria; presidente del tribunal de exámenes de ingreso universitario en 1941 y vocal del tribunal para los exámenes de aspirantes a procuradores, celebrados en la audiencia territorial de Valencia. Bonet ejerció como consejero de redacción de la *Revista general de legislación y jurisprudencia* en su segunda época iniciada en 1941. Fue juez instructor del expediente seguido al Dr. Canedo. Quizás pueda referirse al poeta, diplomático, traductor y crítico literario Enrique Díez-Canedo, que también estudió la carrera de derecho y acabó exiliado en Ciudad de México con su familia. Aunque no es del todo seguro que se refiera a él, porque Díez-Canedo no era doctor[412]... A propósito de ese último dato de Bonet, cabe recordar la información de su expediente de depuración. Sabemos que señaló "como izquierdistas al rector Puche, de Valencia, el catedrático de Medicina Pesset (sic), el decano de Derecho Ots y el auxiliar Emilio Gómez Nadal, todos con cargos significados...".[413] De este grupo, recordemos el caso más dramático fue el del catedrático y rector Juan Peset, que terminó con sentencia de muerte y fusilamiento el 24 de mayo de 1941. Los otros catedráticos

---

412 Enrique Díez-Canedo estuvo de embajador en Argentina y Uruguay. Su hijo Joaquín Díez-Canedo Manteca fundó la emblemática editorial mexicana Joaquín Mortiz. Fue la primera en publicar, con recursos privados y durante largo tiempo, literatura contemporánea mexicana y también extranjera de los nuevos talentos, que se convirtieron en autores de renombre. Aurora Díez-Canedo, "Joaquín Mortiz: Destino de un exilio"; Freja I. Cervantes, "Un creador de catálogos literarios"; Claudia Silvia Llanos Delgado, "Escritoras en el catálogo de Joaquín Mortiz de 1981"; James Valender, "Joaquín Díez-Canedo: poesía y exilio", todos en *Universidades libres, universidades silenciadas. Autonomía y exilio, dos aspectos en la historia de las universidades,* Yolanda Blasco Gil (coord.), Valencia, Tirant lo Blanch, 2020, pp. 287-294; 311-322; 323-350; 351-366, respectivamente.

413 AGA, sección Educación, 21/20520, expediente personal. También en Carlos Petit, "Bonet Ramón, Francisco", *Diccionario de catedráticos españoles de derecho (1847-1943)...*, Universidad Carlos III, en línea.

delatados tuvieron que marchar al exilio, Ots Capdequí a Colombia, si bien regresó a Valencia en 1953; José Puche Álvarez se exiliaría a México donde fallecería en 1979; Gómez Nadal marcharía también al exilio en Francia, donde permanecería hasta su muerte en 1993.[414] Por su parte, Francisco Bonet Romero en su proceso de depuración presentó diversos testimonios a su favor:

> 1939, 5 de abril. Francisco R. Rodríguez Roda, honorario del Cuerpo Jurídico Militar, informa que Bonet "ha sido siempre persona de sentimientos católicos, de la Confederación de Estudiantes Católicos y protector después desde su cátedra... de ideas derechistas".
>
> 1939, 24 de abril. Solicita la rehabilitación y presenta nueva declaración jurada, donde cita como sus avalistas a Manuel Batlle Vázquez (rector accidental de Valencia) y a los catedráticos de Valencia José Viñas Mey, Salvador Salom Antequera y Joaquín Ros Gómez. Allí declara que se sustrajo a las milicias de la cultura y a cuantos encargos le llegaron y pudo evitar.
>
> 1939, 8 de abril. Un informe a su favor del marqués de Lozoya recuerda que "es persona que siempre ha militado en la extrema derecha, que merece absoluta confianza y es totalmente afecto al Glorioso Movimiento Nacional.

---

414 Mariano Peset, "El exilio de José María Ots Capdequí, Historiador del Derecho Indiano", en *Universidades y exilio*, homenaje a María Fernando Mancebo Alonso, Segorbe, Fundación Max Aub, pp. 185-201. Josep Lluís Barona, María Fernanda Mancebo Alonso, *José Puche Álvarez (1896-1979): historia de un compromiso: estudio biográfico y científico de un republicano españo*l, València, Comissió per al V Centenari del Descobriment d'America, 1989. Marc Baldó y María Fernanda Mancebo Alonso, "Emili Gómez Nadal: la frustración de un historiador", *Migraciones y Exilios*, 2 (2001), pp. 123-130. Marc Baldó Lacomba y María Fernanda Mancebo Alonso, "Vida y mort de Joan Peset", en *Procés a Joan Peset Aleixandre*, València, Universitat de València, 2001, 94 p.

Junta para Ampliación de Estudios, 1907-1939
Residencia de Estudiantes, 1910-1939
Actual Residencia de Estudiantes
Proyecto "Lugares del saber y exilio científico"

De esta suerte, Francisco Bonet fue rehabilitado en la cátedra de Zaragoza de manera provisional, el 26 de abril de 1939, hasta que se resolviera su expediente de depuración, algo que ocurrió en diciembre del mismo año cuando el juez de instrucción propuso "su rehabilitación en su destino sin sanción"[415].

De vuelta al concurso de traslado, es posible decir que su primera publicación fue su rápida tesis -transcripción y estudio menor- *Lorenzo de Padilla, historiador del derecho castellano*[416]; después llegaría *El anteproyecto de código civil argentino*[417] y algunas "Notas de jurisprudencia", en la *Revista de derecho privado,* desde 1931. Bonet colaboró también en las nuevas ediciones de los viejos comentarios al Código civil de *Mucius Scaevola*[418]. Finalmente vemos entre sus méritos un artículo titulado "Carácter del contrato de trabajo celebrado por los abogados y demás personas que ejercen profesiones liberales, según la jurisprudencia del Tribunal Supremo" publicado en la *Revista de derecho privado*[419].

En la inmediata posguerra aparecerían sus últimos trabajos de investigación: *El método en el estudio y enseñanza del derecho civil,* Zaragoza, 1939; *El divorcio y la nulidad del matrimonio en el ordenamiento jurídico español,* Zaragoza, 1940; *Naturaleza jurídica del contrato de mandato,* Barcelona, 1941 y algunos artículos más, entre los que destacan: "El nuevo libro I del código civil italiano"[420], "Concepto y fuentes del derecho civil"[421], además de otras publicaciones[422]... Francisco Bonet en su manual *Compendio de derecho civil*

---

415 AGA, sección Educación, 21/20520, expediente personal. Luis Martínez Calcerrada, "Francisco Bonet Ramón, in memoriam", en *ABC* (Madrid), 26 de noviembre, 2001, p. 72.

416 Madrid, Imprenta de archivos, 1932.

417 Madrid, Biblioteca de la *Revista general de legislación y jurisprudencia,* 1933.

418 En el tomo XXV (Madrid, 1933), con José Castán y Manuel Batlle; y en la revisión de la 5ª edición y adiciones de Manresa, tomos III a VI, publicados en Madrid, 1934, 1931, 1932 y 1933, respectivamente).

419 En el tomo XXII (1935), pp. 393 y ss.

420 En la *Revista de derecho privado,* XXIV (enero-marzo 1940).

421 Publicado en *Anales de la Universidad de Barcelona* (1940).

422 *Derecho de familia y sucesiones, contestaciones a judicatura de derecho civil, común y foral,* Madrid, 1940; *Programa de derecho civil, parte general e instituciones,* Valencia, 1940; "Derecho radiofónico", "Reseña legislativa", sección mensual; "Jurisprudencia hipotecaria", sección permanente, "Revista de Revistas", en *Revista general de legislación y jurisprudencia,* y otros estudios y recensiones en la *Revista de ciencias jurídicas y sociales de legislación y jurisprudencia* y en la *Revista de derecho privado.* Por ejemplo,

copiaría trozos del manual de Federico de Castro[423], otro de los grandes civilistas de ideología franquista.

Sevilla

También en el año 1941 se anunció el concurso de traslado para cubrir la cátedra de civil en Sevilla, que había quedado vacante al acceder Casso, que la ocupaba, al codiciado puesto de Madrid[424]. En la capital andaluza había sido catedrático de civil el exiliado Demófilo de Buen, quien durante la República fue consejero permanente de estado, vocal de la comisión jurídica asesora, miembro del tribunal supremo y presidente del tribunal popular de responsabilidades civiles. En 1936 reingresó al servicio de la enseñanza, pero el 4 de febrero de 1939 fue separado definitivamente y dado de baja en el escalafón. En 1940, tras vivir en el exilio en Francia, llegó a México donde fue profesor en el escuela nacional de jurisprudencia en la UNAM[425].

Para cubrir esta plaza sevillana se presentó un solo aspirante: Alfonso de Cossío y Corral, quien acompañó su instancia, como era de rigor, una copia certificada de su hoja de servicios, sus trabajos científicos y documentos acreditativos de haber satisfecho los derechos para la expedición de su título profesional de catedrático con fecha de 4 de abril de 1941. Es curioso, sin embargo, comprobar que no aportó documento acreditativo de la depuración, por estimar que no era necesario. Según el candidato, este requisito -destinado a confirmar la fidelidad ideológica- se deduce de

---

una publicación posterior, el manual de Francisco Bonet Ramón, *Compendio de derecho civil*, en *Revista de Derecho Privado*, 1 vol., Madrid, 1965, t. V, y otros, que se inspira en Federico de Castro y José Castán.

423 Francisco Bonet Ramón, *Compendio de derecho civil*. Tomo I, Parte general, Madrid, Editorial Revista de Derecho Privado, 1959.

424 AGA, sección Educación, legajo 9610-4. Orden de convocatoria y anuncio 10 de marzo de 1941 (BOE del 17). Termina el plazo el 16 de abril de 1941.

425 Archivo de la Dirección General de Personal de la UNAM, expediente 7083. VV.AA., *El exilio español en México, 1939-1982...*, p. 745. Marta Morineau, "Los profesores del exilio republicano español en la UNAM. Vida y obra de Demófilo de Buen Lozano", *Los maestros del exilio español en la Facultad de Derecho...*, pp. 93-115. Eva Elizabeth Martínez Chaves, *España en el recuerdo, México en la esperanza...*, pp. 437-448. Yolanda Blasco Gil, "Académicos derrotados. Juristas exiliados en la UNAM"..., p. 226. Juan Carlos Pérez Guerrero, *La identidad del exilio republicano en México*, Madrid, Fundación Universitaria Española, 2008.

un modo "indubitable" del resto de la documentación, para lo cual alega las siguientes consideraciones:

La primera es que, habiéndose encontrado desde el principio de la guerra civil en zona nacional, prestó sin interrupción sus servicios en la Universidad; desde 24 de abril de 1936 en La Laguna como catedrático numerario de civil y después en la de Sevilla, donde fue adscrito provisionalmente por orden ministerial de 15 de diciembre de 1939 para desempeñar la cátedra de civil ahora solicitada. Suma, por lo tanto 4 años, 11 meses y 11 días en su hoja de servicios.

La segunda consideración es que ejerció durante cerca de tres años el cargo de vocal ponente en los consejos de guerra de la auditoría del ejército de ocupación, con el empleo de oficial 1° honorífico del cuerpo jurídico militar.

Los trabajos científicos presentados por Cossío fueron pocos, tan solo los siguientes artículos: "*Res Mancipi y Nec Mancipi.* Introducción a la teoría del patrimonio en Roma", *Anales de la Universidad de Valladolid* (1934); "El Usufructo de acciones del artículo 486 de nuestro Código civil", *Revista crítica de derecho inmobiliario* (1933) y "La teoría del patrimonio", *Anales de la Universidad Hispalense* 3 (1940).

Su carrera universitaria se aporta con detalle: realizó el bachillerato en el instituto de Valladolid con premio extraordinario (cursos 1922 a 1928), se licenció en derecho en la universidad de la misma ciudad, con matrícula de honor en todas las asignaturas y premio extraordinario (cursos 1928 a 1931) y se doctoró en Madrid, también con matrícula de honor en todas las asignaturas y premio extraordinario del grado (curso de 1931-1932).

En el apartado de becas, indica que disfrutó de una pensión de seis meses (de agosto de 1932 a enero de 1933), otorgada por la Universidad de Valladolid, para estudiar derecho privado en la universidad de Múnich e inmediatamente, después (de enero a diciembre de 1933), otra de once meses de la JAE para continuar sus investigaciones en la misma universidad de Múnich y en Berlín.

La docencia que había impartido hasta el momento también se detalla: fue ayudante de clases prácticas de derecho civil (parte general) en Madrid durante los cursos 1934-35 y 1935-36 y encargado del seminario de derecho civil durante los mismos años. A ello añade que, desde comienzos del curso 1940-1941 está desempeñando, en concepto de acumulada, la cátedra de derecho penal de la universidad de Sevilla.

No era éste un gran recorrido en la universidad, pero el candidato contaba con un gran aval en otro aspecto: su presencia en los consejos de guerra. Así, el candidato hizo constar en su expediente que fue nombrado oficial 1° honorífico del cuerpo jurídico militar el 15 de agosto de 1937 y que fue destinado a la auditoría de guerra del ejército, actuando en Bilbao, Santander, Lérida, Tarragona y Madrid hasta abril de 1940. También señala sus condecoraciones: la medalla de campaña y la cruz del mérito militar, ambas con distintivo rojo.

El ministerio nombró finalmente catedrático en Sevilla a Alfonso de Cossío y Corral, orden 12 de mayo de 1941[426].

1942-1943. Oposiciones a las cátedras de Granada, Santiago y La Laguna

Estas nuevas oposiciones, celebradas dos años después, siguieron idéntico proceso[427]. En este caso, el *tribunal* estuvo formado por uno de los grandes civilistas, Felipe Clemente de Diego, también franquista, que actúo como presidente, junto a los vocales Ignacio de Casso Romero, José Castán Tobeñas, José María Viñas Mey y José Beltrán de Heredia, como secretario. Todos afectos al régimen. Los *aspirantes* fueron Amadeo de Fuenmayor Champin, José Fernández Santa Eulalia (que no llegó a concurrir) Miguel Royo Martínez, Antonio Hernández Gil, Cristóbal Navajas Tirado (que tampoco se presentaría), Luis Riera Aisa (también ausente), José María Valiente Soriano y Diego Eduardo Espín Cánovas. Al final solo cinco de los firmantes opositaron.

Después de los *tres primeros ejercicios*, resueltos correctamente por todos, llegó el momento de que los opositores prepararan, para la *cuarta prueba*, sus lecciones. Las elegidas fueron: Fuenmayor, "Las fuentes de las obligaciones"; Royo, "Derechos de retracto y de opción"; Hernández Gil, "Servidumbres prediales"; Valiente, "Contratos de comodato"; y Espín Cánovas,

[426] BOE 2 de julio. En la lista de 1940-1941 de los nuevos catedráticos de universidad, Revista de Educación Nacional *Información Universitaria,* n° 40 (enero 1941), p. 160, aparece como catedrático de derecho civil en La Laguna.

[427] AGA, sección Educación, 31/1469, legajo 10470-1; también 31/1470, legajo 10471. Orden de convocatoria y anuncio 12 de enero de 1942 (BOE del 21). Terminó el plazo el 22 de marzo de 1942. Por orden 17 de enero (BOE del 24), agregada a la convocatoria de Oviedo y Santiago la cátedra de La Laguna (turno libre). Nombramiento del tribunal: orden 4 de febrero (BOE del 15): lista provisional de admitidos y excluidos, 14 de abril (BOE del 17), lista definitiva del 27.

"Derecho al nombre. El domicilio". Los autores más consultados por los aspirantes fueron: De Diego y Castán; en segundo lugar, Enneccerus y Planiol; Ruggiero en tercero; después, Ossorio, Stalfi, Dusi, Manresa... Con ello se ve la doctrina de la que beben.

El *quinto ejercicio*, el caso práctico, lo pasaron también todos. Aunque el tribunal comenzó a decantarse: descubrió algunos fallos a Royo Martínez en sus soluciones propuestas, apuntando referencias inexactas de la nueva reglamentación de la ley 8 de septiembre de 1939; en cambio, alabó la perfecta claridad de la exposición en Antonio Hernández Gil.

Como era preceptivo para el *sexto ejercicio*, uno de los opositores extrajo al azar uno de los temas del cuestionario acordado por el tribunal. Fue el número 26: "El derecho de troncalidad en la legislación foral de Navarra". Terminado el tiempo de elaboración y, una vez que los opositores leyeron sus correspondientes trabajos, el tribunal emitió su juicio. Encontró la lección de Fuenmayor perfectamente construida, con una interesante y documentada exposición del concepto, caracteres diferenciales, elementos y contenido de la troncalidad en general y de la troncalidad navarra en especial. En la exposición de Hernández Gil consideró de interés su exposición histórica y el examen detenido del problema de la vigencia de la institución. A Valiente los jueces no lo vieron muy sistemático, pero apreciaron en él un sello personal acusado y un meritorio estudio analítico de los textos legislativos navarros, con juiciosas indicaciones comparativas y críticas. De Espín dicen que intenta trazar un cuadro sistematizado y completo de la sucesión troncal, un ambicioso propósito que no logra plenamente. Finalmente, de Royo dicen los jueces que, aun haciendo alguna aportación interesante de carácter histórico, no entra apenas en el derecho de Navarra e incurre en algún error comparativo.

Ya solo quedaba valorar los trabajos presentados por los candidatos. Extracto a continuación los datos fundamentales del informe del tribunal de quienes obtendrán las plazas.

De Valiente y de su trabajo "Substituciones fideicomisarias", los jueces destacaron lo fundado de su razonamiento y la independencia de criterio que mostraba el autor al juzgar el carácter exclusivamente familiar de la substitución fideicomisaria en nuestro derecho. El candidato llegaba a esta conclusión después de lo que el tribunal juzgó como un diligente estudio del derecho romano, de la legislación histórica española y del movimiento legislativo del siglo XIX.

De Fuenmayor, los académicos juzgan dos trabajos. Primero su estudio sobre "El derecho sucesorio del cónyuge putativo" que se publicó como artículo en la *Revista de Legislación y jurisprudencia* en noviembre de 1941 y que el tribunal consideró una tesis original de gran trascendencia práctica para la interpretación de los artículos 51 y 69 del código civil español. El otro trabajo fue "La deuda alimenticia del donatario", un tema que el candidato examinó a través de la tradición jurídica española y en los códigos modernos, señalando las peculiaridades que presentaba esta institución frente a los alimentos familiares en nuestro derecho. El estudio presentaba una interpretación concienzuda a juicio no solo del tribunal que juzgó esta oposición, sino de quienes galardonaron este estudio con el premio Olóriz de la facultad de derecho de Valencia.

De Hernández Gil se examinó "Ética y derecho" y "Juan Luis Vives prototipo del renacimiento español", trabajos filosóficos ambos de corta extensión que, según el tribunal, mostraban la vocación "vivista" del autor y abordaban temas como la ignorancia del derecho, la costumbre y la ley según las doctrinas del filósofo valenciano, máximo exponente del humanismo europeo.

Como resultado, fueron nombrados por orden 13 de abril de 1943 Antonio Hernández Gil, Amadeo Fuenmayor y José Valiente Soriano, para las cátedras de Granada, Santiago y La Laguna en ese orden[428].

Fuenmayor pasó después a Navarra. Allí, como recuerda Jaume Claret[429], coherente con su alergia al libre pensamiento, en su memoria de cátedra afirmaba que "por fortuna nos ha tocado asistir a la agonía irremediable -a la liquidación, diríamos jurídicamente- del mundo moderno. La modernidad -y es esta cuestión que no se discute científicamente- está llamada a desaparecer en esta guerra que nos rodea". Señalaba, también, que tras el triunfo de las potencias del Eje se podría "liberar a España de los últimos focos de rebeldía nacional, anidados en los centros universitarios", por ejemplo, del falso dogma liberal de la libertad de cátedra.

Mientras, entre otras universidades latinoamericanas, la UNAM en especial supo nutrirse del caudal científico de los civilistas exiliados que acudieron allí[430].

---

428 En 1943, BOE 10 de enero, se anuncia el concurso previo traslado a la universidad de Murcia de la cátedra de derecho civil. Por orden de 3 de febrero de 1943, BOE 26 de marzo, se nombra catedrático a Antonio Reverte Moreno.

429 Jaume Claret, *El atroz desmoche...*, cita en p. 179.

430 María del Refugio González, *El Derecho civil en México, 1821-1871. Apuntes para su estudio,* México, UNAM-Instituto de Investigaciones jurídicas, 1988.

DERECHO MERCANTIL

Un mercantilista en el exilio fue Joaquín Rodríguez Rodríguez[431]. Sería de los primeros discípulos de Joaquín Garrigues Díaz-Cañabate, catedrático de la universidad central y máximo exponente en la asignatura[432]. Por su parte, Garrigues, de ideología falangista, sería la gran figura de los mercantilistas. Fundó la denominada moderna escuela española del derecho mercantil, influidos fundamentalmente por la doctrina alemana. Es considerado padre del derecho mercantil moderno, fundador de la mayor escuela mercantilista de España, como la de Valencia. En las oposiciones de los años 40 observamos la frecuente presencia de Garrigues y la pertenencia a su escuela de los candidatos... En Valencia, tiempo después, uno de sus discípulos destacados sería Manuel Broseta Pont.

Garrigues y Rodríguez, maestro y discípulo, estarían separados por convicciones ideológicas. Más paradojas de la guerra... Joaquín Rodríguez nació en Almería en 1910, se doctoró en 1935 con la tesis "El regreso por no aceptación en Derecho español y comparado", y en 1936 obtuvo la cátedra en La Laguna -que en 1943 saldrá de nuevo la plaza-. En su oposición estuvo Antonio Polo, personaje central, influido por Lorenzo Mossa... Después pasaría a Valencia, capital de la República durante la contienda. Allí había conocido a su esposa Laura del Castillo Sáenz de Tejada. Era hermana del teniente Castillo, cuyo asesinato daría lugar al día siguiente al de José Calvo Sotelo, ambos hechos considerados detonantes de la contienda...[433] Ro-

---

431 Carlos Vasserot, "Aportaciones al derecho concursal de Joaquín Rodríguez y José A. Ramírez", *Estudios de Derecho Concursal*, Juan Ignacio Peinado Gracia y Francisco Javier Valenzuela Garach (coord.), Madrid, Marcial Pons, 2006, pp. 533-541.

432 La tesis de Joaquín Garrigues trató sobre el depósito irregular. Éste trabajó como ayudante de prácticas de historia del derecho en la cátedra de Felipe Clemente de Diego. En 1927 obtuvo la cátedra de derecho mercantil en Madrid, aunque contaba con una escueta obra en el momento de las oposiciones. Compañero de universidad de José Antonio Primo de Rivera, quien intercedería con su padre Miguel Primo de Rivera para la oposición. También fue amigo de Felipe Sánchez Román y Gallifa... Comenzó a despuntar con una gran obra y participará en las legislaciones especiales franquistas, preparará la ley de sociedades anónimas, la ley de prácticas restrictivas de la competencia de 1963. Fue un abogado de prestigio, la firma del despacho Garrigues continuará. Sobre la historia de la disciplina, Carlos Petit, *Historia del derecho mercantil*, Madrid, Marcial Pons, 2016.

433 Manuel Tuñón de Lara, "Objetivo: acabar con la República", *Historia 16*, vol. extra. 3 (1977), pp. 89-106. Paul Preston, *La destrucción de la democracia en España. Reforma, reacción y revolución en la Segunda República*, Madrid, Alianza Universidad, 1986; *La guerra civil española. Reacción, revolución y venganza*, (edición actualizada),

dríguez fue secretario de las cortes realizadas en Figueres y salió de España caminando, dejando atrás los escenarios de la guerra... Desde Francia emigró a México en 1939, y allí sería profesor de la UNAM en la Escuela Nacional de Jurisprudencia[434]. Trabajó también en el Instituto Tecnológico de Monterrey. Falleció joven, en 1949 -por una insuficiencia renal que venía tiempo arrastrando, agravada como consecuencia de la guerra-. Murió sin haber cumplido aún los 40, y seis años después de que saliera a oposición la cátedra que él había desempeñado en España. Sin embargo, los pocos años que estuvo en México realizó varios trabajos con los mejores mercantilistas mexicanos. A pesar de su juventud era un buen mercantilista[435].

También el catedrático de Madrid Antonio Sacristán Colás se exiliaría a México, donde ejerció su magisterio en la facultad de derecho y en la de economía de la UNAM, ambas fueron refugios del exilio[436].

Debolsillo, 2017; *El final de la guerra. La última puñalada a la República*, Barcelona, Debate, 2014.

434 Expediente de Joaquín Rodríguez Rodríguez, en Archivo de la Dirección General de Personal de la UNAM: RORJ-112/131/5693. VV.AA., *El exilio español en México, 1939-1982,* México, FCE, 1982, p. 735. Miguel Romero Carreño, "Un almeriense ilustre olvidado. El catedrático Joaquín Rodríguez", *La Voz de Almería* de 6 de agosto de 1987; e *Ideal* de 8 de febrero de 1989, p. 10. Jorge Barrera Graf, "Joaquín Rodríguez, en el cincuentenario de su llegada a México", El Foro, t. II, núm. 4, México, (1989), pp. 159-166. Laura del Castillo, *Mi salida de España en 1939, Nuevas raíces. Testimonios de mujeres en el exilio,* México, Editorial Mortiz, 1993, pp. 261-280. Carlos Vargas Vasserot, *Emilio Langle y Joaquín Rodríguez: dos mercantilistas almerienses,* Almería, Universidad de Almería-Ilustre Colegio Notarial de Granada, 1997; del mismo autor, la entrada "Rodríguez Rodríguez, Joaquín", *Diccionario Biográfico Almeriense, Instituto de Estudios Almerienses,* 2006, en línea; también, "Aportaciones al Derecho concursal de Joaquín Rodríguez y José A. Ramírez", *Estudios de Derecho Concursal,* Madrid, Marcial Pons, 2006, pp. 533-541. Eva Elizabeth Martínez Chaves, *España en el recuerdo, México en la esperanza...*, pp. 420-426. Yolanda Blasco Gil, "Académicos derrotados. Juristas exiliados en la UNAM"..., p. 227.

435 Agradezco al profesor de derecho mercantil Jesús Olavarría Iglesia que me facilitara los datos. En general, para una valoración de los juristas exiliados, Yolanda Blasco Gil, "Académicos derrotados. Juristas exiliados en la UNAM"..., en particular p. 227 sobre Joaquín Rodríguez Rodríguez; también, "La UNAM, receptora de profesores españoles exiliados: una valoración de la Escuela Nacional de Jurisprudencia", en *Universidades de Iberoamérica: ayer y hoy,* Hugo Casanova Cardiel, Enrique González y Leticia Pérez (eds.), México, UNAM, Instituto de Investigaciones sobre la Universidad y la Educación, 2019, pp. 389-422, en especial sobre el profesor estudiado p. 398.

436 Archivo de la Dirección General de Personal de la UNAM, expediente Antonio Sacristán Colás 5722.

1940. Oposiciones en Oviedo y Salamanca

En Salamanca había ocupado la cátedra de mercantil José L. de Benito Mampel (Barcelona 1901-Madrid, 1992), que fue otro de los profesores exiliados. Había enseñado en las universidades de Murcia, Salamanca, Zaragoza y después en Valencia. En la República fue fiscal del tribunal de cuentas. Tras la guerra se exilió primero a Francia, después a Colombia y a México, donde continuó su trayectoria académica en la UNAM[437]. También su obra fue silenciada...[438] Por otra parte, en el escalafón de 1935 estaba ocupando la cátedra de Salamanca Álvaro Calvo Alfageme, mediante concurso de traslado. Cesó el 13 de mayo de 1937 por separación definitiva. Acusado de ser directivo del partido que acaudilló su amigo Sánchez Román, por pertenecer al partido nacional republicano, por ser masón de la logia de Béjar. Además de tener una conducta moral reprochable, como dicen se demuestra en los exámenes de sus alumnos y por ausentarse de la universidad sin justificación, debido a su escasa vocación como profesor, pasando la mayor parte del tiempo en Madrid donde tiene casa. Finalmente, el 19 de febrero de 1946 fue reasignado catedrático en Valladolid, como resultado de la revisión del expediente de depuración[439]. Calvo Alfageme no publicaría demasiado a lo largo de su vida. Aparte de su tesis doctoral sobre *La jurisprudencia analítica de la Escuela inglesa* (1915), de 70 páginas; *El aval* (1933); "Chronique de legislation, de doctrine et de jurisprudence en matier de Droit comercial. Espagne, 1920-1931" (1933), de 15 páginas; "La empresa mercantil como objeto de negocios jurídicos", en *Anales de la Academia Matritense del Notariado*, número 1 (1945), páginas 511-559; destacan sus *Apuntes de derecho marítimo, según las explicaciones de Don Álvaro Calvo Alfageme*, mecanografiados, publicados por la Universidad de Valencia en 1949, 310 páginas, posteriormente publicados por Maraguet, en 1951, 325 páginas. También su *Estampa universitaria, lección inaugural del curso 1961-1962*, de la Universidad de Valencia, 1962, 30 páginas.

---

437 VV.AA., *El exilio español en México, 1939-1982...*, p. 735. Eva Elizabeth Martínez Chávez, *España en el recuerdo, México en la esperanza...*, pp. 420-426. Yolanda Blasco Gil, "Académicos derrotados. Juristas exiliados en la UNAM"..., p. 227.

438 Fue silenciado, eliminado de la lista de la Editorial Revista de Derecho Privado como autor de su obra *La personalidad jurídica de las compañías y sociedades mercantiles*, "El Estado franquista, editor pirata", *Boletín informativo de la Unión de Profesores Universitarios Españoles en el Extranjero (sección México)*, año II, núms. 13-14 (agosto-septiembre de 1944), pp. 7-15, derecho pp. 7-8 y 12-14.

439 AGA, sección Educación, (05) 1.19. 31/15449, expediente personal; 21/20353, número 10, depuración.

En la universidad de Oviedo había sido asesinado el rector Leopoldo García Alas y Clarín Argüelles, civilista acusado de masón y republicano... En el escalafón de 1935 ocupaba la cátedra Antonio Polo y Díez, que cesó por separación definitiva el 13 de octubre, 1937. Tras el expediente de depuración y varios recursos, resolución 11 de octubre de 1941, se le destina de manera forzosa al exilio interior en Granada, toma posesión el 7 de noviembre de 1941. Allí impartirá estadística en el Instituto de estudios de administración local, también dos cursos de previsión y seguros sociales, en el seminario de estudios sociales. Fue acusado de pertenecer a la ILE, de ser izquierdista destacado, azañista, republicano de izquierdas y devoto de Sánchez Román, además de afiliado a la agrupación al servicio de la República. Sería repuesto años más tarde[440].

Las cátedras de Salamanca y Oviedo salieron a oposición (turno libre y auxiliares) en 1940[441]. La orden de convocatoria y anuncio fue el 11 de junio de ese año[442]. Terminó el plazo el 23 de agosto. El nombramiento del *tribunal*, por orden de 29 de agosto,[443] recayó en: el presidente Felipe Clemente de Diego, los vocales Ricardo Mur y Sancho, José Viñas Mey, en sustitución de José María González de Echávarri que renunció el 18 de septiembre, Joaquín Garrigues y Díaz Cañabate y el secretario Juan Ossorio Morales. La lista provisional de admitidos y excluidos en BOE de 20 de septiembre y lista definitiva el 30 del mismo mes.

---

440 Cinco años después, por orden 17 de julio de 1946 (BOE 8 de agosto), por concurso de traslado a Barcelona, hasta 1977 cuando se jubiló. AGA, sección Educación, 32/13959, 15319, 13530, 15413; 21/ 20533.

441 AGA, sección Educación, legajo 9587-3, oposición.

442 BOE 25 de junio de 1940.

443 BOE 13 de septiembre de 1940.

Los *aspirantes* fueron Rodrigo Uría González[444], Elías Ros Pallarés[445] y Agustín Vicente Gella[446]. Miguel Cabeza Anido y Manuel Pascual Espinosa fueron excluidos[447].

---

444 En 1939-1940 era profesor auxiliar de la universidad de Madrid, continuando en los cursos siguientes. Se unirá al bufete de abogados de Joaquín Garrigues, catedrático también de la misma universidad. Entre otras actividades y méritos recibidos: como voluntario en el Ejército Nacional recibió la Cruz Laureada de San Fernando, la Cruz Roja del Mérito Militar, la Medalla de Campaña y la de la Defensa de Oviedo. Será vocal de la Comisión general de Codificación. Sus principales obras: "Del socialismo marxista al nuevo socialismo alemán del trabajo", *Revista FE*, 1938; *El seguro marítimo*, Barcelona, Bosch, 1940; posteriormente a esta oposición, "El derecho de voto del accionista", *Revista Crítica de Derecho Inmobiliario*, 1943; *Comentario a la Ley de Sociedades Anónimas* I-II, con Joaquín Garrigues, Madrid, Instituto de Estudios Políticos, 1953; su manual, *Derecho mercantil* (1958), Madrid, Marcial Pons, ha tenido muchísimas reediciones. En 1946 funda la *Revista de Derecho Mercantil*. AGA, sección Educación, 21/20539, expediente personal. Recogido en Carlos Petit, entrada en *Diccionario de catedráticos españoles de derecho…*, Universidad Carlos III, en línea. Eduardo García, "Las memorias del siglo" (entrevista a Rodrigo Uría), *La Nueva España*, 16 de marzo, 1997, pp. VI-VII; posterior al periodo los apuntes de sus charlas con Vicente Aleixandre que escribió José Luis Cano, *Los cuadernos de Velintonia*, Barcelona, Seix Barral, 1986, muestra el ambiente universitario, pp. 107-108 los comentarios al último informe "delator" del Opus sobre la universidad de Madrid y los intelectuales de izquierdas. Y como Laín y Uría le pidieron firma a Vicente Aleixandre solicitando la libertad de Ridruejo...; José Luis García Delgado, "Rodrigo Uría in memoriam", *La Nueva España*, 27 de septiembre, 2001, p. 37; Aníbal Sánchez Andrés, "Rodrigo Uría (1906-2001). En memoria del hombre de carne y hueso", *Anuario de Derecho Civil*, 54 (2001), pp. 1341-1354; Aurelio Menéndez, "Recuerdo del profesor Rodrigo Uría con motivo del centenario de su nacimiento", *Actualidad Jurídica Uría Menéndez*, número especial (diciembre 2006), pp. 9-20.

445 AGA, sección Educación, legajo 9587-3. Elías Ros Pallarés era valenciano, de 34 años, doctor en derecho y profesor Auxiliar temporal, provisional, adscrito a las asignaturas de derecho mercantil y derecho penal en la facultad de derecho de la universidad de Valencia.

446 AGA, sección Educación, legajo 9587-3. Agustín Vicente Gella declara ser vecino de Zaragoza (Independencia, 23), profesor auxiliar de esa facultad de derecho, presenta certificado de la secretaría general de Orden público acreditando su adhesión al Movimiento, así como su hoja de servicios para poder cubrir la cátedra de Oviedo.

447 AGA, sección Educación, legajo 9587-3. Manuel Pascual Espinosa era doctor en derecho y teniente coronel del cuerpo jurídico militar. Declara los servicios prestados al ejército nacional, como fue ascendiendo a teniente auditor de primera, y a la jefatura de la fiscalía jurídico militar de la séptima región hasta ser designado fiscal jefe de la auditoria de guerra provisional de la columna de operaciones de

Varias consideraciones. En las hojas de servicio que presentan no aparece la hoja de Uría. Elías Ros no posee en estos momentos una amplia obra. Tampoco Agustín Vicente y Gella. El día 3 de octubre que da comienzo la oposición solo comparece el valenciano Elías Ros Pallarés, por lo que el presidente lo declara admitido.

Los primeros ejercicios de Ros resultan claros y concisos, pero en el resto de las pruebas que realizó sobre el tema de su programa y del cuestionario los juicios del tribunal son devastadores, dicen que comete errores, son deficientes, efectúa los temas de manera incompleta, equivocaciones en la lección que más bien la explicó para el tribunal antes que para los alumnos. No es sistemático, dicen, y añaden que contiene deficiente información. Después de estos informes, el día 25 de octubre y una vez constituido el tribunal, fue llamado el opositor para que verificara el sexto ejercicio, al cual no compareció ni justificó su ausencia, por lo que se le consideró decaído de su derecho. Por lo que las plazas de Oviedo y Salamanca son declaradas desiertas por orden 6 de noviembre de 1940[448].

De otra parte, en el *Boletín del Estado,* 11 de junio de 1940, se daba cumplimiento a la orden de 30 de mayo último, en la que anuncia a turno de concurso previo de traslado la cátedra de mercantil en Zaragoza. Como se ha venido mencionando, "el Ministerio apreciará los méritos contraídos por cada concursante en relación a los servicios que hubiera prestado a la Causa Nacional". También en la universidad de Zaragoza habrá oposiciones al año siguiente.

1941. Oposiciones en Zaragoza

El mercantilista José de Benito Mampel había sido catedrático en Murcia, Salamanca, Zaragoza y, por último, en Valencia, antes de partir al exi-

Asturias, hasta el empleo que hoy tiene. Mientras el otro aspirante excluido, Miguel Cabeza Anido, también era doctor y auxiliar temporal, desempeñó la cátedra vacante de mercantil de Santiago durante los cursos 1934-1935 y 1935-1936 y los dos intensivos de septiembre de 1939 a marzo de 1940 y de abril a julio de ese año. Superó la depuración, no siendo objeto de sanción. De su incondicional adhesión al nuevo estado es prueba el haber pertenecido a la corporación municipal de Santiago, por nombramiento del gobierno, desde 10 de noviembre de 1936 hasta fines de noviembre de 1938, así como haber sido nombrado secretario de la facultad de derecho de esta universidad, donde ejerce en ese momento. Acaba su declaración exclamando: ¡¡Adhesión!! Aun así, serán excluidos de esta oposición.

448 BOE 11 de noviembre de 1940.

lio a México. Esto es, la cátedra de Zaragoza estaba vacante, ya desde el escalafón del 1935. De Benito, por cierto, participaría en la Reunión de La Habana, aquel esfuerzo de los catedráticos universitarios españoles en el exilio, por planear la reconstrucción de España, una vez terminada la segunda guerra mundial. Creían que los aliados no permitirían la continuidad de Franco. Allí, José de Benito junto con el economista Julián Alienes elaborarían una ponencia dedicada a la "Reconstrucción, planificación y progreso económico", en el que planteaban la necesidad y la posibilidad de aumentar el crecimiento económico español, tanto en el campo como en la industria, lo cual facilitaría la apertura económica de España al mercado internacional[449].

La *oposición*, turnos auxiliares, para la provisión de la cátedra de derecho mercantil en Zaragoza tuvo lugar en 1941[450]. Orden y anuncio el 10 de enero de 1941[451]. Terminó el plazo el 10 de marzo. Nombramiento del tribunal por orden 29 de abril[452]. Lista de admitidos y excluidos 5 de mayo[453]. Y lista definitiva 24 de mayo de 1941[454].

De nuevo fueron *aspirantes* Agustín Vicente Gella y Rodrigo Uría González, que actuaron en oposiciones anteriores.

En el expediente de Uría aparece una nota manuscrita donde se indica que está desglosada toda la documentación en la oposición de derecho mercantil de Oviedo y Salamanca, 17 de marzo de 1941. Todo lo solicitado figura en el archivo del ministerio unido al expediente de esas oposiciones. Quizás por motivo de traslado o lentitud del proceso tampoco se vio en la oposición anterior.

En el acta figura el *tribunal* siguiente: preside José Mª Zumalacárregui, del CSIC y catedrático de Madrid, omnipresente en las oposiciones de mercantil; de vocales algunos catedráticos repiten, como Joaquín Garrigues y Díaz Cañabate de Madrid, Francisco Candil Calvo de Sevilla -éste había sido rector durante la República y tras la depuración fue suspendido de empleo y sueldo e inhabilitado para cargos directivos y de confianza, pero

449 Yolanda Blasco Gil, *1943: La transición imposible...*

450 AGA, sección Educación, legajo 9751-2.

451 BOE 15 de enero de 1941.

452 BOE 11 de mayo de 1941.

453 BOE 12 de mayo de 1941.

454 BOE 29 de mayo de 1941.

a los 6 meses solicitó la revisión y fue admitido, en 1940[455]- o el propagandista José Viñas Mey, catedrático en Valencia -que sustituye a González Echávarri por orden de 21 de mayo[456]- que también repite, y Juan Moneva Puyol, catedrático de Zaragoza. La función de secretario recae en Viñas Mey[457]. Todos ellos de sobra conocidos en tribunales de oposición.

Se aprobaron los temas preparados por cada juez, que constituyen el ejercicio sexto[458]:

I. Concepto de Derecho Mercantil

II. Bosquejo del Código de 1829. Estudio crítico del Código Mercantil vigente.

III. Leyes posteriores al Código de Comercio de 22 de agosto de 1885. Consideración especial de la legislación del Nuevo Estado.

IV. Nuevas orientaciones doctrinales y positivas en los principales países de Europa

V. Fuentes del Derecho mercantil. Consideración especial de la equidad, usos, prácticas y costumbres mercantiles. Jurisprudencia. Formación doctrinal de su concepto. Aplicaciones prácticas.

VI. Comerciante. Concepto, clasificación y condiciones de capacidad. Empresa mercantil. Formación del concepto y aplicaciones prácticas.

VII. Objeto de la relación jurídico-mercantil. Cosa. Mercancía. Estudio doctrinal y positivo

VIII. El dinero. Exposición doctrinal, histórica y positiva de su concepto. Problemas que plantea la devaluación monetaria y modo de resolverlos. Consideración especial de la cláusula oro.

IX. Actos de comercio. Su concepto, Derecho positivo y jurisprudencial. Legislación comparada. Actos de comercio mixtos. Dogmática de los mismos y forma de resolver los conflictos que en la práctica se presentan.

X. Registro mercantil. Estudio doctrinal y positivo. Consideración especial del nombre comercial y marcas de comercio.

XI. Contabilidad de comercio. Exposición doctrinal y positiva.

XII. Contratación mercantil. Especialidades. Estudio del derecho de retención. Consideración especial de la cláusula *rebus sic stantibus*.

XIII. Lugares de contratación mercantil. Estudio histórico, doctrinal y legal. Examen especial de las operaciones y jugadas en Bolsa.

XIV. Mediadores de comercio. Su naturaleza jurídica, clases y organización

XV. Sociedades mercantiles. Concepto. Clasificación. Personalidad jurídica. Teorías. Sociedades de hecho. Posición de la Jurisprudencia. Legislación extranjera

XVI. Sociedad colectiva. Estudio doctrinal y legal. Sociedad en comandita. Estudio doctrinal y legal

---

455 AGA, sección Educación, cajas y legajos 21/20353 y 32/16754.

456 BOE 10 de junio de 1941.

457 AGA, sección Educación, Acta número 2.

458 AGA, sección Educación, Actas número 3 y 4.

XVII. Sociedad anónima. Estudio doctrinal y legal
XVIII. Bancos de emisión y descuento. Exposición doctrinal y legal. Particular estudio del Banco de España.
XIX. Sociedades de crédito territorial y agrícola. Bases para una más perfecta organización crediticia a este respecto. Consideración especial del Banco Hipotecario
XX. Sociedades de economía mixta. Concepto. El *Führerprinzip* y su proyección en esta materia. ¿Sociedades de capitales o de personas? Examen del problema para cada tipo de Sociedad y en especial para las de economía mixta. Legislación comparada. España.
XXI. Cuentas en participación. Exposición doctrinal, positiva y jurisprudencial.
XXII. Cuenta corriente. Estudio doctrinal y legal
XXIII. Comisión mercantil. Estudio doctrinal y legal. Crítica del Código de Comercio. Nuevas orientaciones
XXIV. Depósito mercantil. Doctrina general. Clasificación. Depósito bancario. Problemas que plantea. Crítica del Código de Comercio. Jurisprudencia.
XXV. Préstamo mercantil. La usura. El préstamo con garantía prendaria. Problemas que plantea. Modernas disposiciones que le afectan.
XXVI. Compraventa mercantil. Exposición doctrinal y legal
XXVII. Compraventas especiales
XXVIII. Transporte terrestre. Concepto. Clases. Derecho positivo. Jurisprudencia
XXIX. Contrato de seguro. Concepto. Importancia y mecanismo del cálculo a este respecto. Clases de seguro. Riesgo. Prima.
XXX. Reserva estatutaria y matemática. Concepto. Aplicaciones. Modernas disposiciones sobre la materia. Reaseguro
XXXI. Títulos de crédito. Dogmática. Clasificación. Derecho positivo
XXXII. Letra de cambio. Concepto. Caracteres. Teorías. Consideración especial de si es o no un negocio jurídico abstracto. Consecuencias jurídicas en el orden procesal. Jurisprudencia
XXXIII. Elementos personales, reales y formales. Letras defectuosas y sus consecuencias jurídicas.
XXXIV. Provisión de fondos. Endoso. Presentación y aceptación.
XXXV. Aval. Historia. Concepto. Consideración especial del aval en términos generales. Problemas que plantea. Crítica del Código de Comercio
XXXVI. Pago. Protesto. Intervención en la aceptación y pago
XXXVII. Acciones que nacen de la letra de cambio. Recambio y resaca
XXXVIII. Libranzas, vales, pagarés a la orden y cartas de crédito
XXXIX. Cheque. Concepto. Clases. Problemas que plantea en la doctrina, en derecho positivo y en la Jurisprudencia.
XL. La nota particular del Derecho marítimo
XLI. La unidad del Derecho marítimo
XLII. El condominio naval
XLIII. El concepto de naviero y el Estado armador
XLIV. Límites de la responsabilidad del naviero
XLV. El capitán del buque como representante del naviero
XLVI. La venta forzosa del buque: problemas que plantea
XLVII. El concepto legal del contrato de fletamento: crítica del Código de Comercio

XLVIII. El conocimiento de embarque. Su función en el tráfico de mercancías
XLIX. Las cláusulas de irresponsabilidad del fletante. Problemas que suscitan
L. La pólvora flotante en el seguro marítimo
LI. El riesgo de guerra en el seguro marítimo
LII. El abandono del asegurado
LIII. El contrato de remolque
LIV. El fundamento jurídico de la avería común
LV. Suspensión de pagos
LVI. Quiebra. Concepto. Clases. Casos en que procede la declaración y requisitos que deben acompañarla. Efectos respecto al quebrado y sus bienes.
LVII. Derecho de los acreedores en el caso de quiebra. Convenio del quebrado con sus acreedores. Problemas que plantea
LVIII. Especialidades de la quiebra en las sociedades mercantiles. Crítica del Código de Comercio. Rehabilitación del quebrado
LIX. La prescripción en materia mercantil. Estudio doctrinal y legal.

El cuestionario es muy completo. Además del derecho bancario abarca también derecho marítimo y legislación comparada. En el tema XX hace referencia a "El Fûhrerprinzip" y su proyección en derecho mercantil. La doctrina alemana está muy presente.

Las oposiciones se reanudan para dar comienzo al *primer ejercicio.* El único opositor Agustín Vicente Gella desarrolla su labor personal, contestando esta vez a las objeciones del vocal Candil -al no haber más opositores-. Los juicios son los siguientes:

Zumalacárregui: "La exposición de la labor personal del opositor careció de sentido orgánico y no acertó a poner bien de manifiesto los aspectos de originalidad, absoluta o relativa, que puedan caracterizar sus producciones. Por lo tanto, el ejercicio adoleció de falta de relieve y no contribuyó a hacer destacar debidamente la personalidad científica del opositor. La contestación a las observaciones del Sr. Candil fue muy insuficiente y puede hacer sospechar que el opositor desconoce la materia a que se refería. Todo el ejercicio adoleció, además, de oscuridad y confusión".

Garrigues: "En cuanto a sus estudios y actividades académicas, el opositor se limita a decir que desempeña desde el año 1932 la Auxiliaría de la Cátedra de Derecho Mercantil de la Universidad de Zaragoza, habiendo estado encargado del curso desde esa fecha. Esta experiencia docente se deja traslucir, sin duda, en la exposición del primer ejercicio. El opositor demuestra en ella la soltura propia de las personas acostumbradas a explicar la cátedra a lo largo de muchos años. En la parte relativa a la exposición de trabajos originales, advierte el vocal que suscribe que el opositor no supo responder a las objeciones que en punto a la naturaleza jurídica de la asamblea de accionistas y a la defensa de los derechos de la minoría hizo el miembro del Tribunal D. Francisco Candil. De todas suertes la impresión de este ejercicio es favorable al opositor".

Candil: "La exposición de su labor científica ha sido poco clara, no obstante ser algo tan personal. Para cumplir un precepto reglamentario hago al opositor dos objeciones: a) Si las asambleas generales de una sociedad podrían ser la expresión del *vereirbarung* (pacto normativo); b) Garantías para defender el derecho de las minorías en las asambleas generales. A ninguna de estas aclaraciones contesta de modo satisfactorio".

Moneva: "Ha sido una exposición clara y ordenada de su labor en Derecho Mercantil como escritor y como docente, encargado de ella desde mil novecientos treinta y tres en la Universidad de Zaragoza, además del ejercicio de la Abogacía del Estado y de la Abogacía libre en los Colegios de Valencia, Zaragoza y Madrid. Merece mi juicio favorable".

Viñas: "El juicio del Tribunal en este ejercicio se ha de limitar a mi parecer, a la forma de realizarlo -ya que el examen y valoración de los trabajos presentados por el opositor corresponde reglamentariamente a otro momento de la oposición-a la apreciación de la vocación y labor docente del aspirante y a la discusión con el Tribunal. Entendiéndolo así estimo que la exposición del Sr. Vicente Gella ha sido poco clara y no ha caracterizado bien la índole de los trabajos presentados. Su vocación y labor docente se infieren de sus publicaciones y del desempeño desde el año 1932, como Profesor Auxiliar de la cátedra de Derecho Mercantil de la Universidad de Zaragoza y, en cuanto a las objeciones formuladas en nombre del Tribunal por el Sr. Candil, no acertó a resolverlas satisfactoriamente y pareció no hacerse cargo del alcance de las mismas".

Se acuerda declarar al opositor apto para pasar a la siguiente prueba. El *segundo ejercicio* sobre el concepto, método, fuentes y programa de la asignatura. Los juicios del tribunal:

Zumalacárregui: "Las nociones económicas sobre cambio, dinero, valor, precio, producción, carácter productivo del comercio, etc. insuficientes, vagas, y en muchas cosas totalmente inexactas y anticuadas. Falta total de literatura en que apoyarlas (una sola cita de Marshall). La evolución del Derecho Mercantil muy deficiente. Algunas épocas y sectores faltan por completo. La misma carencia total de literatura en que apoyar las opiniones sustentadas. Falta total de criterio para determinar la naturaleza del acto mercantil. En el razonamiento círculos viciosos. El problema de la sustantividad del Derecho Mercantil queda sin dilucidar en absoluto. El aspecto didáctico tocado tan superficial y rápidamente que no puede formularse sobre él juicio alguno. Al tratar, sin necesidad alguna, del grado de certeza en las ciencias exactas, naturaleza y sociales mantiene puntos de vista anticuados sesenta años y hace afirmaciones que revelan un absoluto desconocimiento del panorama científico actual".

Garrigues: "En la exposición de este ejercicio se advierte la misma facilidad en el opositor para el desarrollo de la función docente y se echa de ver también que está al corriente de la evolución histórica del Derecho Mercantil, siquiera haya omitido una especial consideración de su acotamiento desde el punto de vista de la empresa. Se nota cierta tendencia a manejar ideas propias de la economía política. Al plantear el problema relativo a la sustantividad del Derecho Mercantil el opositor no acierta a explicarnos cuál es la razón vital que aconseja el tratamiento separado en dos Códigos distintos de los actos civiles y de los actos mercantiles, cuestión ésta en la que realmente se cifra el problema de la sustantividad del Derecho Mercantil. En definitiva, el opositor acredita nuevamente en este ejercicio su dominio de las fuentes y su larga experiencia pedagógica".

Candil: "En este ejercicio la exposición del concepto de Derecho Mercantil ha sido poco sistemática. Entre las consecuencias que trata, que son bastante incompletas, la de ser impersonal no convence, ni puede sostenerse sea hoy la directriz del Derecho Mercantil. Algo que dice de pasada sobre los actos de comercio es francamente inaceptable".

Moneva: "Ha sido, en buena oratoria académica, la repetición de la Memoria reglamentaria presentada como parte integrante del contenido de estas oposiciones: plenamente aceptable de plan, método y buena información científica".

Viñas: "El opositor Sr. Vicente Gella ha expuesto las líneas generales de la memoria reglamentaria. Su ejercicio has ido muy deficiente. En la exposición del desenvolvimiento del Derecho Mercantil ha omitido puntos importantes como el examen del mismo desde el punto de vista de la empresa. Ha faltado un criterio para la determinación del acto de comercio. El problema de la sustantividad del Derecho Mercantil no ha sido apreciado en su esencia y las nociones económicas formuladas por el opositor acerca del cambio, precio, valor, producción, etc. como sus ideas sobre el grado de certeza en las ciencias exactas, naturales y sociales son falsas y anticuadas".

El tribunal no se pone de acuerdo, pero son más los juicios negativos sobre el ejercicio realizado, por omisiones, deficiencias, falta de información, desfasada, no actualizada, tachándolo de inaceptable algunos, de ideas falsas y anticuadas otros sobre determinadas cuestiones. Pese a varios juicios negativos el tribunal decide por unanimidad declarar apto al opositor para pasar al tercer ejercicio. Parece que quieran hacerle sufrir [459].

Por la tarde tiene lugar el *tercer ejercicio*. Eligió del programa que presentó, la lección 21: "La concentración de empresa. Noción. Sus móviles. Antecedentes históricos. Formas generales de agrupación. Problemas de orden interno y externo que plantean".

En general son muy buenos los informes. Todos coinciden en que éste es muy superior a los otros dos ejercicios. Para Zumalacárregui es un tema muy bien preparado, además conoce la jurisprudencia de otros países. Para Garrigues el opositor demuestra que conoce bien el tema, aunque cometa inexactitudes terminológicas. Su punto de vista es muy útil. Por lo que demuestra que está bien preparado para la explicación de una lección en cátedra. Candil, por su parte, valora también su buen conocimiento histórico y jurisprudencial. Pero la parte dogmática resulta floja y la exposición de las relaciones externas indecisa y con falta de criterio científico. Por lo que considera el ejercicio regular. Según Moneva ha sido una exposición metódica y copiosa de doctrina, corresponde bien a una lección de cátedra. Y por último Viñas opina que es estimable por el conocimiento de la literatura extranjera, sobre todo anglosajona. El aspecto dogmático descuidado y la exposición poco sistemática con imperfecciones de técnica. Finalmente acordaron declararlo apto para el siguiente ejercicio[460].

A continuación se procedió a insacular diez lecciones de las que integran el programa del candidato. Se elige el número 66: "Ordenación jurídica de la navegación aérea. Idea de los contratos más corrientes del comercio aeronáutico. Quedan a disposición del opositor los libros y se le incomunica, advirtiéndole que disponía de 6 horas. Transcurrido el tiempo recogieron su ejercicio, y en el mismo acto el aspirante procede a su lectura. El tribunal pasa a deliberar y sus juicios son los siguientes[461]:

Zumalacárregui: "Muy superior, con gran diferencia, a los anteriores ... bien vistos y tratados los problemas de la relación del tema con el Derecho Internacional privado ..." Califica el ejercicio como muy bueno.

Candil: tema bien estudiado, planteado y resuelto. Muy completa la legislación extranjera.

---

459 AGA, sección Educación, Acta número 6.

460 AGA, sección Educación, Acta número 7.

461 AGA, sección Educación, Acta número 8.

Moneva: ha desarrollado el tema con gran densidad de materia a pesar de su dificultan. Buen criterio jurídico, claridad y orden. Le merece un juicio muy favorable.

Viñas: demuestra un seguro conocimiento de la doctrina y de la legislación extranjera. Abarca todos los aspectos del tema y los principales problemas, para los que propone acertadas soluciones. Se ha elevado mucho en este ejercicio demostrando su mejor actuación.

Garrigues: Exposición bastante clara y sistemática, aunque en algunos puntos superficial, es de tener en cuenta la gran extensión del tema. Acredita, pues, su experiencia docente.

El tribunal declara al candidato apto para pasar al siguiente.

Fue llamado el opositor Vicente Gella para realizar el *quinto ejercicio*, que consistió en el siguiente caso práctico:

> El comerciante A era deudor al Banco B el día primero de diciembre de mil novecientos cuarenta de la suma de cincuenta mil pesetas, siendo esta deuda vencida y exigible en dicha fecha. Para garantizarlo el Banco B exigió a su deudor que constituyera hipoteca, como así se hizo el día cinco de diciembre de mil novecientos cuarenta. El día diez del mes de junio de mil novecientos cuarenta y uno fue declarado en quiebra el comerciante A, siendo retrotraídos los efectos de esta declaración al día veinte de diciembre de mil novecientos cuarenta. La Sindicatura de la quiebra entabla demanda pidiendo la declaración de nulidad de esta hipoteca por considerarla hecha en fraude de acreedores del quebrado. ¿Debe prosperar esa demanda?

Para la segunda parte se propone el comentario del artículo 487 del Código de comercio:

> Si el aval estuviere concebido en términos generales y sin restricción responderá el que lo prestare del pago de la letra en los mismos casos y formas que la persona por quien salió garante; pero si la garantía se limitare a tiempo, caso, cantidad o persona determinada, no producirá más responsabilidad que la que nazca de los términos del aval.

Luego proceden a incomunicarlo... El opositor lo leyó y los jueces formularon sus juicios[462].

Zumalacárregui: "A) Caso práctico no resuelto totalmente a fondo, pero muy bien estudiado. B) Comentario de texto legal: lo mismo. En conjunto un buen ejercicio".

---

[462] AGA, sección Educación, Acta número 9.

Candil: "Este ejercicio se dividió en dos partes por acuerdo del Tribunal: A) Caso práctico. Un problema de retroacción de la quiebra, que se expresa en el acta y B) glosa de un artículo del Código de Comercio. Lo fundamenta bien desde el punto de vista en que se coloca. Demuestra soltura en el manejo de los textos legales".

Moneva: "Ha tratado el caso práctico relativo a la retroactividad de la declaración de quiebra con invocación afortunada de la doctrina legal mercantil comparada y de la jurisprudencia de los Tribunales. Ha tratado el caso de hermenéutica legal relativo al aval en Derecho cambiario con mucha doctrina y buena crítica"

Viña: "En la primera parte del ejercicio, consistente en la resolución de un caso práctico, ha demostrado el opositor clara percepción del problema propuesto y conocimiento de la materia sobre que versaba, aunque la solución no haya sido completa. En la segunda, constituida por un comentario del artículo 487 del Código de Comercio, la labor del opositor ha sido estimable también, siquiera no haya alcanzado a la verdadera dificultad encerrada en dicho precepto".

Garrigues: "A. Caso práctico. Antes de entrar en la resolución del caso dedica el opositor una buena parte de su ejercicio a tratar del sistema de nuestro Código en punto a la retroacción de la quiebra. Quizá en este punto las ideas del opositor no sean muy claras ni haya entendido perfectamente el sistema legal. En cuanto al caso práctico propiamente dicho, en realidad no aborda el problema que suscita y que es el de saber si con la frase "hipotecas convencionales sobre las obligaciones de fecha anterior que no tuvieran esta calidad" nuestro Código de comercio ha querido referirse a las obligaciones que no tuvieran el carácter de hipotecarias o ha querido referirse más bien a las obligaciones que no tuvieran el carácter de vencidas al tiempo de declararse la quiebra. De todos modos, el opositor ha acreditado su conocimiento de la materia de quiebra. B. Comentario del artículo 487 del Código de Comercio. Esta parte del ejercicio es desarrollada con gran conocimiento de la materia de avalada. La interpretación legal es correcta y el conocimiento de las teorías sobre la objetividad del aval demuestra que el opositor domina perfectamente el Derecho cambiario".

Por unanimidad se declara apto al candidato para pasar al último. El 15 tendría lugar el *sexto ejercicio* que consistió en contestar por escrito durante cuatro horas a dos temas del cuestionario, que va unido al expediente:

Tema 38: "Libranzas, vales, pagarés a la orden y cartas de crédito".

Tema 43: "El concepto de naviero y el Estado armador".

Se incomunicó al candidato. Después, el secretario recogió su trabajo, que fue encerrado en sobre, firmado y rubricado hasta su lectura pública. Tras la cual el tribunal quedó deliberando y emitió sus juicios[463]:

Zumalacárregui: "Tema 38. Muy buen ejercicio. En la libranza realmente agota el tema. Los demás puntos no los trata con tanta extensión y profundidad ni realmente tendría tiempo para tanto, pero los trata bien. En conjunto muy buen ejercicio. Tema 43: Bien estudiado el tema y analizado el carácter actual del naviero en el comercio marítimo. Estudia con acierto el carácter jurídico del Estado armador en la práctica actual. Todo el tema en conjunto bien desarrollado. El ejercicio en su conjunto muy bien y sosteniendo el tono que lleva desde el tercero".

Candil: "Este ejercicio consta de dos partes: A) Libranzas, vales, pagarés, cartas órdenes de crédito. Este tema lo desenvuelve en general regular. La primera parte o sea la de las libranzas es más completa que el resto. La de cartas de crédito es expuesta con cierta ligereza. B) Naviero. El concepto lo resuelve según soporte o no los riesgos del comercio. Omite ciertos problemas que están aún pendientes de soluciones legales o jurisprudenciales. Plantea el comercio marítimo en manos del Estado muy a la ligera".

Moneva: "En el tema relativo a libranzas, pagarés y otros documentos de cambio, ha hecho un estudio sobresaliente de las libranzas. En el otro tema ha desarrollado bien el estudio jurídico del fletamento particular y por el Estado como respectivos empresarios de la navegación mercante".

Viñas: "El opositor ha expuesto acertadamente, en general, el tema 38. El tratamiento de las libranzas ha sido muy completo. En el tema 43 la noción del naviero no ha sido muy exacta y la cuestión del Estado armador resultó estudiada con alguna ligereza, quizá por falta de tiempo".

Garrigues: "Tema 38. Libranzas, vales, pagarés y cartas-órdenes de crédito. La exposición que hace el opositor acerca de la libranza es completísima, llamando la atención el acopio de conocimientos que sobre esta exigua materia demuestra. Tema 43: El concepto del naviero y el Estado armador. En este otro tema la exposición es bastante más confusa que en el anterior. El ejercicio, sin embargo, es en este punto también aceptable".

Los jueces acuerdan declararlo apto. En el acta aparecen los juicios sobre sus publicaciones:

---

[463] AGA, sección Educación, Acta número 10.

Viñas: Su *Introducción al Derecho Mercantil comparado* (1932) es una exposición elemental, clara y sistemática, con conocimiento de doctrinal y legislación española y extranjera. *Los títulos de crédito en la doctrinal y en el derecho positivo* (1933) es la obra más importante del opositor, una monografía notable. *Las resoluciones de la asamblea general de una sociedad anónima* (1932) es un artículo estimable teniendo en cuenta las modernas conclusiones doctrinales. *Las sociedades de capitales en el Derecho británico* (1933) es un breve artículo informativo que estudia sobre todo la ley inglesa en relación con la continental.

Candil: considera su libro *Los títulos de crédito en la doctrina y en el derecho positivo* interesante y completo, pero adolece de alguna incomprensión debido al exceso de doctrina. Su manual *Introducción al derecho mercantil comparado* es elemental, la legislación extranjera es discreta. Los folletos sobre la asamblea general de las sociedades anónimas y sociedades de capitales son interesantes y claros… Las traducciones que hace le parecen bien hechas, que significan labor de conocimiento de muy digna estima.

Garrigues: considera que su monografía *Los Títulos de crédito en la doctrina y en el derecho positivo* ha hecho asequible al público la doctrina extranjera. Su exposición es bastante clara y original, quizás le falte sistema y quiere abordar demasiados problemas. Pero la obra es de mucha utilidad y científicamente relevante. La *Introducción al Derecho mercantil comparado* tiene los defectos de una obra de juventud, es demasiado doctrinal, falta de legislación y demasiadas opiniones de los autores. Pero ha servido para iniciar a los estudiosos en la disciplina. En cuanto a sus dos monografías: *Las resoluciones de la asamblea general de una sociedad anónima* y *Las sociedades capitales en el Derecho británico* son dos trabajos que tratan interesantes cuestiones del derecho de sociedades y da una visión práctica de los problemas.

Moneva: Su *Programa* y *Memoria* merecen su aprobación por su buen contenido jurídico y puesta al día. En la *Introducción al Derecho mercantil comparado* la doctrina está bien comprendida y expuesta. *Los títulos de crédito en la doctrina y en el Derecho positivo* cumple bien lo que dice su título y puede considerarse una obra magistral. En *Las resoluciones de la asamblea general de una sociedad anónima* muestra su especialización en sociedades mercantiles y hace un buen estudio de los problemas de las sociedades mercantiles. Lo considera un buen trabajo. La misma opinión le merece *Las sociedades de capitales en el Derecho británico.*

El juicio del presidente Zumalacárregui es similar por no decir casi idéntico al de Moneva: el *Programa* y *Memoria explicativa* merecen su aprobación. En *La Introducción al Derecho Mercantil comparado,* con dos ediciones ya, la doctrina está bien comprendida y expuesta. *Los títulos de crédito en la doctrina y en el Derecho positivo*, es la mejor, cumple lo que promete en el título, tiene algún capítulo más complejo pero la exposición en apartados numerados la hace más comprensible. En *Las resoluciones de la Asamblea general de una Sociedad anónima* se muestra especializado en las sociedades mercantiles y hace un buen estudio de los problemas doctrinales sobre la actividad de éstas. Por tanto, lo considera un trabajo bien hecho. *Las sociedades de capitales en el Derecho británico* le merecen igual consideración.

Finalmente tuvo lugar la elección: se votó por unanimidad a Agustín Vicente Gella para la cátedra de mercantil en Zaragoza[464]. Nombrado por orden 23 de diciembre de 1941[465].

1941. Concurso de traslado a Granada

El concurso, previo de traslado, para la cátedra de mercantil en Granada fue en 1941. Orden de convocatoria y anuncio 10 de marzo[466]. Termina el plazo el 6 de abril. Un único aspirante: Emilio Langle Rubio. Este candidato fue depurado y separado del servicio -25 de noviembre de 1937- como figura en el expediente -con varios signos de exclamación para que no se les pase: "¡Ojo Candidato separado del servicio!!!"-. El aspirante solicitará se le acepte en la convocatoria. No presentó méritos patrióticos.

Emilio Langle Rubio era catedrático de mercantil en Granada, influido por la italianización de su disciplina, cuyo máximo exponente era Fiore... En el momento del concurso se encontraba separado del servicio. Por lo que dirigió instancia al ministro de educación nacional donde expone que en el BOE de 17 se anunció a concurso de traslado las cátedras de mercantil de Granada, Oviedo, Salamanca, y suplica ordene segregar de esa convocatoria la de Granada, o se le admita al concurso para proveer las tres vacantes:

> ... fui separado de mi cargo a causa de las pruebas incompletas aportadas a mi expediente por resolución de la Junta Técnica del Estado de 25 septiembre 1937, luego se me ha concedido la revisión por Orden Ministerial del 5 febrero 1940, en vista de los nuevos elementos de juicio presentados, y esta revisión fue ya practicada por la Comisión Superior Depuradora. Por motivos

---

464 AGA, sección Educación, Acta número 12.

465 BOE 19 de enero de 1942.

466 AGA, sección Educación, legajo 9610-17. Convocatoria y anuncio en el BOE 17 de marzo de 1941.

> que ignoro, no ha sido firmada todavía la correspondiente decisión final de este asunto, aunque terminaron los trámites hace muy cerca de un año y solo faltará la última firma de V.E. Sin duda, al hacer la expresada convocatoria, no se ha tenido presente esta circunstancia especialísima que concurre en el caso del Derecho Mercantil de Granada ...

Esta circunstancia no fue tenida en cuenta en la convocatoria de Granada. Continúa:

> ... el 18 septiembre 1940 ha dictado Sentencia a mí favor el Tribunal de Responsabilidades Políticas, declarando no hallarme incurso en ellas y absolviéndome libremente; de cuya resolución presenté en ese Ministerio copia literal, con otro escrito del 23 del mismo mes y año, que supongo sería agregado a mi expediente de depuración, como solicité. Y si el órgano especialmente creado para deducir ese género de responsabilidades sentencia de un modo tan explícito que en mi caso no existen, queda corroborada con suma firmeza y autoridad la justicia de una decisión favorable en mi expediente académico. En tales condiciones, espero que V.E. se sirva estimar precedente que me sea evitado el daño irreparable que representaría el cubrir mi antigua plaza, solo a causa de ir más de prisa el curso de los anuncios de previsión que el curso de la firma de una revisión terminada.

La comisión no había respondido todavía en el momento de la convocatoria de la cátedra, debido a la lentitud del proceso:

> ... finalmente, desde 1940 estoy depurado por la Comisión Superior Depuradora, conforme queda explicado antes, sin que legalmente pueda redundar en mi perjuicio, a tal efecto concreto, la lentitud que no me es imputable en el curso de firma. Tengo entendido que, de este último, ya existen casos precedentes.

El opositor suplicará admitan la instancia presentada por considerar que no debe tardar demasiado la resolución definitiva. A pesar de todo, presenta su hoja de servicio donde expone su carrera literaria, las comisiones y servicios extraordinarios: pensionado por la JAE para estudiar la moderna política criminal en Francia y Bélgica, en especial en Bruselas con el profesor Adolfo Prins, en 1941; certificado de suficiencia concedido por la JAE en 1916; pensionado nuevamente por la JAE para proseguir dichos estudios penales, durante otros ocho meses más en Suiza, en particular en Ginebra. Las publicaciones y trabajos científicos que presenta como autor: antes de la cátedra, 14 obras, desde 1908 hasta 1922, la mayoría de derecho penal; después de ser catedrático, 6 publicaciones, desde 1930 hasta 1931, sobre política criminal y derecho mercantil. En total tiene 20 obras[467]. Más 4 trabajos de investigación en preparación. Ha estado en 15 comisiones facultativas y prestado 3 servicios en comisiones y tribunales, uno como presidente y dos como vocal. En cuanto a los honores o condecoraciones se refiere, es caballero de la orden de la corona de Bélgica, nombrado por real decreto, dado en Laeken el día 21 de julio de 1920, por S.M. Alberto I, en premio de trabajos literarios y de política internacional. Tenía una extensa obra, pero no presenta méritos patrióticos, que es lo que cuenta. A final, la plaza será declarada desierta.

Aún en 1944 sería revisado su expediente de depuración y se anula la sanción. Será destinado en la universidad de Oviedo a la cátedra de mer-

---

467 Sus principales obras hasta la fecha de la oposición, aproximadamente: *Conflictos interprovinciales. La jurisprudencia del Tribunal Supremo,* Madrid, Reus, 1908. *El usufructo viudal ante la ley española,* Madrid, Reus, 1908. *La condición de la mujer. Estudio histórico, sociológico y jurídico,* 1908 (inédito); "El doctrinarismo jurídico. La ficción y el formulismo en el Derecho vigente", *Revista de la Sociedad de Estudios almerienses* (1910). *La mujer en el Derecho penal,* Madrid, Reus, 1911. *Derecho Penal. Respuestas al programa de oposiciones a ingreso en el Cuerpo de Abogados del Estado,* Madrid, Reus, 1912. *Programa de Derecho penal,* Granada, 1912 (inédito). *La sentencia indeterminada,* Granada, 1912, inédito. *Código penal español, anotado extensamente,* Madrid, tomo XXIII de los Manuales Reus, 1915. *La tragedia de Bélgica. Impresiones de un testigo presencial,* Madrid, Sociedad General de Librería, 1915. "Valor social de la ciencia y del arte", conferencia, Almería, 1917. *Estudios de Política criminal,* París-Bruselas, 1919 (inéditos). *Nuevo programa de Derecho penal* (para Murcia) 1919. Inédito. *Programa de Derecho internacional público* (para Murcia) 1921, inédito. *Programa de Derecho internacional privado* (para Murcia) 1921, inédito. *¿Debe constituir delito el adulterio?,* Madrid, Reus, 1922. "Delitos contra la honestidad. Estudio del título IX del libro II del Código Penal", *Comentarios científico-prácticos al Código penal español,* dirigida por Q. Saldaña, Madrid, Reus, 1920. *Nuevo programa de Derecho penal* (para La Laguna), 1923. Inédito. *La teoría de la Política criminal,* Madrid, Editorial Reus, 1927.La jurisdicción mercantil en el Código de 1829, Granada, Boletín de la Universidad, 1930. "Il Progetto del Codice di Commercio spagnolo", *Rivista del diritto commerciale,* Milán 1930. *Derecho mercantil. Obra ajustada al Programa de oposiciones al Cuerpo de Abogados del Estado,* Madrid, Reus, 1931. *Programa de Derecho mercantil,* Granada, 1931. Colaboración sobre el movimiento bibliográfico nacional y extranjero en materia jurídico-mercantil, *Revista de Derecho privado,* 1930 a 1936. *La autonomía del Derecho mercantil. Revisión doctrinal,* Madrid, Reus, 1936. *Derecho mercantil,* Madrid, Reus, 1941; nueva edición 1942. *Temas de Derecho mercantil. Obra adaptada al programa de notarías,* Madrid, Reus, 1942. "La autonomía del derecho mercantil (Revisión doctrinal y nuevos derroteros)", *Revista General de Legislación y Jurisprudencia* (1942).

cantil[468], pero con pérdida de los haberes no percibidos e inhabilitación para desempeñar cargos directivos y de confianza en materia de cultura y educación. Dos años después, sería declarado depurado sin sanción, por lo que volvería a su cátedra en Granada.

1943. Oposiciones en Salamanca y La Laguna

Las actas del tribunal a las vacantes de Salamanca y La Laguna recogen los pomenores de la documentación de las pruebas[469]. El 8 de noviembre de 1943 se reúne el *tribunal* definitivo, cuyos miembros los hemos visto en otras oposiciones. El presidente Felipe Clemente de Diego, los vocales Joaquín Garrigues y Díaz Cañabate, Juan Ossorio Morales, Ignacio Serrano y Agustín Vicente Gella, como secretario, nombrado catedrático por oposición de Zaragoza, en 1941, apenas transcurridos dos años.

Los *aspirantes.* Rodrigo Uría González, al que ya vimos firmar otras oposiciones sin comparecer, pero esta vez sí lo hará y con muchos méritos. Recordemos que fue becado por la JAE, voluntario en las filas del ejército nacional -condecorado con la cruz laureada de San Fernando, la cruz roja del mérito militar, la medalla de campaña y la de defensa de Oviedo. Las principales obras que tiene hasta ese momento son: "Del socialismo marxista al nuevo socialismo alemán del trabajo" (1938); *El seguro marítimo* (1940); "El derecho de voto del accionista" (1943). Es el candidato estrella. Por otra parte, José Girón Tena, será considerado "incondicionalmente adicto al Glorioso Movimiento Nacional", y según su hoja de servicios no fue depurado, hay certificación del delegado provincial de falange asegurando que durante la guerra prestó servicios como marinero voluntario en el buque cañonero "Lauria", más tarde timonel y preferente señalero en el 38, cargos que desempeñó con gran celo y conducta intachable; en 1939 pasó al departamento marítimo de Cádiz; en abril de 1942 obtiene el grado de doctor, calificación sobresaliente, con una tesis sobre "Las sociedades de economía mixta"; en noviembre de 1942, a propuesta del catedrático de Madrid Garrigues, fue nombrado ayudante de prácticas del curso 1942-1943, antes lo había sido en Sevilla; en noviembre de 1942 becario del Instituto Francisco de Vitoria, CSIC. Tenía también todas las papeletas para

---

468 Orden 28 de enero de 1944.

469 AGA, sección Educación, 31/1479, legajo 10479.

salir elegido...[470]. Y Julián Aparicio Ramos, en febrero 1942, dos meses antes que el candidato Girón, obtuvo el grado de doctor con la tesis "Las garantías personales en Derecho mercantil. Especial consideración de la fianza", pero mereció la calificación de aprobado. Era auxiliar en Salamanca, tiene pocas posibilidades para ganar[471]-. Ya se ve que los dos primeros cuentan con más méritos y publicaciones.

Ejercicios

Desde el comienzo se acordó que el 5° ejercicio constara de dos partes como venía siendo habitual[472]: la primera, la resolución por escrito de un caso práctico, y la segunda, un comentario de un texto legal escrito, durante un tiempo de cinco horas. Mientras el 6° ejercicio consistiría en desarrollar por escrito, durante cuatro horas, uno de los cinco *temas* siguientes, elegidos por sorteo: 1. El riesgo en la compraventa mercantil; 2. La protección de la minoría en la Sociedad anónima; 3. Condiciones generales del negocio; 4. Influencias del derecho fiscal en el derecho mercantil. Doctrina y derecho positivo; 5. Efecto de la quiebra sobre las relaciones jurídicas preexistentes.

Una vez constituido l presidente y vocales fueron llamados los opositores, presentándose todos: Rodrigo Uría, José Girón y Julián Aparicio. E hicieron entrega de sus trabajos.

En el *primer ejercicio* Rodrigo Uría verificó la prueba y el presidente invitó a los otros opositores a que hicieran objeciones, pero renunciaron[473]. El

---

470 AGA, sección Educación, legajo 92.088, expediente personal 223; 31/01777, título de catedrático; 31/15761, título de licenciado. Aurelio Menéndez Menéndez, "José Girón Tena, universitario, jurista y amigo", *Revista de Derecho Mercantil,* 196-1997 (1990), pp. 245-254. Entrada de Carlos Petit, en *Diccionario de Catedráticos españoles de Derecho...*, Universidad Carlos III, en línea.

471 Su principal obra: *La falsedad en la letra de cambio,* Madrid, Reus, 1945. AGA, sección Educación, 31/4119-93, expediente título de doctor en Derecho; 31/4712-3, título de catedrático; 31/3199; 31/3201, legajos 11927-8, expediente oposición a las cátedras de Derecho Mercantil de Oviedo y La Laguna. En 1949 será nombrado catedrático de Derecho Mercantil, Universidad de Oviedo. Sobre este profesor, José María Muñoz, "Recuerdo de Julián Aparicio Ramos (nota necrológica)", *Revista de Derecho Mercantil,* 105-106 (1967), pp. 7-12. Entrada de Carlos Petit, en *Diccionario de catedráticos españoles de derecho...*, Universidad Carlos III, en línea.

472 AGA, sección Educación, Acta de la sesión celebrada el 10 de noviembre de 1943.

473 AGA, sección Educación, Acta 22 de noviembre de 1943.

siguiente fue José Girón y el opositor Aparicio le hizo objeciones a las cuales contestó[474]. También Julián Aparicio expuso su labor personal y Girón realizó objeciones a las que contestó. El tribunal se reuniría para acordar que opositores pasarían al siguiente. Por la tarde se resolvió por mayoría de votos que todos los opositores podían pasar al *segundo ejercicio*[475]. Después actuó Rodrigo Uría para exponer el concepto, método, fuentes y programa de la asignatura, y de nuevo renunciaron a hacer objeciones[476]. José Girón expuso y Aparicio objetó. El siguiente en comparecer fue Julián Aparicio y Girón hizo objeciones, a las que también respondió. El tribunal los considera a todos aptos para que pasaran[477].

En el *tercer ejercicio*, el presidente llamó a Rodrigo Uría, que expuso la lección 36 de su programa por él elegida y preparada[478]:

> Lección 36.- La concentración de empresas en el Derecho mercantil moderno. El panorama económico de las uniones de empresas. El problema de la conceptuación jurídica de la concentración de empresas. Insuficiencia de los conceptos jurídicos "genéricos". El concepto estructural concreto de organización como instrumento adecuado. Clasificación de las concentraciones de empresas en función del grado de organización. Problemas jurídicos comunes a los distintos tipos de concentración de empresas.

Girón expuso la lección 14:

> Lección 14. Competencia desleal. Competencia ilícita. Competencia prohibida. Planteamiento. Derecho comparado. Doctrina. Crítica. El problema en nuestro derecho positivo.

Aparicio explicó la 55 de su programa:

> Lección 55. La letra falsificada. Consideraciones previas. El documento cambiario y los singulares negocios cambiarios. Falsedad y falsificación. 1 Diferenciación. 2. Falsedad de las formas: a) Principios generales; b) Los supuestos particulares de falsedad. La excepción de falsedad en la legislación española. 1. En el Código de 1929. 2. En la legislación vigente. Ratificación de las formas falsas. Alteraciones en el contenido de la letra. Especial consideración de la alteración de la suma.

---

474 AGA, sección Educación, Acta 23 de noviembre de 1943.

475 AGA, sección Educación, Acta 24 de noviembre de 1943.

476 AGA, sección Educación, Acta 25 de noviembre de 1943.

477 AGA, sección Educación, Acta 26 de noviembre de 1943.

478 AGA, sección Educación, Acta 6 de diciembre de 1943.

El tribunal los consideró a todos aptos. Entonces, Uría, Girón y Aparicio realizaron el *cuarto ejercicio.* Extrajeron a suerte diez lecciones de sus programas y el tribunal acordó qué debían preparar. Quedaron incomunicados y expusieron los temas. De nuevo se les consideró aptos. El *quinto ejercicio* era el siguiente caso:

> Lección 65. Contratos bancarios. Nociones. 1. Ideas generales. 2. El contrato bancario. Operaciones de crédito pasivas. 1. Depósitos irregulares. 2. La llamada cuenta corriente de efectos. 3. Emisión de billetes al portador. Operaciones de crédito activas. 1. Apertura de crédito. 2. Descuentos. 3. Anticipos.

También quedarían incomunicados durante cinco horas para prepararlo. A las ocho y cuarto de la noche Aparicio desarrollo la lección número 65[479] e igual proceso se siguió con el resto. El tribunal acordó declararlos aptos a todos para el siguiente.

El *quinto ejercicio*[480]. El presidente dio a conocer el caso práctico:

> Apremiado por su proveedor B, el comerciante A, fijado el estado de cuentas entre ambos, constituyó una hipoteca en favor de aquel por el saldo resultante que ascendía a 190.000 pesetas sobre un inmueble de su propiedad. La escritura fue otorgada en fecha 25 de octubre de 1942, pero por dilaciones del Agente encargado de tramitarla fue inserta en el Registro de la propiedad en 25 de enero de 1943.- El mismo comerciante A, había concertado con el Banco C, una cuenta de apertura de crédito. La póliza se subscribió el 15 de octubre de 1942, a noventa días, pero reservándose el Banco el derecho a declarar vendida la operación a su voluntad avisando al acreditado con ocho días de antelación. En 28 del mes de diciembre el Banco hizo uso del derecho antes aludido, liquidando la cuenta, que con sus intereses, etc., ascendió a 100.450 pesetas exigiendo el saldo. En la imposibilidad A, de satisfacer éste, concertó con el Banco C, otra escritura de hipoteca sobre el mismo inmueble que fue otorgada el 8 de enero e inscrita el día 10.- Finalmente el mismo comerciante A, otorgó en 2 de enero de 1943 otra tercera escritura de hipoteca a favor del prestamista D, confesando haber recibido de éste la cantidad de 110.000 pesetas e hipotecando asimismo en su favor por dicha suma el inmueble de referencia.- La inscripción tuvo lugar el 17 de enero.- Por resolución judicial de 1 de febrero de 1943 fue declarado en quiebra el comerciante A, fijándose como fecha de retroacción la de 1 de diciembre anterior. En la masa de la quiebra figuraba la finca gravada con las precedentes cargas,- El valor total de inmueble ascendía a 275.000 pesetas y la sindicatura de la quiebra entabló demanda con la súplica de que fueran anulados los tres referidos gravámenes.

---

479 AGA, sección Educación, Acta día 11 de diciembre de 1943.

480 AGA, sección Educación, Acta día 13 de diciembre de 1943.

Para realizarlo se acordó concederles el plazo de cinco horas, pudiendo utilizar los textos legales. Por la tarde fueron llamados los opositores para la lectura de sus trabajos. Al día siguiente, abierta la urna y entregados los sobres se procedió a la lectura[481]. Acabados los ejercicios, los resultados se darían a conocer ese mismo día. En el acta figuran los juicios críticos que personalmente hizo cada miembro del tribunal, y que resumo de manera general:

Con respecto a Rodrigo Uría González los jueces lo tienen claro: de su primer ejercicio opinan que el opositor ha orientado su vida al estudio del derecho mercantil (en Alemania e Italia), esto prueba su vocación y sus grandes dotes pedagógicas y su sólida formación.

Del segundo ejercicio: dicen defiende con sólidos argumentos y gran conocimiento de fuentes modernas, la teoría de la empresa como base del derecho mercantil. Es muy cuidadoso y profundo con el derecho positivo. Demuestra reflexión en los problemas con conclusiones fruto de la gran cantidad de bibliografía que maneja.

En el tercer ejercicio, su lección 36, sobre las concentraciones de empresas en el derecho mercantil moderno, se mueve entre el terreno económico y el del derecho positivo, opinan tiene gran conocimiento de los problemas que abarca. Demuestra sus cualidades de exposición, claridad y profundidad, pese a las dificultades del tema.

En el cuarto, sobre la lección 50 acerca del contrato de cuenta corriente empieza distinguiendo entre contrato y cuenta corriente. Examina los antecedentes, desde los romanos, define el contrato con Boistel. Analiza la naturaleza y el carácter mercantil, los créditos y derechos en la cuenta corriente objeto del contrato, y se detiene en los títulos valores, tratándolo todo con acierto. A juicio del tribunal, demuestra gran conocimiento de la literatura mercantilista, sobre todo de la italiana. Tiene un dominio absoluto de la materia y acredita sus dotes magistrales.

En el quinto ejercicio: los jueces coinciden en que maneja con acierto los textos legales para buscar soluciones admisibles en el derecho positivo.

El sexto: "El riesgo en la compraventa mercantil", plantea el problema de manera acertada, citando trabajos de la doctrina actual y del derecho germano, así como la recepción del derecho romano y el derecho civil... Trata la solución según el proyecto de unificación de la compraventa, para

---

[481] AGA, sección Educación, Acta día 14 de diciembre de 1943.

acabar con el estudio del problema de las ventas especiales del derecho mercantil. Es brillante en su exposición, domina las fuentes extranjeras y los textos legales vigentes. Respecto al comentario del artículo 573 del Código de comercio, agota la materia, ofrece un cuadro completo y sistemático de todos los temas que pueden darse.

Todos coinciden en que es brillante, claro y profundo, domina la materia, conoce bien las fuentes extranjeras y la legislación actual, llegando a la solución de los problemas que plantean las cuestiones de la disciplina.

Respecto a José Girón Tena: coinciden en que el primer ejercicio muestra su indudable "afición" al estudio jurídico privado, como lo prueban todos sus trabajos. Su exposición es rápida y sagaz, aunque a veces tenga defectos.

En el segundo, el estudio de la evolución del concepto del derecho mercantil opinan sigue muy de cerca al profesor Garrigues en su *Curso de Derecho Mercantil*, pero con un análisis original sobre el concepto del acto de comercio objetivo. Y consideran muy acertadas son sus argumentaciones sobre la inadaptación del derecho positivo español a la doctrina de la empresa como base del derecho mercantil.

En el tercero, la lección 14 de su programa sobre la competencia desleal, competencia ilícita y competencia prohibida, dicen hace un estudio del derecho comparado con buen conocimiento de los textos legales modernos y también de la historia y de nuestro derecho positivo. La interpretación de la ley es acertada, con buena base del derecho civil. Un ejercicio de altura, aunque el ejercicio adolece en algunos puntos de defectos.

En el cuarto, la lección 75: "La masa de la quiebra" también sigue a Garrigues, pero amplia muy bien su contenido con literatura jurídica extranjera y sus propias interpretaciones del derecho vigente. Les resulta brillante y claro en su exposición.

En el sexto consideran que utiliza con acierto los textos legales para llegar a soluciones admisibles en el derecho positivo. Lo define como rápido, sagaz, y aunque adolece de defectos maneja bien la legislación.

Sobre Julián Aparicio Ramos: el tribunal es de la opinión que en el primer ejercicio se expresa con mucha claridad por sus años de docencia como auxiliar, pero se observa en su formación científica falta de referente de maestros que hayan encauzado sus estudios en cuanto a la actualización de las obras manejadas que están desfasadas o anticuadas.

En el segundo, sobre el concepto de la asignatura y su evolución histórica e interpretación del derecho positivo, dicen se atiende al pie de la letra la obra de Garrigues, sin añadir su pensamiento original. La definición que da es un calco.

Tercer ejercicio: en la lección 55 sobre la letra de cambio falsificada observan sigue la doctrina italiana. Tiene buen método, sistema y claridad, la lección es tratada con carácter elemental muy a propósito para la universidad, pero sigue teniendo defectos de escasez de fuentes y falta de actualización.

Cuarto ejercicio: la lección 65 acerca de los contratos bancarios, se limita a exponer lo que dice Garrigues en su *Curso de Derecho Mercantil*, sin criterio propio y sin aportar complemento alguno.

Quinto ejercicio: coinciden en que maneja acertadamente la legislación para llegar a soluciones que sean admisibles.

Sexto: les parece que no explica bien el sentido del derecho romano. Después, en el comentario de los artículos del Código de comercio se detiene demasiado en problemas y conceptos generales de las ventas marítimas que no son propios del tema.

Además el comentario del articulo 573 es muy pobre, repite el artículo sin introducir doctrina. En general, este opositor a juicio del tribunal aparece como el más débil. Se remite a Garrigues constantemente, sin aportar puntos de vista originales. Le falta formación sólida, la referencia de un maestro. Utiliza pocas fuentes y sin actualizar. Lo mismo ocurre con la doctrina, que adolece de ella.

Informe sobre los trabajos presentados por los opositores:

Rodrigo Uría: "Presenta cuatro trabajos sobre "El seguro marítimo", "El derecho de voto del accionista", "La factura" y "La quiebra" de Sociedades Mercantiles", cuyo contenido expone como síntesis. El juicio que merecen es el siguiente: "El seguro marítimo" es una ajustada monografía, muy bien de sistema y contenido; su autor revela conocer todas las cuestiones fundamentales en la materia que examina con acierto. La bibliografía consultada es copiosa y escogida. "El derecho de voto" es una estimable síntesis de los problemas suscitados respecto al particular. "La factura" y "La quiebra de sociedades mercantiles" son trabajos discretos, aunque de calidad inferior a los anteriores, en especial el primero".

José Girón: acompaña un trabajo sobre "Sociedades de economía mixta" y otro sobre "La transferencia bancaria" cuyo juicio es como sigue: Las Sociedades de economía mixta es una monografía estimable, bien sistematizada y que revela información del autor en la materia; son numerosas las fuentes consultadas. Pueden apuntarse en su desventaja algunos errores al aludir a situaciones extranjeras, el examen demasiado esquemático del derecho español, y el que en determinados pasajes de la obra acaso no se advierte la suficiente claridad. Con todo es un trabajo de mérito. "La transferencia bancaria" es de inferior calidad; las cuestiones están tratadas con demasiada rapidez y alguna de las consecuencias que se consignan parecen desproporcionadas con la posición teórica adoptada en otros párrafos de la obra".

Julián Aparicio: "… somete a la consideración del Tribunal un estudio sobre la "Sustantividad del Derecho Mercantil" y otro sobre "La fianza mercantil". El primero en el que se examinan las relaciones del Derecho civil con el comercial, y a continuación la autonomía de éste, es un trabajo elaborado a base de obras elementales, las cuales se siguen a veces en excesiva literalidad. Deja la duda respecto a si su autor posee información suficiente sobre aspectos fundamentales. Lo mismo cabe decir del trabajo sobre La fianza, labor de no demasiado relieve". Este último opositor sigue estando en clara desventaja.

El 14 de diciembre de 1943 se reúnen para la votación:

Para el primer lugar, todos votaron a Rodrigo Uría. Por tanto, fue propuesto por unanimidad.

En segundo lugar, todos votaron a José Girón, salvo Ignacio Serrano que votó a Julián Aparicio. Veamos en particular la opinión de este miembro del tribunal respecto de los cuatro ejercicios primeros de estos dos candidatos.

Julián Aparicio, en su primer ejercicio, su exposición duró toda la hora y lo hizo con dotes didácticas, claridad y sistematización. Lógico si lleva explicando la materia desde 1939 sin interrupción, antes había sido ayudante de clases prácticas en Salamanca, donde se licenció con premio extraordinario. Además, es profesor de derecho sindical y corporativo en la escuela social. Y fue alumno del profesor Polo. El opositor habla de trabajos que están inéditos como: "La autoridad del Derecho mercantil", que expone defendiendo con materiales antiguos. También refiere a sus "Apuntes y notas para un estudio de la fianza como contrato mercantil". Le objetó Girón y contestó en tiempo señalado.

En su segundo ejercicio se mantiene fiel al criterio del derecho mercantil de acuerdo con todas sus consideraciones en torno a ésta. Confirma de nuevo la idea de que su biblioteca y su información en general están atrasadas. Por lo demás con los materiales que emplea explica la memoria con claridad y facilidad. Fue objetado por Girón…

Tercer ejercicio: desarrolla la lección 55 de su programa acerca de la letra de cambio falsificada. Distingue entre falsedad y falsificación. Pone de relieve la importancia de la apariencia de la letra y los distintos estados de falsedad de la firma. Su exposición es densa de doctrina y de problemas, con cita de jurisprudencia del Tribunal Supremo, incluso la más reciente dice.

Cuarto ejercicio: confirma la impresión de los anteriores ejercicios. Le toca exponer una lección de contratos bancarios y la construye sobre materiales escasos y antiguos. Por lo demás su exposición resulta pedagógica y ordenada.

Por tanto, se le reprocha que utiliza materiales escasos y anticuados.

José Girón: el primer ejercicio lo desarrolla durante el tiempo máximo de una hora. Cuenta que fue ayudante de clases prácticas en Sevilla y Madrid, becario de investigación. Habla de sus dos trabajos: "Las sociedades de economía mixta y "Aportaciones al estudio de la transferencia bancaria", limitándose en cuanto al primero a ver los resultados que se contienen en el capítulo 6º de la quiebra. Por otra parte, tiene un manejo abundante de bibliografía extranjera, sobre todo alemana, pero se ve sobre todo en referencia al primer trabajo falta de información suficiente del mundo anglosajón. Expone con claridad. Fue objetado por Aparicio.

En el segundo explica con detalle la moderna bibliografía sobre el derecho mercantil, y aunque habla de empresa y actos realizados en más, sin embargo, no se adscribe a esta tendencia porque entre las diferentes opiniones de la asignatura no hay un criterio unificador. Se refiere al *codice civile* en el que se distingue entre empresa agrícola y comercial. Y en materia de método sus consideraciones descansan principalmente sobre François Geny y otros. Geny señalaba que al reducir el derecho positivo simplemente a la ley y a la voluntad del legislador esto impide que el derecho siga avanzando. Es necesario, pues, desacralizar la ley introduciendo un punto de vista más pluralista del derecho.

Según el tribunal puede observarse durante todo el ejercicio que el opositor no tiene suficiente claridad en la exposición.

Tercer ejercicio: desarrolla durante toda una hora la lección de su programa. Puede dividirse su exposición en dos partes: una primera de abundante información bibliográfica y legislación extranjera y la segunda sobre el problema en el derecho español, a base principalmente de la ley de propiedad industrial, distinguiendo los remedios jurídicos de competencia, según que el comerciante tuviera o no inscrito en el Registro de la propiedad industrial. Se desprecian los antecedentes históricos de la reglamentación gremial, la declaración sobre el Fuero del trabajo se olvida, así como otras cláusulas, como la de no concurrencia.

En el cuarto explica la masa de quiebra, con unos conceptos previos sobre la responsabilidad patrimonial, para pasar a una distinguir entre masa de hecho y masa de derecho. Se inclina por concebir como patrimonio de afectados la masa de la quiebra. En cambio en materia de reintegración de la masa no da la opción de dominar conceptos que juegan un papel preferente en acciones de nulidad y revocatorias. Salvo ese último defecto, que quizás se debiera a omisiones más que a falta de conocimiento, la lección fue preparada y bien expuesta.

Excepto pequeñas omisiones, como se han mencionado, y en algún ejercicio, falta de claridad no parecen tan malos sus juicios sobre Girón. No se entiende por sus comentarios que votara a Aparicio, del que dice utiliza materiales desfasados..., mientras tiene mejor concepto de Girón. Quizás fue un acuerdo del tribunal darle un voto a este opositor para que no fuera por unanimidad elegido Girón.

En definitiva, después de todo lo informado fue propuesto, por mayoría de votos, para ocupar el segundo lugar Girón Tena. Por tanto, el primer lugar es para Uría que elegirá Salamanca -en 1953 pasa a Madrid; en 1969 se traslada a la Haya- y el segundo, Girón irá a la cátedra de La Laguna -trampolín para llegar a metas más altas- pero en 1945 se traslada a Valladolid, donde fue vicedecano; en 1970 llegará a Madrid[482].

482 AGA, sección Educación, Acta del día 15 de diciembre de 1943. Además de esta oposición, un año más tarde, en 1944, BOE 7 de junio, se convocó a concurso de traslado la cátedra de derecho mercantil de la universidad de Barcelona, de la cual no aparecen más noticias en el BOE durante lo que resta de 1944 y todo el año de 1945.

IV. Asignaturas formativas

FILOSOFÍA DEL DERECHO

Tras la guerra, las primeras oposiciones y concursos a cátedra de filosofía del derecho se desarrollaron en 1940[483], desde el principio.

La filosofía del derecho era importante para la dictadura. Muchos cargos de la alta administración habían sido ocupados por profesores de esta materia. En el franquismo alguno de los ministros de educación será catedrático de dicha disciplina, como Joaquín Ruiz-Giménez. Éste desde muy joven militó en Acción Católica y pretenderá actitudes más abiertas desde su ministerio. Como el hecho de variar un tanto el sistema del tribunal de oposiciones... Mientras en el exilio se encontraban varios catedráticos de la asignatura, también algunos auxiliares de derecho natural como José Mingarro y San Martín, que se refugió en La Habana.

1940. Cátedras de Oviedo y Sevilla

La cátedra de Oviedo, según consta en el escalafón de 1935, había estado ocupada por Alfredo Mendizábal y Villalba, también oficial de gobernación por oposición. Hombre de amplios estudios internacionales, se encontraba fuera de España al estallar la guerra civil. Fue depurado en febrero de 1937 y, en esa fecha, en París, impulsó el comité español por la paz civil. Al acabar la contienda se exilió primero a Francia y después a Estados Unidos, donde sería profesor de la New School of Social Research de Nueva York[484]. Colaboró en la creación de la UPUEE, de la que fue se-

---

483 Yolanda Blasco Gil y Jorge Correa Ballester, "Primeras oposiciones y concursos de filosofía del derecho tras la guerra civil (1940-1941)", en *Facultades y grados: X Congreso Internacional de Historia de las Universidades Hispánicas* (Valencia, noviembre 2007), vol. I (2010), pp. 259-273. Ahora se completan las oposiciones hasta el año 1945.

484 Aurora María López Medina, "En tierra extraña. Juristas españoles en el exilio neoyorkino", *La memoria del jurista español,* Manuel Ángel Bermejo Castrillo (ed.), Madrid, Dykinson, 2019, pp. 335-350.

cretario general, y en la organización de la Primera reunión de profesores universitarios exiliados que tuvo lugar en La Habana en 1943[485].

La plaza de Sevilla, en el escalafón de 1935, había estado ocupada por Felipe González Vicén. En mayo de 1936 la universidad le concedió una pensión para realizar estudios en Alemania. Pero, en el inicio de la guerra civil, fue destituido por los franquistas e inhabilitado para cargo docente. En febrero de 1937 se inició su expediente de depuración, siendo acusado de izquierdista y fue suspendido de empleo y sueldo a propuesta del rectorado. A pesar de las circunstancias, su viaje de exilio lo llevó, curiosamente, hacia Alemania de donde era originaria su esposa y allí se convirtió en profesor de la universidad de Berlín. En Alemania publicó diversos trabajos, algunos sobre filosofía del derecho alemana y española contemporánea. En los años 40 regresó a España y se incorporó a la universidad de La Laguna[486].

En esta primera oposición, convocada el 11 de junio de 1940[487], se decidiría sobre estas dos plazas: Oviedo y Sevilla. Veamos el proceso seguido y las circunstancias que tuvieron lugar.

El tribunal

El presidente era Eduardo Callejo de la Cuesta, un hombre que había sido ministro de instrucción pública y bellas artes en el periodo 1925-1930, durante la dictadura de Primo de Rivera, y autor del denominado plan Callejo en 1928 que reformaba la enseñanza universitaria, con el que cosechó una importante oposición por la cuestión de las universidades privadas. Presidente del consejo de estado desde 1945 y procurador en cortes en-

---

485 En mi libro, *1943: La Transición Imposible…*, p. 46.

486 Juan J. Gil Cremades, "Un expediente sancionador. Sobre un capítulo de la biografía intelectual de González Vicén", en *Sistema*, n.º 113 (1993), pp. 37-55. José Calvo González, "Algo más sobre Guerra Civil, Universidad y censura. De las sanciones y depuración de González Vicén…", pp. 85-100. Carlos Petit, entrada en *Diccionario de catedráticos españoles de derecho (1847-1943)…*, Universidad Carlos III, en línea.

487 Convocatoria de 11 de junio de 1940, publicada en BOE del 25. Yolanda Blasco Gil y Jorge Correa Ballester, "Primeras oposiciones y concursos de filosofía del derecho tras la guerra civil (1940-1941)", *Facultades y grados*, X Congreso Internacional de Historia de las Universidades Hispánicas (Valencia, noviembre 2007), 2 vols., Valencia, Universidad de Valencia, 2010, I, pp. 259-273, que sigo en las oposiciones de filosofía del derecho completándolas.

tre 1943 y 1949[488]. José Corts Grau -propagandista de la ACNdP que sería rector en Valencia- fue el secretario. El resto de los vocales eran Mariano Puigdollers Oliver, miembro del Opus dei y de la ACNdP[489], Luis Legaz Lacambra también propagandista y el jesuita Manuel Marina. Este último renunció inicialmente -el 14 de septiembre-, pero al final acudió a las reuniones.

Se excusaron Miguel Sancho Izquierdo por enfermedad y Enrique Luño Peña, por deberes oficiales en Barcelona.

Los aspirantes

Los opositores que se presentaron fueron cuatro: Ramón Pérez Blesa, Francisco Elías de Tejada Spínola, José Luis Santaló Rodríguez de Viguri y Enrique Gómez Arboleya.

Ramón Pérez Blesa había nacido en 1912 en Zaragoza. En 1928 obtuvo el bachiller en letras en el instituto nacional de segunda enseñanza de Zaragoza y entre 1928 y 1933 realizó los estudios de derecho, en la universidad de su ciudad natal. Los estudios de doctorado en Madrid entre 1933 y 1934, realizó los ejercicios del grado de doctor ya pasada la guerra civil, en julio de 1940, prácticamente al mismo tiempo de presentarse a esta oposición y antes incluso de obtener el título, que recibiría el 21 de diciembre de ese año.[490]

Elías de Tejada era ayudante de derecho político en Madrid desde 1 de octubre de 1935, con 18 años, aunque acabó la carrera un año después, en 1936. Esa precocidad en la docencia fue posible porque cursó sus estudios

---

488 María Fernanda Mancebo, *La universidad de Valencia. De la monarquía a la República (1919-1939)*, Universidad de Valencia, 1994, y *La universidad de Valencia en guerra. La F.U.E. (1936-39)*, Valencia, 1988.

489 María Fernanda Mancebo, *La universidad de Valencia. De la monarquía a la República (1919-1939)*... Puigdollers Oliver nació en Madrid el 9 de enero de 1896 y falleció también en Madrid el 22 de agosto de 1984, era propagandista con la categoría de numerario, insignia desde 25 de enero de 1926; centros en los que estuvo Valencia, Madrid, Sevilla. Fuentes: Archivo Histórico de la ACdP, el *Boletín de la Asociación* de 1924 y el *Diccionario Biográfico de la ACdP*, este último en línea. Agradezco de nuevo a Juan Carlos Valderrama me facilitara el censo de propagandistas de Valencia que está elaborando.

490 Carlos Petit, "Pérez Blesa, Ramón (1912-1947)", *Diccionario de catedráticos españoles de derecho (1847-1943)*..., Universidad Carlos III, en línea.

como alumno libre, obteniendo el premio extraordinario de licenciatura en el curso 1936-1939 y convirtiéndose en doctor el 21 de diciembre de 1939. Disfrutó de estancias en Alemania y fue traductor de la obra de Reinhard Hörn, profesor de la universidad de Berlín y director del Institut für Staatsforschung fundado en la universidad por el partido nacionalsocialista. Fue corresponsal para España de la *Zeitschrif,* revista del mencionado instituto. Presentó publicaciones y traducciones. Además de presentarse a estas cátedras de filosofía del derecho, también optó a una de derecho político en Valladolid.

José Luis Santaló Rodríguez de Viguri era teniente auditor del cuerpo jurídico militar y al presentarse a la oposición quiso hacer valer esta condición[491]. De hecho, adjuntó su "incondicional adhesión al nuevo Estado mediante el certificado de la Secretaría del Consejo Supremo de Justicia Militar" con hoja de servicios, todos ellos prestados en "el territorio de la auténtica España". Indicó también que era miembro del Seminario de Estudios Gallegos desde 1926, de Acción Católica de Santiago de Compostela, auditor militar miembro del alto tribunal de justicia militar[492], abogado en ejercicio en Santiago y profesor en esa universidad. En el momento de presentarse a la oposición, tenía diversas biografías y estudios jurídicos. Como veremos más adelante, Santaló no llegaría a ser catedrático.

Enrique Gómez Arboleya había nacido en Cebreros (Ávila) en 1910. Realizó sus estudios de bachillerato en el instituto general y técnico de Huelva y los de derecho en la universidad de Granada, con sobresaliente en los ejercicios de grado celebrados en junio de 1931 y premio extraordinario de licenciatura en septiembre del mismo año. Superó las asignaturas de doctorado en el curso 1933-34 también con la calificación de sobresaliente. Pensionado por la misma universidad de Granada, realizó estudios en la de Berlín, donde permaneció dos semestres de 1934 y el verano de 1935 bajó la dirección de Eduard Spranger y Nicolai Hartmann. El 31 de mayo de 1935 obtuvo el doctorado con la calificación de sobresaliente con una tesis sobre el pensamiento de Hermann Heller.[493]

---

491 Faustino Menéndez-Pidal, *Organización de los Tribunales,* Reus, 1927; "La justicia militar", *Revista General de Legislación y Jurisprudencia,* 159 (1931), pp. 333-357.

492 Para el periodo anterior, acerca de la justicia militar y las reformas republicanas, Adolfo Trápaga Aguado y Gerardo Blanco de la Villa, *Justicia Militar. Reformas introducidas en su organización y funcionamiento desde el advenimiento de la República, hasta el 31 de diciembre de 1934,* Madrid, 1935.

493 Herman Heller, *Las ideas políticas contemporáneas,* traducción del alemán por Manuel Pedroso, Barcelona, Labor, 1930; *Teoría del estado,* edición y prólogo de Ger-

El desarrollo de la prueba

El 30 de septiembre se celebró la primera reunión del tribunal en Madrid, y se convocó a los opositores para el 3 de octubre. El día anterior, los miembros del tribunal se reunieron en una segunda sesión para analizar los expedientes y acordar algunos detalles. Que en los ejercicios primero y segundo se concederían quince minutos para objeciones y diez para contestar; que el ejercicio quinto sería un comentario de texto elegido a suertes de entre tres propuestos por los jueces para el que contarían con tres horas para redactarlo; y que sexto ejercicio sería un tema común de entre diez, con cuatro horas para su escritura y con lectura posterior.

Como estaba previsto, el tres de octubre a las 11 de la mañana los aspirantes hicieron su presentación y aporte de trabajos: memoria reglamentaria sobre el concepto, método y fuentes de la asignatura y programa de ésta. Además, algunos opositores presentaron otros trabajos. Ramón Pérez Blesa[494] llevó su estudio titulado "La ontología de la ley en la escolástica española", que eran 277 cuartillas a máquina. Francisco Elías de Tejada[495] sus *Notas para una teoría del Estado, según nuestros autores clásicos (Siglos XVI y XVII)* publicadas en Sevilla en 1937; el capítulo XV de las *Notas al Fuero del Trabajo*, por Luis J. Pedregal, Cádiz, 1938; *Ideas políticas de Ángel Ganivet*, Madrid, 1939. *Jerónimo Castillo de Bobadilla*, Madrid, 1939; *La figura del Caudillo (Contribución al derecho público Nacional Sindicalista)*, Sevilla, 1939; *El nuevo Estado Nacional Sindicalista*, 147 cuartillas a máquina; en prensa tenía

---

hart Niemeyer, traducción de Luis Tobío, México, FCE, 1942; *La soberanía: contribución a la teoría del derecho estatal y del derecho internacional*, México, UNAM, 1965. Jesús Vallejo, "Gómez Arboleya, Enrique ((1910-1959)", *Diccionario de catedráticos españoles de derecho (1847-1943)*..., Universidad Carlos III, en línea.

494 Ramón Pérez Blesa, que obtuvo la segunda cátedra en esta oposición, pasaría después a derecho internacional. Recordaba Jesús López Medel en la presentación de su libro *Ortega y Gasset en el pensamiento jurídico*, Madrid, 2003, que "en los estudios de Derecho, solamente en la cátedra de Derecho Internacional, el catedrático Ramón Pérez Blesa, que venía de la de Derecho Natural y filosofía del Derecho de Valladolid, recordó a Ortega y Gasset, precisamente en los aspectos de interpretación orteguiana sobre el Derecho Internacional ... Mi sorpresa sobre el vacío o silencio en la Historia de las ideas iusfilosóficas, se acrecienta ya en los años 50, incorporado a la cátedra de aquélla disciplina -de la que era titular D. Mariano Puigdollers con Fernández Galiano, Álvarez Romero, Allúe, Vidal Ibáñez, Recarte, entre otros-. Ortega y Gasset no aparecía en el horizonte del pensamiento jurídico."

495 Miguel Ayuso Torres, "Francisco Elías de Tejada, 30 años después", *Anales de la Fundación Francisco Elías de Tejada*, 14 (2008), pp. 15-21.

La democracia francesa y su derrumbamiento espiritual. Añadía también una traducción castellana de la obra de Reinhard Höhn y *El pensamiento político de Falange Española de las J.O.N.S.*, 147 cuartillas a máquina. Enrique Gómez Arboleya, por su parte, presentó "Herman Heller", 110 cuartillas folio a máquina[496], y el *Boletín de la Universidad de Granada* 58 (abril de 1940), en el que se comenzó a publicar el trabajo; así como "Guillermo Dilthey", 177 cuartillas folio a máquina.

El *primer ejercicio* se llevó a cabo los días 14 y 15 de octubre[497]. Las opiniones del tribunal fueron escuetas y con afirmaciones muy generales, con atención a la forma del discurso y en ocasiones con declaraciones vacías de contenido: de Pérez Blesa se dice que "demuestra vocación" hacia la filosofía del derecho, pero con lagunas en su información. Sobre Elías de Tejada el juicio es más duro pues, aunque ha presentado más trabajos que el resto de los opositores, se estima que no responde a las cuestiones de la filosofía del derecho; trabajador, brillante... Corts Grau le achaca falta de reflexión -base de la filosofía- y exceso de transcripción. La opinión del

---

496 Pedro José Mesas de Román, "La tesis doctoral de Enrique Gómez Arboleya sobre Hermann Heller: acercamiento del pensamiento filosófico-jurídico del teórico alemán a la España del primer franquismo y adquisición de dos decisivos compañeros de viaje en su trayectoria intelectual: el humanismo y la sociología", *Anales de la Cátedra Francisco Suárez,* 37 (2003), 309-336. Señala Mesas en su artículo, en el que compara la primera redacción de 1935 con la posterior publicación en 1940, que es "una buena introducción al pensamiento de Heller -a pesar de ciertas lagunas y del matiz iusnaturalista que le añade a la versión de 1940-, y señalan el inicio de la senda sociológica y humanista que marcará la trayectoria intelectual de Gómez Arboleya." Del mismo autor: "Conociendo su carácter inquieto y ambicioso -hablamos en el terreno intelectual, el único que pareció preocuparle durante su vida- y siendo buen conocedor del panorama de la Filosofía del Derecho del momento, no es difícil aventurar que quiso completar con el estudio de Heller el trío más célebre, junto con Hans Kelsen y Carl Schmitt, de los teóricos del Estado. Legaz Lacambra ya había estudiado a Kelsen, Javier Conde a Schmitt, sólo quedaba estudiar a Heller. A ello se unía que en aquel tiempo la figura de Heller era en España relevante y conocida por acabar sus días en noviembre de 1933 en la universidad de Madrid tras haber huido de la Alemania nazi.", Pedro José Mesas de Román, "Enrique Gómez Arboleya: la definitiva...", p. 77.

497 Sesión 14 de octubre, comenzó por la tarde a las cinco menos cuarto y duró aproximadamente tres horas: Pérez Blesa actuó durante 48 minutos; objetaron Francisco Elías de Tejada y José Luis Santaló. Francisco Elías de Tejada expuso durante 22 minutos; objetaron Pérez Blesa y José Luis Santaló. En la sesión del 15 de octubre a las cinco horas: José Luis Santaló expuso durante 25 minutos; objetaron Pérez Blesa, Francisco Elías de Tejada y Gómez Arboleya. Enrique Gómez Arboleya durante el máximo tiempo empleado, 60 minutos; objetaron Tejada y Santaló.

tribunal sobre Santaló es muy negativa, pues se le considera mediocre, impreciso y superficial, aunque pasará, como el resto, al siguiente ejercicio. El más original en sus apreciaciones es Corts Grau quien le juzga "desorientado plenamente en esta disciplina, aunque su catolicismo le salva en lo fundamental". En cambio, Gómez Arboleya es mayoritariamente alabado[498], salvo por Marina que lo ve "sumamente nebuloso en el juicio". Alaban su buena preparación, conocimiento de las fuentes germanas, vocación, temperamento, método. Corts señala su visión clara de las perspectivas de la filosofía jurídica y su sensibilidad hacia los problemas clásicos de la disciplina.

Entre los días 16 y 17 de octubre[499] se celebró el *segundo ejercicio.* Algunos reprocharon a Blesa su posición un tanto anticuada, mientras que a Marina le pareció de maravilla su base escolástica. La crítica más profunda a Elías de Tejada tuvo que ver con su orientación sociológica, aunque todos señalaron su erudición[500]. Santaló cosechó juicios muy negativos: divagaciones inútiles, escasa preparación, propensión a sustituir la crítica científica por el latiguillo y, en fin, "una desorientación casi absoluta y una falta grave en la bibliografía"[501]. Gómez Arboleya fue el que concitó unanimidad: era el mejor a juicio de todos los miembros que debían juzgar.

La lección del programa, el *tercer ejercicio,* se desarrolló los días 18 y 19, y todos los opositores lo superaron. Los aspirantes abordaron las lecciones que se indican a continuación. Pérez Blesa se ocupó de la 34: Doctrina general de los valores.- El mundo del ser y el mundo del valor.- Objetividad de los valores.- Naturaleza de los valores.- Rango, jerarquía y clases de valores. El opositor Francisco Elías de Tejada abordó la lección 16: Los círculos cerrados y la tradición (continuación).- Significados de la voz tradición para la Filosofía del Derecho.- La tradición como pasado vivo.- La tradición como unidad de destino: verdadero sentido de esta frase.- Crítica de modernas opiniones.- La Nación como diferenciación *actual* de las comunidades humanas.- Su definición y comparación con las teorías de la manera de

---

498 AGA, Sección Educación, Acta 15 de octubre.

499 El día 16 actuaron Ramón Pérez Blesa durante 57 minutos, con objeciones de Tejada y Santaló y Elías de Tejada, 50 minutos, al que objetan Blesa y Gómez Arboleya y Corts. El 17 de octubre presentaron José Luis Santaló, 60 minutos y Gómez Arboleya, durante otros 60, objetando Tejada y Santaló.

500 José Corts Grau señala que el opositor "sigue aferrado a la erudición y a la Sociología", como concluirá también al final de la oposición.

501 De nuevo Corts Grau sigue siendo el más duro en sus objeciones.

ser y de la empresa.- Conclusión.- Nación y Patria.- Nacionalidad y Patriotismo.- Significado de estos términos. Por su parte, Santaló se ocupó de la lección 24: Teoría de la Institución.- Clasificación de las instituciones.- Instituciones persona.- Instituciones cosa.- Instituciones de instituciones.- Justicia institucional.- Derecho institucional.- A Gómez Arboleya le correspondió la número 13: El pensamiento español.- Sus rasgos fundamentales.- Advertencia previa.- Las ideas metafísicas fundamentales. La idea del orden.- La idea de orden y el problema de la libertad.- Proyección de las ideas metafísicas en el campo del derecho: ley eterna, ley natural, ley positiva.- Proyección de las ideas metafísicas fundamentales al terreno político: el poder del Estado y sus problemas.- *Idem.* a las cuestiones políticas concretas.- El derecho internacional. Conclusión.

El opositor mejor valorado por todos fue, con gran distancia sobre los demás, Gómez Arboleya del que los miembros del tribunal alaban sus vastos conocimientos. "Brillante, magistral; perfecto y definitivo", concluye Puigdollers; "gran estilo de cátedra" sentencia Corts Grau. Se le alaba su conocimiento de la escolástica y de los clásicos españoles. Mientras, a Pérez Blesa (Doctrina general de los valores) se le achaca confusión y falta de originalidad; a pesar de una opinión generalizada sobre los defectos de su lección, luego recabará tres votos, solo por detrás de Gómez Arboleya. La lección de Elías de Tejada ("Los círculos cerrados y la tradición") es tachada de pertenecer a derecho político: "brillantez de palabra y preciosismo poéticos, pero no ha tratado de filosofía jurídica"; al padre Marina le parece bien en cuanto a fondo y forma, dicho lo cual añade que está fuera de la filosofía jurídica y que ha sido una conferencia de propaganda y divulgación. Corts sentencia: es una charla política que ni siquiera roza la filosofía jurídica. Santaló en su lección ("Teoría de la institución") recibe críticas negativas muy generales, sin precisiones, como es habitual en estos tribunales. Solamente Corts, como hace en alguna otra ocasión, precisa algo más, dice es: "un zurcido de textos de Hauriou y de Renard, sin profundidad jurídica ni filosófica y sin criterio para jerarquizar las instituciones."

Durante el *ejercicio cuarto*, que se celebró el 22 y 25 de octubre, los aspirantes tuvieron que exponer, tras seis horas de preparación, una lección elegida por los jueces de entre diez insaculadas. La lección abordada por Pérez Blesa fue la 44: "La teoría del Derecho Privado.- El negocio jurídico.- La autonomía de la voluntad. A Elías de Tejada le correspondió la lección 5: El hecho jurídico (continuación).- La norma jurídica.- Su contenido externo e interno.- La costumbre y el uso como norma jurídica.- La ley: la forma legal.- Lo legal y lo justo: relaciones entre ambos términos.- la cuestión de la coacción como elemento de lo jurídico.- El Derecho.- El

Derecho en sus sentidos objetivo y subjetivo. Para Santaló Rodríguez de Viguri la exposición fue en torno a la lección 14: La justicia. Sus acepciones. Concepto clásico.- Valor social. Datos para su definición. Sus clases.- Consideración particular de la justicia social. A Gómez Arboleya le correspondió la número 33: Deber jurídico.- Objeto.- Relación jurídica. La teoría del deber jurídico en la especulación moderna.- Deber jurídico y reconocimiento (Bierling).- Deber jurídico como concreción de la norma (Kelsen, Schreier).- La negación de la noción de deber jurídico (Julius Binder).- El deber jurídico como resultado de una norma de cultura (Heinze, Binding, Mayer, Schlossmann).- Punto de vista justo.- La clasificación de los deberes jurídicos.- La distinción entre deuda (Schould) y responsabilidad (Haftung) y su aplicación a este punto.- El objeto de derecho. Objeto y cosa. Las clasificaciones fundamentales.- La relación jurídica".

Una vez más, todos los jueces valoraron positivamente a Gómez Arboleya. El resto de los comentarios indican que Pérez Blesa estuvo mediocre (Corts), Elías de Tejada anduvo desorientado (Puigdollers) y Santaló fue poco original (Legaz).

El *quinto ejercicio*, el comentario, lo realizaron sobre el texto: "*Qod vero naturalis ratio inter omnes homines constitiut, id apud omnes populos peraeque custoditur, vocaturque jus gentium, quasi quo jure omnes gentes inturitur". Institutionis,* 1, 2, 1[502]. Como había sido la tónica general, también en esta parte de la oposición el mejor fue Gómez Arboleya a juicio del tribunal. Él se destacó, pero todos pasaron este quinto ejercicio después de que los jueces repitieran prácticamente las mismas genéricas apreciaciones dadas para los ejercicios anteriores. Elías de Tejada salió mejor parado en esta ocasión, a pesar de algunas "inexactitudes y divagaciones líricas"; Pérez Blesa

---

502 Los otros dos seleccionados por el tribunal eran los siguientes. El primero, un texto de Luis Vives sobre la capacidad del juez de no limitarse al estricto derecho y acomodarse en cambio a la norma de la naturaleza: "1.- Hay muchas cosas sobre las que el legislador no pude mandar, más el juez que representa y mantiene la personalidad de las leyes las examinará, y adaptará la ley como exige la naturaleza del asunto que se trata ... y no ha de querer seguir siempre el estricto derecho, que muchísimas veces es la suma injuria, sino que habrá de acomodarse a la misma norma de la naturaleza, conforme a la cual todas las leyes han sido hechas, dirigidas y formadas. Vives: *Acdes Legum"*. El segundo texto de la *Suma Teológica* sobre las normas injustas que carecen de fuerza de obligar. "2.- *Lex scripta, sicut non dat robur juri naturali ita nec potest ejus robur minuere vel anferre, quia nec voluntas hominis potest immutare naturam. Et ideo si scriptura legis contineat aliquid contra fin naturale injusta nec habet vim obligandi. Summa Theologica* 2. 2, q. 6. g. a. 5 ad 1."

resultó discreto, aceptable, "sobrio, aunque con cierta variedad" (Marina) y el peor juzgado fue Santaló: mediocre o redundante son algunos de los calificativos del tribunal.

Finalmente llegó el momento del *sexto ejercicio*, que consistió en la exposición del tema: "Naturaleza y función de los principios generales del Derecho"[503], con cuatro horas de preparación y entrega al tribunal de los escritos, en el que también mereció las mayores alabanzas el candidato favorito Gómez Arboleya.

Decisión del tribunal

La decisión del tribunal fue unánime, otorgando la primera posición a Enrique Gómez Arboleya, que eligió Sevilla, aunque ese mismo año conseguiría el traslado a la universidad de Granada y una década después, en 1953 accedería a la cátedra de sociología en Madrid[504]. Para la segunda plaza, correspondiente a la universidad de Oviedo, se votó entre Pérez Blesa y Elías de Tejada, ganando el primero con los votos de Corts, Legaz y Callejo. El jesuita Marina y Puigdollers votaron a Francisco Elías de Tejada.

En cuanto a los informes finales, redactados por el tribunal, se reducen prácticamente a un párrafo por opositor. De ellos cabe destacar que el tribunal mostró enseguida el aprecio por Gómez Arboleya. Eduardo Callejo, el presidente del tribunal, estimó que sus aportaciones sobre Heller y Dilthey "revelan gran preparación filosófica y profundo conocimiento de los temas". También mostraron juicio favorable de él –aunque de forma muy escueta– Mariano Puigdollers y Legaz Lacambra. Marina le reprochó un predominio excesivo de los filosófico sobre lo jurídico y cierta oscuridad y conceptismo que le habría contagiado su preferencia por lo alemán,

---

503 Temas propuestos: 1.- Función de la equidad en la interpretación de la norma. 2.- Relaciones entre la Moral y el Derecho. 3.-Naturaleza y función de los principios generales del derecho y su problemática. 4.- Presupuestos filosóficos para una construcción técnica del Derecho corporativo. 5.- Injusticia y arbitrariedad. 6.- El idealismo actualista italiano y su significación para la Filosofía del Derecho. 7.- El factor justicia y el factor seguridad en la vida jurídica. 8.- Lo vivo y lo muerto de la fenomenología jurídica. 9.- Inmutabilidad y variedad del Derecho. 10.- Familia y Estado desde el punto de vista de la Filosofía del Derecho.

504 La oposición ha sido expuesta con detalle por Manuel J. Peláez, *Intrahistorias del derecho español del siglo XX. Un paisaje jurídico con diez figuras*, Zaragoza, 1992. El capítulo "*Adnotationes in usu disciplinae legis naturae et sociologiae*: Enrique Gómez Arboleya y Felipe González Vicén", pp. 53-115, la oposición desde p. 71.

a pesar de lo cual alabó que presentara "una orientación fundamentalmente sana". Para Corts Grau el trabajo sobre Dilthey era lo más concienzudo que se había escrito en español sobre este autor.

Acerca de Ramón Pérez Blesa también hubo cierta unanimidad por su buen manejo de la escolástica española. José Luis Santaló concitó críticas generalizadas pues sus trabajos fueron considerados ajenos a la filosofía del derecho, aunque el padre Marina insistió una vez más en sus "sanos principios". Por último, Francisco Elías de Tejada resultó para todos brillante y de formidable cultura, pero inmaduro y con una orientación que llevaba sus trabajos a otra asignatura: a la sociología, según Puigdollers y Marina; según Corts a la filosofía del estado.

1941. Cátedra de Murcia

La cátedra de Murcia estaba vacante por el exilio de José Medina Echavarría (Castellón de la Plana, 1903-Santiago de Chile, 1977). Este profesor había sido oficial letrado del congreso de diputados y se exilió a México en mayo de 1939. Solo un mes después la UNAM lo nombró profesor para un curso de sociología en la Escuela Nacional de Jurisprudencia. Contaba entonces 36 años y, a partir de ese momento, se centraría en los estudios sociológicos, desarrollando en esta especialidad una brillante carrera. En marzo de 1941 fue nombrado profesor provisional de sociología en la Escuela de jurisprudencia y en 1943 pasó a dirigir el Centro de Estudios Sociales de El Colegio de México, que fundó y presidió hasta 1946[505]. Era el segundo centro dedicado a la investigación sociológica que se fundaba en toda América Latina; había otro en Brasil. Medina Echavarría organizó un equipo para traducir *Economía y sociedad* de Max Weber. Los otros traductores fueron los exiliados Juan Roura Parella, Eugenio Ímaz y José Ferrater Mora, además del mexicano Eduardo García Maynez. Si bien, desde el Centro de Estudios Sociales pudo sacar una promoción de estudiantes, la

---

505 Andrés Lira González, "Autobiografía, humanismo y ciencia en la obra de José Medina Echavarría", en José Medina Echavarría, *La filosofía del derecho en la crisis de nuestro tiempo,* recopilación, advertencia, estudio preliminar y biografía por Andrés Lira, Morelia, UMSNH/El Colegio de Michoacán, 1990, pp. 15-39. Yolanda Blasco Gil, "Académicos derrotados, Juristas exiliados en la UNAM"..., en particular 220-221.

labor de Medina Echavarría en México perduró más por su obra escrita y por ese esfuerzo de introducir la sociología de Weber en aquel país[506].

Antes de abandonar definitivamente México, Medina Echavarría estuvo en Colombia (en 1945), luego se instaló en Puerto Rico (donde residió entre 1946 y 1952) y por último en Chile (1952-1963), siempre ejerciendo como profesor de sociología. En 1963 se incorporó al Instituto Latinoamericano de Planificación Económica y Social (ILPES) como director de su división de Desarrollo Social, hasta que se retiró en 1974[507].

La plaza vacante de filosofía del derecho en Murcia fue convocada en turno de auxiliares el 28 de marzo de 1941 y se celebró con celeridad entre los días 18 y 23 de julio. El tribunal, tras la renuncia de Corts Grau y Enrique Luño Peña, por enfermedad, estaba compuesto por Wenceslao González Oliveros como presidente y por los vocales: Mariano Puigdollers Oliver, Miguel Sancho Izquierdo, Jesús Mérida -el ya mencionado obispo, canonista y rector de la universidad de Murcia 1939-1944 en que se traslada al obispado de Astorga, sustituyéndolo en el rectorado Manuel Batlle- y el jesuita Luis Izaga que actuaría de secretario. Nombres ya bien conocidos.

La convocatoria tuvo como único aspirante a Francisco Elías de Tejada, figura señera del tradicionalismo político. También conocido de anteriores oposiciones, este académico, que lideró una poderosa escuela de filósofos del derecho durante el franquismo hasta su muerte en 1978, era poseedor

---

506 Gina Zabludovsky Kuper, "José Medina Echavarría y la sociología en Max Weber en México: historia de un desencuentro", en *Estudios y testimonios sobre el exilio español el México. Una visión sobre su presencia en las humanidades...*, pp. 387-388; de la misma autora *Intelectuales y burocracia. Vigencia de Max Weber*, México, Anthropos, pp. 199-190. Laura Angélica Moya López, "José Medina Echavarría y la Colección de sociología del Fondo de Cultura Económica, 1939-1959", en *Estudios sociológicos*, vol. XXV, núm. 75 (sept-dic. 2007), pp. 765-803; *José Medina Echavarría y la sociología como ciencia social (1939-1980)*, México, El Colegio de México/CES, 2013. También Mariano Peset, "Juristas valencianos en el exilio", *El exilio valenciano en América: obra y memoria*, Albert Girona Albuixech, María Fernanda Mancebo (coords.), València, 1995, pp. 157-180.

507 En México sería bloqueado por desavenencias con Daniel Cosio Villegas en El Colegio de México, que pueden ser consideradas como detonantes de su salida del país, véase Gina Zabludovsky Kuper, "José Medina Echavarría y la sociología en Max Weber en México: historia de un desencuentro...", pp. 373-392. En Archivo de la Dirección general de personal de la UNAM, expediente de José Medina Echavarría 6348.

de un carácter "fuerte y agresivo", con "cierto espíritu de cruzada" [508] muy en consonancia con el momento histórico.

Las actas del desarrollo de la oposición son muy escuetas. No se han conservado los juicios del tribunal, aunque se señala que están en pliego aparte, tampoco consta el texto elegido para el ejercicio práctico. El opositor pasó todas las pruebas por unanimidad. En el *tercer ejercicio* el concursante eligió su lección 22, dedicada a la "Ontología de la ley humana" y en el *cuarto ejercicio* disertó sobre la lección 16: "Otras corrientes del neokantismo. La filosofía de los valores y la obra de Lask. El relativismo. Kelsen. La fenomenología". Francisco Elías de Tejada obtuvo la cátedra. Pero tan solo estuvo un año en Murcia. El 16 de marzo de 1942 sería nombrado catedrático en Salamanca, mediante concurso de traslado. Fue el único aspirante[509].

1940-1942. Cinco concursos de traslado

Concurso para la provisión de la cátedra de licenciatura en Madrid, 1940

Esta plaza estaba vacante en el escalafón de 1935. El concurso de traslado para la cátedra de Madrid fue convocado y anunciado el 17 de septiembre de 1940[510]. Terminó el plazo el día 10 de octubre. Fueron dos los *aspirantes:* Mariano Puigdollers Oliver y Luis Legaz Lacambra. Sería nombrado Puigdollers Oliver por orden 16 de diciembre de 1940[511].

Según su expediente, Mariano Puigdollers Oliver, natural de Madrid, nacido en 1896, había sido catedrático numerario en Santiago, en virtud de traslado pasó a Sevilla y por permuta a filosofía del derecho en Valencia

---

508 Su nombramiento se publicó en el BOE 26 de agosto de 1941. Una semblanza de Elías de Tejada y su escuela aparece en el texto ya citado de Enrique Fernández García, "La política...", apartado 3. "Las tareas de la Filosofía del Derecho de Francisco Elías de Tejada y Spínola", pp. 192-205. Los entrecomillados en p. 201. Estudios muy elogiosos de sus discípulos y admiradores en las obras publicadas por la fundación Elías de Tejada, véase Miguel Ayuso Torres, *La filosofía jurídica y política de Francisco Elías de Tejada,* Madrid, 1994; En la colección "Maestros complutenses de derecho", la obra colectiva *Francisco Elías de Tejada y Spínola. Figura y pensamiento,* Madrid, 1995.

509 BOE 8 de abril de 1942. Después pasaría a Sevilla por permuta con Joaquín Ruiz-Giménez, en 1951; quien sería nombrado ese mismo año ministro de educación.

510 BOE 21 septiembre de 1940.

511 BOE 12 de enero de 1941. AGA, sección Educación, legajo 9610-13.

(18 de enero de 1924, toma de posesión 1 de marzo). En el momento del concurso estaba en situación de interinidad, nombrado con carácter provisional, regentando la cátedra a la que ahora concursa en la facultad de derecho, licenciatura, de la central.

En cuanto a su carrera, honores y condecoraciones, en la documentación señala que se graduó en doctorado con nota de sobresaliente y opositó por vez primera en 1918 a la cátedra de elementos de derecho natural vacante en Granada; al año siguiente, a la misma cátedra en la universidad de Murcia y, finalmente, opositó a la de Santiago que obtuvo en mayo de 1920. Además del título de catedrático de universidad, poseía el de graduado en la escuela social de Valencia, en la que fue nombrado profesor de política social y política agraria, durante el tiempo que subsistió la escuela. Fue asimismo vocal de la comisión de cultura y enseñanza de la junta técnica del estado, por orden de la presidencia, de 10 de octubre de 1936, hasta que duró dicho organismo. El 16 de febrero de 1938, ya constituido el primer gobierno franquista, nombrado director general de asuntos eclesiásticos en el ministerio de justicia. También jefe superior de administración y ostentó la representación oficial del ministerio de justicia en 1938 en el congreso eucarístico internacional celebrado en Hungría, Budapest. Nombrado vocal y vicepresidente del consejo superior de protección de menores y vocal del patronato Raimundo Lulio, del CSIC. En 1939 fue confirmado en su cargo de catedrático, en virtud del expediente de depuración y por orden ministerial ese mismo año fue nombrado, provisionalmente, para la cátedra vacante de filosofía del derecho en la licenciatura de la facultad de derecho de Madrid.

Puigdollers Oliver aporta una hoja de servicios más extensa que su contrincante y tiene también mayor producción escrita: siete obras -dos son programas de filosofía del derecho y derecho natural-, tres artículos, uno de ellos sobre reforma universitaria publicado en *La Voz Valenciana,* tres prólogos, dos traducciones con notas -una del trabajo del profesor Giorgio del Vecchio, *Estado fascista y viejo régimen,* publicado por *Acción Española,* en 1934-, así como un estudio preliminar en prensa a la edición de las Obras Menores de este profesor de la universidad de Roma[512].

---

512 *Programa de elementos de derecho natural* (1928); *Programa de filosofía del derecho*; *La filosofía del derecho de Victor Cathreien* (1920); *Doctrinas pacifistas de Raimundo Lulio en su relación con la comunidad internacional*; *El tratado de subvencione pauperum y el sentido cristiano de la propiedad,* Valencia, 1936; *La intervención obrera en las empresas* (Prólogo a la obra de D. Juan Arjona Hermosilla, Valencia, 1935; *Programa de política social*; *Estado fascista y viejo régimen* (traducción, prólogo y notas del trabajo de

El otro candidato, que no obtuvo la plaza, era Luis Legaz Lacambra, natural de Zaragoza, nació en 1906, y en ese año de 1940 era catedrático por oposición de filosofía del derecho de Santiago. Había sido nombrado para dicha plaza en virtud de concurso de traslado de La Laguna en 1935. Para esta plaza de licenciatura a la que ahora se presentaba acompañó, como era preceptivo, una hoja de servicios en la que constaban sus trabajos publicados, servicios prestados y la justificación de hallarse en posesión del título profesional de catedrático, así como el documento que acreditaba su depuración. En los documentos hizo constar que pertenecía desde 1933 a la Unión Católica de Estudios Internacionales y que tenía publicadas numerosas obras, artículos, traducciones y prólogos[513]. Señalaba también sus cargos políticos, pues fue nombrado secretario general por el delegado militar de instrucción pública de La Coruña en agosto de 1936 y jefe de prensa de la autoridad gubernativa durante la guerra, entre junio de 1937 y diciembre 1938. Durante esas mismas fechas estuvo también al frente de la delegación de prensa y propaganda de FET y de las JONS de Santiago de Compostela y fue agregado al ministerio de organización y acción sindical en la sección de estudios y publicaciones. Colaborador nacional en la prensa de falange y de las Revistas del Movimiento *Jerarquía* y *Revista de Educación Hispánica*, fue nombrado asesor al constituirse la delegación nacional de sindicatos de falange. Por supuesto, en la documentación aportada no faltó su certificado de depuración, donde se indica que no se le había formado expediente alguno y en el

---

Giorgio del Vecchio, *Acción Española*, enero de 1934); *Del ambiente filosófico: reflexiones en torno a Federico Ozanan*, Valencia, abril de 1936; "La reforma universitaria", *La voz de Valencia*, 4 de diciembre de 1932; *Organización y funcionamiento del Boerenbond o liga de campesinos belgas*, Valencia, 1930; *La filosofía española de Luis Vives*, ed. Labor; "La filosofía pacifista del imperio español", *Rivista internazionale de Filosofia del Diritto*, Roma; Traducción, prólogo y notas a la obra del General Weygand *Comment elever nos fils?*, en prensa, Editorial Española; Estudio preliminar a la edición de las obras menores de Giorgio del Vecchio, en prensa, ed. Reus. En folio 14 del expediente.

513 Entre sus publicaciones figuran 4 libros: Kelsen, *Estudio crítico de la teoría pura del derecho y del Estado de la Escuela de Viena*, Barcelona, Bosch, 1933. Cuatro estudios sobre sindicalismo vertical en colaboración con Bartolomé Aragón y con prólogo del Excmo. Sr. Don Pedro González Bueno, ministerio de Organización Sindical, Zaragoza, 1939. Traducción a la teoría del Estado Nacional Sindicalista, Barcelona, Bosch, 1940. Estudios de doctrina jurídica y social, Barcelona, Bosch, 1940. Publicó trabajos de Filosofía del Derecho en revistas de derecho de Madrid e internacionales en Berlín, Roma y Ginebra. Ha traducido, prologado y anotado obras de Sauer, Kelsen, Max Weber…También ha impartido cursos y conferencias.

que se hacía constar expresamente que "el nombramiento de secretario general significa haber recibido un cargo de confianza".

Puigdollers Oliver fue el elegido para la cátedra de la licenciatura en Madrid. El mismo año se convocaría la vacante de doctorado por el exilio de Recasens Siches a México.

Concurso para la plaza de doctorado en Madrid, 1940

Luis Recasens Siches había ocupado en propiedad la cátedra de filosofía del derecho de doctorado en Madrid, desde la que años antes había enseñado Francisco Giner de los Ríos. Recasens había estudiado las licenciaturas de derecho y filosofía y letras en Barcelona, con premio extraordinario. Durante el curso 1924-25 cursó en la central el doctorado, obteniéndolo en 1927. Preparó la tesis y amplió estudios, becado por el ministerio, en Roma, Berlín y Viena, con los más grandes teóricos del momento: Giorgio del Vecchio, Rudolf Stammler, Hans Kelsen... Leída la tesis, ingresó de inmediato en el cuerpo de catedráticos, mediante oposición para Santiago; y allí permaneció durante tres cursos, pasando por concurso de traslado a Salamanca y después a Valladolid. En 1932 obtuvo por oposición la cátedra de doctorado de filosofía del derecho de la central, por acuerdo unánime del tribunal en primera y única votación, ocupando ese cargo hasta el 31 de agosto de 1936. Afiliado al partido de la derecha liberal republicana del presidente Alcalá-Zamora, fue diputado en las cortes constituyentes y en el resto de las legislaturas durante la República. Ocupó también el cargo de director general de administración local dentro del ministerio de gobernación y el de subsecretario de industria y comercio. También ejercería como abogado.

Su implicación con la República resultaba motivo sobrado para ser sancionado severamente por los vencedores. Así que, como sucedió con los docentes más significados, las represalias fueron firmadas directamente por Franco, sin esperar a los cauces usuales de la depuración[514]. En el mismo decreto se ordenó la separación definitiva de sus cátedras de, entre otros, Luis Recasens Siches y Honorato de Castro, ampliando la nómina unos días más tarde con los nombres de Luis Jiménez de Asúa, Fernando de los Ríos, Pablo de Azcárate, Mariano Gómez y Felipe Sánchez Román. Todos ellos marcharon al exilio.

---

514 La ley de responsabilidades políticas de 9 de febrero de 1939 (BOE 13), el decreto mencionado en BOE 4 de febrero. Jaume Claret, *El atroz desmoche...*, pp. 61-84.

En esa fecha Luis Recasens ya estaba en México; residía allí desde 1937, vinculado a La Casa de España Recasens enseñaba filosofía del derecho en la Escuela nacional de jurisprudencia de la UNAM[515], escuela que con los años se transformaría en facultad de derecho[516].

Mientras Recasens intentaba abrirse camino en México, en España se convocó a concurso su plaza, concretamente el 19 de septiembre de 1940[517]. Era una plaza muy codiciada, con menor carga lectiva y gran prestigio, sólo podía cursarse en Madrid. Esa restricción, introducida por los liberales, como ya se ha venido comentando, supuso un grave obstáculo para las ciencias y saberes en España porque significaba dirigir en exclusiva muchas tesis, que, salvo excepciones, fueron más ensayos que investigaciones. Las cátedras de doctorado habían sido suprimidas por la ley de 1943, que extendió el grado de doctor a todas las universidades, aunque su implantación sería lenta, ampliándose hasta la década siguiente.

Hubo cuatro *candidatos* para el concurso de traslado; eran los catedráticos más relevantes del momento y, de entre todos, los que pensaban tener suficientes méritos patrióticos. El primero de ellos era Wenceslao González Oliver -sin duda el más significativo en el nuevo orden-, y quien ganaría esta cátedra de filosofía del derecho de doctorado en Madrid. El tribunal tendrá en cuenta sus profundas convicciones políticas y religiosas a favor

---

515 Sobre Recasens y notas biográficas de los concursantes, Yolanda Blasco Gil y María Fernanda Mancebo, "Pere Bosch Gimpera y Luis Recasens Siches, Profesores exiliados y provisión de sus cátedras" *Estudios y testimonios sobre el exilio español en México. Una visión sobre su presencia en las Humanidades...*, pp. 311-334. Sobre las cátedras de doctorado escriben: "Era una plaza muy codiciada, con menor carga lectiva y gran prestigio, por ser de doctorado, que entonces sólo podían cursarse en Madrid. Esa restricción, introducida por los liberales, supuso un grave obstáculo para las ciencias y saberes en España. Suponía dirigir en exclusiva muchas tesis, que, salvo excepciones, fueron más ensayos que investigaciones. Las cátedras de doctorado fueron suprimidas por la ley de ordenación universitaria de 1943, que extendió el grado de doctor a todas las universidades, aunque su implantación fue lenta, hasta la década siguiente." Archivo de la Dirección general de personal de la UNAM, expediente Luis Recasens Siches núm. 4593.

516 Jaqueline Ramos García, *Los juristas del exilio español en la Escuela Nacional de Jurisprudencia. Dos estudios de caso: Luis Recaséns Siches y Mariano Jiménez Huerta*, tesis doctoral, México, UMSNH, 2011.

517 AGA, sección Educación, legajo 9611-9. Orden de convocatoria y anuncio 19 de septiembre de 1940 (BOE del 27). Termina el plazo de aspirantes el 16 de octubre. Nombrado catedrático, por concurso de traslado Wenceslao González Oliveros, orden 18 de diciembre de 1940 (BOE 12 de enero de 1941).

de la dictadura franquista. Junto a él, tres candidatos cuyos nombres resultan familiares, porque formaban parte del tribunal que en 1940 decidió las plazas de esta asignatura en Oviedo y Sevilla: Luis Legaz Lacambra, Eduardo Callejo de la Cuesta y Mariano Puigdollers Oliver. Por tratarse de catedráticos bien conocidos en la posguerra, daremos unas sucintas notas biográficas. Formaban un compacto grupo que trabajó por la derecha intelectual ya antes del franquismo. Procedían de los núcleos conservadores católicos, cercanos a la ACNdP y al periódico *El Debate*. Algunos estuvieron en la asamblea nacional consultiva de Primo de Rivera, un remedo de las cortes o parlamento[518].

El orden de los aspirantes estaba regulado por real decreto de 17 de febrero de 1922, que a su vez se refiere al artículo 12 del de 30 de abril de 1915, y quedaría redactado de la siguiente forma:

> Art. 12. Para establecer el orden de preferencia en los concursos se empezará por clasificar los aspirantes en los tres grupos siguientes:
>
> 1° Catedráticos de oposición directa a asignatura igual a la vacante que la estén desempeñando o la hayan desempeñado.
>
> 2° Catedráticos de oposición no directa que se hallen desempeñando o hayan desempeñado igual asignatura.
>
> 3° Catedráticos que, no habiendo ingresado por oposición, desempeñen o hayan desempeñado Cátedra igual a la vacante.
>
> Dentro de cada uno de los tres grupos se apreciará como condición de preferencia los servicios eminentes prestados a la enseñanza en el orden de estudios propios de la Cátedra vacante, demostrados por la publicación de obras, trabajos, investigaciones o procedimientos didácticos, cuyo mérito será reconocido en el mismo concurso por el Consejo de Instrucción pública o por las Corporaciones oficiales competentes que éste designe, previo el examen contradictorio y ponderativo de las calidades científicas y literarias de todos y cada uno de los libros presentados por los concursantes.
>
> Tanto en el caso de que las condiciones de preferencia consignadas en el párrafo anterior resultaran iguales para dos o más concursantes, como en el de que no fueran reconocidas a favor de ninguno de ellos, serán elegidos los aspirantes, siempre dentro de cada grupo, con arreglo al número de oposiciones ganadas en relación con los estudios propios de la Cátedra vacante, a la categoría y número de los títulos académicos que posean y, en último término, con sujeción al tiempo, de mayor a menor, que hayan explicado asignatura igual a la que se trate de proveer.

---

518 Mariano Gómez González, *La reforma constitucional en la España de la Dictadura*, Valencia, 1930. Véase María Fernanda Mancebo "Mariano Gómez y la reforma constitucional de Primo de Rivera"..., II, pp. 23-41. Cesar Silió, *Trayectoria y significación de España. Del tiempo viejo al tiempo nuevo*, Madrid, Espasa-Calpe, s.a. (1939).

Para que no hubiera dudas, en la convocatoria se señalaba que "el ministerio apreciará los méritos contraídos por cada concurrente, en relación con los servicios que hubiera prestado a la Causa Nacional".

Callejo, que ni siquiera había sido depurado[519], era en esta fecha catedrático en Valladolid y vocal del patronato Raimundo Lulio del CSIC. Expuso con austeridad su *curriculum* reciente -no hace referencia a cargos anteriores y solo presentó como publicaciones un discurso de apertura leído en 1922 titulado *Crítica de la teoría monista del Derecho.*

Puigdollers Oliver, que ocupaba la Dirección General de Asuntos Eclesiásticos desde el 16 de febrero de 1938, también era vocal del Patronato Raimundo Lulio y, además, desde primeros de julio de 1938, ocupaba la vicepresidencia primera del Consejo superior de protección de menores. Tras el proceso de depuración fue confirmado en su cargo de catedrático el 25 de octubre del 39 y al día siguiente ocupó con carácter provisional la cátedra vacante de filosofía del derecho de Madrid. Entre sus méritos, aparte de conferencias, cursillos y una estancia en Pisa, alegó ser miembro fundador y secretario de la asociación universitaria "Amigos de Luis Vives". También adjuntó una lista de obras. De algunas de ellas, se lee en el expediente, no pudo presentar ejemplar, pues habían desaparecido "a causa del expolio de la Biblioteca del concursante, por los rojos".

Luis Legaz y Lacambra, catedrático de filosofía del derecho de Santiago, tampoco sufrió el proceso de depuración. Su *curriculum*, amplio, incluía estudios en Grenoble con el profesor Jacques Chevalier y en Múnich con Dietrich V. Hieldebre y K. Petraschek. Estuvo pensionado por la Junta para Ampliación de Estudios en Viena, donde trabajó con Kelsen y Verdresa y permaneció un curso en La Haya con una beca de la academia de derecho internacional de París. Fue miembro de varios institutos internacionales y autor de numerosas publicaciones[520]. Entre sus méritos patrióticos, en su expediente indicó que había sido jefe de la delegación de prensa y propaganda de falange de Santiago y censor de prensa de junio de 1937 a marzo

---

519 Manifiesta lo siguiente: "Tanto porque me hallaba en Valladolid antes del 18 de julio de 1936, cuanto que no desempeñaba cargo alguno en zona marxista al comenzar el glorioso Alzamiento nacional, por hallarme excedente en aquel entonces", folio 3 del acta del expediente.

520 La producción científica de Legaz en José Antonio López García, *Estado y derecho en el franquismo. El Nacionalsindicalismo: F. J. Conde y Luis Legaz Lacambra...*; también en la colección "Maestros complutenses de derecho" volumen dedicado a *Luis Legaz Lacambra. Figura y pensamiento,* Madrid, 1993.

de 1938; estuvo también como agregado al ministerio de organización y acción sindical.

Wenceslao González Oliveros era catedrático en Salamanca y, provisionalmente, catedrático de estudios superiores de derecho político en la central[521]. Pero destacaba, sobre todo, por ser en ese momento gobernador civil en Barcelona y jefe provincial de prensa[522]. En 1940 había sido nombrado presidente del tribunal de responsabilidades políticas, cargo al que sumó el de vicepresidente del tribunal de represión de la masonería y el comunismo. Más tarde, en 1948, sería presidente del consejo nacional de educación. También director general de enseñanza, siendo ministro Callejo, y en ese tiempo fundó la cátedra Luis Vives en Valencia, en Barcelona la Raimundo Lulio y en Valladolid la de Vázquez de Menchaca. Desde su puesto de gobernador fundó el instituto español de estudios mediterráneos[523]. En el expediente presentado, González Oliveros señalaba como mérito cursillos y conferencias, resucitando los sábados en la universidad de Salamanca las gloriosas *Relecciones* clásicas. La lista de publicaciones que presentó era corta pero sustanciosa: *Falange y Requeté orgánicamente solidarios*; *Humanismo frente a comunismo* (Introducción del latín y notas del opúsculo anticomunista de Luis Vives) y *La utopía en España*. Su admiración por Vives estaba presente también en sus actuaciones públicas como gobernador. Según recoge *La Vanguardia* de 21 de junio de 1940, el gobernador-catedrático participó en los actos conmemorativos del cuarto centenario de la muerte de Luis Vives en la universidad de Barcelona con un discurso de clausura en el que contrapone al autor con Erasmo. Intervino el también catedrático Enrique Pérez Luño, que consiguió el concurso de traslado a Barcelona el año siguiente, con una conferencia titulada *El discurso jurídico y social de Luis Vives.*

Después de estas notas biográficas, resulta bastante evidente que los méritos patrióticos presentados por el ganador, González Oliveros, eran los

---

521 Manuel Álvaro Dueñas, "El decoro de nuestro aire de familia. Perfil político e ideológico de los presidentes del Tribunal Nacional de Responsabilidades Políticas", *Revista de Estudios Políticos,* 105 (1999), 147-173, las páginas dedicadas a González Oliveros pp. 159-173. El autor escribe además sobre el primer presidente, catedrático de medicina Enrique Suñer Ordóñez.

522 Cesó en el cargo en diciembre de 1940.

523 Según el expediente "un complejo de enseñanzas y publicaciones... destinadas a restablecer la interrumpida presencia de España en todos los países de la cuenca del *Mare Nostrum* y demás expansiones transmarinas del genio hispánico".

más cuantiosos. A ellos había que añadir sus servicios al estado antes de la guerra que aparecen así consignados literalmente:

> Durante la Dictadura gratamente memorable del General Primo de Rivera fue nombrado sucesivamente Gobernador Civil de la Provincia de Jaén, director general de Enseñanza Superior y Secundaria, y Primer Gobernador del Banco Exterior de España, genial iniciativa del malogrado e inmortal Calvo Sotelo, así como del inolvidable General Primo de Rivera.

El aspirante señaló su no adscripción a partido político alguno hasta 1919, en que "se vio sorprendido" por su designación como presidente de la juventud maurista de Valladolid, cargo que aceptó aconsejado por el cardenal arzobispo José María Justo de Cos. En 1932 abandonó el partido, presentándose como un simple "católico independiente" hasta que se inscribió en el bloque nacional de Calvo Sotelo. Su escrito indica también que hizo cuanto estuvo en su mano para derrumbar el régimen republicano y se afilió a falange en febrero de 1936. Prestó servicio en el estado mayor de la 7ª región militar y mandó al frente a sus dos hijos, de 15 y 16 años. También viajó a Portugal para comprar armas y a Francia con encargos de Mola. Finalmente confirma que promovió la carta colectiva del episcopado español por designación directa de Franco.

Desde la inmediata posguerra, González Oliveros fue un poderoso personaje. Gran enemigo de la ILE, de la JAE y de todo lo que pareciera liberal -incluso del régimen de la monarquía borbónica, hasta que se proclamó la ley de sucesión-, el catedrático era admirador de Hitler y de las doctrinas racistas y antisemitas alemanas; era también responsable de la durísima política anticatalana y, al parecer, creador del eslogan "Hable el idioma del Imperio"[524]. Ese fue el *curriculum* que triunfó en el concurso de traslado frente a Legaz, Puigdollers o su otrora ministro Callejo. Era poseedor de grandes méritos para la dictadura franquista.

Concursos en 1941-1942 para las plazas de licenciatura en Granada y Barcelona

Una vez más en el escalafón de 1935 puede comprobarse que aquel año la cátedra de Barcelona se encontraba vacante. Mientras la de Granada estaba ocupada por José Corts Grau, un hombre nada sospechoso para el régimen pues, entre otros datos, era colaborador de la revista *Acción Española*. En mayo de 1941, el profesor abandonó Granada para acceder a

---

524 Da su testimonio Lluís Permanyer en *La Vanguardia,* 13 de junio de 1994.

la cátedra de derecho natural y filosofía del derecho de Valencia gracias a un concurso de traslado -tomó posesión el 1 de agosto[525]- provocado por el fallecimiento de José María Campos Pulido. Miembro de la ACNdP, en la universidad de Valencia será primero decano de derecho y después rector de 1951 a 1967.

Para cubrir las plazas de Granada y Barcelona se presentaron dos aspirantes, un solo candidato para cada concurso. Enrique Gómez Arboleya obtendría su destino en Granada y Enrique Pérez Luño la plaza de Barcelona, tomando ambos posesión a principios del 42.[526]

Las actas de los concursos son escuetas, aunque en ellas se conserva la solicitud de admisión, la hoja de servicios y publicaciones y el expediente de depuración.[527]

Gómez Arboleya, como se ha señalado, había sido nombrado el 14 de noviembre de 1940 por el ministerio de educación catedrático de filosofía del derecho de Sevilla, toma posesión el 25 del mismo mes. Ahora pasará por concurso de traslado a Granada. Enrique Pérez Luño había sido catedrático por ascenso de derecho natural de la universidad de Santiago desde 12 de enero de 1932 y tres años después pasaría a excedencia voluntaria. A partir de su llegada a Barcelona, su prestigio se consolidó pues fue vicedecano de su facultad de derecho el mismo año en que toma posesión de la plaza, en 1942; decano dos años después y; finalmente, al año siguiente rector, desde febrero de 1945 hasta enero del 47. Autor, entre otras obras, de un *Derecho Natural* en 1950, y participará en 1972 en las primeras jornadas hispánicas de derecho natural, presididas por Elías de Tejada, donde mostró que su posición era diferente a la que presentaban los más tradicio-

---

525 AGA, sección Educación, 21/20503, expediente personal; AGA, sección Educación, 093968-048 depuración; Archivo Central de Educación (Alcalá de Henares), expediente 92640-41 cátedra de Granada; Archivo de la Universidad de Valencia, PDI, caja 58/1; expediente académico, 1314/13.

526 AGA, sección Educación, legajo 9615-9. Nombrado por concurso de traslado a Granada Enrique Gómez Arboleya y a Barcelona Enrique Pérez Luño, por orden 19 de noviembre de 1941 (BOE 19 de diciembre. Toma de posesión 2 de enero de 1942, por orden 21 de enero de 1943 fue confirmado por el ministerio.

527 A falta de haberse concluido el expediente de depuración se adjunta en algunos casos declaración de afección al movimiento nacional. Así, en la documentación de Enrique Pérez Luño se hace constar por el jefe de la oficina técnica administrativa para la depuración del personal docente del ministerio de Educación Nacional que “de los antecedentes que obran en esta oficina ... se le considera persona afecta al Glorioso Movimiento Nacional”.

nalistas. Destaca Enrique García Fernández que en su ponencia, "completa y objetiva, alejada de juicios de valor excluyentes", realizó un recorrido por las distintas doctrinas iusnaturalistas en el siglo XX.[528]

Concurso de traslado en 1942 para proveer la cátedra de Salamanca

La orden de convocatoria y anuncio de la plaza fue el 5 de febrero de 1942.[529] Terminó el plazo el 5 de marzo de ese año. Hubo un único aspirante: Francisco Elías de Tejada Spínola, natural de Madrid, de tan solo 24 años y catedrático procedente de la universidad de Murcia, desde agosto de 1941. Se presenta el certificado de la depuración, con todas las menciones favorables al considerarle persona adicta al movimiento nacional, expediente resuelto por orden de 3 de agosto de 1940. Por lo que no tuvo problemas. Presentó 17 publicaciones, 13 publicadas y 4 en prensa. Algunas obras destacadas fueron publicadas al acabar la guerra: *La figura del Caudillo. Contribución al Derecho Público Nacionalsindicalista* (1939); *Notas al Fuero del Trabajo* (1939); *Gerónimo Castillo de Bobadilla* (1939); *Ideas políticas de Ángel Ganivet* (1939) y otros escritos sobre este autor; En torno al concepto de nación. Su nueva *Economía nacional* (1939); a principios de la guerra civil publicó sobre *El corporativismo fascista* (1936); también escribió sobre *Monarquía y Caudillaje...* (1941). En prensa tiene artículos como "El pensamiento político de Donoso Cortés..." y "Crítica del anarquismo". Viendo sus obras es fácil averiguar su perfil ideológico. No tuvo, pues, problemas en el concurso de traslado.

Por otra parte, en el BOE 17 de octubre de 1943, el ministerio de educación nacional señala las asignaturas que componen el primer curso de la facultad de derecho:

> Publicada y vigente la Ley de Ordenación de la Universidad española y sin perjuicio de que en cumplimiento de lo dispuesto en el artículo 16 de la misma se promulguen en su día los Decretos reglamentando la organización de cada Facultad, que ya han sido estudiados por vas respectivas Facultades, e informados por los Consejos Nacional de Educación y de Rectores, y con

528 Enrique García Fernández, "La política...", p. 208. Sobre la obra de Enrique Luño, Concepción Gimeno Presa, *La filosofía jurídica del profesor Luño Peña*, tesis doctoral, Madrid, UNED, 1998; de la misma autora *La filosofía jurídica de Enrique Luño Peña*, Madrid, 2000.

529 AGA, sección Educación 10519-93. Convocatoria y anuncio en BOE 13 febrero de 1942.

> objeto de facilitar la formalización de la matrícula a los escolares del primer curso de la Facultad de Derecho.
>
> Este Ministerio ha dispuesto:
>
> ... Que las disciplinas que componen el primer curso de la Facultad de Derecho son las siguientes: Principios de Derecho Natural. Historia e Instituciones de Derecho Romano. Economía y Estadística. Principios de Derecho Público.

El derecho natural, la historia e instituciones de derecho romano, la economía y estadística, así como los principios de derecho público formarán parte de las disciplinas formativas del primer año de la carrera. Aunque la economía será más bien considerada como una ciencia aparte. Cabe añadir la historia del derecho entre las materias formativas.

1944. Oposición Murcia, Oviedo y Sevilla

En 1944 habría nueva oposición a filosofía del derecho para las cátedras de Murcia, Oviedo y Sevilla[530]. Resulta interesante detenerse en esta oposición porque se presentan el futuro ministro de educación nacional, Joaquín Ruiz-Giménez y, uno de los estrategas de la transición democrática, Torcuato Fernández Miranda. Aunque para este último debían estar pensando en un puesto más alto en la administración del gobierno, sería también profesor de Juan Carlos I.

En un principio fueron los *aspirantes*: Eustaquio Galán Gutiérrez, Joaquín Ruiz-Giménez Cortés, Torcuato Fernández-Miranda Hevia, Salvador Lissarrague Novoa y Antonio Truyol Serra.

El *tribunal* al comienzo de la oposición estaba formado por: el presidente, Eduardo Callejo de la Cuesta, del CSIC; los vocales, Wenceslao González Olivero, Miguel Sancho Izquierdo, Luis Legaz Lacambra y Enrique Luño Peña, que ya actuaron en anteriores oposiciones, por orden catedráticos de Madrid, Zaragoza, Santiago y Barcelona. El presidente suplente era Mariano Puigdollers Oliver, del CSIC, y los vocales suplentes Juan Zaragüeta Bengoechea, José Corts Grau, Enrique Gómez Arboleya y Ramón Pérez

---

530 AGA (05) 001. 003, 31/1493, legajo 10489-2; 31/1494, legajo 10490; 31/1495, legajo 10491; 31/1496, legajo 10491; 31/1497, legajo 10492. Orden de convocatoria y anuncio 8 de enero de 1944 (BOE 1 de febrero). Terminó plazo el 1 de abril. Por orden de 15 de febrero del mismo año (BOE 2 de marzo) queda subsistente la orden de 8 de enero por la que fueron anunciados a oposición estas cátedras. El tribunal nombrado por orden 29 de febrero (BOE 14 de febrero), lista provisional 22 de abril (BOE 4 de mayo), lista definitiva 19 de mayo.

Blesa, catedráticos de Madrid, Valencia, Granada y Valladolid respectivamente. Todos, titulares y suplentes, de sobra conocidos en la asignatura y omnipresentes en las oposiciones, como se ha ido viendo.

Es un expediente muy extenso. Los *opositores*: Joaquín Ruiz-Giménez Cortés, natural de Madrid, falangista y católico propagandista de ACNdP; Torcuato Fernández-Miranda y Hevia, natural de Gijón (Oviedo), de 28 años, presidente de la asociación de estudiantes católicos de su facultad, en 1935; durante la guerra alférez provisional herido en la batalla de Zaragoza; en el curso 1939-40 jefe del SEU de Oviedo, se licencia con premio extraordinario; en 1943-1944 estudió en Roma... Antonio Truyol Serra, de 30 años de edad, era de Madrid, pero natural de Saarbrücken-Alemania -lo que le ocasionará problemas en la admisión-. Ayudante de la cátedra de principios de derecho natural de Madrid. Acompaña a su instancia de solicitud los documentos señalados en la orden de 1 de febrero de 1944. Señala no haber sido sujeto de a depuración al no ser funcionario antes del 18 de julio del 36; certificado de adhesión a los principios fundamentales del estado. Además, como novedad, presenta el trabajo científico titulado "Presupuestos y conceptos fundamentales del pensamiento jurídico de San Agustín", escrito expresamente para esta oposición. Desde hace más de dos años es ayudante de cátedra en Madrid. Tuvo problemas con la admisión por el lugar de nacimiento, fue excluido provisionalmente de la lista de aspirantes el 22 de abril de 1944[531], al tener que justificar la nacionalidad española, que subsanó presentando su cartilla militar al jefe de la sección universitaria. Posee nacionalidad española, según el apartado 2° del artículo 17 del código civil, por haber nacido en el extranjero de padres españoles, adjunta las partidas de nacimiento de los padres.

Otro de los opositores, Eustaquio Galán Gutiérrez, "católico no reaccionario", con una extensa obra[532], ayudante de filosofía del derecho, de

---

531 BOE 4 de mayo de 1944.

532 AGA, sección Educación, 31/02006; 31/01967; 31/02022; 55/02153-55/02156. Sobre este autor y las oposiciones de filosofía del derecho: Benjamín Rivaya, *Filosofía del Derecho y primer franquismo (1937-1945)*, Madrid, Centro de Estudios Constitucionales, 1988 y Carlos Ruiz Miguel y Benjamín Rivaya, "Eustaquio Galán y Gutiérrez (1910-1999)", *Revista Xurídica da Universidade de Santiago de Compostela*, vol. 9, 1 (2000), pp. 143-177. José Ignacio Lacasta Zabalza, "La memoria arrinconada en la Filosofía del Derecho española", *AFD*, XXVII (2011), pp. 111-136. También Yolanda Blasco Gil y Tomás Saorín Pérez, *Las Universidades de Mariano Ruiz-Funes. La lucha desde el exilio por la Universidad perdida*, Murcia, Editum, 2014. Eustaquio Galán, dispone de una extensa obra publicada hasta el año de la oposición, y que

la escuela de Puigdollers, presenta el certificado de falange y la constancia de ser adicto a los principios fundamentales del estado. Y, salvo Salvador Lissarrague Novoa, todos venían de la escuela de Puigollers. Lissarrague pertenecía a la intelectualidad de la falange posbélica, al ala más abierta del régimen. Este opositor se encuentra entre varias corrientes, una que provenía de la filosofía republicana representada por Luis Recaséns Siches[533], y otra iuspublicista relacionada con Carlos Ruiz del Castillo; una orteguiana y otra católica; una liberal y otra autoritaria[534]. Ese año de 1944 todos publicarían sus tesis doctorales.

---

luego continuará siendo más prolija: "A propósito di un saggio di "Teoria del potere costituente", *Rivista Insternazionale de Filosofia del Diritto,* IV-V (julio-octubre de 1932), pp. 621-625; "El pensamiento filosófico-jurídico del profesor Giorgio Del Vecchio", *Revista de Ciencias Jurídicas y Sociales,* vol. 19, 75 (abril-junio de 1936), pp. 267-317; "El criterio de lo político", *Revista General de Jurisprudencia y Legislación,* 4, I (abril de 1941), pp. 290-311; "San Agustín y el Derecho Natural", *Ecclesia,* 59 (29 de agosto de 1942), pp. 15-16; *Escrito preliminar al libro de Del Vecchio, Derecho y Vida,* 1942, pp. 23-46; *Escrito preliminar al libro de Del Vecchio, Hechos y doctrinas,* 1942, pp. 15-36; Escrito preliminar, junto con Antonio Truyol Serra, al libro de Larez, *La Filosofía contemporánea del Derecho y del Estado,* 1942, pp. 9-17. "Leviathan y Estado moderno", *Revista General de Jurisprudencia y Legislación,* 2 y 4, de febrero y abril de 1944; "Concepto y misión de la filosofía jurídica", *Revista de Derecho Privado,* 1944; "La filosofía del Derecho de Emil Lask en relación con el pensamiento contemporáneo y con el clásico", *Revista General de Jurisprudencia y Legislación,* 2 y 4, VII, febrero y abril de 1944, pp. 123-162 y 361-412; "El *bonum commune* y el derecho de propiedad, según el pensamiento aquinatense", *Revista Crítica de Derecho Inmobiliario* 192 (mayo de 1944); "Poder temporal y poder espiritual en la Filosofía política aquinatense", I, 5 y 6 (mayo y junio de 1944), pp. 177-187; "La teoría del poder político según Francisco de Vitoria", *Revista General de Legislación y Jurisprudencia* 1 (julio-agosto de 1944), pp. 32-58. Entrada preparada por Natividad Araque Hontangas, en *Diccionario de catedráticos españoles de derecho…*, Universidad Carlos III, en línea.

533 Luis Recaséns Siches tradujo y prologó la obra de Giorgio del Vecchio, *Filosofía del Derecho,* tomo I (Parte sistemática) y tomo II (Historia de las doctrinas), ambas publicadas en Barcelona, Librería Bosch, en 1929 y 1930 respectivamente. En la posguerra otros traducirían sus obras. Aunque sería silenciado en España, se eliminó su nombre de algunas traducciones hechas por él: *Introducción a la Ciencia del Derecho,* de Radbruch, en la Editorial Revista de Derecho Privado. En "El Estado franquista, editor pirata", *Boletín informativo de la Unión de Profesores Universitarios Españoles en el Extranjero (sección México),* año II, núms. 13-14 (agosto-septiembre de 1944), p. 7 al final.

534 Benjamín Rivaya García, "Un orteguiano en la corte de la escolástica: Salvador Lissarrague Novoa", *Anuario de Filosofía del Derecho,* VIII (1991), pp. 365-387, en particular pp. 369-370, dice que pertenecía al llamado "falangismo liberal".

Por otra parte estaban Celso Vázquez Álvarez y José Viani Caballero -este último, auxiliar de Valladolid, presenta solo una publicación: *Algunos Sistemas de Representación proporcional* (1924), y expone como mérito tener aprobadas oposiciones a derecho político de Sevilla y derecho natural de Santiago, con un voto en cada una; además, por real orden 20 de octubre de 1921 fue oficial de 3ª clase, por oposición del cuerpo técnico del ministerio de la gobernación, en la actualidad tiene la categoría de jefe de negociado de 1ª clase- ambos opositores solicitan ser admitidos en la oposición. Pero finalmente no los admitirán.

En la documentación figura como anexo número uno el expediente de las oposiciones y como anexo número dos las actas. Veamos cómo transcurre el proceso.

En Madrid, el 16 de noviembre de 1944[535], reunido el tribunal, el presidente Pugdollers dio cuenta que por enfermedad no podía asistir el vocal Enrique Luño Peña, catedrático de Barcelona, sustituido por Ramón Pérez Blesa, titular en Valladolid. Al mismo tiempo por carta recibida, Eduardo Callejo y de la Cuesta, manifestaba también su imposibilidad para actuar por su estado de salud y ocupaciones, y suplicaba se le sustituyera como presidente suplente. Así que el tribunal definitivo quedaría conformado de la siguiente manera: presidente, Mariano Puigdollers Oliver; vocales, Miguel Sancho Izquierdo, Wenceslao González Oliveros, Luis Legaz Lacambra y Ramón Pérez Blesa, como secretario. No es necesario incidir sobre ellos porque ya se han caracterizado en anteriores oposiciones.

El 17 acordaron la práctica del quinto ejercicio que consistiría en el comentario por escrito del texto de un autor clásico, antiguo o moderno, sacado a suerte a comienzo del ejercicio, propuestos por el tribunal, disponiendo de tres horas para su desarrollo sin libros. Para el sexto ejercicio los opositores habrían de desarrollar también por escrito un tema sacado a suerte de entre diez designados por el tribunal en el momento de comenzar el ejercicio, con un plazo de 4 horas tras ser incomunicados[536]. Tuvo lugar la presentación de los candidatos[537]: Eustaquio Galán, Joaquín Ruiz-Giménez, Salvador Lissarrague y Antonio Truyol, sin que compareciera el que fuera jefe del SEU de Oviedo, Torcuato Fernández-Miranda, este opositor había dirigido una carta en la que le manifestaba su renuncia

535 AGA, sección Educación, Acta número 1.

536 AGA, sección Educación, Acta número 2.

537 AGA, sección Educación, Acta número 3.

al presidente. A continuación, Lissarrague Novoa manifestó que, por desconocimiento de la mecánica de la oposición, olvidó pagar los derechos de examen. No obstante, quería se le considerara admitido, porque en el plazo de media hora de que disponía, según el párrafo 3º del artículo 17 del reglamento de oposición, iba a satisfacerlo. Tras breve deliberación, el presidente dijo que podía verificar el depósito, y nadie se opuso. Se procedió a la presentación de los opositores por el orden establecido, en primer lugar, fue llamado Eustaquio Galán, quien hizo entrega al secretario de sus textos:

> *Concepto y misión de la Filosofía jurídica*; *El pensamiento filosófico-jurídico del Profesor Giorgio del Vechio*; *Ensayo de la Teoría del Poder constituyente*; *Filosofía Contemporánea del Derecho*; *Derecho y vida*; *El criterio de lo político*; *El poder político según Vitoria*; *Filosofía del Derecho de Lask*; Bonum commune *y el derecho de propiedad*; *Poder temporal y poder espiritual*; *Hechos y doctrinas*; *La Filosofía política de Santo Tomás de Aquino.*

Entregó además la memoria sobre el concepto, método, fuentes y programa de la asignatura.

A continuación, presentó sus trabajos el falangista y propagandista, Joaquín Ruiz-Giménez: *La concepción institucional del Derecho*; *Derecho y vida humana*; *Tratado de la Justicia y el Derecho*; *Introducción a la Filosofía jurídica cristiana*; así como artículos publicados en prensa o revistas y la memoria.

Después fue llamado Salvador Lissarrague Novoa: *El poder político y la sociedad*; *Conceptos fundamentales de Sociología*; diversos artículos en la *Revista de Estudios Políticos, Escorial, Razón y Fe, Prensa,* etc. Además de la memoria.

Por último, el aspirante con problemas de nacionalidad, Antonio Truyol Serra: *Leviathan y Estado moderno*; *Derecho Internacional de G.A. Weez* (traducción); *La Filosofía contemporánea del Derecho y del Estado*; *Formas de elevación religiosa individual según San Agustín*; *Supuestos y conceptos fundamentales del pensamiento jurídico de San Agustín*; *El Derecho y el Estado en San Agustín*; varios artículos en diferentes revistas y la memoria.

El día 28 tuvo lugar el *primer ejercicio* de la oposición[538]. Se acordó 10 minutos para las objeciones y un máximo de 25 para responder. Por la tarde fue citado Eustaquio Galán para dar comienzo, según el artículo 19 del reglamento[539]. Objetó Ruiz-Giménez durante 15 minutos y a continuación

---

538 AGA, sección Educación, Acta número 4.

539 AGA, sección Educación, Acta número 5.

Truyol. Por la noche el presidente manifestó que el opositor era apto para proseguir[540].

Al día siguiente[541] le correspondió a Ruiz-Giménez, con las objeciones de Galán. Hubo malestar durante las objeciones porque, durante su intervención, el presidente tuvo que advertir a los opositores que se abstuviesen "de todo personalismo ajeno a la labor científica", que se "rebajara el tono elevado y digno en que aquella se ha de mantener", que de repetirse sería "cortada de raíz". Las luchas académicas llevadas a lo personal. Ya desde el primer ejercicio el opositor a combatir por el resto de candidatos es Ruiz-Giménez. Por lo que la tensión entre ellos es mayor por alcanzar la plaza... Objetó Lissarrague y contestó Ruiz-Giménez. Mientras Truyol se abstuvo. Por la tarde, a las ocho y media[542], el tribunal da a conocer sus juicios sobre el opositor, y todos acuerdan por unanimidad que Ruiz-Giménez es apto para continuar.

En la mañana del 30[543], los vocales González Oliveros, Legaz Lacambra y Pérez Blesa dieron cuenta al presidente de que el día anterior, al terminar la sesión, el opositor Galán Gutiérrez les había entregado unos papeles mecanografiados, cuyo contenido lo vieron en sus respectivos domicilios, que eran unas copias de las objeciones que Galán había formulado a Ruiz-Giménez. Además, Pérez Blesa dio a conocer una carta que le había sido dirigida por Galán Gutiérrez, manifestando que en el día de hoy no podría acudir por tener una punción de neumotórax, del tratamiento que estaba siguiendo por su enfermedad, y que le obligaba también a no poder actuar esta mañana. Por ello pedía un aplazamiento. Además, deseaba hallarse presente en la actuación de Ruiz-Giménez, por lo que también pedía que no actuara este opositor en el segundo ejercicio a la mañana siguiente. Por si fuera poco, debía entregar de manera urgente unos trabajos pendientes a la imprenta. Al final, el presidente ordenaría que la carta se uniera al expediente. Dice expresamente:

> Madrid 30 de noviembre de 1944
>
> A Don Ramón Pérez Blesa
>
> Mi distinguido amigo: Me dirijo a V. como miembro del Tribunal para que comunique esta carta al mismo, y sobre todo al Sr. González Oliveros, como miembro más caracterizado del mismo.

---

540 AGA, sección Educación, Acta número 6.

541 AGA, sección Educación, Acta número 7.

542 AGA, sección Educación, Acta número 8.

543 AGA, sección Educación, Acta número 9.

> Le ruego, ante todo, que me disculpe de no asistir esta tarde a las oposiciones.
>
> En primer lugar, como puede V. ver por esta carta de la editorial Revista de Derecho Privado, tengo un quehacer profesional urgente que no tolera disculpa ni aplazamiento.
>
> En segundo lugar, debo hoy hacerme la punción regular de neumotórax que me practican cada quince días. Venía retrasándola por tres motivos: Primero porque pierdo la tarde en la sala de espera del Dr. Navarro, General Mola 25 a donde tengo que ir; segundo, porque debo pasar las veinticuatro horas siguientes a la punción en reposo absoluto y en cama precisamente, pues como el neumo se me hace con presiones positivas me levanta fiebre y con la actividad me expondría a una perforación de pleura; tercero, porque durante las cuarenta y ocho horas primeras de la punción, solo muy dificultosamente puedo hablar como fácilmente se comprende por la reducción de la capacidad pulmonar y respiratoria que el neumo determina.
>
> Por tanto, ni esta tarde puedo asistir porque la perderé en la consulta (General Mola 25) ni podré asistir mañana porque he de estar en cama. La punción no se puede retrasar porque ya la he retrasado cuanto pude y me expongo a perder el neumo.
>
> Yo creía que hoy jueves, actuaría el Sr. Lissarrague; mañana viernes el Sr. Truyol; y el sábado, yo. De este modo hoy podría quedarme sin ir a las oposiciones puesto que el Sr. Lissarrague no me objetó a mí, y yo no voy a objetarle a él. Y como mañana actuaría el Sr. Truyol, y no tengo con él rivalidad alguna, podía sin esfuerzo alguno hacerle algunas pequeñas objeciones.
>
> Desde luego yo no podré ir hoy ni mañana. Ni me conviene que actúe mañana Joaquín sin estar yo. Si el Tribunal no puede acceder a que las oposiciones -durante estos ejercicios discutidos, llamémosles así- vayan según el ritmo normal de ejercicio por día sentiré tener que dejar de actuar en las oposiciones.
>
> Perdóneme la molestia. Sabe que le aprecia su amigo
>
> [firmado: Eustaquio Galán]

Desde el punto de vista académico, se aprecia la rivalidad existente entre Ruiz-Giménez y Eustaquio Galán. Lo cierto es que resulta un caso muy curioso de enfrentamiento personal, no tanto científico. Así como las solicitudes de este último un tanto extravagantes, a pesar de la enfermedad que sufría.

También el presidente expresó que había recibido carta de Ruiz-Giménez en la que pedía saber si era cierto que al final de la sesión anterior Galán había entregado a miembros del tribunal "acusaciones" contra él, entonces quería conocerlas para poder defenderse. En vista de lo cual, el tribunal determinó hacer público que en adelante se abstuvieran los opositores de entregar escritos, y si lo hacían que fuera en la forma reglamentaria. Así pues, consideraba como no presentados los entregados por Galán. Y en cuanto a la petición hecha por Galán el tribunal decidió:

> ... a pesar de su disconformidad por la forma desconsiderada de la carta, y aun antirreglamentaria, ya que no fue dirigida al Sr. Presidente, deseoso de acceder en lo posible a los deseos de los opositores, y teniendo en cuenta por otra parte que el Sr. Truyol, a la finalización de la sesión pública del día anterior, de palabra y respetuosamente, había formulado el ruego de que se le permitiese no actuar el día de hoy a continuación del Sr. Lissarrague, al que pensaba objetar y se encontraría quizá cansado para la exposición de su labor, acordó, en suma, acceder a la petición de ambos opositores conjuntamente, resolviendo que en la tarde de hoy actuase únicamente el Sr. Lissarrague, en el desarrollo del primer ejercicio de la oposición.

El presidente ordenó que la carta se uniera al expediente, en ella dice lo siguiente:

> Madrid, 30 de noviembre de 1944
>
> Excmo. Sr. D. Mariano Puigdollers
>
> Muy querido y respetado I. Mariano:
>
> Mi primer impulso ha sido ir a verle esta mañana; pero me pareció abusar ya mucho de su bondad, y he optado, después de reflexionar sobre ello, por enviar a V. estas líneas, que pido a Dios sean serenas y caritativas.
>
> No quiero referirme en nada al triste y doloroso espectáculo de ayer tarde; simplemente deseo decir a V. de todo corazón, para que si V. lo cree oportuno lo haga saber a los miembros del Tribunal, que he perdonado sincera y verdaderamente a Eustaquio Galán. Para mí sería amarguísimo que lo de ayer -y estando yo por medio- pudiera pasar en su contra. Si en algo sirve este perdón y este ruego mío en su favor, téngalo por hecho fervorosamente.
>
> Pero también -porque la caridad no quita la justicia- desearía indicarle qué si es cierta la noticia que me ha llegado de que Galán al concluir nuestra actuación de ayer entregó al Tribunal por escrito unas objeciones o una acusación contra mí, aspiro a conocerlas y a que se me dé la ocasión de defenderme contra ella. Todo lo dejo entregado a la prudencia y al fino y equitativo espíritu de V. Y decirle que siento hondamente el que V. que tanto bien nos ha hecho a todos, hay tenido que sufrir, como seguramente habrá sufrido en estos días.

Todo esto sucedía al empezar la oposición. La carta transcurre entre perdones y justicia. Resulta muy interesante, no es a lo que parece estamos acostumbrados, pero de todo puede verse en la universidad. En definitiva, un conflicto poco académico en esta oposición, no solo por la lucha de plazas sino también por los egos académicos.

Finalizadas las incidencias, ese mismo día por la tarde fue llamado Salvador Lissarrague que dio comienzo a la exposición de su labor, y terminada, le hizo objeciones Ruiz-Giménez y después Truyol, a las que contestó[544]. Por la noche, se reunió el tribunal para emitir sus juicios, quedó acordado por unanimidad ser apto para proseguir[545]. El primero de diciembre Truyol comenzó su exposición, Galán le hizo objeciones[546] que fueron contestadas. El presidente con acuerdo del tribunal comunicó que el opositor era considerado apto para el siguiente ejercicio[547].

Tuvo lugar *el segundo ejercicio:* en primer lugar, Eustaquio Galán sobre concepto, método y fuentes de la disciplina, invirtiendo una hora autorizada por el reglamento. Luego las objeciones, Ruiz-Giménez invirtió quince minutos y Galán veinte en contestarle. Lissarrague se abstuvo y objetó Truyol durante siete minutos, contestando Galán en cinco[548]. Por la tarde fue el turno de Ruiz-Giménez, con objeciones de Galán y de Lissarrague[549]. Llegada la noche el tribunal acordó que los dos opositores, Galán y Ruiz-Giménez, eran aptos para continuar[550].

El día 3 el presidente expuso al tribunal la necesidad de trazar un plan de actuación para la próxima semana, porque algunos miembros debían trasladarse. Pérez Blesa, a Zaragoza, por enfermedad de su esposa. También Sancho Izquierdo y Legaz Lacambra exponen la necesidad de regresar a sus universidades de las que son rectores, porque acaban de fallecer los vicerrectores respectivos[551]. El 4 siguen con el ejercicio de Lissarrague, con objeciones de Ruiz-Giménez y Truyol...[552] Por la tarde continua Truyol su ejercicio, con objeciones de los tres opositores restantes[553]. El tribunal acordó que los dos opositores Lissarrague y Truyol podrían continuar[554].

El 5, por la mañana, se leyó el artículo veinticinco del reglamento anunciando el *tercer ejercicio.* Primero actuó Galán, quien desarrolló la lección 29 del programa presentado:

---

544 AGA, sección Educación, Acta número 10.
545 AGA, sección Educación, Acta número 11.
546 AGA, sección Educación, Acta número 12.
547 AGA, sección Educación, Acta número 13.
548 AGA, sección Educación, Acta número 14.
549 AGA, sección Educación, Acta número 15.
550 AGA, sección Educación, Acta número 16.
551 AGA, sección Educación, Acta número 17.
552 AGA, sección Educación, Acta número 18.
553 AGA, sección Educación, Acta número 19.
554 AGA, sección Educación, Acta número 20.

> El concepto del Derecho natural.- a) en Grecia. b) Entre los juristas romanos. c) en San Isidro. d) En Santo Tomás. Delimitación del concepto de Derecho Natural.- Tipología del Derecho natural a través de su historia: a) el derecho natural platónico aristotélico (Heráclito, Pitágoras, Sócrates, Platón, Aristóteles); b) el derecho natural estoico (Stoa y Spinosa); c) el derecho natural trascendente (San Agustín, la Escolástica, Grocio, Leibniz, Krause, Trendelenburg, Roder); d) El derecho natural en los tiempos del racionalismo (Pufendorf, Thomasius, Wolff); e) el derecho natural individualista (Sofistas, Cínicos, Cirenaicos, Magaricos, Epicureos, Hobbes, Rousseau; f) El Derecho natural en el idealismo alemán (Kant, Fichte, Schelling, Hegel).

Después Ruiz-Giménez con el tema número 19:

> La ley. Concepto y división. Ley eterna y ley jurídico natural (Principales cuestiones sobre la norma moral. Ley positiva (Su concepto, clases y condiciones. Los decretos y los reglamentos como auxiliares de la Ley[555].

Por la tarde fue el tercer ejercicio de Lissarrague, la lección 30 de su programa:

> El acto jurídico. El negocio jurídico. La relación jurídica. El contrato. La institución y el contrato. El contrato como generador del Derecho y como momento del orden jurídico positivo. El contrato como raíz del orden jurídico.- El contrato social.

Luego, Truyol con el tema 22:

> La reforma protestante y el Derecho natural[556].

Por la noche el tribunal acordó considerar a los cuatro opositores aptos[557].

El 16 por la mañana tuvo lugar el *cuarto ejercicio*. Una vez leído el artículo veintidós del reglamento fue invitado Galán a subir al estrado y comprobar las 132 bolas correspondientes a las lecciones del programa presentado. Después, introducidas las bolas en una bolsa el opositor sacó diez para la elección. A continuación, lo hizo Ruiz-Giménez. El tribunal deliberó y eligió para Galán el número 16:

---

555 AGA, sección Educación, Acta número 21.

556 AGA, sección Educación, Acta número 22.

557 AGA, sección Educación, Acta número 23.

> Fin, bien y valor. Orden y fin. Concepción ética del bien y del valor. La bondad como propiedad trascendental del ser. El problema del mal. El bien ético. Ética de bienes y ética de valores.

Para Ruiz-Giménez el tribunal eligió, de entre las 10, el número 32:

> Partes casi integrales del derecho. a) Analogía con la división de la justicia. b) Sus clases. Derecho prohibitivo y Derecho preceptivo. Sentido relativo de esta distinción. Referencia al problema del Derecho permisivo. Lo lícito jurídico.

Comparecieron los opositores y se les hizo saber que disponían de un máximo de 6 horas para preparar la lección, incomunicados. Por la tarde, el tribunal les dijo que, ante la imposibilidad de asistencia de algunos de sus miembros, la lectura no podría realizarse de manera inmediata. Los trabajos fueron encerrados y mandados custodiar[558].

Al fin, la tarde del 6 de diciembre, Galán procedió a la lectura y después lo hizo Ruiz-Giménez[559]. El tribunal acordó continuar con la oposición al día siguiente[560].

Por la mañana realizaron el cuarto ejercicio Lissarrague y Truyol. De las diez bolas extraídas por el primero el tribunal eligió la 51: "Kant, Fichte". Para Truyol la 93: "La guerra. Su concepto. El problema de su licitud, con especial referencia al cristianismo. Teoría de la guerra justa. Los límites de su aplicación y el problema de arbitraje internacional. Consideración filosófico-histórica y teológica del fenómeno de la guerra"[561]. Quedaron incomunicados. Por la tarde fueron las lecturas, terminadas sus actuaciones continuarían el sábado, por las causas ya mencionadas[562]. De nuevo, el tribunal dispuso que tanto Lissarrague como Truyol eran aptos para proseguir. A continuación, el presidente comunicó que:

> El Tribunal se encontraba altamente satisfecho del elevado tono cultural que tenían hasta la fecha las oposiciones, los animó a que siguiesen por el mismo camino y les anunció que, como hasta la fecha encontraba a todos los opositores dignos de desempeñar una Cátedra, el Tribunal iba a gestionar la agregación de la correspondiente a la Universidad de La Laguna, que se encontraba vacante. Indicándoles que tomasen esto únicamente en prueba del interés que el Tribunal tenía por todos los opositores y el deseo de compensar

---

558 AGA, sección Educación, Acta número 24.

559 AGA, sección Educación, Acta número 25.

560 AGA, sección Educación, Acta número 26.

561 AGA, sección Educación, Acta número 27.

562 AGA, sección Educación, Acta número 28.

su buena preparación, pero que en modo alguno pudiesen tomar esta gestión como definitiva, ya que todo dependía de la solución que se pudiese encontrar por el ministro[563].

El tribunal anima a seguir por el alto nivel que están demostrando, de manera que van a gestionar ante el ministerio que se agregue la cátedra vacante de La Laguna para que pueda llegarles plaza a todos. Es verdaderamente curioso comprobar las molestias que se toman el tribunal.

Entonces se deliberó sobre los textos que debían someterse a sorteo para el comentario del quinto ejercicio. Fueron los siguientes:

Un fragmento del Capítulo XI del Libro III de La Política, de Aristóteles.

Un fragmento del tratado *De legibus* de Suárez (I.I.3).

Un fragmento del tratado *De postestate civile*, de Vitoria (7°)

Un fragmento del tratado *De auctoritate Ecclesiae* de Juan de Almain (I, 708)

Un fragmento de un discurso de Abraham Lincoln, en definición de la democracia.

Los textos serían numerados del uno al cinco y aparecen en el anexo 4 del expediente, así como los temas para el quinto ejercicio. Acordaron sortear las bolas[564]. Fueron propuestos los siguientes:

Texto número uno: "Es, por tanto, justo que la participación en el poder y en la obediencia sea para todos perfectamente igual y alternativa; porque esto es, precisamente, lo que procura hacer la ley, y la ley es la constitución. Es preciso preferir la soberanía de la ley a la de uno de los ciudadanos; y, por este mismo principio, si el poder debe ponerse en manos de muchos, solo se les debe hacer guardianes y servidores de la ley; porque si la existencia de las magistraturas es cosa indispensable, es una injusticia patente dar una magistratura suprema a un solo hombre, con exclusión de todos los que valen tanto como él".

Aristóteles. -"La política". L. III, Cap. XI, 2°.

Texto número dos: "... más la ley inicua ... no es ley; sino que participa del nombre de ley por cierta analogía, en cuanto que en orden a algún fin prescribe cierto modo de obrar."

Suárez.- *De legibus*, I, I, 3.

Texto número tres: "*Causa vero materialis, in qua horns modi potestas residet iure naturale et divino, est ipsa res publica, cui de se competit gubernare seipsam, et administrare, et omnes potestates suas in commune bonum dirigere.*"

Vitoria.- *De potestate civile*, 7°

563 AGA, sección Educación, Acta número 29.

564 AGA, sección Educación, Acta número 30.

Texto número cuatro: *Communitas potestatem habet super principem ab ea constitutum, qua eum (si non in aedificationem sed in destructionem politae regat) deponere potest.*

Juan de Almain. *De Auctoritate Ecclesiae*, I, Col. 708.

Texto número cinco: "Democracia es el gobierno del pueblo por el pueblo para el pueblo" (Abraham Lincoln)

Textos aristotélicos, de Juárez, Vitoria, Almain, de Lincoln la definición de democracia. El problema de sus relaciones con el liberalismo...

Entonces se verificó al *quinto ejercicio.* Se leyó el artículo 23 del reglamento y el presidente leyó los cinco textos que se habían seleccionados. Se introdujo en una bolsa las cinco bolas de los temas y se invitó a Galán a insacular una, resultando la cinco. Los opositores tenían tres horas para desarrollarlo, incomunicados y sin libros ni apuntes[565]. A las ocho de la tarde Galán y Ruiz-Giménez leyeron el comentario[566].

El 18 continuaron Lissarrague y Truyol[567]. El presidente comunicó que los opositores eran aptos para proseguir. Y anunció que debía seleccionarse el texto, de un total de diez que habrían de sortearse para el sexto ejercicio. Los temas propuestos para esta última prueba -en el anexo 5 del expediente-[568] fueron:

Tema número uno: El derecho natural y el problema de las fuentes del derecho

Tema número dos: Influencia de la equidad en la interpretación de los contratos.

Tema número tres: La justicia y su encuadramiento en la división tradicional de la justicia

Tema número cuatro: Nominalismo y realismo en las teorías acerca de la persona colectiva o social

Tema número cinco: la escuela protestante del derecho natural. Sus características diferenciales.

Tema número seis: La crítica antikantiana: Jacobi y Heller

Tema número siete: Liberalismo y totalitarismo en la filosofía política de Hegel

Tema número ocho: Lo político y lo jurídico

Tema número nueve: La filosofía de Martin Heidegger. Su significación para la problemática filosófica-jurídica.

---

565 AGA, sección Educación, Acta número 31.

566 AGA, sección Educación, Acta número 32.

567 AGA, sección Educación, Acta número 33.

568 AGA, sección Educación, Acta número 34.

Tema número diez: Los llamados "derechos innatos" o "derechos del hombre". Significación histórica. El problema de su validez ética y jurídica.

Aquella tarde se harían públicos los textos elegidos y se invitó a uno de los opositores para que extrajera una de las bolas. Lo hizo Ruiz-Giménez, que insaculó la del tema número seis. Disponían de cuatro horas para su desarrollo, incomunicados, y se les recordó que no podrían utilizar libros ni apuntes[569].

Al día siguiente se leyeron los trabajos realizados. El presidente entregó el sobre con el trabajo de Galán que realizó la lectura y después sucesivamente a cada uno de los opositores restantes[570]. Por la tarde, el presidente llamó a los opositores para comunicarles que la gestión que el tribunal había hecho con el ministro para la agregación de la plaza vacante de La Laguna no había podido reglamentarse. No obstante, el propósito era anunciar inmediatamente su provisión, para que el opositor que no consiguiera ahora la cátedra pudiera participar en la nueva oposición en breve plazo. Le dio resultado la gestión por trámites reglamentarios. Entonces el presidente advirtió a los opositores que habiendo llegado todos al sexto ejercicio y no habiendo más que tres plazas, el tribunal iba a proceder a la selección con sus respectivos juicios. En el anexo número 6 se encuentran los juicios críticos del tribunal de esta oposición sobre los trabajos de los opositores y en el anexo número 7 la relación de trabajos presentados. Invirtiendo el orden de los anexos son los siguientes:

Obras y trabajos presentados por los opositores[571]

Eustaquio Galán Gutiérrez

1. Memoria sobre el concepto, método y fuentes de la Filosofía del Derecho
2. Programa de Filosofía del Derecho
3. La teoría de las formas del Estado en el pensamiento filosófico jurídico aquinatense. (Trabajo especial)
4. Ocho artículos periodísticos
5. Cuatro artículos en la *Revista General de Legislación y Jurisprudencia*.
6. Un artículo en la *Revista Ecclesia*
7. Concepto y misión de la *Filosofía jurídica* (Pruebas de imprenta)
8. *La Filosofía política* de Santo Tomás de Aquino (Pruebas de imprenta)
9. *Saggio di teoría del potere constituente*

---

569 AGA, sección Educación, Acta número 35.

570 AGA, sección Educación, Acta número 36.

571 AGA, sección Educación, Anexo número siete: relación de trabajos presentados.

10. El criterio de lo político
11. Del poder político según Vitoria
12. Poder temporal y poder espiritual
13. *Filosofía contemporánea del Derecho* (De Larenz, traducción en colaboración con Legaz, Truyol)
14. *Hechos y doctrinas* (De Del Vechio, traducción)
15. *Derecho y vida* (De Del Vechio, traducción en colaboración con Legaz)
16. *El pensamiento filosófico jurídico* del profesor del Vechio
18. *Leviathan* y *Estado moderno*

Joaquín Ruiz-Giménez Cortés
1. Memoria sobre el concepto, método y fuentes de la Filosofía del Derecho
2.Programa de Filosofía del Derecho
3. Programa de Derecho Natural (adicional al anterior)
4. Derecho y vida humana (trabajo especial)
5. La concepción institucional del Derecho
6. Tratado de la justicia y el Derecho
7. Once artículos publicados en la prensa

Salvador Lissarrague Novoa
1. Memoria sobre el concepto, método y fuentes de la filosofía del Derecho
2. Programa de Filosofía del Derecho
3. Una posición española sobre el problema de la comunidad política como sujeto del poder: Vitoria y Suarez (Trabajo especial)
4. El poder político y la sociedad
5. Siete artículos publicados en diversas revistas
6. Cinco artículos de prensa
7. Conceptos fundamentales de Sociología (de Max Weber, traducción)

Antonio Truyol Serra:
1. Memoria sobre el concepto, método y fuentes de la Filosofía del Derecho
2. Programa de Filosofía del Derecho
3. Presupuestos y conceptos fundamentales del pensamiento jurídico de San Agustín (trabajo especial)
4. *Derecho internacional* (De G. A. Walz, traducción)
5. Seis artículos publicados en diversas revistas
6. El Derecho y el Estado en San Agustín (Pruebas de imprenta)
7. La Filosofía contemporánea del Derecho y del Estado (De K. Lorenz, traducción)

Por el número de publicaciones el líder sería Galán, que parece gran conocedor de Del Vechio. Los demás están en bastante desventaja en cuanto a publicaciones. Pero el tribunal advierte en todos ellos, desde el principio, la gran "laboriosidad" de los trabajos, así como la preparación en contenido y fondo. Consideran a todos los opositores de un alto nivel cultural. Veamos los comentarios, sus juicios críticos realizados en conjunto sobre los trabajos presentados[572]:

> Se encuentran de acuerdo todos los miembros del Tribunal en apreciar que la mayor tarea desarrollada, tanto por el volumen de las obras publicadas como por su contenido, corresponde al Sr. Galán Gutiérrez, quien ha presentado hasta un total de diez y ocho obras, algunas de ellas verdaderamente estimables.
>
> En este mismo orden, le sigue el Sr. Ruiz Giménez, cuya labor, si bien bastante inferior en número, es igualmente apreciable en todos los conceptos indicados, por lo que sus obras revelan una preparación muy de elogiar.
>
> Los Sres. Lissarrague y Truyol han presentado obras a esta oposición que si bien dignas de ser tenidas en cuenta, revelan una menor preparación con relación a los dos opositores mencionados anteriormente, siendo de notar no obstante la existencia, junto a los trabajos especiales, de labor en prensa y revistas científicas con una continuidad y perseverancia que ya obligó al Tribunal a estimularles públicamente por la tarea desarrollada. Siendo de especial mención por parte del Sr. Lissarrague su libro "El poder Político y la Sociedad" y en el Sr. Truyol, aparte de unas acertadísimas traducciones su obra, próxima a publicarse "El Derecho y el Estado en San Agustín", que el Tribunal ha conocido por las pruebas de imprenta.

Todos los miembros del tribunal suscribieron estos juicios. El último día de la oposición el presidente llamó a los opositores para comunicarles que la gestión que habían realizado ante el ministerio, para que se agregara la plaza vacante de La Laguna, no dio resultado, pero que el ministro había tomado buena cuenta del alto nivel de los candidatos. Por lo que se procedió a seleccionar a tres candidatos para ocupar las tres vacantes. Por unanimidad se acordó para la cátedra número uno a Joaquín Ruiz-Giménez; para el número dos a Eustaquio Galán Gutiérrez; y para el tercer puesto Pérez Blesa fue del parecer que debía nombrarse a Antonio Truyol, mientras González Oliveros y Legaz Lacambra se pronunciaron a favor de Lissarrague. El presidente decidió que fuera para Truyol[573]. Después de leerse el artículo 27 del reglamento, el presidente hizo que los jueces emitieran sus votos en público. Para la primera cátedra todos votaron a Ruiz-Giménez; en la segunda también votaron todos a Eustaquio Galán: y para la tercera, Pérez Blesa votó por Truyol y Legaz, Sancho Izquierdo y González Oliveros

---

572 AGA, sección Educación, Anexo número seis: juicios del tribunal.

573 AGA, sección Educación, Acta número 37.

a favor de Lissarrague, por último, el presidente lo hizo por Truyol. Fue elegido Lissarrague por mayoría de votos[574]. El presidente anunció que se iba a proceder a la elección de las cátedras por los opositores (según artículo 28 del reglamento de oposiciones). Al final, fueron nombrados Joaquín Ruiz-Giménez Cortés, aunque tuviera muchas menos publicaciones que el segundo -opositor que posteriormente sustituirá en el ministerio a José Ibáñez Martín, ambos propagandistas[575], y que modificará un tanto el sistema de elección de los tribunales-, Eustaquio Galán Gutiérrez, que curiosamente era el que más obra tenía, y que parecía haber anticipado desde el principio de la oposición este desenlace, aunque no con las formas reglamentarias en su modo de proceder, y por último Salvador Lissarrague Novoa, por orden 29 de diciembre de 1944[576]. Eligieron las cátedras de Sevilla, Murcia y Oviedo, respectivamente[577].

Antonio Truyol y Serra, quien tuvo problemas en la instancia con su nacionalidad, llegaría a ser catedrático de internacional en la facultad de ciencias políticas de la universidad complutense de Madrid, y más tarde magistrado emérito del Tribunal Constitucional[578]. Escribió varias obras, entre ellas, *La sociedad internacional* (1974) que ha tenido numerosas ediciones, las más recientes ya bajo los derechos de autor de sus herederos y que continúa estudiándose actualmente en algunas facultades de ciencias políticas, a pesar de todos los avances historiográficos e incluso de las transformaciones en el panorama internacional y sus instituciones. Del mismo autor será la *Historia de la filosofía del derecho y del Estado*, en tres volúmenes.[579] Además, fue el fundador de la importante colección "Clásicos del

---

574 AGA, sección Educación, Acta número 38.

575 ACdP, *Diccionario Biográfico…*, en línea.

576 BOE 2 de enero de 1945.

577 AGA, sección Educación, Acta número 39.

578 Pablo Pérez Tremps, *Tribunal Constitucional y Poder Judicial*, Madrid, CEPS, 1985. Por otra parte, acerca del intercambio que mantuvo con Carl Schmitt, Miguel Saralegui Benito, Ángel d´Ors y Antonio Truyol: corresponsales de Carl Schmitt", *Empresas públicas*, nº 14-15 (2010), pp. 177-180, donde analiza la relación tanto intelectual, política e incluso afectiva del jurista alemán con España. En palabras de Jordi Gracia "matiza su afinidad con el régimen de Franco".

579 Antonio Truyol y Serra, *La sociedad internacional. Epílogo: El fin de la era de Yalta y la revolución del Este europeo*, Madrid, Alianza Editorial, primera edición 1974 (1977, 1981, 1983, 1985, 1987, 1991); segunda edición 1993 (1994, 1998, 2001, 2004, 2006); primera edición en la colección "Ensayo", de Alianza Editorial, 2008. También del mismo autor, *Historia de la filosofía del derecho y del Estado*, 3 vols., Madrid, Alianza Editorial, 1981.

pensamiento", editada por Tecnos y que a la fecha ha publicado alrededor de 150 títulos, algunos de ellos posteriores al fallecimiento de Truyol y Serra. En esta colección podemos encontrar títulos como el Código de Hamurabi, el poema de Gilgamesh o autores como Platón, Aristóteles, Séneca, Maquiavelo, Lutero, Locke, Voltaire, Rousseau, Montesquieu, Kant... Ésto es, verdaderos clásicos del pensamiento. Truyol y Serra es autor de algunas presentaciones.

Continuamos con los candidatos. El futuro ministro de educación, Joaquín Ruiz-Giménez, en septiembre de 1946 sería llamado por el consejero nacional de la ACNdP, Alberto Martín-Artajo, para ser el primer presidente del Instituto de Cultura Hispánica. Trabajó en el Instituto de Estudios Políticos, donde intervino en modificaciones sobre el Fuero de los Españoles y la Ley de Sucesión. En 1948 fue nombrado embajador de España ante la Santa Sede, donde promovió las negociaciones del Concordato de 1953[580], y sería ministro de Educación Nacional de 1951 a 1956, año este último de los disturbios estudiantiles ante su intento de reforma del sistema educativo y universitario que le valió la dimisión[581]. Volvió a la cátedra, con permuta incluida, hasta llegar a Madrid. Fue el que inició la revista *Cuadernos para el dialogo...*

Por lo demás, todo iba encajando en aquella universidad de posguerra, como una red de redes de adeptos en la España franquista. Se iban pergeñando también los altos puestos en la administración o futuros ministerios. Y aunque las voces de los disidentes estaban silenciadas, se oía el ruido del silencio, tanto de estudiantes como del profesorado no afecto al régimen[582].

En el exilio quedaban otros catedráticos como Blas Ramos Sobrino (1891-1955), que había sido catedrático de elementos de derecho natural en Granada, Valencia y Sevilla, y después de filosofía del derecho en Valla-

---

580 VV.AA., *Diccionario biográfico de la ACdP...*, en línea.

581 Roberto Mesa, *Jaraneros y alborotadores. Documentos sobre los sucesos estudiantiles de febrero de 1956 en la Universidad Complutense de Madrid*, Madrid, 1982; Mariano Peset, "Los estudiantes contra Franco", *Studenti per la democracia. La rivolta de joveni contra el nazifascismo*, a cura di Gian Paolo Brizzi, Universitá di Bolonia, 2005, pp. 97-116.

582 Miguel Ángel Ruiz Carnicer, "Actitudes políticas, sociales y sindicales de los estudiantes universitarios españoles (1939-1960)", *L'université en Espagne et en Amérique Latine du moyen âge à nos jours, I. Structures et acteurs*, Jean-René Aymes, Ève-Marie Fell et Jean-Louis Guereña (dir.), Publications de L'Université de Tours, Serie Études hispaniques, 1991, pp. 397-422.

dolid. Fue acusado de comunista y separado del servicio definitivamente, así como inhabilitado para ocupar cargos. Se exiliaría a Francia. Contaba a parte de su tesis sobre Rousseau, con varias obras de filosofía y un manual o lecciones de filosofía del derecho.[583]

Mientras, en esta orilla se observa que algunos catedráticos aparecen en los tribunales de la mayoría de las oposiciones, como es el caso de Corts Grau o Puigdollers en esta disciplina, bien como vocales, presidentes o suplentes, siempre omnipresentes.

De otra parte, se ve como en la formación de los tribunales de tesis doctorales se da la multidisciplinariedad... Décadas más tarde, concretamente 23 años después, en derecho natural o filosofía del derecho, José Corts Grau dirigiría la tesis de Mariano Peset, *La técnica jurídica fundamental en la obra de Francois Geny (Un estudio de metodología del derecho)*, en la facultad de derecho de la universidad de Valencia, diciembre de 1967. Es una tesis lejana al periodo estudiado, pero cabe mencionarla por varias cosas. El tribunal estaba formado por el presidente José Corts Grau, omnipresente en las oposiciones de los cuarenta, hombre amable según Peset... Los vocales: José Santa-Cruz Teijeiro, catedrático de romano, también siempre presente en las oposiciones de romano; Juan Galvañ Escutia, catedrático de administrativo, de quien podemos decir lo mismo en su disciplina; Juan García González, catedrático de historia del derecho; y Luis Díez-Picazo Ponce León, autoridad en la asignatura de derecho civil. Todos ellos de la facultad de derecho de Valencia. Resulta curioso la diversidad del tribunal en cuanto a la variedad de asignaturas que representan, si bien es cierto que había pocos catedráticos. Mariano Peset hizo un estudio de la técnica jurídica en Geny, de la metodología del derecho, donde analiza a varios escritores y demuestra como el derecho también es su aplicación en la práctica, la realidad que se descubre en su funcionamiento. En cuanto a la cuestión de si el derecho es una ciencia, Peset sostiene que el derecho antiguo -el derecho común o romano principalmente- sí lo era, pero no el actual. El derecho acaba siendo un mecanismo o técnica de organización o dominación, que responde a los intereses de quienes tienen el poder. La historia sirve para entender el derecho... Sin duda es una cuestión a tener en cuenta, en la que Mariano Peset sigue trabajando.

---

583 Archivo del ministerio de educación y ciencia, expediente 92059.

DERECHO ROMANO

El derecho romano no parece una disciplina demasiado significada para el nuevo régimen, pero aquí se dieron cabida pronto profesores afines al nacionalcatolicismo, de distintos grupos católicos, donde el Opus Dei pudo dominar la disciplina. Mientras en el exilio se encontraban destacados catedráticos de derecho romano como José Castillejo y Duarte (1977-1945), que había ocupado las cátedras de Sevilla, Valladolid y Madrid hasta su cese en 1936. Había sido secretario de la JAE y fundador de la Residencia de Estudiantes. Contaba con varias obras sobre educación y renovación pedagógica, así como de enseñanza superior y de historia del derecho romano en la *Revista de Occidente.*[584] Además de artículos en la BBC, trabajó en la radio. No volvió a España, fallecería en el exilio en Londres[585]. También el profesor Wenceslao Roces Suárez, miembro del partido comunista, traductor prolífico -tradujo *El capital* de Karl Marx-, se exilió a México[586]. Roces cofundó la Editorial Cenit desde donde tradujo, durante la República y aún antes, gran parte de las obras de autores marxistas, desde Marx hasta Rosa Luxemburgo... Había ganado la cátedra de romano en Salamanca, en 1922, con 30 años, después pasaría a Murcia y Sevilla...

---

584 AGA, sección Educación, 31/15521, legajo 301-8. Ramón Carande, "Un vástago tardío de la Ilustración: José Castillejo (1877-1945)", *Melanges à la memoire de Jean Sarrailh*, París, Centre de Recherche de l´Institut d´Etudes Hispaniques, 1966. David Castillejo (ed.), *Epistolario de José Castillejo I-III,* Madrid, Castalia, 1997.

585 Eugenia Meller (coord.), *Palabras del exilio de los que volvieron, 4,* México, SEP/ INAH/Instituto Mora, 1988.

586 Karl Marx, *El capital. Crítica de la Economía política.* Libro I. *El proceso de producción del capital,* traducción de Wenceslao Roces, Madrid, Editorial Cenit, (Col. Biblioteca Carlos Marx), 1934, considerada la mejor traducción. Tres años antes, el socialista Manuel Pedroso había publicado la primera traducción completa al castellano -era la tercera traducción al español del primer volumen y la primera edición de los tres libros en un solo volumen-: Karl Marx, *El capital. Crítica de la economía política,* Madrid, M. Aguilar, 1931, que el propio Roces criticaría por sus "aberraciones", "tergiversaciones", "descuidos" y "desfiguración" del pensamiento de Marx... Véase Wenceslao Roces, "Una edición completa del Capital", *Bolchevismo,* nº 3, 30 de julio de 1932. Más de una década después aparecería en México la primera edición del Fondo de Cultura Económica: Karl Marx, *El capital. Crítica de la economía política,* 5 vols., traducción de Wenceslao Roces, México, FCE, 1946-1947. También durante la República se había publicado: Karl Marx; Friedrich Engels, *El manifiesto comunista,* introducción histórica por Wenceslao Roces, notas por D. Riazanof, Madrid, 1932.

Ya exiliado fue profesor en la UNAM y silenciado en España[587]. Acabó sus días en México[588], país que lo acogió de manera generosa como a tantos otros republicanos.

1940. Concurso a Sevilla y otros a Murcia y Salamanca

Sevilla

El concurso previo de traslación a la cátedra de romano de Sevilla fue en 1940. Esta plaza había sido ocupada por el catedrático Wenceslao Roces Suárez, natural de Soto de Sobrescobio en Oviedo (1897), prolijo traductor, subsecretario del ministerio de instrucción pública y bellas artes durante la República. Era doctor en derecho, 1920, un año después fue becado por la JAE en Alemania. A su regreso en 1923 había opositado y obtenido la cátedra de derecho romano en Salamanca. Durante la dictadura de Primo de Rivera, apoyó a Unamuno y, junto con otros, fue procesado y separado de su cargo, no de manera definitiva. En 1931 se le concedió la excedencia voluntaria por el ministerio de instrucción pública. Ese año entraría en pleito con Francisco Pelsmaeker, nombrado catedrático en Sevilla[589]. El litigio se resolvió en 1936 convocando a nuevo concurso y resultando vencedor Roces. Pero el triunfo de Franco anuló todas las disposiciones aprobadas por la República, por lo que su nombramiento quedó sin efecto.

---

587 Su nombre sería eliminado del catálogo de la Editorial Revista de Derecho Privado, en las traducciones realizadas: *La interpretación de los negocios jurídicos*, de Danz, *Los daños civiles y su reparación*, de Fischer, *Tratado de Derecho hipotecario alemán*, de Hussbaum, e *Instituciones de Derecho privado romano*, de Sohm. En "El Estado franquista, editor pirata", en *Boletín informativo de la Unión de Profesores Universitarios Españoles en el Extranjero (sección México)*, año II, núms. 13-14 (agosto-septiembre de 1944), p. 7.

588 Federico Álvarez, "Wenceslao Roces, maestro (Palabras pronunciadas en el acto celebrado en su memoria)", en *Theoría. Revista del colegio de filosofía*, núm. 2 (noviembre 1995), p.1967, Carlos Montemayor Romo de Vivar, "Wenceslao Roces", *Los maestros del exilio español en la Facultad de Derecho...*, pp. 299-313. José María Balcell y José Antonio Pérez Bowie (eds.), *El exilio cultural de la Guerra Civil (1936-1939)*, Universidad de Salamanca, 2001. Josefina Cuesta Bustillo, (ed.), *Retornos (de exilios y migraciones)*, Madrid, Fundación Francisco Largo Caballero, 1999.

589 Yolanda Blasco Gil y Armando Pavón Romero, "Dos caras del exilio español", *Encuentros2050*, (México-Coordinación de Humanidades UNAM), núm. 28 (abril 2019), pp. 34-36.

Se exilió y fue profesor en Santiago de Chile, La Habana y en la UNAM. En 1941, a la edad de 44 años, llegó a México donde realizó una importante carrera y labor de traductor. En la UNAM impartió la cátedra de derecho romano e historia de Roma en la escuela de jurisprudencia, en 1948. Posteriormente, en 1954, será nombrado profesor de tiempo completo en la facultad de filosofía y letras. Aunque no perdió el vínculo con el derecho, fue, por tanto, en el área de filosofía y letras donde consiguió plaza[590]. Murió en México en 1992, donde dejó escuela. Sus discípulos continuaran su labor...

La convocatoria y anuncio previo de la plaza había salido a concurso por orden 24 de abril de 1936, como se ha mencionado, pero al estallar la guerra hubo una nueva apertura de 15 días por orden 17 de mayo de 1940[591]. Terminó el plazo el 16 de junio. El único aspirante Francisco de Pelsmaeker e Iváñez fue nombrado el 13 de julio de 1940[592].

La cátedra de Sevilla fue otorgada al adversario Pelsmaeker. En un informe del rector éste fue descrito como "persona de derechas con actividades políticas, de buena conducta moral y religiosa..."[593]. Mientras Wenceslao Roces permaneció en el exilio[594].

---

590 Su trayectoria en España, AGA, sección Educación, 32/14710, expediente catedrático de universidad. En el exilio, además del Archivo General de la Nación (AGN), el Archivo de la Dirección General de Personal de la UNAM, expediente 8848. En 1965 sería nombrado profesor especial para los cursos de capacitación de profesores de derecho romano en la facultad de derecho. Sobre este autor, VV.AA., *El exilio español en México, 1939-1982...*, p. 845; Eva Elizabeth Martínez Chávez, *España en el recuerdo, México en la esperanza...*, pp. 504-518. Yolanda Blasco Gil, "Académicos derrotados, juristas exiliados en la UNAM"..., p. 222. Yolanda Blasco Gil, "La UNAM, receptora de profesores españoles exiliados: una valoración de la Escuela Nacional de Jurisprudencia"..., p. 396.

591 BOE 1 de junio de 1940.

592 BOE 3 de agosto de 1940.

593 Yolanda Blasco Gil y Armando Pavón Romero, "El exilio en tiempos difíciles. Las universidades de México y España, vinculadas y separadas", en *Universidades libres, universidades silenciadas. Autonomía y exilio, dos aspectos en la historia de las universidades*, Yolanda Blasco Gil (coord.), Valencia, Tirant lo Blanch, 2021, pp. 155-186, en especial p. 162.

594 Archivo General de Personal Académico de la UNAM, expediente 8848.

Murcia

El concurso previo de traslado a la cátedra de derecho romano de la universidad de Murcia se convocó por orden de 8 de junio de 1940 y anunció el 8 de junio[595]. Terminó el plazo el 14 de julio de 1940. El único aspirante fue José Santa-Cruz Teijeiro, que sería nombrado por orden 1 de agosto de ese mismo año[596].

El candidato presentó instancia en calidad de catedrático de romano en La Laguna, aunque desempeñaba provisionalmente la de historia del derecho en Valencia, desde julio de 1939. Pero durante el curso 1940-41 se ocupará de la asignatura de filosofía del derecho también en Valencia, por orden 16 de octubre de 1940. La cátedra de romano de Murcia es provista de manera provisional en Isidoro Martín Martínez, orden 11 de noviembre de 1940. Al falangista José Santa-Cruz Teijeiro lo veremos en las siguientes oposiciones. Estará en el tribunal de la tesis doctoral del opusdeísta Álvaro D´Ors... Y fue uno de los intérpretes que acompañó al ministro de asuntos exteriores Ramón Serrano Suñer a preparar la entrevista de Hendaya entre Franco y Hitler, así como en la firma de acuerdos entre España y Alemania.

Salamanca

La cátedra de romano en Salamanca había estado ocupada por Laureano Sánchez Gallego, diputado socialista durante la República, que tras la guerra se exilió en México, primero fue a Ciudad de México y después a Aguascalientes donde enseñó literatura en el Instituto superior técnico. Finalmente falleció en Tijuana[597]. Mientras Sánchez Gallego estaba exiliado en México, en Salamanca se abría a concurso la plaza que él había desempeñado. La orden de convocatoria y anuncio fue el 8 de junio de 1940[598].

---

595 BOE 25 de junio de 1940.

596 AGA, sección Educación, legajo 9611-13. BOE 16 de octubre de 1940.

597 AGA, sección Educación, 31/ 16702-69. Archivo General de la Nación (AGN) en México, caja 222, año 1939, expediente 80. Principales obras: *El paterfamilias romano*, Salamanca, Imprenta de El Salmantino, 1917; *El descrédito del Derecho*, Discurso inaugural del curso académico de 1919-1920, Madrid, Imprenta de La Enseñanza-Universidad de Murcia, 1919; *Cuando la justicia muere: drama en tres actos y en prosa*, Murcia, Talleres tipográficos de Carlos García, 1931. También hizo muchas traducciones. En Yolanda Blasco Gil y Armando Pavón, "Las mujeres de la UPUEE...", véase el cuadro completo de exiliados.

598 BOE de 25 de junio de 1940.

Terminó el plazo el 14 de julio. Había dos aspirantes: José Arias Ramos y José Santa-Cruz Teijeiro que había ocupado la anterior plaza de Murcia. Por tanto, fue nombrado para Salamanca José Arias Ramos por orden 10 de octubre de 1940[599]. Había sido catedrático de romano en Santiago -la comisión depuradora le suspendió de empleo y sueldo por dos años, orden de 28 de septiembre de 1937[600], se le reintegra dos años después-, ahora conseguirá la de Salamanca y después la de Valladolid. Llegaría a ser magistrado del Tribunal Supremo.

1940. Oposiciones a Salamanca y Murcia, o las resueltas de los concursos

El salmantino Laureano Sánchez Gallego fue catedrático de romano en la universidad de Murcia, donde llegó a ser rector comisario -en sustitución de su primer rector José Loustau y Gómez de la Membrillera- desde 1 de noviembre de 1936 hasta que fue cesado el 29 de noviembre de 1937, después sería agregado a Barcelona, pero al terminar la guerra se vio obligado a exiliarse a México, vivió en Aguascalientes donde enseñó varios años en el Instituto superior técnico. Los últimos años de su vida los pasó en Tijuana donde escribió varios libros[601].

En 1940 se convocaban en España las oposiciones a las cátedras de romano vacantes en Salamanca y Murcia o las resueltas de los concursos en 1940. El tribunal estaba formado por el presidente, Manuel Torres López -del CSIC, que en 1926 obtuvo por oposición la cátedra de historia general del derecho español en Salamanca y en agosto de 1940 pasó por concurso a Granada[602]-; los vocales, Eusebio Díaz González, catedrático de Barcelona

599 AGA, sección Educación, legajo 9611-29. Nombramiento en BOE 10 de noviembre de 1940.

600 BOE 30 de septiembre de 1937.

601 AGA, sección Educación, 31/16702-69. AGN, Fondo Secretaría de Gobernación, siglo XX, Departamento de Migración, serie españoles, caja 222, año 1939, expediente 80.

602 AGA, sección Educación, 21/20433, legajo 20317/125 expediente personal; 32/14712, legajo 7483-88 expediente de catedrático; 32/07366 legajo 5373-3 oposición. En 1941 pasó a la central por concurso de traslado a la cátedra de doctorado de historia de la literatura jurídica (BOE 19 de enero 1942), era licenciado en filosofía y letras además de doctor en derecho. Cuando se suprimió la cátedra pasó en 1949 a la de historia del derecho español en la central (BOE 13 de enero 1949). Estuvo exento de depuración. Fue Subsecretario del *Anuario de Historia del Derecho* en 1941 y miembro del Consejo de redacción, 1942. Comendador de la

-destacado españolista, rector bajo la dictadura de Primo de Rivera[603]-; José Fernández González, catedrático de Valladolid, no parece que se significó políticamente[604]; José Santa-Cruz Teijeiro, catedrático de La Laguna, aunque desempeñando provisionalmente historia del derecho en Valencia;

Orden de Alfonso X. También fue subdirector del Instituto de Estudios Políticos en el 47. Sus principales obras: *El origen del sistema de "Iglesias propias"*, Madrid, Tip. de la Revista de Archivos, 1929; su manual, *Lecciones de historia del derecho español,* Salamanca, Librería General "La facultad", 1933-1934; *The social work of the new Spanish State,* Peninsular News Service, New York, 1937; "España visigoda: (414-711 de J.C.)", *Historia de España,* t. III, dirigida por Ramón Menéndez Pidal, Madrid, Espasa-Calpe, 1940. En *Diccionario de catedráticos españoles de derecho...*, Universidad Carlos III, en línea. José Garrido Arredondo, "Torres López, Manuel", Manuel J. Peláez (coord.), *Diccionario Crítico de Juristas Españoles, Portugueses y Latinoamericanos...*, vol. 1, pp. 602-603. José M. Pérez-Prendes, "Manuel Torres López (1900-1987)", *AHDE,* 57 (1987), pp. 1112-1127.

603 En octubre de 1906 pasó por concurso de traslado a Barcelona. En octubre de 1925 nombrado vicerrector de la universidad de Barcelona. En junio de 1927 rector. En octubre de 1930 dimite y se le nombra rector honorario. En cuanto a su depuración: en agosto de 1936 fue cesado por la Generalitat de Catalunya; en 1939 presenta declaración jurada y pide reingreso. En el momento del golpe de estado estaba en Barcelona, huyendo de la ciudad gracias al consulado de Italia, llegando a ese país en agosto de 1936. Fue luego a Cádiz, donde cobró sus haberes, desempeñando la cátedra de "Legislación mercantil" en la Escuela de Comercio. Colaboró con la Falange gaditana. En 1939 comparece ante el juez instructor para ratificar su declaración. Es rehabilitado sin sanción. En 1941 vocal del patronato "Raimundo Lulio" del CSIC. Tiene un trabajo muy significativo *Orientaciones jurídicas del nuevo Estado Español,* Conferencia del ciclo organizado por la Universidad de Barcelona sobre "Aspectos y problemas de la nueva organización de España", mayo-julio de 1939, Barcelona, 1939. Además de su *Programa de derecho romano.* AGA, (05)1.19, caja 31/15629, legajo 406, expediente número 50, títulos; 31/3995 legajo 12567-2, expediente personal. En *Diccionario de catedráticos españoles de derecho...*, Universidad Carlos III, en línea.

604 En 1904 nombrado auxiliar de la facultad de derecho de la universidad de Valladolid, por oposición libre entre doctores. Nombrado catedrático de instituciones de derecho romano de la misma universidad, en 1914. En 1925 se encarga de la cátedra de Derecho civil, por fallecimiento de Gregorio Burón, cesa a primeros de agosto de 1931. Sus principales obras: *La codificación administrativa,* Cuaderno manuscrito, Valladolid, 24 de noviembre de 1899. Traducción de Eugène Petit, *Tratado elemental de Derecho Romano,* Madrid, Saturnino Calleja, 1940, reeditado en México, Porrúa, 1996. AGA, sección Educación, 32/7316, legajo 5348-10, expediente oposición a auxiliar; 32/7336, legajo 5358-4, expediente oposición a cátedra. María José Muñoz García y Juan Carlos Díaz Rico, "Fernández González, José", *Diccionario de catedráticos españoles de derecho...*, Universidad Carlos III, en línea.

Carlos Sánchez Peguero, profesor auxiliar en Madrid. Había un opositor: Isidoro Martín Martínez, que en el curso 1934-35 había sido colegial becario en el Colegio de San Clemente de los Españoles en Bolonia, donde obtuvo el premio San Clemente por obtener las mejores calificaciones. Se doctoró en derecho con la tesis *La delegazione nel Codice civile italiano secondo la dommatica de la delegatio romana,* dirigida por Antonio Cicu. En el curso 1939-40 fue profesor ayudante de derecho romano en Murcia[605].

Comenzaron los ejercicios el 30 de septiembre de 1940 y finalizaron el 21 de octubre. El opositor pasó todos los ejercicios, a juicio del tribunal, demostrando calidad en todos. En el primer ejercicio el secretario Santa Cruz hizo observaciones y en el segundo fue el vocal Díaz, el disertante a juicio del tribunal logró justificarlas. En el expediente figuran las actas de la oposición. En el tercer ejercicio desarrolló la lección 26 de su programa: "Propiedad, concepto y límites". En el cuarto el tribunal acordó que preparara la lección 54: "Sucesión mortis causa. Conceptos fundamentales de la Herencia romana", que tras incomunicación desarrolló en 44 minutos. En el quinto se fijó el texto del *Digesto* para su traducción, interpretación y comentario: D. 13, 7, 9, 1 y le concedieron 3 horas para su desarrollo, y de nuevo a juicio del tribunal demostró la calidad del mismo. Pasó al último ejercicio de la lección elegida por el tribunal y que resolvió favorablemente. El candidato no tuvo ningún problema para lograr la plaza.

El 22 de octubre, en el acta de elección y propuesta, el presidente manifestó que teniendo noticia de que las cátedras de romano de Salamanca y Murcia eran provistas mediante concurso de traslado, quedarían vacantes Santiago y La Laguna[606]. Por lo que invitaba al opositor para que eligiera una de estas, contestando éste que en primer lugar elegía Santiago y en segundo La Laguna. Quedaba desierta La Laguna.

---

605 AGA, sección Educación, 31/01539, legajo 10526-89; 32/14009, legajo 7058-57 y 32/18840, legajo 15424-110.

606 Oposición (turno libre) para la provisión de las cátedras de romano en la facultad de Santiago y La Laguna, AGA, sección Educación, 9592. Orden de convocatoria y anuncio 11 de junio de 1940 (BOE del 25). Terminó el plazo el 23 de agosto. Nombramiento del tribunal por orden 26 de agosto (BOE 6 de septiembre) Lista provisional de admitidos y excluidos BOE 14 septiembre. Lista definitiva 25 septiembre. Nombrado el único aspirante Isidro Martín Martínez, por orden 26 de octubre de 1940 (BOE 16 noviembre de 1940), para la de Santiago y declarada desierta La Laguna por orden 30 de octubre (BOE 9 octubre).

1940-1941. Oposición de auxiliares a cátedra de Madrid

La orden de convocatoria y anuncio de la vacante de romano fue el 28 de agosto de 1940.[607] Terminó el plazo el 11 de noviembre, la lista de admitidos 18 de enero de 1941.[608] El nombramiento del tribunal según orden 3 de junio.[609] Lista definitiva de admitidos el 18 de junio de 1941.[610] Fueron los *aspirantes*: Ursicino Álvarez Suárez, Carlos Sánchez Peguero y Francisco Pelsmaeker e Iváñez.

El *tribunal* estaba formado por: el presidente, Felipe Clemente de Diego, los vocales Eusebio Díaz González, José Castán Tobeñas, Manuel Torres López y el reverendo padre José López Ortiz, que actuaría como secretario. Los vocales propietarios José Santa-Cruz e Isidro Martín excusaron su asistencia.

En el *primer ejercicio* comparecieron Ursicino Álvarez y Carlos Sánchez Peguero, y presentan los documentos de la oposición. El opositor Pelsmaeker no compareció y el tribunal lo consideró decaído en su derecho. Éste había presentado en su hoja de servicios los trabajos realizados al movimiento nacional, así: el 20 de septiembre de 1936 fue nombrado vocal de la junta técnica de educación nacional de falange; el 4 de marzo de 1937 asesor jurídico del gobierno militar de Sevilla; y el 24 de mayo de ese año capitán honorario del cuerpo jurídico militar. Además, recibió la medalla de campaña. Solo este aspirante presentó méritos patrióticos. Y solo 5 trabajos, artículos sobre notas de derecho romano, publicados en revistas entre 1935-1940.

Álvarez Suárez entregó 21 trabajos y Sánchez Peguero tan solo 11. Parece que no brillaban a más altura. Álvarez en su hoja de servicio manifiesta que fue designado por orden 14 de marzo de 1940 vocal de la junta bibliográfica y de intercambio científico del CSIC; asimismo, vocal del tribunal de oposiciones a notarias; antes, en noviembre de 1939 fue nombrado vocal suplente del tribunal de lo contencioso-administrativo de Madrid. Aun señalando Álvarez "superioridad en la labor personal y científica" ambos aspirantes pasaron el primer ejercicio.

---

607 AGA, sección Educación, 32/ 13647, legajo 9625; 32/ 13648, legajo 9625. BOE 15 septiembre de 1940.

608 BOE 23 de enero de 1941.

609 BOE 10 de junio de 1941.

610 BOE 22 de junio de 1941.

En el informe sobre los trabajos presentados por Ursicino Álvarez hubo unanimidad de criterio por parte de todos los miembros del tribunal. Se alabó su "erudición copiosa", manejo de derecho nacional y extranjero, con abundante aportación de ideas propias y acertadas a juicio del tribunal, así como de textos legales. Dicen de él que "campea un profundo conocimiento del derecho civil romano, y un sentido práctico de su aplicación a la vida real como derecho positivo..." Sus trabajos son objeto de análisis detallado y algunas monografías y artículos de crítica bibliográfica no desmerecen en general en esta oposición. Opinan que el opositor está avezado en sus investigaciones y en la enseñanza como catedrático distinguido, con larga preparación, lógica rigurosa, terminología precisa... Así como una producción científica muy meritoria y también en la enseñanza. Con un conocimiento de las fuentes positivas y doctrinales perfecto. Además de conocer el latín, griego y los principales idiomas vivos ...

En el *segundo ejercicio*, según opinión del tribunal, Álvarez Suárez planteó el problema en su totalidad del derecho romano, abarcando todos los aspectos y con mayor atención a la historia. Su orientación pedagógica es acertada y apropiada a un profesional del derecho romano. Mientras Sánchez Peguero se ocupó más del problema general de la unidad de la ciencia y de la metodología. Al tribunal no le parece lograda su idea de originalidad. Pero se acuerda que los dos pasen al siguiente ejercicio. En fin, todas las alabanzas a Álvarez ya desde el principio, no cabía duda de quién iba encaminado ya hacia la provisión de la plaza.

Al comienzo del *tercer ejercicio* el presidente informó que había recibido una carta de Sánchez Peguero, donde comunicaba no continuar con la oposición. Así las cosas, curiosamente, Álvarez solicitó la suspensión de los ejercicios por nueve días. El tribunal estimó que las causas eran justas y accedió a su petición.

El *cuarto ejercicio* fue el 27 de noviembre de 1942, en el que ya solo actuó como único opositor Álvarez. El tribunal coincidió que en el desarrollo de la lección demostró precisión jurídica y destacadas dotes pedagógicas, como venía diciendo. Además, abordó todos los temas, por lo que pasó al *quinto ejercicio*. Ursicino Álvarez sacó a suertes el texto del Digesto propuesto por el tribunal para el ejercicio. Correspondió el D. 28, 8, 7. Y se le incomunicó durante dos horas. Al analizarlo el tribunal consideró que la traducción era exacta y que no dejó ningún tema por comentar, de manera precisa y clara en cuanto a su contenido jurídico. Por lo que se acordó aprobarlo y pasar al *sexto* y último ejercicio. Así, el día 28 de noviembre de 1941 fue llamado el opositor para leer su memoria que consistía en "El principado de Augusto; Tesis propuestas para definirlo y crítica de las mismas. Interpretación de la Constitución Augustea".

Según lo establecido en el artículo 26 del reglamento de oposiciones, los vocales hicieron las manifestaciones pertinentes y acordaron que el trabajo presentado, a pesar de la rapidez con que se había realizado por la exigencia de la oposición, estaba completo en cuanto a información, exposición e incluso aportación personal. De este modo, acabados ya todos los ejercicios se procedería al día siguiente a la votación final. Era obvio que todos los miembros del tribunal votaran a favor de Ursicino Suárez.

1941-1942. Oposición turno auxiliares a cátedra en Oviedo y Granada

La orden de convocatoria y anuncio para la plaza de Oviedo fue el 28 de marzo de 1941. Terminó el plazo el 6 de junio. Fue agregada a esta oposición, al mismo turno, la de Granada el 29 de octubre. El tribunal fue nombrado por orden 7 de febrero de 1942, estaba formando por profesores ya conocidos: presidente, Torres López, vocales Díaz González, Fernández González, Álvarez Suárez y Martín Martínez como secretario. La lista definitiva de aspirantes apareció el 7 de abril, fueron: Juan Iglesias Santos, Faustino Gutiérrez Alviz, Benjamín Ortiz Román, Antonio Reverte Moreno y Emilio Viñals Sagrera.

Acerca de Faustino Gutiérrez Alviz, el secretario de la universidad de Sevilla Francisco Pelsmaeker e Iváñez, catedrático numerario de la facultad de derecho, certifica que Faustino Gutiérrez, de 25 años y natural de Sevilla, es doctor en derecho y auxiliar temporal interino en esa facultad desde febrero de 1941. Antes había sido ayudante de clases prácticas durante los cursos 1939-40 y 1940-41. Durante la guerra civil ingresó voluntario en la milicia de falange después pasó a prestar sus servicios en el ejército, siendo dos veces propuesto para distinción en operaciones y por último fue alférez provisional de infantería. Fue auditor de guerra de la segunda región militar. Afiliado a falange en Sevilla. Se le concedió la medalla de campaña y cruz roja del mérito militar. Éstos serán sus méritos patrióticos.

Sobre Benjamín Ortiz Román, natural de Montiel provincia de Ciudad Real, de 55 años y profesor auxiliar temporal provisional de la facultad de derecho de Oviedo, es general de división y director de la escuela superior del ejército Antonio Aranda Mata. Certifica de manera extensa que: Benjamín Ortiz, canónigo magistral de Oviedo, la misma tarde en que estalló el movimiento se puso a disposición de las autoridades militares y se formó para recaudar fondos con los que dar de comer a las familias necesitadas de Oviedo durante el asedio y los meses siguientes, organizando los servicios de cocina económica... Todo ello sin dejar de cumplir sus deberes de asistencia religiosa a los que luchaban y a los heridos. Además, se ofreció voluntario para prestar dicho servicio, a pesar dice de "la furia con que los rojos disparaban sin cesar desde las estribaciones del Naranco". También recuerda que en 1936 debía salir para África para predicar una novena a la Patrona de Ceuta, pero no pudo ir en julio y agosto por el alzamiento, aunque aprovecho el viaje para hacer propaganda por la radio de Algeciras, Ceuta y Tetuán de la defensa de Oviedo. Además, en un desfile militar en la Plaza de Tetuán pronunció un discurso patriótico, exaltando las gestas del ejército y de la cruzada... Tomó parte de todos los fines patrióticos y benéficos. Asimismo, por su incondicional adhesión al movimiento forma parte de organismos oficiales y en cargos de confianza: tesorero de la junta de protección de menores, miembro de la junta de depuración de bibliotecas públicas, censor de películas... En definitiva, una serie de méritos y condecoraciones fascistas del exacerbado espíritu nacionalcatólico.

En su hoja de servicios este opositor presenta su carrera académica, títulos con sobresaliente y matrícula de honor, su carrera eclesiástica de manera extensa. Así como conferencias y cursillos sobre la teología y las ciencias eclesiásticas en España, el derecho romano en los códigos españoles medievales y en el derecho civil vigente. La escuela y la parroquia. Dio la conferencia de la fiesta universitaria en el aula magna de Santa Catalina por los muertos durante el movimiento nacional, celebrado en la catedral en 1939, y la oración fúnebre del curso de verano de 1949. Condecorado con la medalla de Oviedo, con el distintivo de cerco y asedio, como defensor voluntario de la capital cuando estuvo cercada y asediada por los marxistas.

Emilio Viñals Sagrera, natural de Valencia de 30 años, es auxiliar temporal, provisional de la facultad de filosofía y letras de Valencia, desde 1939 a 1940 –un año 10 meses y 17 días tan solo-, y según Adolfo Rincón de Arellano, jefe provincial de falange certifica que desempeña el cargo de secretario provincial de educación nacional en esa jefatura, y es adicto al movimiento nacional. Después ayudante de derecho penal en el curso 1939-40 y en el actual curso. Su tesis doctoral en derecho trató sobre "Contribución al estudio de los delitos de Alzamiento, Quiebra y Concursos punibles", con la calificación de sobresaliente[611].

---

[611] Emilio Viñals Sagrera, "Contribución al estudio de los delitos de alzamiento, quiebra y concurso punibles", lectura en la Universidad Complutense de Madrid, 1941.

Actas de los ejercicios

Los opositores presentaron sus trabajos. El 19 de junio de 1942 fue el *primer ejercicio* sobre los méritos científicos y exposición escrita del concepto, método y fuentes y el programa de la disciplina que correspondería a los dos primeros ejercicios.

El opositor Emilio Viñals no se presentó, por lo que se le consideró decaído en su derecho.

Juan Iglesias Santos presenta sus trabajos: dos ejercicios a máquina, dos biografías, un trabajo sobre Savigny, una miscelánea crítica en imprenta, la memoria pedagógica y el programa de la asignatura, ambos también a máquina. En total 8 trabajos con la memoria y el programa de la oposición. Con el tiempo contaría con muchísimas publicaciones sobre su materia

Faustino Gutiérrez-Alviz Armario entregó dos trabajos a máquina, además de la memoria[612].

Benjamín Ortiz Román aportó su tesis doctoral, *Las ideas cristianas y el derecho romano,* defendida en 1941. Tres trabajos a máquina, la memoria y el programa de la asignatura también a máquina[613].

Antonio Reverte Moreno presentó un trabajo *Sobre los modos de adquirir la propiedad,* también a máquina. Tres trabajos sobre el derecho romano antiguo (traducciones), el manual de derecho romano de Pacchioni (traducción) en imprenta, así como la memoria y el programa de derecho romano. Como se ve, en general, aportan pocos trabajos entre todos y muchos de ellos sin publicar.

En el segundo ejercicio comenzó Iglesias Santos. Sería discutido por los opositores Gutiérrez Alviz y Reverte, renuncia a hacerlo Ortiz. Iglesias contestó a las objeciones. Finalmente el tribunal consideró que el opositor había expuesto con claridad y facilidad el resumen de sus trabajos y su labor docente demostrando vocación para la enseñanza[614].

---

612 Antonio Merchán Álvarez, "Faustino Gutiérrez Alviz Armario. Maestro de procesalistas", *Diario el Mundo,* 16 de septiembre de 2006, p. 9. Del mismo autor, *La facultad de derecho de Sevilla durante la guerra civil (1935-1940),* Universidad de Sevilla, 2019.

613 Benjamín Ortiz Román, *Historia e instituciones de derecho romano,* Oviedo, Gráficas Summa, 1950.

614 Sobre Antonio Reverte, véase José Jesús García Hourcade (coord.), *Antonio Reverte Moreno (1906-1981),* Murcia, Fundación Centro de Estudios Históricos e Investigaciones Locales de la Región de Murcia, 2007.

También el ejercicio de Faustino Gutiérrez Alviz fue discutido por Iglesias, Ortiz y Reverte. El tribunal acordó que había expuesto con claridad y precisión los trabajos y su labor docente, acreditando su vocación para la enseñanza.

El ejercicio de Benjamín Ortiz fue objetado por Iglesias, Reverte y Gutiérrez Alviz. Según el tribunal lo realizó con claridad.

Después le correspondió a Antonio Reverte Moreno, que indicó su permanencia en la universidad de Bolonia y su actividad docente... De igual modo que en los anteriores el tribunal consideró su exposición clara y también su vocación docente.

Por tanto, el tribunal juzgó a todos los opositores aptos para pasar.

Pero antes, el presidente informó que había recibido una carta de Benjamín Ortiz retirándose de la oposición por motivos familiares, dice. Quizás vio que no tenía nada que hacer. Mientras el resto pasó este ejercicio.

En el *tercer ejercicio* Juan Iglesias desarrolló la lección 45 de su programa: "El problema del concepto y origen de la obligación. Principales teorías. La obligación en el *ius civile.* La obligación en el derecho clásico y en el derecho justinianeo". Faustino Gutiérrez Alviz expuso la 64: "El arrendamiento. Su concepto. Historia de este contrato. Sus elementos esenciales y naturaleza jurídica. Sus efectos. Clases de arrendamientos. Estudio de la teoría del *periculum* de la cosa. Extinción de este contrato. *Lex Rhodio de iactu.* Acciones derivadas de este contrato".

Antonio Reverte Moreno desarrollo la 51: "Las incapacidades de hecho. La tutela: sus formas. Administración. Derechos y deberes del tutor. La curatela".

El tribunal acordó que los tres opositores eran aptos para pasar.

En el *cuarto ejercicio* Juan Iglesias explicó la lección 30 elegida por el tribunal: "Protección jurídica ex*tra iudicium. Interdicta Stipulationes, missiones in possessionem, restitutiones in integrum*".

Esta vez no compareció Faustino Gutiérrez Alviz, por lo que se le declaró excluido. Solo quedaban dos opositores. Antonio Reverte Moreno extrajo diez lecciones de su programa y el tribunal eligió el número 57: "Adquisición y repudiación de la herencia. Modos de efectuarla. Efectos. Protección procesal del Derecho sucesivo. Carácter y efectos de la *hereditatis petitio.* El *interdicto quorum bonorum".* Los opositores fueron incomunicados y tras preparar los ejercicios, expuso Iglesias y luego Reverte, ambos en cuarenta minutos. El tribunal dispuso que pasaran al *quinto ejercicio.* También en éste los jueces los consideraron a ambos aptos para pasar al último ejercicio. De este modo, el 7 de julio se realizó la *sexta prueba.* El tema sacado a suerte por uno de los opositores, de entre el cuestionario propuesto por el tribunal, fue el número 11: "Polémica sobre la posibilidad de aplicar al derecho romano la dogmática moderna". Después de la incomunicación serían llamados Iglesias y Reverte para presentar los temas.

El tribunal redactó de manera conjunta el informe de los trabajos presentados: "En síntesis, tanto uno como otro opositor hacen presente en sus trabajos una preparación fundamental que la hace merecer ser considerados como una fundada esperanza de que pueden ser dignos continuadores de la ciencia romanística española". Pero advierten que los trabajos de Iglesias parecen más extensos, con claras dotes de enjuiciamiento y crítica que representan una valiosa aportación. Sus trabajos revelan más finura en el desarrollo de la crítica de textos, además de una sólida investigación. En sus biografías demuestra trabajos bien documentados, que tratan con relieve la figura de los personajes. Su memoria la realiza con mano severa y recaba gran documentación. También es encomiable, señalan, la estructura de su programa. Mientras Reverte en su trabajo *Sobre los modos de adquirir la propiedad y sus clasificaciones* hace, en opinión del tribunal, un valioso resumen de la cuestión, con interesantes rasgos de juicio personal. En cuanto a la traducción del *Manual de derecho romano* de Pacchioni, consideran que logra dar una versión nueva de las obras originales y realiza una función de divulgación muy provechosa. Respecto a su memoria, muestra una completa información sobre las aportaciones más recientes.

Por fin, se procedió a la votación y resultó Iglesias para el primer lugar y Reverte para el segundo. Fueron nombrados Juan Iglesias Santos y Antonio Reverte Moreno por orden 9 de agosto de 1942 para las cátedras de Oviedo y Granada en ese orden.

1942. De nuevo Murcia a concurso

El concurso de traslado para proveer la cátedra de romano de Murcia salió de nuevo a convocatoria y anuncio el 22 de septiembre de 1942.[615] Un único aspirante: Isidoro Martín Martínez. Recordemos que era catedrático numerario de romano en Santiago y agregado temporal en la de Murcia. Ahora solicita tomar parte en el concurso de la cátedra vacante en esta uni-

615 AGA, sección Educación, legajo 10519-104. Convocatoria y anuncio del concurso BOE 4 de octubre de 1942.

versidad. Su *curriculum* ya es de sobra conocido por las otras oposiciones. Así que fue nombrado para la plaza de catedrático numerario de Murcia -la misma que en Santiago- sin problemas, según orden 3 de noviembre de 1942[616].

1942. Concurso a Valencia

Hasta esta fecha había ocupado la cátedra de romano en Valencia Joaquín Ros Gómez, que pasó la depuración sin problemas y participó en el tribunal de oposiciones para cubrir las plazas vacantes por depuraciones, exilios o fallecimientos. El ministerio de educación nacional lo nombró rector honorario de Valencia "como recompensa espiritual a su valiosa labor científica y pedagógica", por su jubilación el 24 de julio de 1942. Murió al año siguiente[617].

En la universidad de Valencia, en junta convocada el 28 de septiembre de 1942 por el decano Salvador Salom, también se comunicó que estaba vacante la auxiliaría del grupo 8º de derecho romano, por renuncia del auxiliar Rodríguez Devesa -falangista convencido-, al haber trasladado su residencia a Madrid. Por lo que se ve urgía anunciar esta plaza de manera inmediata para ser ocupada[618].

La orden de convocatoria y anuncio del concurso de traslado para la provisión de la cátedra de romano fue el 27 de julio de 1942[619]. Terminó el plazo el 27 de agosto. Hubo un aspirante, de nuevo José Santa-Cruz Teijeiro que procedía de Murcia. Por orden 18 de enero de 1941, había pasado como agregado al Instituto "Francisco de Vitoria" del CSIC, percibiendo haberes por Murcia. Por otra orden de 23 de julio pasó como agregado a Valencia.

---

616 Nombrado catedrático, BOE 21 de noviembre de 1942.

617 Yolanda Blasco Gil, *La facultad de derecho de Valencia durante la restauración (1875-1900)...*, en t. II que no se publicó completo los trabajos y expedientes académicos y de oposición de todos los profesores en este periodo, incluido el de Joaquín Ros Gómez. Ambos volúmenes de mi tesis están en acceso abierto. Posteriormente Pilar Hernando Serra la entrada de este autor en *Diccionario de catedráticos españoles de derecho...* Universidad Carlos III, en línea.

618 Actas de la facultad de derecho de la universidad de Valencia, 28 de septiembre de 1942, p. 39.

619 BOE 11 de agosto de 1942.

Santa-Cruz presenta como mérito que había sido becado en el colegio San Clemente de los españoles, doctor por la universidad de Bolonia con la tesis "Il Publicitätsprinzip nel sistema registrale tedesco", defendida en 1927. Pensionado en 1933 por la JAE para estudiar el derecho romano durante nueve meses en la universidad de Friburgo -con interrupción de dos meses por enfermedad, según consta en el expediente-, bajo la dirección del catedrático de origen judío Fritz Pringsheim, donde conoció también a Otto Lenel. Regresaría a Alemania en los años 50 a Heidelberg, donde coincidió con Wolfang Kunkel. Sus principales obras fueron: *Derecho mercantil. Contestaciones al programa del segundo ejercicio para las oposiciones al cuerpo de aspirantes a la Judicatura y al Ministerio fiscal* (1928); más tarde escribiría un manual sobre procedimientos, donde intentó estudiar en la literatura los casos de derecho romano, publicó su *Manual elemental de instituciones de derecho romano* (1946) que no tuvo nueva edición; también *Principios de Derecho procesal romano* (1947) *y Derecho romano: obligaciones y contratos* (1947)[620].

Por orden 31 de agosto del 42[621] es nombrado catedrático por concurso de romano en Valencia[622]. No hubo problemas, todos los miembros del tribunal estuvieron de acuerdo[623]. Al año siguiente saldrían las cátedras de Granada y La Laguna, y al menos esta última no se resolvería hasta nueva convocatoria en 1944. También salió a concurso Valladolid.

Actual Rectorado de la Universidad de Valencia

---

620 AGA, sección Educación, 21/20517 expediente personal; expediente de depuración nº 031016-0118, que logra pasar sin sanción. Obras: *Derecho mercantil. Contestaciones al programa del segundo ejercicio para las oposiciones al cuerpo de aspirantes a la Judicatura y al Ministerio fiscal*, Madrid, Ed. Reus, 1928; *Manual elemental de instituciones de derecho romano*, Madrid, Revista de Derecho Privado, 1946; *Principios de Derecho procesal romano*, Valencia, Horizontes, 1947; *Derecho romano: obligaciones y contratos*, Valencia, Horizontes, 1947. Entrada de Clara Álvarez y José María Coma Fort, *Diccionario de catedráticos españoles de derecho…*, Universidad Carlos III, en línea.

621 BOE 24 de septiembre de 1942.

622 AGA, sección Educación, legajo 1517-2.

623 Manuel Cobo del Rosal, "Presentación", *Estudios jurídicos en homenaje al Profesor Santa Cruz Teijeiro*, t. I, Valencia, 1974, pp. IX-XII. Rafael Domingo, "Un siglo de Derecho romano en España", *Iuris vincula. Studi in onore di Mario Talamanca* I, Napoli, 2001, p. 492. Martínez Neira, Manuel, "Los catedráticos de la posguerra. Las oposiciones a cátedra de Historia del Derecho español en el primer franquismo", *Cuadernos del Instituto Antonio de Nebrija* 6 (2003) pp. 135-219.

VNIVERSITAT DE VALÈNCIA
Rectorat
Serveis Centrals

1943. Concurso a cátedra en Valladolid

La cátedra de Valladolid había estado ocupada, según el escalafón de 1935, por José Fernández González, contaba 57 años. Fue nombrado catedrático de derecho romano en Valladolid el 11 de noviembre de 1914. Luego esta plaza saldría a concurso previo de traslado. La orden de convocatoria y anuncio fue el 15 de marzo de 1943.[624] Terminó el plazo el 18 de abril y hubo un único aspirante: Juan Iglesias Santos, que como ya se ha visto era catedrático numerario de romano en Oviedo. Esta universidad informa que el aspirante tuvo una actuación digna de elogiar en la cátedra. Primero fue ayudante de prácticas y auxiliar en Salamanca, después ayudante en la central hasta su nombramiento de catedrático en Oviedo. El total de servicios prestados hasta la fecha son de 6 años, 8 meses y 5 días.

El candidato presenta a este concurso seis trabajos, cuatro de ellos artículos de revista, uno en prensa. Además de tres conferencias en la universidad de Oviedo. Luego tendria una prolija producción. También su certificado de depuración siendo ayudante en Madrid, por orden 18 de junio de 1941, con la confirmación de su cargo por considerarlo persona afecta al movimiento nacional.[625] No hubo problemas por lo que será nombrado el 11 de mayo de 1943 catedrático de Valladolid.[626]

1943. Cátedras de Granada y La Laguna

En 1943 saldrían a concurso Granada y La Laguna[627]. La catedra de Granada estaba ocupada en el escalafón de 1935 por Rafael Acosta Inglott en excedencia, que había sido auxiliar numerario. Este sería nombrado alcalde de Granada en 1940 y falleció al año siguiente de tifus[628]. En diciembre de 1943 obtuvo la plaza Álvaro D´Ors Pérez-Peix, hijo del jurista, periodista

---

624 AGA, sección Educación, legajo 10519-46.

625 AGA 32/16197, expediente ayudante, incluye depuración.

626 BOE 30 de mayo de 1943.

627 AGA, sección Educación, 31/1473, legajo 10474.

628 Rafael Acosta Inglott, según testimonio de la esposa, contrajo la enfermedad en la visita realizada como alcalde a las Cuevas del barranco del abogado en Granada. José Luis Entrala, "Acosta Inglott, alcalde", Periódico *El Ideal*, 18 de noviembre de 2015. Sobre su discurso de apertura en Oviedo en 1916, Yolanda Blasco Gil y Fernanda Peset Mancebo, "Dialogo con Mariano Peset sobre historia del derecho", en *Los costes de la libertad intelectual en universidades de México y España…*, pp. 555-636, en particular p. 558.

y crítico de arte Eugenio D´Ors y de la escultora María Pérez i Peix. Combatió voluntario en el bando sublevado, integrado en los requetés. Fue un miembro destacado del Opus dei. Tomó posesión de la cátedra de Granada a primeros de marzo de 1944, pero el 5 de julio permutó con Faustino Gutiérrez-Alviz la de Santiago, posesión el 10 de agosto. Su oposición ha sido estudiada por Manuel Peláez, quien dice de él que era un hombre inteligente[629]. Contaba con abundantes publicaciones.

El tribunal de las oposiciones

El *tribunal* para juzgar las cátedras de romano vacantes estaba formado por Manuel Torres López, Francisco de Pelsmaeker e Iváñez, Ursicino Álvarez Suárez, Isidoro Martín Martínez y Antonio Reverte Moreno, secretario. Eran tres catedráticos de romano, si bien, uno de ellos, Isidoro Martín Martínez pasaría luego a canónico. El presidente, Torres López, de historia general del derecho español, era catedrático de doctorado de historia de la literatura jurídica en Madrid; el secretario Reverte Moreno, catedrático de civil en Granada había impartido romano en Murcia y, desde 1939, también en el Centro de Estudios Universitarios de Madrid. Se dispuso nombrar "inhabilitado a don Emilio Ortiz Sánchez", aspirante a la oposición, por falta de un requisito formal.

Los miembros que habían de juzgar se establecieron el 26 de noviembre de 1943, "en la sala de profesores de la Facultad de derecho de la Universidad Central" y se acordó la manera en que se llevarían a cabo los dos últimos ejercicios. El quinto, un caso práctico que el tribunal definiría más adelante; en tanto que el sexto ejercicio consistiría en la "contestación por escrito a un tema durante cuatro horas de cada uno de los cuestionarios señalados con los grupos A y B que se expresan y sin que puedan utilizar los señores opositores texto alguno". Los temarios se comunicaran a los opositores con anticipación para que éstos los preparasen. Los temas del grupo A fueron:

1. La distinción entre Derecho público y privado en las fuentes y en la vida jurídica romana.
2. Crítica de la distinción entre Derecho civil, de gentes y natural.
3. El problema de la protección jurídica de los contratos innominados.

---

629 Manuel J. Peláez, "Las oposiciones a cátedras de derecho romano de 1943...", pp. 505-537. Además de otros artículos sobre Álvaro D´Ors ha estudiado oposiciones de romano, así como de otras disciplinas.

4. La propiedad de la *res nic mancipi* en el Derecho romano primitivo.
5. La anticrítica de interpolaciones.
6. La cuestión del Predigesto en relación con las redacciones jurídicas postclásicas.
7. La influencia griega en el Derecho romano clásico.
8. El Derecho provincial de occidente en sus relaciones con el Derecho de la metrópoli.
9. Influencia de la Patrística en el Derecho romano.
10. El Derecho romano de Occidente desde la *Lex romana visigothorum* hasta Irnerio.

En tanto que los 10 temas del grupo B serían:

1. El *populus* como factor político en la constitución monárquica.
2. La dote.
3. Instituciones cuasi familiares: la tutela.
4. El procedimiento extraordinario.
5. Protección interdictal.
6. El *nexum*.
7. La propiedad.
8. La institución de heredero.
9. La aceptación de la herencia.
10. Los fideicomisos.

Los aspirantes

Un día después, el 27 de noviembre de 1943, comparecieron Francisco Hernández-Tejero, Álvaro D'Ors Pérez y Faustino Gutiérrez-Alviz "los cuales hicieron entrega al tribunal de sus trabajos". Fueron avisados de los acuerdos y de los temas para el ejercicio sexto; por último, se les convocó para el 10 de diciembre.

Desarrollo de los ejercicios

Llegado el día señalado, Francisco Hernández-Tejero hizo el *primer ejercicio*. Los otros opositores no presentaron objeciones. Después, Álvaro D'Ors presentó su primer ejercicio, al terminar tampoco hubo objeciones; siguió el turno de Faustino Gutiérrez-Alviz, y, como en los casos anteriores, tampoco hubo objeciones. Por la noche se les comunicó que habían superado el primer ejercicio los tres opositores por unanimidad, siendo convocados para el día siguiente por la mañana.

El 12 de diciembre, los tres opositores presentaron el segundo ejercicio. En las actas del expediente se puede leer cómo cada uno expuso "el concepto, método, fuentes y programa de la disciplina en el tiempo reglamentario". En ninguno de los casos hubo objeciones. Eso sí, las exposiciones de Hernández Tejero y Álvaro D'Ors se hicieron por la mañana, mientras que, la de Gutiérrez-Alviz, tuvo lugar por la tarde. Los tres opositores pasaron al tercer ejercicio, por unanimidad del tribunal; información que les hicieron saber ese mismo día.

Para el *tercer ejercicio* fueron citados el 13 de diciembre. El ejercicio, sin embargo, comenzó un poco más tarde. Comenzó Francisco Hernández-Tejero, con la lección: *Status libertatis.* Por su parte, Álvaro D'Ors intervino con la lección: "La enfiteusis". Terminó la sesión de la mañana y, por la tarde, Faustino Gutiérrez-Alviz expuso su lección: "La simulación en el negocio jurídico". Los tres opositores se ajustaron al tiempo reglamentario. El tribunal se reunió en secreto y, luego, informó a los opositores que los tres habían pasado.

Al día siguiente, se desarrollaría el *ejercicio cuarto.* En el caso de Hernández Tejero, el tribunal eligió la número 64 sobre "Los modos de extinción de las obligaciones"; en el de D'Ors, la lección 71, "la transmisión de las obligaciones"; y, finalmente, para Gutiérrez de Alviz, la lección 57, "Los derechos reales de garantía". Una vez realizada la asignación, el tribunal acordó darles cinco horas para su preparación. Quedaron incomunicados. Pasadas esas cinco horas, el tribunal levantó la incomunicación y llamó, en primer lugar, a Hernández Tejero, después, Álvaro D'Ors y, finalmente, Gutiérrez-Alviz. Los tres expusieron las lecciones asignadas respetando el tiempo reglamentario. La jornada se había hecho larga. Eran las nueva y media de la noche y se anunciaba que "previo un amplio cambio de impresiones el Tribunal acordó por unanimidad declarar aptos a todos los señores opositores para pasar a practicar el quinto ejercicio". Entonces, los opositores fueron convocados para el 15 de diciembre.

El *quinto ejercicio* comenzó por la mañana. El tribunal comunicó que consistiría en la traducción y comentario del texto Digesto 7, 1, 36, 1. Para ello se les concedió un lapso de cuatro horas; una vez transcurrido, los opositores entregaron sus trabajos. Luego de valorarlos e intercambiar opiniones, el tribunal acordó, de manera unánime, declarar aptos a los tres candidatos para pasar a la última prueba. Fueron convocados para el día siguiente. Así pues, el 16 de diciembre, dio comienzo la sesión para el sexto ejercicio. Los temas fueron, el número 9 del grupo "A", influencia de la patrística en el derecho romano; y el número 7 del grupo B, la propiedad bonitaria frente a la propiedad quiritaria. Se concedieron cuatro horas a los aspirantes para entregar sus resultados.

Informes de los trabajos

En el expediente se encuentra el "Juicio crítico redactado por el Tribunal respecto de los trabajos de investigación presentados por los opositores..." Podemos leer qué al coincidir en sus apreciaciones, los miembros del tribunal exponen dicho juicio crítico de forma colectiva. Como ha venido desarrollándose la oposición, se expone el informe sobre Francisco Hernández-Tejero. Se citan los seis trabajos que entregó y sigue la valoración:

> Dejando aparte la apreciación de la tesis doctoral ya que por su contenido es ajena al Derecho romano, los demás trabajos relativos a esta disciplina permiten observar en el opositor una meritoria honradez profesional y esfuerzo continuado y constante en el estudio. Así ha llegado a recoger datos estimables en los temas que aborda, sin llegar, sin embargo, a formular conclusiones personales que permitieran apreciar el germen de una cierta originalidad científica. Por lo demás los trabajos son breves y compendiosos, si bien animados del mejor propósito, por desgracia, no logrado. Su traducción de los *Tituli* de Ulpiano se caracteriza por las dotes personales, que hemos apuntado en el opositor: honradez y fidelidad.

Entonces, se rompió el orden que se había seguido a lo largo de la oposición y, en lugar de presentar el informe sobre D'Ors, que había venido actuando enseguida de Hernández Tejero, el tribunal expone el de Faustino Gutiérrez-Alviz. Presenta sus trabajos: apenas uno más que Hernández Tejero, la mayoría parecen inéditos, pues sólo se menciona una publicación en Sevilla de ese mismo año de 1943, así como algunas recensiones en los *Anales* de la universidad de Sevilla. Otro de los trabajos que presentó era un "Vocabulario elemental de derecho romano", pero se trataba tan solo de un "avance". Eso sí, a posteriori se puede decir que siguió trabajando en dicho vocabulario y lo publicó en 1948, bajo el título de *Diccionario de derecho romano*[630] y, por supuesto, publicaría varias obras más. Sin embargo, como señala Manuel Peláez "la valoración de lo escrito y publicado por

630 Faustino Gutiérrez-Alviz Armario, *Diccionario de derecho romano*, Madrid, Reus, 1948. Tiene diferentes ediciones, incluso, recientes.

Faustino Gutiérrez-Alviz y Armario está ajustada igualmente a que iba a ser promovido para la segunda plaza, como puede observarse del conjunto del informe"[631]. Veamos dicho informe:

> Revelan los trabajos de este opositor un reposado manejo de los fundamentales conceptos de la dogmática jurídica, aplicados con buen espíritu investigador a los temas que elige, lo que le permite enfoques y planteamientos originales, y conclusiones personales lógicamente construidas. Estas dotes se revelan no ya sólo en los trabajos típicamente romanísticos, entre los que debe destacarse el que versa sobre *Laesio enormis,* sino incluso en su tesis doctoral, que aun elaborada sobre tema ajeno a nuestra disciplina, asienta su construcción hasta cierto punto sobre conceptos básicos del Derecho romano. Esta preocupación y aun conformación de su personalidad le ha impulsado a iniciar la formación de un Vocabulario elemental de Derecho romano del que ha presentado en la oposición un avance, que autoriza ya a calificar en el sentido más favorable al resultado final.

Finalmente, se pronunciaron a favor de Álvaro D'Ors. Éste había presentado 27 trabajos, la mayor parte de ellos publicados. El tribunal exponía su juicio sobre este opositor:

> Como los propios títulos recogidos expresan, la actividad científica del Sr. D'Ors se caracteriza por una marcada orientación crítica. En este aspecto sorprende en verdad la firmeza de sus análisis lingüísticos y filológicos, en contraste con los datos históricos escrupulosamente manejados y sus aportaciones en el campo de la epigrafía jurídica. De especial relevancia es el nuevo planteamiento de carácter histórico que da a las cuestiones de reconstrucción suscitadas por la *constitutio Antoniniana,* que revelan un espíritu analítico y realista en contraposición a la dominante obcecación paleográfica en torno al papiro Giessen. Sus traducciones de clásicos latinos, y los estudios que preceden a las dos Ciceronianas merecen la mejor opinión, así como la objetividad y sereno juicio que reflejan sus numerosas reseñas bibliográficas.

En conjunto, comparado con el resto, de romanistas y opositores, así como algunos miembros del tribunal, este opositor miembro del Opus dei brillaba si cabe a más altura. Profesores de derecho romano lo consideran muy bueno en su trabajo. D´Ors se ocupó del código de Eurico, papiros, edición del palimpsesto...[632] Ha sido considerado un jurista genial.[633] No

---

631 Manuel J. Peláez, "Las oposiciones a cátedras de derecho romano de 1943...," p. 516.

632 Álvaro D´Ors, *Estudios visigóticos, II, El código de Eurico*, Roma-Madrid, 1960.

633 Manuel J. Peláez, "La correspondencia científica e ideológica anotada de un jurista genial Álvaro D'Ors y Pérez-Peix con un admirador del sabio" en *Revista europea de historia de las ideas políticas y de las instituciones públicas*, n° 13 (2018), pp. 173-218;

obstante, en opinión de otros profesores, el tradicionalista Álvaro D´Ors resulta un personaje controvertido. Amigo del jurista alemán, católico conservador, Carl Schmitt, que contribuyó con sus escritos a legitimar el sistema político nacionalsocialista.[634] D´Ors realizó muchísimas reseñas bibliográficas de artículos y de extensos libros en el *Anuario*. Algo sorprendente, que supondría su gran interés por la lectura, aunque cada reseña constara de tres o cuatro líneas. Una actividad tan sistemática, que parece difícil encajar con la "objetividad y sereno juicio", aducido por el tribunal de la oposición[635].

Votación final

Continuó la oposición, 17 de diciembre, el tribunal procedió a la votación:

> Para el primer lugar. El secretario Sr. Reverte, votó al opositor Don Álvaro D'Ors Pérez-Peix; el Vocal Sr. Martín, votó a Don Álvaro D'Ors Pérez-Peix; el Vocal Sr. Álvarez, votó a Don Álvaro D'Ors Pérez-Peix; el Vocal Sr. Pelsmaeker votó a Don Álvaro D'Ors Pérez-Peix y el Sr. presidente votó a Don Álvaro D'Ors Pérez-Peix. Resultando, por tanto, propuesto por unanimidad para ocupar el primer lugar, el opositor Don Álvaro D'Ors Pérez-Peix.
>
> Para el segundo lugar. El secretario Sr. Reverte, votó a Don Faustino Gutiérrez Alviz; el Vocal Sr. Martín, votó a Don Francisco Hernández-Tejero; el Vocal Sr. Álvarez, votó a Don Faustino Gutiérrez Alviz; el Vocal Sr. Pelsmaeker, votó a Don Faustino Gutiérrez Alviz. Resultando, por tanto, propuesto por mayoría de votos para ocupar el segundo lugar el opositor Don Faustino Gutiérrez Alviz.

Entonces, el presidente convocó a los opositores ganadores al día siguiente, para la elección de cátedra. D'Ors eligió la cátedra de derecho romano de Granada; Faustino Gutiérrez-Alviz eligió La Laguna.

"Álvaro D'Ors Pérez-Peix", en *Revista de Dret Històric Catalá*, n° 4 (2005), pp. 195-219.

634 Carmelo Jiménez, "Sobre la presunta teoría jurídico-política de Carl Schmitt", *Empresas Políticas*, año I, nº 1 (2º semestre 2002), pp. 85-97, aunque en este trabajo aparecen traspapelados los epígrafes al publicarse con hojas en blanco, se llega a entender. Acerca de la relación del jurista alemán con Álvaro D´Ors, véase Miguel Saralegui Benito, *Carl Schmitt pensador español. Estructuras y Procesos. Derecho*, Madrid, Trotta, 2016, a través del intercambio que mantuvo con D´Ors, Truyol y otros sobre filosofía del derecho, ciencia jurídica y teoría política.

635 Yolanda Blasco Gil y Fernanda Peset Mancebo, "Dialogo con Mariano Peset sobre historia del derecho"..., pp. 555-636.

Álvaro D´Ors se convertiría en un catedrático poderoso, que dominó las cátedras de su disciplina. En este sentido, según testimonio de Mariano Peset, para que Juan Miquel González de Audicana fuera nombrado catedrático de La Laguna, en 1963, tuvo que intervenir a su favor el profesor alemán Wolfgang Kunkel. Miquel González -que después sería catedrático en Barcelona, 1980; y en la Pompeu Fabra, 1996-, fue uno de los más reputados conocedores del derecho romano en España, y considerado discípulo de Kunkel. Miquel González tradujo el manual del profesor de Múnich que utilizaba en sus clases[636].

D´Ors también dominó el *Anuario de Historia del Derecho* junto a Alfonso García-Gallo… Sin duda, fue un personaje poderoso que creó un grupo fuerte donde él brilló a mayor altura, comparado con los demás romanistas, y que empiezan a estudiar el derecho romano clásico desde la vertiente más histórica, más que el derecho romano general. Frente a los que veían en el romano los antecedentes del derecho civil, pensando en las instituciones privadas[637], la idea de Savigny de hacer un derecho romano remozado -José Arias Ramos…-[638] En este punto, podría parecer entonces que lo que pretendía D´Ors quizás tenía poco sentido en una facultad dc derecho, al no tener que ver con la construcción savigniana de la pandectística[639]. D´Ors dirigió además numerosas tesis doctorales. Más tarde, uno

---

636 Wolfgang Kunkel, *Historia del Derecho romano,* Joan Miquel González de Audicana (traductor), Barcelona, Editorial Ariel, 1984.

637 Álvaro D'Ors, *Derecho privado romano",* Pamplona, Ediciones Universidad de Navarra, 1968, pp. XVIII + 542. Emilio Valiño del Río, "La práctica docente de Don Álvaro D'Ors. Persona y derecho", *Revista de fundamentación de las Instituciones Jurídicas y de Derechos Humanos,* nº 75 (2016), pp. 329-337, quien también ensalza su figura. Fueron sus discípulos, entre otros: Pablo Fuenteseca (Universidad Autónoma de Madrid); Manuel Jesús García Garrido (Universidad Nacional de Educación a distancia); Jesús Burillo (Universidad de Murcia); Emilio Valiño (Universidad de Valencia); Alejandrino Fernández Barreiro (Universidad de Coruña); Javier D'Ors (Universidad de Santiago); Marita Giménez Candela (Universidad Autónoma de Barcelona); Fernando Betancourt (Universidad de Sevilla); Rafael Domingo (Universidad de Navarra).

638 José Arias Ramos, "La tendencia socializadora en el Derecho contractual", tesis doctoral; *Compendio de Derecho público romano e historia de las fuentes,* Santiago de Compostela, 1932, con varias ediciones; *Derecho romano I. Apuntes didácticos para un curso (volúmenes I y II), y Derecho romano II. Selección de textos para prácticas de exégesis, repasos, casos, ejemplos… (volumen III),* Madrid, Editorial Revista de Derecho Privado, 1940, con varias ediciones.

639 Yolanda Blasco Gil, "Notas sobre la recepción de la parte general de Savigny en España", *CIAN. Revista de historia de las universidades,* nº. 2 (1999), pp. 11-36.

de sus once hijos, Javier D´Ors Lois conseguiría cátedra de derecho romano en Santiago.

Entretanto, la plaza de La Laguna que estaba vacante en el escalafón de 1935 no se resolvería hasta nueva convocatoria en el 44.

1944. Concurso a La Laguna y otro a Oviedo

La Laguna

En el concurso de traslado para la cátedra en La Laguna, la convocatoria y anuncio fue el 2 de junio de 1944[640]. Terminó el plazo para presentarse los aspirantes el 3 de julio. No hubo candidatos. Por orden 11 de julio de 1944[641] fue declarada desierta[642]. En general, las cátedras de la capital isleña de Santa Cruz de Tenerife no suelen ser preferencia para los posibles aspirantes, sirven de paso para ascender a metas más altas en la península. Como también ocurre con la de Murcia. Ambas universidades de creación más tardía.

Oviedo

Esta cátedra estaba ocupada en el escalafón de 1935 por Manuel Miguel Traviesas, pero falleció en 1936[643]. Por lo que el concurso de traslado se anunció para la provisión, en propiedad, de la cátedra de romano en Oviedo. La orden de convocatoria y anuncio el 6 de mayo de 1944[644]. Terminó el plazo para presentarse los aspirantes el 14 de junio. Tampoco hubo can-

---

640 BOE 13 de junio 1944.

641 BOE 27 de julio de 1944.

642 AGA, sección Educación, legajo1519/84.

643 AGA, sección Educación, 32/7331 (5356-4); 32/13561 (9576-11). Vocal y vicepresidente del Tribunal de garantías constitucionales en representación de las Universidades durante la República. En la *Revista de Derecho Privado* publicó los siguientes artículos: "Sobre nulidad jurídica"; "La defensa privada; El derecho al nombre"; "Jurisprudencia y Derecho Privado"; "El juego y la apuesta"; "Gestión de negocios"; "Las personas jurídicas"; "La culpa"; "Contrato de arrendamiento"; "El testamento". Valentín Silva Melero, "Un eminente jurista asturiano: Don Manuel Miguel de las Traviesas", Oviedo, IDEA, 1968.

644 BOE 25 de mayo de 1944.

didatos que reunieran los requisitos. Por orden 22 de junio de 1944 fue declarada desierta[645]. De nuevo demasiada urgencia, demasiada necesidad por proveer las cátedras sin contar con personal preparado.

HISTORIA DEL DERECHO

La disciplina de historia del derecho se ha ocupado de las fuentes, tanto jurídicas como no jurídicas, y de las instituciones, para analizar la evolución del derecho en su devenir histórico. El historiador conviene que parta de una idea del derecho amplia, que le permita extraer todos los datos y posibilidades que la historia le proporciona. Ha de evitar limitaciones que supongan reducir el campo de actuación, tales como el positivismo, la legitimación del derecho o el deber ser. Todo ello sin distorsionar la realidad, o sin enaltecerla o engalanarla, como ocurre en algunas exposiciones de motivos de las leyes.

En historia del derecho la obra de Rafael Altamira, estudiada por Mariano Peset al que me remito, supuso un cambio en la forma de investigar y exponer la historia de España. Altamira conocía bien el pasado de la asignatura, los historiadores visigodos, las crónicas medievales, el renacimiento... Llegaba a época contemporánea, que conocía aún mejor, la escuela francesa o la alemana, así como la aportación española. Se dará una nueva historia de la civilización frente a la narración política. Planteó cuestiones del método, si la historia es o no una ciencia, la causa en el relato histórico, la terminología o conceptos, la historia política entrelazada con otros factores, geográficos, económicos, costumbres...[646] Con él se aprende que el derecho es más que la pura sucesión de leyes disgregadas en el ordenamiento jurídico, sino que ante todo es una cuestión de fuerzas de poder y contrapesos geopolíticos... En suma, podría decirse que Altamira incorporó la historia a la historia del derecho. Con esta forma de trabajar, desafortunadamente, tuvo que exiliarse a México tras la guerra civil donde dejaría impronta su magisterio.

En la posguerra esa renovación de la asignatura fue interrumpida, apartada y silenciada. Era importante controlar esta disciplina para adoctrinar

---

645 AGA, sección Educación, legajo 1519-82. Fue declarada desierta BOE 22 de julio de 1944.

646 Mariano Peset, "El exilio de Rafael Altamira en México", *Estudios y testimonios sobre el exilio español en México...*, pp. 199-228.

haciendo referencia a las grandezas de las viejas glorias "del imperio hacia Dios" -como muestra el preámbulo de la ley de ordenación universitaria de 1943-, con el nacionalcatolicismo imperante. Franco intentaba silenciar todo aquello que fuera contrario a su programa político. También aquel Opus dei pudo controlar pronto la asignatura. En historia del derecho empezarían a colocarse pronto catedráticos cercanos a Alfonso García-Gallo y al padre José López Ortiz, ambos simpatizantes de la Obra. La mayoría de éstos nuevos profesores, Orlandis, Gibert, López-Amo, De la Concha, eran miembros del Opus [647].

La historiografía jurídica de los cuarenta se centrará en los fueros medievales. Aunque Rafael Altamira había traspasado ya esa frontera cronológica...[648] En general, los estudios sobre fueros locales de los historiadores del derecho carecerán de una crítica rigurosa. Se manejan viejas ediciones impresas y se suelen comparar fueros para ordenar familias de textos parecidos, descubrir sus relaciones o para estudiar una institución[649]. Una salvedad será Josep Maria Font i Rius[650], que recogerá y editará las cartas de población de Cataluña y estudió sus instituciones con un mayor rigor, análisis y sentido crítico.

Éstos trabajarán fundamentalmente la alta edad media, hasta el siglo XIII, las normas y textos legales: el Código de las *Partidas*, los *Fueros de Aragón, Furs de València*, o fueros locales... La documentación era escasa y mucha estaba publicada, pocas veces veían algún manuscrito de una ley o fuero. Se interesaban menos por el siglo XIV y siguientes, justo cuando hay más documentación. Reconstruyeron las normas mediante análisis de

---

647 Véase el estudio preliminar de Mariano Peset a Eduardo de Hinojosa y Naveros, *El régimen señorial y la cuestión agraria en Cataluña durante la Edad Media*, Pamplona, Urgoiti, 2003, pp. VIII-CXIV.

648 Acerca de la enseñanza en la República, desde otra perspectiva, José María Puyol Montero, *Enseñar derecho en la República. La Facultad de Madrid (1931-1939)*, Madrid, Dykinson, 2019.

649 Yolanda Blasco Gil y Fernanda Peset Mancebo, "Dialogo con Mariano Peset sobre historia del derecho"..., p. 557. Peset pone de ejemplo a José Orlandis sobre la prenda, el delito y procedimientos; a Rafael Gibert sobre la *complantatio* o el consentimiento familiar para el matrimonio; a Juan García González, la mañería; también a Alfonso Otero Varela o José Martínez Gijón...

650 Josep Maria Font i Rius será catedrático de La Laguna en 1944, al año pasará a Murcia, 1945, y después a Valencia en 1949, hasta llegar a Barcelona en 1954, donde será decano. Gonzalo Pasamar Alzuria e Ignacio Peiró Martín, *Diccionario Akal de historiadores españoles contemporáneos...*, pp. 257-258.

fuentes jurídicas anteriores, estableciendo familias de fueros o leyes. Se preocupaban por saber de dónde descendía el fuero, las influencias, pero a través de textos y doctrina, no mediante el estudio de las causas sociales, políticas o económicas que dan paso a la creación de una ley.

Esta preferencia por la cronología medieval se dio además en el derecho real o territorial. En este sentido, también refiere Mariano Peset: "García Gallo analizó las *Partidas* sobre la deficiente edición de la academia de la historia de 1807; señaló estratos y momentos a su arbitrio, sin consultar manuscritos. Aunque algo avanzó Gonzalo Martínez Díez con su edición de *Espéculo* (1985), que tenía pocos manuscritos"[651].

García-Gallo escribió sobre la recopilación de Indias, intentando imitar a Altamira, en sus estudios sobre legislación indiana desde su exilio, ya mayor -como estudió el profesor Peset- sin tener sus libros a mano para consultar[652]. En sus conversaciones Peset nos recuerda como Juan Manzano en *Historia de las Recopilaciones de Indias* (1950-1956) señaló los errores cometidos por ambos. Pero si bien Manzano investigó la formación del texto, éste no se ocupó de la ley en la vida práctica. El positivismo dominaba la asignatura, interesaba solo la fuente, no su aplicación. De esta manera se olvidaba la auténtica realidad del derecho que se descubre en su funcionamiento. En palabras de Peset: "Para estudiar una institución se describían las normas que la regulaban, quiénes la formaban, sin atender a su acción o eficacia, a través de sentencias, escrituras y contratos, de la doctrina de los autores. Un positivismo jurídico, que ignoraba la vida del derecho"[653]. Se investiga la formación del texto, pero no su aplicación práctica.

También en la asignatura de historia del derecho se publican manuales -tan denostados por Giner de los Ríos y otros-, como si fueran el eje y culmen de la investigación, que representaran la cima del saber. Alfonso García-Gallo en su *Manual de historia del derecho español* (1959-1962) pretendía basarse solo en fuentes, que aporta en el segundo tomo, sin ofrecer bibliografía. Peor suerte tuvo el manual en dos volúmenes de Manuel Torres López, *Lecciones de Historia del Derecho Español* (1933-1934), que no están

---

651 Yolanda Blasco Gil y Fernanda Peset Mancebo, "Dialogo con Mariano Peset sobre historia del derecho"..., p. 558.

652 Mariano Peset, "El exilio de Rafael Altamira en México", *Estudios y testimonios sobre el exilo español en México...*, pp. 199-225. Yolanda Blasco Gil y Fernanda Peset Mancebo, "Dialogo con Mariano Peset sobre historia del derecho"..., p. 559.

653 Yolanda Blasco Gil y Fernanda Peset Mancebo, "Dialogo con Mariano Peset sobre historia del derecho"..., p. 559.

completos, pero si saturados de bibliografía alemana. Por lo que se confunde la tarea de investigar con la de hacer síntesis para facilitar el estudio de la asignatura con los manuales[654]. Éste sería, en general, el panorama de la historiografía jurídica de los cuarenta en la universidad española.

1940. Cátedras de Valencia, Sevilla y Salamanca

La cátedra de Valencia en el escalafón del 35 estaba ocupada por José María Ots Capdequí, ahora exiliado en Colombia. En Salamanca estuvo Manuel Torres López[655] que pasó en 1940 por concurso a Granada[656], y en 1941 por traslado a historia de la literatura jurídica en doctorado[657]. Mientras la de Sevilla en 1935 estaba ocupada por José Antonio Rubio Sacristán, pero la guerra truncó su carrera. El 9 de julio de 1931 fue nombrado catedrático de historia del derecho en Sevilla. Realizó estancias de investigación en Columbia y en la London School. Fue secretario de la Universidad Internacional Menéndez Pelayo entre 1932 y 1936, estando en Santander le sorprendió la guerra y fue separado de la cátedra el 24 de septiembre de 1937. No siendo reintegrado hasta el 20 de enero de 1944. El 3 de marzo de ese año sería catedrático de historia del derecho en Granada y en 1948 se incorporó a Valladolid, donde se jubiló en 1973[658].

---

654 Como el que presenta Alfonso García-Gallo y sus discípulos, *Diritto comune e diritti locali nella storia dell'Europa: atti del convegno di Varenna*, 12-15 giugno 1979, Milan, 1980. Yolanda Blasco Gil y Fernanda Peset Mancebo, "Dialogo con Mariano Peset sobre historia del derecho"..., p. 567.

655 AGA, sección Educación, 32/14712, legajo 7483-88 y 32/07366, legajo 5373-3.

656 BOE 19 de agosto de 1940.

657 BOE 19 de enero de 1942.

658 Principales obras: *La Política de Benedicto XIII desde la substracción de Aragón a su obediencia*, Zamora 1926; "*Donationes post obitum* y *Donationes reservata usufructu* en la Edad Media de León y Castilla", *Anuario de Historia del Derecho*, 1932. Felix Somary, *Política bancaria*, traducción, Madrid 1936; "Werner Sombart y la Teoría Histórica de la Economía", *Revista de Estudios Políticos*, 1941; Jacob Burckhardt, *La cultura del Renacimiento en Italia*, trad., Madrid 1941; "La España Imperial de Carlos V y su Economía", Moneda y Crédito, 1944; "Historia económica y teoría económica", 1955-56; "Una crisis en la ciencia histórica", discurso leído el día 26 de abril de 1987 en el acto de su recepción pública, Madrid, Real Academia de la Historia, 1987. AGA, sección Educación, 6983-2, expediente oposición La Laguna; AGA, sección Educación, 31/4067, legajo 12626-2 oposición Valladolid.

La oposición, turnos auxiliares y libre, para la provisión de las cátedras de historia del derecho, en Valencia y Sevilla -se añaden después Murcia y Salamanca-[659] es en 1940.

La orden de convocatoria y anuncio de las cátedras es de 11 de junio de 1940[660], termina el plazo el 23 de agosto, el tribunal es nombrado el 28 de agosto[661]. El *tribunal* estaba formado por: el presidente, Juan Salvador Minguijón y Adrián -notario por oposición, catedrático en Zaragoza, magistrado del Tribunal de garantías constitucionales en la República y del Tribunal supremo posteriormente, de ideología democristiana perteneciente al catolicismo social aragonés y español[662]- y los vocales Manuel Tormo López -vinculado al CSIC de Zaragoza[663]-, José Viñas Mey, catedrático en Valencia[664] -de la ACNdP- que ya ha salido en otras oposiciones, Luis García Valdeavellanos y Arcimis, catedrático de Barcelona -suspendido de empleo y sueldo en 1936 y destituido después, huyó a Francia, luego fue agregado a Valladolid, y en 1939 se reincorporó a Barcelona, mencionó a Alfonso García-Valdecasas, Emilio Gimeno, Antonio de la Torre y Blas Pérez para que aportaran referencia, y fue repuesto sin sanción[665] - y el

---

659 AGA, sección Educación, legajo 9580-1. Aunque Murcia aparece tachada a mano. También aparece una mención al referirse al tribunal como: "Tribunal de oposiciones a las cátedras de Historia vacantes de Granada, Valencia y Sevilla o las resueltas de los concursos".

660 BOE 25 de junio de 1940.

661 BOE 6 de septiembre de 1940.

662 AGA, sección Educación, 31/1467; 32/7325, 32/7330 y 32/8345. Sobre él, José Orlandis, "Nota necrológica", *Anuario de Historia del Derecho Español*, XXIX (1959), pp. 763-766.

663 Gonzalo Pasamar Alzuria e Ignacio Peiró, *Diccionario Akal de historiadores españoles contemporáneos*, Madrid, Akal, 2002, pp. 628-629. También en *Diccionario de catedráticos españoles de derecho…*, Universidad Carlos III, en línea.

664 Archivo de la Universidad de Valencia (AUV), General, libro 427; caja 234-2; Facultat de Dret, caja 632. AGA, nueva catalogación (05)001.010, 21/20404, expediente personal.

665 AGA, sección Educación, 21/20506, legajo 31010-49, expediente personal; 32/14016, legajo 7062-36, título licenciado; 32/15348, legajo 9248-41, título de catedrático. 32/13461, legajo 8136-2, oposición cátedra de Barcelona. En el 54 será catedrático en Madrid en la facultad de ciencias políticas y económicas, AGA, sección Educación, 32/18190. Sobre este profesor, Antonio Elorza, "Luis García de Valdeavellano, la humildad del investigador", *El País*, 29 de mayo, 1985. Miguel A. Ladero Quesada, "Necrológica: Don Luis García de Valdeavellano y Arcimis", *AHDE*, 55 (1985). Gabriel Tortella, "Recuerdos de un maestro: D. Luis García de Valdeavellano", *Revista de Historia Económica*, 2 (1985), 307-312. Gonzalo Pasamar

secretario José Santa-Cruz Teijeiro, que vimos en la cátedra de derecho romano en Murcia.

La lista provisional de admitidos en BOE 14 de septiembre y la lista definitiva el 26. Al final solo habrá dos *aspirantes:* el alicantino Juan Beneyto Pérez -estudió en la universidad de Valencia, medievalista que contaba en el momento de la oposición con amplia obra que él resume así: *Memoria, Separatas sobre Historia del Derecho Valenciano, Nota super Foris regni Valentia,* 300 textos para el estudio del Sistema político medieval, *Sobre las glosas al Código de Valencia* [666]- y Juan Manzano Manzano, ya mencionado, discípulo de Altamira, profesor auxiliar de su cátedra hasta que empezó la guerra. En su expediente de depuración se declara afecto al movimiento nacional y al nuevo régimen, entrega prueba testifical del decano de derecho de Madrid acerca de su filiación derechista[667]-. La obra que presenta es la

---

e Ignacio Peiró, *Diccionario Akal de historiadores españoles contemporáneos...*, pp. 283-284.

666 *Los medios de cultura y la centralización bajo Felipe II,* Reus, Madrid, 1927; *Derecho histórico español,* 2 volúmenes, Barcelona, Bosch, 1930; *Fuentes de Derecho Histórico español,* Barcelona, Bosch, 1931; "Regulación del trabajo en la Valencia del 500", *Anuario de Historia del Derecho español,* Madrid, 1931; *Preliminars per a l'estudi del nostre dret* (1932); *Il diritto catalano in Italia* (1933); *Iniciació a la història del dret valencià* (1934); *Nacionalsocialismo,* Labor, Barcelona, 1934; *El nuevo Estado español* (1939); *El Partido. Estructura e Historia del Derecho público totalitario,* Colección Hispania, Zaragoza, 1939; *Vázquez de Mella. Antología,* Ediciones Fe, Barcelona, 1939; *Manual de Historia del Derecho,* Librería General, Zaragoza, 1940, *Estudios sobre la historia del régimen agrario,* Bosch, Barcelona, 1941. Sobre este profesor, Pilar Equiza Escudero, *Juan Beneyto, organizador y teórico de los estudios de comunicación en España,* Madrid, Editorial de la Universidad Complutense, 1987; Gonzalo Pasamar e Ignacio Peiró, *Diccionario Akal de historiadores españoles contemporáneos...*, pp. 123-124. Antonio Pérez Martín, *Proles aegidiana,* 4, Bolonia, Publicaciones del Real Colegio de España, 1979, pp. 1902-1904.

667 AGA, sección Educación, 31/011046 y 32/16197. Entre otras actividades y méritos declara que el inicio de la guerra le sorprendió en Madrid, donde tuvo que refugiarse en la embajada cubana, de la que salió al ser canjeado a la zona nacional, en 1938. Y se incorporó a las filas sublevadas. Sus principales obras serán a partir de 1942. En general, Manuel Martínez Neira, "Los catedráticos de la posguerra. Las oposiciones a cátedra de Historia del Derecho español en el primer franquismo", en *Cuadernos del Instituto Antonio de Nebrija,* 6 (2003) pp. 135-219. Sobre este profesor, Mario Hernández Sánchez-Barba, "Juan Manzano y la Historiografía del Descubrimiento", *Quinto Centenario* 15 (1989). José Sánchez-Arcilla Bernal, "Juan Manzano y Manzano (1911-2004)", *Cuadernos de Historia del Derecho,* 11 (2004), pp. 377-379. Ramón María Serrera Contreras, "Don Juan Manzano (1911-2004)", *Boletín de la Real Academia sevillana de las Buenas Letras,* 34 (2006), pp. 234-238.

siguiente: *Memoria; Notas a las leyes de Indias de Manuel José Ayala, El Nuevo Código de las leyes de Indias; Un compilador indiano Manuel José Ayala; Los trabajos recopiladores de Diego de Zorrilla y Rodrigo de Aguilar, Algunas aclaraciones a las últimas observaciones sobre Manuel José de Ayala y sus obras;* un documento inédito relativo a "Como funcionare el consejo de Indias" (*The Hispanic American Historical Review*). Sus trabajos son de derecho indiano.

La plaza de Murcia fue declarada desierta, orden 7 de noviembre de 1940[668]. Fueron nombrados Juan Beneyto y Juan Manzano el 5 de noviembre[669], para Salamanca y Sevilla por ese orden.

Cabe repasar el último ejercicio de la oposición. En este sexto ejercicio el tribunal designó 30 temas con carácter secreto: 15 de derecho público y 15 de derecho privado. Los temas son de edad antigua y media, casi todos de edad media, no contempla la edad moderna, no dice nada de las Indias... Predomina la edad media en estas oposiciones, con omisión en la edad moderna del derecho indiano. Es una etapa en historia del derecho de acusado medievalismo.

Los temas son los siguientes:

1. Ciudades y tribus en la Iberia prerromana
2. Municipio Hispano-romano
3. Doctrinas de Derecho público en los teólogos visigodos
4. El elemento germánico en la época visigótica y en los Fueros Municipales
5. Casa del Rey y órganos de la Administración Central visigótica. Los Concilios de Toledo
6. El régimen señorial en los estados de la Reconquista
7. Clases sociales privilegiadas medievales
8. La libertad de movimiento en las clases rurales medievales
9. La labor privada en la redacción del Derecho medieval
10. Origen, organización y facultades de las Cortes medievales Peninsulares
11. Consejos y Cortes en los siglos XVI al XVIII
12. La ciudad. Historia del procedimiento probatorio en la Edad Media
13. Inimiticia y composición pecuniaria
14. El procedimiento inquisitivo. La Inquisición
15. Recepción del Derecho Romano en los diversos estados peninsulares

---

668 BOE 11 de noviembre de 1940.

669 BOE 16 de noviembre de 1940.

DERECHO PRIVADO

1. Simbolismo, formalismo y libre consentimiento en los actos jurídicos
2. El sujeto individual del Derecho. Causas modificativas. Causas modificativas de la capacidad jurídica.
3. Principios generales de nuestro derecho sucesivo medieval
4. Sucesión legítima y libertad de testar
5. Vínculo y mayorazgos. Heredamientos catalanes
6. Propiedad y posesión en la Edad Media
7. Modos de adquirir en el Derecho español Medieval
8. Instituciones contractuales con fines sucesorios
9. Aportaciones económicas a la sociedad conyugal
10. La comunidad de bienes en el matrimonio: sus grados
11. Préstamo, interés, usura en la Edad Media
12. Contratos agrarios
13. La mayoría de edad en nuestra Historia Jurídica
14. Garantías prendarias en derecho Medieval
15. Patria potestad.

Como se ve, el temario de la oposición, insisto, eran de edad antigua, época romana y visigoda, y edad media, sobre todo, nada de moderna, de Indias.

Acabados todos los ejercicios, transcurrido todo el proceso de la oposición y una vez llegados a la votación final: para el primer lugar, será votado por unanimidad Juan Beneyto; para el segundo, también Juan Manzano. El primero eligió la cátedra vacante de Salamanca y el segundo la de Sevilla.

La cátedra de Valencia había sido desempeñada por Juan Antonio Bernabé Herrero (1857-1936) por permuta en 1892 con Francisco Jiménez y Pérez de Vargas[670]. Hasta 1930 en que la obtiene José María Ots Capdequí que pasa de Sevilla a Valencia, y la ocupa desde 1931 hasta 1939, en que se exilia finalmente a Colombia[671]. En 1940 llegará por concurso García-Gallo

670 Yolanda Blasco Gil, *La facultad de Derecho de Valencia durante la restauración, 1875-1900...*; "Catedráticos de la Facultad de derecho de Valencia, 1900-1939" en *Pensamientos jurídicos y palabras dedicados a Rafael Ballarín*, Mª Luisa Atienza Navarro y otros (coords.), Universitat de València, 2009, pp. 143-163. Mariano Peset, "El exilio de José María Ots Capdequí, historiador del derecho indiano"..., citado.

671 Fernán Vejarano Alvarado, María Eugenia Martínez Gorroño y Carlos Hoyos Uribe, *Memoria y sueños. Españoles en Colombia, Siglo XX*, Colombia, Fundación Españoles en Colombia, Universidad Externado de Colombia, 2004.

procedente de Murcia, hasta 1944, año en que se pasará a Madrid. Luego se analizará esta oposición.

En 1942, 28 de septiembre, en la universidad de Valencia el decano Salvador Salom comunicará que en el grupo 8º de historia del derecho se encuentra vacante la auxiliaría por renuncia de Rodríguez Devesa -que como se ha visto también impartía derecho romano en ese grupo-, por traslado a Madrid. Por lo que debía ser anunciado inmediatamente para su provisión[672]. Urgía proveer también estas plazas.

Un año después, 22 de noviembre de 1943, en la misma facultad, se daría lectura al *Proyecto de Estatutos del Instituto de Estudios histórico-jurídicos*, presentado, entre otros, por el omnipresente García-Gallo, además de Santa-Cruz y Lamas, y que se crearía en la facultad de derecho de Valencia. Era una propuesta de los estatutos, fines, organización y medios del Instituto. El *Reglamento del Instituto* contenía 12 artículos sobre misión de intercambio científico y extensión universitaria, designación de un director y secretario, disposición de tres secciones, a saber: derecho romano, derecho canónico e historia del derecho, y al frente de ellas habría un director-jefe que sería catedrático de universidad y un adjunto, con becarios, nombrados por el director del instituto a propuesta del jefe de sección, que hayan aprobado al menos tres cursos incluyendo las asignaturas de la especialización, y con conocimiento de latín y saber traducir al menos dos lenguas vivas. Los siguientes artículos tratan sobre publicaciones, intercambios, dotación de medios económicos para personal y material, de acuerdo con la ley de ordenación universitaria. La labor del instituto se coordinaría cada año con la de la facultad. Por último, contiene dos anexos de carácter presupuestario -ordinario y extraordinario-. Además, desde el principio se indican las analogías de las asignaturas de la facultad de derecho, entre ellas: historia de derecho con historia de la literatura jurídica española y viceversa; e historia del derecho con historia de las instituciones políticas y civiles de América, pero no al contrario[673]. Pero resulta curioso en el caso de García-Gallo -informante del régimen, omnipresente en tribunales, cercano al Opus, y después perteneciente al CSIC-, que tan solo un año después ocupara esa última plaza de doctorado exclusivo en Madrid. Los afines se van recolocando en posiciones estratégicas para ascender a metas más altas, no sólo

---

[672] Acta de la Facultad de Derecho de la Universidad de Valencia, 28 de septiembre de 1942, p. 39.

[673] Acta de la Facultad de Derecho de la Universidad de Valencia, 22 de noviembre de 1943, pp. 45, 45v, 46, 46v, 47.

con el beneplácito del régimen sino como pago a su lealtad. La facultad, finalmente, aprueba la creación y reglamentación de los estatutos del instituto y eleva la propuesta al ministerio de educación nacional[674].

1941. Oposición a Santiago

Esta cátedra la había ocupado en el escalafón de 1935 el padre José López Ortiz, que pasó por concurso a historia de la iglesia y derecho canónico (doctorado) de la central, en febrero de 1942.

Salió a oposición, turno libre, la provisión de la cátedra de historia del derecho vacante en Santiago[675]. En esta oposición tampoco aparecen temas sobre el derecho indiano... La orden de convocatoria y anuncio es de 7 de abril de 1941[676]. Termina el plazo el 19 de junio de ese año. El tribunal es nombrado por orden 5 de junio[677]. La lista provisional de admitidos mediante orden 24 de junio y la lista definitiva el 9 de julio de 1941. Habrá un único aspirante: José Maldonado Fernández del Torco -este historiador del derecho y canonista no era funcionario de la universidad al finalizar la guerra por tener un cargo anual que ya había finalizado, por ello no presentó solicitud de depuración, condición para presentarse a las oposiciones era el certificado de depuración; en su declaración jurada, el 26 de julio de 1940, mencionó que se unió a las milicias clandestinas de falange en 1937, en julio de ese año sería rehabilitado sin sanción como ayudante de clases prácticas de la central[678]-. El tribunal es de sobra conocido formado por: el presidente, Manuel Torres López y los vocales Galo Sánchez y Sánchez, José López Ortiz, Alfonso García-Gallo y el secretario Juan Beneyto Pérez, que logró cátedra en la oposición anterior de 1940. Había transcurrido escasamente un año.

Toda la oposición transcurrió sin incidencias. Los temas para el *ejercicio sexto* eran:

---

674 Acta de la facultad de derecho de la universidad de Valencia, 28 de septiembre de 1942, reglamento del Instituto de Estudios Histórico-Jurídicos, pp. 45, 45v, 46, 46v y 47.

675 AGA, sección Educación, 32/13645, legajo 9623-4.

676 BOE 20 de abril de 1941.

677 BOE 16 de junio de 1941.

678 Expediente de depuración AGA, sección Educación, 32/16197, legajo 9951-37.

1. La recepción de los conflictos extranjeros en España en la Edad Media;
2. El juramento de fidelidad del reino en la Baja Edad Media;
3. El comienzo de la capacidad jurídica en el derecho romano y el germánico español;
4. La decisión judicial como fuente del derecho en la Edad Media.

El opositor sacó el tema número 3 que se incorporará al acta. En el tercer ejercicio eligió de entre las de su programa la lección 53: "Evolución del Derecho de sucesión: la sucesión legítima".

Llegados al *cuarto ejercicio* el tribunal decidió que la lección expuesta fuera la 31, referida a la administración municipal y la justicia en la baja edad media. Todos los temas son de edad media.

Para la práctica del *quinto ejercicio,* tras estudiar diversos diplomas de la colección de la catedral de Zamora se escogen los siguientes: A132, C120 y C126, que se refieren respectivamente a concesión de molinos, carta de población y concesión de tierras con regalías. Se encarga la reproducción al laboratorio fotográfico de la biblioteca y archivos nacionales de los diplomas.

Finalmente, salió el tema número 1: La recepción de los conflictos extranjeros en la España de la Edad Media.

Edificio Histórico de la Universidad de Valencia
Actual Centro Cultural La Nau

Los trabajos presentados por el aspirante fueron: *Influencia de las Decretarles en las Partidas en el Derecho matrimonial; Las relaciones entre el Derecho canónico y el Derecho secular en los Concilios del siglo XI; Indicación del contenido canónico del "Teatro eclesiástico de las Indias Orientales" de Gil González Dávila; Necrología de D. Román Riaza; Memoria sobre el concepto, método, fuentes y programa de Historia del Derecho.*

Los juicios sobre los ejercicios y trabajos son todos positivos, a saber: realiza amplios estudios, examina las fuentes de la época "con amplitud y seguridad", plantea los problemas pertinentes y los resuelve en base a las fuentes y la bibliografía sobre el tema, es escrupuloso en sus trabajos, hace un minucioso examen de las instituciones, en cuanto a los primeros ejercicios de la memoria, concepto, fuentes y programa dicen que realiza una amplia exposición de las cuestiones, con amplias indicaciones y abarcando múltiples cuestiones que examina con detenimiento, recogiendo las opiniones de la doctrina, su visión es acertada. Por lo que el 24 de julio reunido el tribunal todos votaron a favor de Maldonado, que fue propuesto por unanimidad para ocupar la cátedra de historia del derecho vacante en Santiago. Muy pronto pasaría a Valladolid.

1942. Concurso previo de traslado a Valladolid

La orden de convocatoria y anuncio es de 30 de mayo de 1942.[679] Acabó el plazo el 1 de junio. Hubo un único aspirante: José Maldonado y Fernández del Torco, titular de historia del derecho en Santiago. Recordemos que en la universidad central había sido: ayudante de canónico desde octubre de 1934 y de clases prácticas en 1935; así como ayudante de clases prácticas de historia del derecho también en la misma desde noviembre de 1939; auxiliar de historia de la iglesia y del derecho canónico en octubre de ese año; auxiliar de dicha asignatura en noviembre de 1940; vicesecretario de la facultad de derecho desde noviembre de 1939; catedrático de historia del derecho en Santiago por oposición turno libre, agosto de 1941, como hemos visto en la anterior oposición.

Fue depurado sin sanción, con todos los pronunciamientos favorables el 13 de julio de 1940.[680] No fue precisa la depuración de los cargos que tenía después del movimiento nacional.

---

679 AGA, sección Educación, 10519-92. BOE 11 de abril.

680 BOE 14 de agosto de 1940.

En su carrera literaria presenta que obtuvo premio extraordinario del bachillerato, sección letras, en la central, curso académico 1928-29. Obtuvo también premio extraordinario de licenciatura en derecho en octubre de 1934, así como número 1 del doctorado en derecho, septiembre de 1939. Todos por oposición.

Otros cargos desempeñados fueron: con fecha 18 de junio de 1940 fue nombrado ayudante de las secciones del Instituto Francisco de Vitoria del CSIC, de nuevo la pertenencia al consejo es fundamental. Cesando en el cargo el 31 de octubre de 1940 por ser suprimida esa sección. Pero el 31 de enero del año siguiente fue nombrado becario de dicho instituto y el 9 de octubre profesor permanente del Centro de Estudios Universitarios. Estas dos instituciones, como hemos venido viendo, son muy importantes para el ascenso a las cátedras.

En cuanto a los servicios prestado al nuevo estado, figura en su expediente que perteneció al requeté de Madrid, de falange, con la categoría de alférez de la 2ª compañía del segundo tercio, en la organización clandestina. En mayo de 1939 sería nombrado teniente honorario del cuerpo jurídico militar, prestando servicios en la auditoria de guerra de la 1ª región militar, y ascendido a capitán en noviembre de 1941.

Por último, en sus trabajos científicos presenta: *Influencias de las decretales en las Partidas en derecho matrimonial* (tesis doctoral); en la *Revista de la Facultad de Derecho de Madrid*, volumen 1, enero-marzo 1940, publicó dos trabajos "Sobre la construcción jurídica de la teoría de las relaciones entre la iglesia y el estado" y "Román Riaza"; Las relaciones entre el derecho canónico y el derecho secular en los concilios españoles del siglo XI, en publicación en el *Anuario de Historia del Derecho Español*, vol. XIV (1942); "La historia del derecho canónico en la historia del derecho español", conferencia en la facultad de derecho de Valencia, el 13 de marzo de 1942; "Contenido jurídico del Theatro eclesiástico de las Indias occidentales de Gil González Dávila", inédito; "El comienzo de la capacidad jurídica en el derecho romano y el germánico", también inédito. La mayoría de estos trabajos ya se habían mencionado antes.

Con todo, Maldonado no tuvo problemas para conseguir la plaza de Valladolid. Fue nombrado catedrático por concurso previo de traslado, por orden 20 de mayo de 1942[681].

---

681 BOE 14 de junio de 1942.

1942. Oposición a Murcia

Esta plaza había sido ocupada por García-Gallo quien se trasladó a Valencia en 1940. Dos años después sale a oposición la cátedra de historia del derecho español vacante en la universidad de Murcia[682]. Fue propuesto el miembro del *Opus dei* José Orlandis Rovira, en 1942, porque el otro aspirante, Alfonso Guilarte Zapatero, no se presentó. Esta vez el presidente era el reverendo José López Ortiz y los vocales: el padre Justo Pérez de Urgel, Juan Manzano Manzano, José Maldonado Fernández del Torco, que curiosamente actuaría ya en este tribunal apenas lograda la cátedra en mayo en Valladolid -toma de posesión en junio-, y el secretario, Alfonso García-Gallo, de nuevo presente en los tribunales.

Al constituirse el tribunal figura en la primera acta de 22 de abril de 1942 que "el tribunal procede a un cambio de impresiones, mostrando plena unanimidad de criterio y apreciando la transcendencia de la labor universitaria en la formación de la cultura, así como en la fijación de los valores espirituales de la Nueva España, estima que ha de proceder con el máximo cuidado en la preparación de los ejercicios quinto y sexto, con el fin de apreciar mejor la preparación de los opositores".

De los 12 temas que presentan casi todos se refieren a edad media, salvo los tres últimos temas de moderna. El *quinto ejercicio* consiste en la transcripción y comentario de un diploma medieval, que escoge el tribunal previamente y da a conocer a los candidatos. En el *sexto ejercicio* el coinciden en que hay que prepararlo con cuidado para que sea eficaz elemento de juicio, y comprobar el conocimiento que tengan del conjunto de la asignatura.

Se rechazó, después de amplia consideración, redactar un cuestionario general, por inadecuado a aquel fin, y se acuerda lo siguiente: el opositor Orlandis, según el tribunal transcribe fielmente el documento del ejercicio quinto. Acerca del sexto el tema fue "La comunidad familiar en las regiones jurídicas de la Reconquista" y opinan que: en el escaso tiempo dispuesto, ha sabido ver claramente el contenido del tema enunciado y orientarlo con seguridad, ya que conoce y utiliza convenientemente la escasa bibliografía y fuentes sobre el tema.

El 10 de mayo de 1942 será la votación. El tribunal informa que coinciden en que Orlandis ha mostrado una amplia preparación y una orien-

682 AGA, sección Educación, legajo 9580-1.

tación acertada, con meritorios trabajos: tanto en el tema escogido por él, como en la lección señalada por el tribunal, demuestra buen manejo de bibliografía y acuerdan por ello proponerlo para la plaza. Los trabajos de José Orlandis versaban sobre la prenda, el delito y procedimientos... Como se ha comentado, los historiadores del derecho solían comparar fueros para ordenar familias de textos análogos o descubrir sus relaciones, o bien para estudiar una institución[683].

1944. Oposición a La Laguna y Oviedo

La vacante de Oviedo había estado ocupada según el escalafón de 1935 por Ramón Prieto Bances. Ministro de instrucción pública durante la República, que tras una larga depuración, había sido reincorporado a Santiago en 1944. Sin duda, quería acabar su carrera en su ciudad natal de Oviedo. Esto sucedería en 1947, cuando pactaría con López-Amo, que a su vez permutaría con De la Concha la de Valencia... La cátedra de La Laguna en el escalafón del 35 estaba ocupada por Elías Serra y Rafols, historiador y arqueólogo medievalista depurado, que después pasaría a la recién creada facultad de filosofía y letras[684].

Pero mientras salió a oposición la plaza de Oviedo y de La Laguna. En esta oposición el tribunal estaba presidido por Antonio de la Torre y del

683 Epílogo de Mariano Peset en Yolanda Blasco Gil y Fernanda Peset, "Dialogo con Mariano Peset sobre historia del derecho"..., citado.

684 En Alfredo Mederos Martín, "Elías Serra y Rafols", *Real Academia de la Historia*, en línea, donde se recoge: "En la Universidad de La Laguna desempeñó el puesto de vicerrector entre 1935 y 1936, siendo sorprendido en julio de 1936 en Gerona durante la sublevación del general Franco, dedicándose los años de la Guerra civil al estudio del Archivo Episcopal de Gerona entre 1937 y 1938, regresando a Tenerife en junio de 1939, tras la conquista de Barcelona y Gerona por las tropas nacionales. Sin embargo, fue acusado por el gobernador civil de permanecer en zona republicana y no haberse reintegrado a su puesto después del levantamiento militar, permaneciendo encerrado varios meses, desde julio de 1939, en la prisión militar de Fyffes de Santa Cruz de Tenerife, un campo de concentración dentro de unos grandes almacenes de frutos, e inhabilitado hasta el 29 de abril de 1940 en que se reincorporó a la Universidad, siendo resuelto su expediente de depuración, sin sanción, el 20 de enero de 1942. Poco después de su incorporación fue nombrado decano de la recién creada Facultad de Filosofía y Letras el 19 de noviembre de 1940, puesto que se trataba del único catedrático de la facultad, cargo que desempeñó hasta el 26 de junio de 1958, y, después de ser depurado, fue de nuevo nombrado vicerrector entre 1945 y 1947".

Cerro, vocales García-Gallo, Juan Beneyto Pérez y José Maldonado y Fernández del Torco. El candidato que votaron en primer lugar, Josep Maria Font Rius, era una excepción en aquel ambiente. Era discípulo de Valdeavellano y de Antonio de la Torre, que presidía el tribunal. Era simpatizante de la cultura catalana. Aceptó el franquismo de manera pragmática[685]. Éste eligió la cátedra de La Laguna. En segundo lugar, votaron a Ignacio de la Concha Martínez que eligió la de Oviedo. De la Concha había realizado la tesis con García-Gallo, que ahora estaba en su tribunal, sobre *La "presura": La ocupación de tierras en los primeros siglos de la Reconquista,* publicada en 1946. Era uno de los pocos trabajos que tenía[686]. Mientras Josep María Font Rius recogió y editó las cartas de población de Cataluña y estudió sus instituciones con más rigor crítico que lo hacían muchos de los historiadores de la época[687].

1944. Una mención a la cátedra de doctorado

Dos años después -como estudió el profesor Bartolomé Clavero al que me remito para su análisis[688]-, en 1944, se anunció a oposición la provisión de la cátedra de historia de las instituciones políticas y civiles de América. Ésta se impartiría en el doctorado de las facultades de derecho y filosofía y letras de Madrid[689]. Merece la pena recordarla para entender más, si cabe, la realidad del momento que se vivía en la universidad española.

---

685 Gonzalo Pasamar Alzuria e Ignacio Peiró Martín, *Diccionario Akal de Historiadores españoles contemporáneos…*, pp. 257-258.

686 Yolanda Blasco Gil y Jorge Correa, *Nacionalismo y Posguerra…*, p. 338.

687 Epilogo de Mariano Peset, en Yolanda Blasco Gil y Fernanda Peset, "Dialogo con Mariano Peset sobre historia del derecho"…

688 Con un sugerente título, Bartolomé Clavero, "Ignorancia académica por España (1944) y privación indígena por América (1831)", *Derecho, historia y universidades: estudios dedicados a Mariano Peset,* 2 vols., Universitat de València, I, 2007, pp. 413-423. AGA, 31/1476 (legajo 10476/2). Tengo el placer de haber facilitado al profesor Clavero el expediente del AGA de la oposición de García-Gallo, que estudió en el homenaje a mi maestro Mariano Peset. Tanto de uno como de otro siempre recibí apoyo. Agradezco haber contado con la confianza de tan grandes maestros.

689 Orden de convocatoria y anuncio 12 enero de 1944 (BOE del 28). Terminó el plazo el 28 de marzo de 1944. El tribunal se nombró por orden 29 de marzo de 1944 (BOE 4 de mayo). La lista provisional de admitidos 6 de mayo (BOE 15) y lista definitiva 27 de mayo de 1944. Nombrado Alfonso García-Gallo por orden 4 de julio de 1944 (BOE 30).

El aspirante

Hubo un único aspirante: Alfonso García-Gallo, que fue nombrado por orden 4 de julio de ese año[690] y ocuparía la plaza hasta 1955, en que pasaría a la licenciatura en Madrid. Bartolomé Clavero trabajó los pormenores de la oposición[691]. Esta cátedra la había ocupado en 1914 el profesor Altamira, exiliado en México. Su obra como se ha señalado fue estudiada por Mariano Peset[692].

Rafael Altamira y Crevea, reitero, supuso una nueva dirección historiográfica, ya que amplió el objetivo y enfoque de la historia, como puede verse en sus volúmenes de *Historia de España y de la civilización española...*[693] Tenía una perspectiva más completa, ya que supera la mera narración de acontecimientos militares o políticos..., añadiendo además el análisis de las instituciones, así como las realidades sociales, jurídicas, económicas, culturales, costumbres. Con un enfoque más ambicioso, la historia de las civilizaciones, inspirado en la historiografía francesa, que divulgaría François Guizot, entre otros.[694] José Miranda González, también exiliado en México, recogió la influencia de Altamira y Adolfo Posada, y en México contribuyó

---

690 BOE 30 de julio de 1944.

691 Bartolomé Clavero, "Ignorancia académica por España (1944) y privación indígena por América (1831)"...

692 Mariano Peset, "Rafael Altamira en México: el final de un historiador", en *Estudios sobre Rafael Altamira,* Instituto de Estudios "Juan Gil-Albert", Diputación Provincial, Caja de Ahorros Provincial, Alicante, 1987, 251-273. Archivo de la Dirección general de personal de la UNAM, expediente 21161. En México, Rafael Diego-Fernández Sotelo, "Don Rafael Altamira y Crevea y la historia del Derecho en México", en *Memoria del IV Congreso de Historia del Derecho Mexicano,* México, UNAM-Instituto de Investigaciones Jurídicas, 1988, vol. I, pp. 245-262. Andrés Lira González (ed.), *Exilio político y gratitud intelectual. Rafael Altamira en el archivo de Silvio Zavala (1937-1946),* México, El Colegio de México, 2012.

693 Rafael Altamira Crevea, *Historia de España y de la civilización española,* 2 vols., Barcelona, Juan Gilí, 1899; una edición posterior, con prólogo de José María Jover y estudio introductorio de Rafael Asín, Barcelona, Crítica, 2001. Sobre Altamira, Mariano y José Luis Peset, "Vicens Vives y la historiografía del derecho en España", en J. M. Scholz (ed.), Vorstudien zur Rechtshistorik, Max-Planck-Institut für Rechtsgeschichte, Klostermann, Frankfurt del Main, 1977, pp. 176-262, en particular p. 184.

694 Yolanda Blasco Gil, "Reflejos de la independencia de Nueva España en la historiografía española", *La fractura del mundo hispánico: las secesiones americanas en su bicentenario,* Rodrigo Ruiz Velasco Barba y Manuel Andreu Gálvez (coords.), Navarra, Eunsa, 2021, pp. 355-390, en particular pp. 371-372.

a la formación de una historiografía renovada[695]. Ha sido un autor poco reconocido en España. Era doctor en derecho y ciencias sociales por la universidad de Madrid, discípulo de Adolfo Posada. No obtuvo plaza en la universidad española y emigró a Chile en 1943 y después a México donde estuvo de profesor en la UNAM desde 1944.[696] Se convirtió en un buen historiador, sus trabajos "La función económica del encomendero..." de 1947[697] y *El tributo indígena* publicado en 1952 lo confirman[698]. Continuó los pasos de Silvio Zavala, que se había formado en el Centro de Estudios Históricos de España con Rafael Altamira[699].

En el siglo XX, la doctrina de la escuela francesa de *Annales* significará una renovación, al estudiar nuevas orientaciones vinculadas, como son: la historia social, institucional, cultural, económica, la vida cotidiana, de las mentalidades[700]. En este sentido el historiador francés Fernand Braudel señala la necesaria relación de la historia con la geografía, sociología, economía...[701] En la España de los 40 apenas se perciben estas corrientes, en general, en los historiadores y, en particular, entre los historiadores del derecho de posguerra. Aquí se perderán esas metas más altas que se habían dado, los nuevos horizontes que habían señalado Rafael Altamira, Fran-

---

695 Yolanda Blasco Gil, "Reflejos de la independencia de Nueva España en la historiografía española"..., en particular p. 390. Mónica Soria, Adolfo Posada: teoría y práctica política en la España del siglo XIX, tesis doctoral, Universitat de Valéncia, 2004.

696 Andrés Lira, "Cuatro historiadores", *Los refugiados españoles y la cultura mexicana*: actas de las primeras jornadas celebras en la Residencia de Estudiantes en noviembre de 1994, Madrid, Publicaciones de la Residencia de Estudiantes-El Colegio de México, 1998, p. 148.

697 José Miranda, "La función económica del encomendero en los orígenes del régimen colonial, Nueva España (1525-1531)", *Anales del Museo Nacional*, nº 2 (1947), pp. 421-462.

698 José Miranda, *Las ideas y las instituciones políticas mexicanas*, Primera parte 1521-1820, México, UNAM, 1952; utilizo la segunda edición, México 1978, con prólogo de Andrés Lira.

699 Silvio Zavala, *La Encomienda indiana*, México, Porrúa, 1935; tercera edición, 1992, que manejo.

700 Mariano Peset, "Historia de hechos, historia de ideas e historia de instituciones", *Homenaje a José Antonio Maravall*, Valencia, Generalitat Valenciana-Consell Valenciá de Cultura, 1988, pp. 67-78. Juan Antonio Maravall, "La Historia de las Mentalidades como Historia Social", *Historia Moderna*, Actas de las 11 Jornadas de Metodología y Didáctica de la Historia, Cáceres, 1983, pp. 399-412.

701 Fernand Braudel, *La Historia y las Ciencias Sociales*, Madrid, Alianza, 1974, pp. 179-190.

cisco Giner de los Ríos y todos aquellos profesores que habían viajado al extranjero con las becas de la JAE. La escasa renovación historiográfica de mediados del siglo XX había emigrado, y en España su obra fue interrumpida, silenciada y olvidada... Sin embargo, el caudal científico que aportaron los profesores exiliados, con sus nuevas orientaciones, daría excelentes resultados en los países de acogida.

Volvamos de nuevo a la supuesta oposición planeada para Alfonso García-Gallo.

El tribunal

El ministerio nombra el tribunal: presidente, el padre agustino José López Ortiz, del CSIC -amigo personal de Josemaría Escrivá, el 10 de julio de este año 44 sería obispo de Tui-Vigo (Oviedo) y después vicario castrense[702]-; los vocales, Juan Manzano y Manzano, Ciriaco Pérez Bustamante, ambos catedráticos en Sevilla, el primero de derecho y el segundo de historia, Vicente Rodríguez Casado, catedrático de historia en Madrid[703], y el padre Constantino Bayle, de la compañía de Jesús. El presidente suplente era Antonio de la Torre y del Cerro (CSIC), los vocales suplentes Galo Sánchez y Sánchez, catedrático de derecho de Madrid, José Maldonado y Fernández del Torco, catedrático de derecho en Valladolid, Cayetano Alcázar Molina, también catedrático de historia en Madrid[704], y Cristóbal Bermúdez Plata[705], director del Archivo de Indias –también vinculado al

---

702 Yolanda Blasco Gil y María Fernanda Mancebo, *Oposiciones y concursos a cátedra de historia en la Universidad de Franco (1939-1950)...*, sobre José López Ortiz, pp. 72, 96, 127, 129, 130, 188, 189, 192 y 231.

703 Yolanda Blasco Gil y María Fernanda Mancebo, *Oposiciones y concursos a cátedra de historia en la Universidad de Franco (1939-1950)...*, sobre Ciriaco Pérez Bustamante, pp. 46, 95, 99, 113, 117, 119, 121, 123, 127, 133, 140, 149, 150, 160, 164, 175, 205, 206, 212, 214, 216, 217, 218, 224, 225; Vicente Rodríguez Casado pp. 124, 127, 130, 132, 135, 154, 175, 183, 192, 193, 209, 210, 212, 213, 216, 217, 218, 221, 222 y 230.

704 Yolanda Blasco Gil y María Fernanda Mancebo, *Oposiciones y concursos a cátedra de historia en la Universidad de Franco (1939-1950)...* sobre De la Torre y del Cerro pp. 95, 99, 101, 103, 104, 109, 117, 119, 121, 122, 124, 160, 161, 175, 178, 182, 205, 206, 212, 214, 221, 224, 227, 231; acerca de Cayetano Alcázar Molina pp. 51, 92, 95, 99, 114, 117, 119, 121, 122, 123, 124, 133, 142, 150, 151, 152, 153, 160, 164 y 166.

705 Investigador americanista, vicedirector del Instituto Gonzalo Fernández de Oviedo del CSIC, desde su fundación en 1940. Director de la Escuela de Estudios Hispano-Americanos en 1946, jefe de investigación de la sección de descubrimientos y conquistas hasta 1950. Participaría en los primeros cursos de verano de

CSIC-. Parece que lo tenían todo bien armado y amarrado. Un tribunal bien conocido para el régimen, tanto en derecho como en historia. Por lo que la oposición transcurrirá sin problemas, quedaba todo claro.

El desarrollo

En el expediente de oposiciones figuran las actas de los ejercicios. El 4 de junio se constituye el tribunal que ha de juzgar[706]. Se reúne para estudiar la forma en que habrán de desarrollarse los ejercicios quinto y sexto. La conclusión a la que llegan es que el quinto ejercicio se fraccione en tres partes y que el sexto consista en la redacción de una monografía, según un cuestionario del tribunal a redactar[707]. El mismo día resuelven que en el quinto ejercicio la primera parte consista en la transcripción y comentario por el opositor de un texto jurídico que sería explicado, para su elaboración dispondría de cuatro horas. Pero sin poder consultar libros ni apuntes de ninguna clase. El día 5 por la mañana[708], el tribunal acuerda la segunda parte del ejercicio consistente en un comentario de época colonial -Rodríguez Casado queda encargado de aportar algunos textos-, que en el momento oportuno se elegiría y daría a conocer al opositor. Por la tarde acuerdan cómo ha de verificarse el sexto ejercicio que consistirá en la redacción de una monografía, según el cuestionario a realizar, de entre los temas se sorteará el que corresponda. Se procedió a elaborarlo, resultando los siguientes[709]: "1. El Patronato Indiano. Práctica, derecho y abuso de ellos. 2. El régimen señorial en Indias. 3. El Protector de los Indios. 4. El régimen de Intendencias. 5. Las divisiones administrativas a lo largo del periodo colonial. 6. La transmisión de los derechos de las autoridades indígenas a los españoles. 7. El servicio militar en Indias. 8. La política económica de los europeos en Indias. 9. La política de precios en Indias. 10. Los orígenes del régimen constitucional americano. 11. Caciques y comunidades indígenas. 12. Derecho penal indígena prehispánico. 13. El problema de la "incorporación" del indio en México. 14. El sistema de capitulaciones. 15. Labor jurídica de Alonso de Zurita".

---

la Universidad de Santa María de la Rábida. Luis Miguel de la Cruz Herranz, *Real Academia de la Historia,* en línea.

[706] AGA, sección Educación, Acta número 1.

[707] AGA, sección Educación, Acta número 3.

[708] AGA, sección Educación, Acta número 4.

[709] AGA, sección Educación, Acta número 5.

Asimismo, se informó al candidato de los acuerdos adoptados respecto a los ejercicios cinco y seis[710], y se realizó el sorteo de los temas del cuestionario, saliendo el número 7: "El servicio militar en Indias", a la espera de la monografía del opositor al finalizar el quinto ejercicio.

El 15 de mayo fue el primer ejercicio[711]. El opositor disertó sobre la labor personal realizada e hizo un amplio análisis de las obras publicadas y en prensa, presentadas al tribunal en la sesión anterior. García-Gallo consumió el tiempo reglamentario y a continuación el presidente invitó a los miembros del tribunal a que formulasen objeciones. Ante su negativa, él mismo lo hizo sobre alguno de los trabajos presentados. Por la tarde el tribunal dio a conocer sus pareceres sobre el primer ejercicio. Todos consideraron por unanimidad que era apto para pasar[712]. Al día siguiente, fue el segundo ejercicio en el que se expuso el estudio presentado sobre el concepto, método, fuentes y programa de la disciplina[713]. El aspirante utilizó el tiempo reglamentario, y terminada su exposición le hicieron réplicas Constantino Bayle y Vicente Rodríguez Casado, contestando a todas ellas. Por la tarde todos los jueces manifestaron su parecer favorable y su unanimidad para pasar al siguiente[714]. El día 17 por la mañana el opositor desarrolló el *tercer ejercicio*, de manera esquemática realizó el tema 10 de su programa[715]: "Las instituciones jurídicas privadas. La persona. La Propiedad. Contratos. La familia y el matrimonio. Las sucesiones". Consumió el tiempo reglamentario y presentó al final de su disertación una referencia bibliográfica de las fuentes que había utilizado para prepararlo. Por la tarde se dieron a conocer los juicios del tribunal y todos lo declararon apto[716]. El 18 fue el *cuarto ejercicio*[717]. El opositor sacó de una bolsa a suerte, donde estaban las 55 bolas de las lecciones del temario, diez bolas de las cuales el tribunal elegiría una para que la desarrollara. García-Gallo extrajo las lecciones. El tribunal acordó la 16: "La economía Indiana. Caracteres generales: Política económica. La Casa de Contratación. Capitalismo y Trabajo: el servicio personal de los indios. Agricultura y propiedad territorial. Ganade-

---

[710] AGA, sección Educación, Acta número 6.

[711] AGA, sección Educación, Acta número 7.

[712] AGA, sección Educación, Acta número 8.

[713] AGA, sección Educación, Acta número 9.

[714] AGA, sección Educación, Acta número 10.

[715] AGA, sección Educación, Acta número 11.

[716] AGA, sección Educación, Acta número 12.

[717] AGA, sección Educación, Acta número 13.

ría. Industria. Minería". Podría utilizar los textos que necesitara, quedando incomunicado durante cuatro horas para su desarrollo. Por la tarde abierta la sesión pública[718], el secretario procedió a la ruptura de los sellos de la urna donde estaba el sobre del ejercicio cuarto, y entregándole su trabajo fue leído. Pero al acabar el opositor manifestó su imposibilidad de desarrollar por completo el tema debido a su amplitud. Entregó a los jueces un esquema analítico completo y presentó un fichero también completo, que sería examinado por el tribunal "pudiendo apreciar la escrupulosidad y minuciosidad de la preparación de las fuentes dispuestas por el opositor". El esquema analítico presentado:

América colonial española

La Economía Bibliografía

PRECEDENTES

La economía europea: mundial, capitalista. La Economía indígena: recolectiva, cazadora, agrícola

B) LOS ORÍGENES

Trasplante de las instituciones españolas. Los tanteos: Los descubrimientos: el rescate y el oro. El establecimiento de un régimen económico dependiente de la metrópoli: La imposibilidad absoluta de esta y la necesidad de desarrollar una Economía Indiana. Aislamiento de las regiones de Indias. La influencia de América en la economía peninsular.

EL MONOPOLIO Y LA ECONOMIA MUNDIAL

Precedentes medievales: la Economía ciudadana y su distrito.

La Economía nacional y el monopolio. Intentos de monopolio estatal. Licencias de descubrimientos y monopolios comerciales. La Economía Indiana a través de Sevilla: la Casa de la Contratación de las Indias. Las restricciones a las relaciones económicas interamericanas (alusión al contrabando). La economía Indiana en beneficio de la metrópoli. Los círculos económicos y sus caracteres.

La libertad económica.

EL CAPITALISMO Y EL TRABAJO

Su importancia en la Edad Media. La colonización como pequeña empresa. El poblador y el explotador. Tesoros y negocios: el afán de riqueza. Capitalismo comercial: asientos. Capitalismo industrial. Capitalismo territorial. Los beneficios llegados a España y su salida de ésta. El comunismo en las misiones: falta de espíritu capitalista.

D) LA POLÍTICA ECONÓMICA

La concepción general de la política

La producción

[718] AGA, sección Educación, Acta número 14.

Carácter agrícola o minero

A) AGRICULTURA

1.Importancia: Doble origen de los productos

La agricultura indígena y la de la metrópoli. Introducción de semillas y comienzos de agricultura. Técnica de cultivo

2.La propiedad territorial: Los precedentes medievales

Se respetan las tierras a los indios. Al reducirles se les dan otras. A los españoles se les dan tierras al poblar: repartimentos (precedentes medievales). Capitulaciones como base; las órdenes de población: puesta en cultivo, tiempo de permanencia, deslinde extensión; proporcionada a la clase: peonías y caballerías. Formación de grandes propiedades.

3.Régimen de cultivo

Obligatoriedad de cultivos. Protección: préstamos a los cultivadores. El trabajo del indio. Contratos agrícolas: compañía. Explotación por los funcionarios reales. Beneficios.

4.Bienes comunes. Su carácter comunal. Aprovechamiento común de bienes privados. Bienes comunes.

B) GANADERÍA

1.Desarrollo

Se pacta entre los indios, salvo los peruanos. Introducción de animales peninsulares en Indias. Desarrollo de la ganadería.

2.Organización

Los rebaños y los pastores indios. La Mesta en América.

C) INDUSTRIA

1.Desarrollo

La industria indígena. La industria española y su introducción en Indias. Política industrial.

2.Organización de la industria

El pequeño artesano indio o español, Economía libre. Los obrajes y el trabajo obligatorio. Empresas industriales. El trabajo industrial en las misiones.

3.Los gremios

D) MINERIA

1.Desarrollo

La busca del oro ya descubierto, en poder de los indios. El mineral nativo, ríos, minas: Desarrollo. Importancia. Técnica de explotación.

2. El derecho al laboreo

Regalía. Concesiones: el control de la producción: fundiciones.

3.Organización de la minería

Los trabajadores: el trabajo obligatorio. Empresas mineras.

4. Otras fuentes de producción

Pesca

A las 9 de la noche, los jueces dieron su opinión sobre la actuación de García-Gallo en el cuarto ejercicio[719]. Parece que fuera con premeditación y nocturnidad, o bien ganas de acabar con rapidez en un día. Por supuesto todos consideraron favorable al candidato para pasar al siguiente. El 19 tuvo lugar la primera parte del *quinto ejercicio*[720]. Se procedió a la selección del texto jurídico a transcribir y comentar. El vocal Rodríguez Casado presentó varias ampliaciones tomadas de documentos del Archivo de Indias, se eligió una y se acordó el encierro del opositor.

El presidente comunicó que la primera parte del *quinto ejercicio* consistía en la transcripción y comentario del texto jurídico colonial, y que el tribunal había elegido el reproducido en la ampliación fotográfica que le entregaba y que disponía de cuatro horas, quedando incomunicado[721]. Transcurrido el tiempo entregó el trabajo, que fue encerrado en un sobre sellado. Procedieron a la lectura[722]. Por la tarde[723] se seleccionó el texto jurídico a comentar por el opositor para la segunda parte. El vocal Rodríguez Casado presentó unos textos de las Recopilaciones de Indias, Leyes de Burgos y Leyes Nuevas, que fueron examinados por el tribunal y eligieron la Ley 4ª del Título VII (Patronato Real) del Libro I de la Recopilación de Indias. Se incomunicó al opositor.

El tribunal dio cuenta del texto jurídico que había acordado que comentara el opositor[724]. Se facilitó al opositor la transcripción. Dispuso de 4 horas incomunicado. Transcurridas las cuales el trabajo se introdujo en sobre lacrado y sellado. Por la tarde fue la lectura de la segunda parte, comentando el texto[725].

Después tuvo lugar la selección del texto jurídico de época contemporánea[726], la tercera parte del quinto ejercicio. Manzano ofreció varias sentencias del Tribunal Supremo de los Estados Unidos, eligiendo la transcrita en las páginas 191 a 196 del libro *Evans cases Constitutional Law,* second Edition, Chicago, 1925. Por la tarde[727] el presidente manifestó que esta tercera

---

719 AGA, sección Educación, Acta número 15.

720 AGA, sección Educación, Acta número 16.

721 AGA, sección Educación, Acta número 17.

722 AGA, sección Educación, Acta número 18.

723 AGA, sección Educación, Acta número 19.

724 AGA, sección Educación, Acta número 20.

725 AGA, sección Educación, Acta número 21.

726 AGA, sección Educación, Acta número 22.

727 AGA, sección Educación, Acta número 23.

parte consistiría en el comentario de época contemporánea, poniendo a su disposición el libro citado. Durante cuatro horas quedó incomunicado no pudiendo consultar otros libros ni apuntes. Al finalizar el trabajo quedó sellado.

El 23 se procedió a la lectura del trabajo[728]. Después García-Gallo entregó al secretario la memoria sobre el "Servicio militar en Indias", correspondiente al *sexto ejercicio*, para su lectura en el momento oportuno. Por la tarde[729] el presidente dijo que la reunión era para conocer los pareceres de cada uno de los miembros. Era importante la apariencia de cumplir con la legalidad. Todos manifestaron, por supuesto, que era apto para pasar al último ejercicio.

El secretario entregó la memoria que había presentado el opositor al final del quinto ejercicio mencionado sobre el tema 7[730]: "El servicio militar en Indias". El presidente comunicó al opositor qué dada la extensión de su trabajo, en vez de leerlo completo hiciera una exposición esquemática de los principales puntos. Y así se hizo, entregando la memoria, para que quedara unida al acta.

Informes sobre los trabajos del opositor

En el expediente aparece el título de "Relación de trabajos presentados por el opositor y juicio crítico que le han merecido al tribunal", pero se añade a mano que "No hay tal relación", solo el juicio o criterio sobre los trabajos presentados, donde se alaba en alguno: "que es enfocado por vez primera desde un punto de vista estrictamente jurídico y nuevo". Cabe preguntarse si es que no hizo falta que presentara ni siquiera los trabajos a la oposición. No obstante, están los juicios de cada trabajo:

> *Manual de Historia del Derecho Español*: escrito en colaboración con el profesor Riaza. En la parte redactad por el opositor se incluyen lo referente a la organización de las Indias y la bibliografía sobre Derecho Indiano. Aquella se encuadra en el estudio de las instituciones castellanas, aunque destacando sus caracteres generales: Esto representa el único intento hecho en este sentido y muestra madura reflexión. Ciertas instituciones -como la encomienda, las misiones, etc.- son articuladas conforme a su naturaleza jurídica, entre los

728 AGA, sección Educación, Acta número 24.

729 AGA, sección Educación, Acta número 25.

730 AGA, sección Educación, Acta número 26.

problemas constitucionales y de organización, en forma nueva. La bibliografía, único ensayo hasta entonces, es completa y seleccionada.

La aplicación de la doctrina Española de la Guerra: partiendo de la importantísima aportación de Vitoria al problema de los "justos títulos", y derecho de la guerra de Indias, se estudia la influencia de éste en la práctica, que parece escasa. El examen se centra, principalmente, en el siglo XVII. Hay numerosas referencias a la cuestión de Indias.

Los orígenes de la administración territorial de las Indias. El gobierno de Colón: El tema, objeto de atención en trabajos de otros investigadores, es enfocado por vez primera desde un punto de vista estrictamente jurídico y nuevo. Todas las fuentes de interés para el mismo han sido aprovechadas, utilizando incluso las distintas ediciones de un mismo texto para su mejor fijación. Se analiza detenidamente la evolución, desde un punto de vista puramente histórico, de los privilegios y disposiciones referentes a Colón. Se determina, en relación con la organización castellana y peninsular, la naturaleza y contenido de los cargos de Almirante, Virrey y Gobernador concedidos a Colón, destacando lo que en ellos hay de nuevo; así, como lo referente al oficio de adelantado.

El gobierno de Colón, en cuanto a sus atribuciones, relaciones con la Corona, etc., queda precisado, desde un punto de vista jurídico, de manera satisfactoria.

Otros trabajos: *Las ideas absolutistas en la España romana.- Historia del Derecho español. -La territorialidad de la legislación visigoda. -Territorialidad y nacionalidad del Derecho en la época visigoda.- Notas sobre el reparto de tierras entre los visigodos*: No se refieren a la materia propia de esta cátedra. Revelan un manejo de todas las fuentes y bibliografía, un método rigurosísimo de trabajo. Y ante todo una fuerte y fecunda originalidad, sin caer en la adopción de posiciones personalistas. Alguno de ellos, como el de la "Nacionalidad" y Territorialidad del derecho visigodo", que un investigador extranjero ha calificado de "revolucionario", ha promovido una viva polémica internacional. La "Historia del Derecho español", distinta del "Manual" anterior, es obra nueva y única en su tipo. Si la parte americana, que se anuncia para pronto, mantiene las mismas características, anulará los manuales hoy existentes y representará una base importante para el que desee alcanzar una formación general y un buen punto de partida para el investigador.

Introducción al estudio de la Historia de las Instituciones Políticas y Civiles de América (Concepto, método, fuentes, programa): Presenta un estudio sistemático de la cuestión, examinando la orientación histórica e institucional y la amplitud que debe darse a lo americano, conforme el Real Decreto de 22 de junio de 1914, que crea la Cátedra de Instituciones políticas y civiles de América. Se da una orientación histórico-jurídica del contenido de la disciplina. En el planteamiento de los problemas se revela el conocimiento de las más recientes orientaciones y métodos. La enumeración de colecciones, repertorios, catálogos y obras generales abarca la cuarta parte del contenido total de la memoria.

Madrid 26 de junio de 1944

[firman: todos los miembros del tribunal]

La realidad es que no es una oposición, más bien es un acto de agradecimiento, de premiar el régimen al candidato seleccionado de antemano. El 25 por la mañana cada miembro del tribunal emitió su juicio y consideraron a García-Gallo acreedor de la cátedra[731]. En el acta de votación, del día 26 de junio de 1944, a las 12 de la mañana, abierta la sesión pública, el presidente invitó al tribunal a que hiciese público su voto de forma verbal y por el orden correspondiente, votando todos por unanimidad a Alfonso García-Gallo[732].

Parece una de las oposiciones más significativas de la materia, por eso merecía la pena volver sobre ella. A García-Gallo se le facilitó la oposición, desde el primer momento figuraba como cátedra "vacante", cuando ya habían suprimido las cátedras de doctorado, que pasarían a las facultades de derecho. Esta era una cátedra preparada directamente para él, que se había significado de manera clara a favor del régimen, con las delaciones del periodo a compañeros, firmando informes contra ellos, como el de Mariano Ruiz-Funes en la cátedra de Murcia, ahora en el exilio. Entre otras recompensas, además de darle el doctorado, García-Gallo sería director del Instituto Nacional de Estudios Jurídicos del CSIC y del *Anuario de Historia del Derecho Español.* Todos los honores que merecía alguien que había sido informante del régimen, para su ascenso académico: la cátedra de doctorado, la pertenencia al CSIC y dirigir la revista de la asignatura desde donde podría controlar las publicaciones y excluir a los que no estimase aceptables. Éste fue el historiador del derecho del nacionalcatolicismo. Aunque resultaran poco convincentes sus ediciones y análisis de los fueros... -como demuestran Mariano Peset y Juan Gutiérrez en la reseña a Ana Barrero, publicada en *Ius Commune,* 1992-.

En el camino quedaban las delaciones de la época, las más precisas las vemos en el expediente de depuración de García-Gallo contra algunos compañeros ahora exiliados. Éste fue reintegrado sin sanción por orden 11 de enero de 1940[733]. En uno de los modelos abreviado de declaración jurada, en la pregunta octava decía: "Indique cuanto sepa del periodo revolucionario, principalmente con lo relacionado con el desenvolvimiento público y administrativo del Ministerio e indique así mismo la actuación que conozca de sus compañeros". Ante lo que García-Gallo respondió:

---

731 AGA, sección Educación, Acta número 27.

732 AGA, sección Educación, Acta de votación número 28, día 26 de junio de 1944.

733 AGA, sección Educación, 55/1967, expediente 047070.0029, depuración. Orden de resolución de la depuración en BOE 27 de enero.

"Manuel Biedma Hernández, Auxiliar, Diego Hernández Montesinos, Ayudante, Mariano Ruiz-Funes, Sr. Montiel, Auxiliar, José Medina Echavarría, todos de la universidad de Murcia. En la facultad de derecho de la universidad de Madrid, entre otros más conocidos: Jesús Vázquez Gayoso, José Miranda y Francisco Ayala, todos ellos ayudantes, que han ocupado cargos directivos en la organización marxista y el primero habiendo disparado según confesión propia contra los elementos fascistas en los primeros días del movimiento"[734]. Alfonso García-Gallo era parte del régimen.

---

734 Es uno de los modelos de declaración jurada para el ministerio de educación nacional, de 2 de abril: pregunta octava, donde responde de forma escueta. En otras responde de manera extensa dando datos de actividades, afiliaciones, fechada en Barcelona el 15 de abril de 1939. Yolanda Blasco Gil y Tomás Saorín Pérez, *Las universidades de Mariano Ruiz-Funes…*, pp. 93-94. En el exilio en México José Miranda González impartió su docencia en la UNAM, Archivo de la Dirección General de Personal Académico de la UNAM, expediente 6612. Andrés Lira González, "A diez años del fallecimiento de José Miranda, *Los maestros del exilio español en la Facultad de Derecho…*, pp. 281-288.

V. Una ciencia aparte

ECONOMÍA POLÍTICA Y HACIENDA PÚBLICA

Esta asignatura de economía era una materia muy señalada en el franquismo. En este sentido, la política económica que marcaba el nuevo régimen era la autarquía y el racionamiento en la inmediata posguerra, subordinada a los intereses políticos y dirigida a la autosuficiencia y a un rígido intervencionismo, caracterizado por el aislamiento del país.

La economía, junto con hacienda pública, será considerada como una ciencia aparte en la facultad de derecho. Esta disciplina había quedado sin proveer en las universidades de Murcia, Santiago y Sevilla al estallar la guerra[735]. Es el caso, ese año de 1936, del economista aragonés Manuel Sánchez Sarto, que se exiliará a México tras la contienda. Era profesor adjunto en Barcelona y había presentado solicitud para formar parte en las oposiciones a la cátedra de economía y hacienda pública en dichas universidades, que no llegaron a realizarse por la guerra, como sucedería en otras disciplinas[736]. Muchos quedaron a las puertas de la cátedra... Enrique Rodríguez Mata era catedrático de economía en Zaragoza, pero marchó a Francia. También Jesús Prados Arrarte, catedrático en Santiago, se exilió en Argentina. En otras universidades como Salamanca también su catedrático, Gabriel Franco López, emigró a México[737]. En Barcelona la cátedra de economía fue cubierta por Jaime Alfageme y Postius (1879-1948) después

---

735 Manuel Martín Rodríguez, *Economistas académicos del exilio republicano español de 1939*, Granada, Tleo, 2010.

736 AGA, 32/13561. Yolanda Blasco Gil, "Notas sobre el exilio del profesor universitario Manuel Sánchez Sarto (1897-1980)", en *Poderes y educación superior en el mundo hispánico: siglos XV al XX*, Mónica Hidalgo Pego y Rosalina Zúñiga (coords.), México, IISUE-UNAM, 2016, pp. 433-452, en particular pp. 436-437, nota 8. Roberto Escalante y Josefina Valenzuela, "Dr. Manuel Sánchez Sarto", *Los maestros del exilio español en la Facultad de Derecho...*, pp. 389-402.

737 Yolanda Blasco Gil y Armando Pavón Romero, "Las mujeres de la UPUEE, México..."

de la guerra. Mientras otras más se iban cubriendo por estas fechas...[738]. En 1943 se creaba la primera facultad de ciencias políticas y de económicas en la universidad central de Madrid, donde Zumalacárregui y Prat tendría un papel destacado.

1940-1942. Cátedras de Oviedo, Valencia y Zaragoza

Antes, en el *Boletín Oficial del Estado* 11 de junio de 1940, en cumplimiento de la orden 30 de mayo último, se anunciaba a concurso previo de traslado la cátedra de economía política y hacienda pública en Zaragoza. Y, por si hubiese aun dudas, se insiste de nuevo en que el ministerio tendrá en cuenta los méritos patrióticos de los candidatos.

Ese mismo año se convocó la oposición, turno libre, a economía y hacienda en Oviedo, Valencia y Zaragoza. De esta última ciudad era natural el economista exiliado Manuel Sánchez Sarto, que en el exilio fue tesorero de la UPUEE, en México... Aquí, las oposiciones se realizaron con retraso debido a la convocatoria, que sufriría una accidentada trayectoria burocrática.

La orden y anuncio de Sevilla es el 11 de junio de 1940[739], pero las de Oviedo y Zaragoza por orden 19 de agosto. Termina el plazo para las solicitudes el 23 de agosto. El nombramiento del tribunal cinco días después, el 28[740]. Se agregaba a esta convocatoria la cátedra de Valencia, 11 de febrero de 1941[741]. Aunque el tribunal sería rectificado el 27 de marzo[742], con lo que se abrió nuevo plazo de dos meses para que pudieran ser solicitadas estas cátedras, ya que había transcurrido más de un año sin comenzar los ejercicios, según orden 7 de noviembre de 1941[743]. Finaliza el nuevo plazo el 17 de enero del 42. La lista provisional de admitidos y excluidos es de 4 de febrero y la definitiva 27 de febrero[744].

---

738 Salvador Reyes Nevares, "Juristas, economistas y sociólogos", *El exilio español en México, 1939-1982...*, pp. 567-598.

739 BOE 25 de 1940.

740 BOE 6 de septiembre 1940.

741 BOE 17 de 1941.

742 Boletín del Ministerio 21 de abril de 1941.

743 BOE 18 de noviembre de 1941.

744 AGA, sección Educación, legajo 9752-53.

Los *aspirantes* a las plazas eran: Valentín Andrés Álvarez y Álvarez -natural de Oviedo, el 28 de mayo de 1917 licenciado en ciencias (sección físicas) por la universidad de Zaragoza y el 4 de julio de 1942 doctor en derecho por la central [745]-, José Castañeda Chornet -discípulo de José María Zumalacárregui, Antonio Flores de Lemus y Heinrich F. von Stackelberg, estudió derecho en Valencia en 1920, después en la Escuela de ingenieros industriales de Madrid donde fue profesor e ingresó en el cuerpo de ingenieros industriales al servicio de hacienda, profesor ayudante hasta la guerra, depurado por haber sido comandante en el ejército republicano, por ser miembro del comisariado general de electricidad de la República, miembro de la sección de economía del Instituto de estudios políticos, desde 1940[746]-, Mariano Sebastián Herrador -en septiembre de 1939 había sido nombrado profesor auxiliar de economía política de la central, presentó solicitud de depuración el 2 de febrero de 1942, en la declaración jurada dijo que "prestó su adhesión al Movimiento Nacional incorporándose en Burgos a la oficina de prensa de la Junta de defensa nacional, con los señores Pujol y Arrarás, pasando después al gabinete civil del General Mola", propuso de testigos a los exministros Pedro Gamero y José Larraz; el 11 de junio de 1940, el mismo día que se anunciaba la oposición de Sevilla, fue nombrado consejero del Consejo de economía nacional y posteriormente consejero de estado; la principal obra aportada es su tesis doctoral: *La economía dirigida: posibilidades de fundamentación de su teoría. Estudio de historia de las doctrinas económicas* (1935)[747]-, Manuel Torres Martínez -en los cursos 1940-1941 y 1941-1942 auxiliar encargado de la cátedra vacante de economía política y hacienda pública de Valencia, por lo que sucedió a su maestro Zumalacárregui, nombrado catedrático de economía política en Madrid[748]-, Pedro Antonio Muñoz Casayús -natural de Zaragoza, de tenden-

---

745 AGA, sección Educación, 31/15232, legajo 50 y 54 expediente personal; 32/16026, legajo 9817, expediente 23, título de doctor; 32/16050 expediente de oposiciones a cátedra.

746 Luis Perdices de Blas, John Reeder y Estrella Trincado Aznar, "Escritos de José Castañeda Chornet", en la biblioteca UCM, en línea.

747 AGA 32/13651; 32/13652, legajos 9752-3, expediente de oposición a cátedras.

748 Las principales obras eran: *Una contribución al estudio de la economía valenciana*, Valencia 1930; *El impuesto sobre la renta*, Barcelona, Librería Bosch, 1932; *El impuesto sobre la renta: historia, derecho comparado, técnica y legislación española vigente*, por Juan Beneyto Pérez y Manuel de Torres Martínez, Barcelona, Bosch, 1933; *El problema arrocero*, Valencia, Imprenta Doménech, 1933; *El problema triguero y otras cuestiones fundamentales de la agricultura española*, Valencia, 1933; *La agricultura valenciana y la solidaridad económica nacional*, Madrid, Gráfica Administrativa, Madrid 1934. José

cia tradicionalista, su obra destacada junto con Miguel Sancho Izquierdo (que coincide es vocal de este tribunal) y Leonardo Prieto Castro, *Corporativismo. Los movimientos nacionales contemporáneos. Causas y realizaciones*...[749]-, Juan Sardá Dexeus -economista catalán que durante la guerra fue uno de los expertos colaboradores de la Comisaría de Banca, Bolsa y Ahorro de la Generalitat de Catalunya, vicesecretario de la federación de Bancos del nordeste de España que colaboró con la publicación *España Bancaria*, dio clases en la universidad de Barcelona de 1934-39, escribió *Los problemas de la Banca Catalana* (1933), Antonio Gómez Orbaneja -que escribiría más tarde su obra *Imposición y riesgo* (1944)- y Miguel Paredes Marcos -natural de Valladolid, técnico comercial del estado, en 1938 fue depurado favorablemente por el cuerpo de oficiales comerciales del estado, obra de este periodo "Las ideas económicas de Juan Güell y Ferrer"[750].

Figuran en el expediente las actas del tribunal de las oposiciones realizadas en Madrid, julio del 42. La votación final sería el día 8. En junio se constituye el *tribunal*: el presidente, José María Zumalacárregui Prat -era también presidente del consejo de economía nacional, el 16 de diciembre de 1940 fue nombrado catedrático de economía política de derecho en Madrid por concurso de traslado, posesión el 17 de enero de 1941[751]. Como vocal estaba Vicente Gay Forner, el informe de su expediente de depuración de 15 de octubre de 1937 señala que: siendo calificado como católico y de derechas, había desempeñado cargos en la dictadura de Primo de Rivera y era defensor del alzamiento de Franco. Se indicaba su perfil

---

Gascón y Marín, *Don Manuel de Torres y Martínez, In memoriam*, Madrid, Real Academia de Ciencias Morales y Políticas, 1960.

749 Miguel Sancho Izquierdo, Leonardo Prieto Castro y Pedro Antonio Muñoz Casayús, *Corporativismo. Los movimientos nacionales contemporáneos. Causas y realizaciones*, 3ª ed., Zaragoza-Granada, Imperio, 1937. Francisco Bernal García, "Corporativismo y fascismo. Los sistemas de relaciones laborales autoritarias en la Europa de entreguerras", *Hispania Nova, Revista de Historia Contemporánea*, número 15 (2017), pp. 45-75, en particular p. 68, nota 81, tradicionalistas entusiastas del modelo portugués, a partir del cual desarrollan su proyecto de Obra Nacional Corporativa, en 1937 y su propuesta de institucionalización de las relaciones laborales y económicas en el régimen franquista.

750 Miguel Paredes Marcos, "Las ideas económicas de Juan Güell y Ferrer", *Anales de Economía*, número 2 (1941), pp. 233-259; más tarde escribiría "Política económica alemana", *Moneda y crédito*, número 5 (1943), pp. 22-31. AGA 21/20533 legajo 31024 y 31/01539 legajo 10526.

751 AGA, sección Educación, 31/04001, legajo 12573, expediente 12; 31/16965, legajo 1574, expedientes 25 y 26.

de mujeriego y espía para los alemanes durante la primera guerra mundial. El 28 de junio de 1938, la comisión ante las contradicciones remite sus conclusiones al ministerio sin una propuesta de sanción. El interesado hará pliego de descargo y dirá que todo lo alegado es falso; el 30 de junio de 1938 le confirman su cargo de catedrático de economía política y hacienda pública en la facultad de derecho de Valladolid[752]. Otros vocales eran Miguel Sancho Izquierdo, catedrático de elementos de derecho natural de Zaragoza, y Luis Olariaga Pujana, catedrático de doctorado de economía bancaria de Madrid; el secretario, José María Areilza del CSIC. Se volverán a reunir para examinar los temas preparados por cada juez, que han de constituir los dos cuestionarios para el sexto ejercicio, con 53 temas de economía política y 39 de hacienda pública, que se unen al acta. El secretario ordena la presentación de los trabajos científicos y exposición escrita del concepto, método, fuentes y programas de la disciplina. Se leyó la lista de los opositores, no presentándose: Mariano Sebastián Herrador y Antonio Gómez Orbaneja, que se presenta a filosofía del derecho… El tribunal da a conocer los cuestionarios para el sexto ejercicio.

Empiezan las pruebas, en la facultad de derecho de la central. En julio serían nombrados Valentín Andrés Álvarez, para Oviedo; Manuel Torres, para la vacante de Valencia[753]; y Miguel Paredes, para Zaragoza. A pesar de dominar muchos de ellos la materia con desigualdad, como reconoce el tribunal. Para las dos primeras cátedras habrá unanimidad del tribunal, pero para la tercera Sancho votaría a Muñoz a quien alabaría los seis ejercicios, quizás porque los dos eran naturales de Zaragoza, mientras que Zumalacárregui a Castañeda, que era valenciano y discípulo suyo.

---

752 AGA, sección Educación, 31/3996, legajo 12568-7.

753 Manuel Torres Martínez quedará en segundo puesto y ocupará la cátedra vacante de Valencia. Presenta a las cátedras de teoría económica 42 publicaciones, desde 1932 hasta 1941, entre folletos, artículos o libros en editoriales españolas -como la Librería Bosch o la revista *Anales de Economía*-. La mayoría acerca de la producción agrícola y sobre la renta, algunos de 31 o 101 páginas. En 1945, el 20 de septiembre, remitirá instancia a la Dirección general de enseñanza universitaria solicitando le remitan los trabajos presentados en esta oposición, así como la memoria, para concurrir el 29 de septiembre de ese año a las oposiciones a las cátedras de teoría económica de la facultad de ciencias políticas y económicas de la universidad de Madrid, ya que parte de sus publicaciones se encontraban agotadas. Así que Torres volvería a opositar en 1945 junto con José Castañeda y Valentín Andrés a esta cátedra de la facultad de ciencias políticas y económicas de Madrid, de la que los tres llegarían a ser catedráticos y decanos.

Los aspirantes aparte de manifestar su deseo de tomar parte en las oposiciones acompañan los documentos del acta de inscripción en el registro civil; certificación de estudios expedida por la facultad de derecho de la universidad correspondiente, en que consta el grado de licenciado y doctor, así como los premios; certificación negativa del registro central de penados y rebeldes; y por último, declaración acreditativa de la incondicional adhesión al movimiento nacional… Gómez Orbaneja presenta su condición de excombatiente; Muñoz y Torres el ser miembros de la falange. También aportan sus trayectorias académicas y trabajos científicos. Los mejores candidatos serán Andrés Álvarez y Torres Martínez. El resto de los opositores tienen una labor académica y científica más reducida.

Comienza el *primer ejercicio* Valentín Andrés Álvarez y Álvarez, con las objeciones de los otros opositores. El tribunal expresó sus respectivos juicios, en general muy positivos: Zumalacárregui considera su tesis doctoral un trabajo serio, con puntos de vista muy finos; Gay ve en su trabajo sobre las valoraciones arancelarias que crítica la técnica de las valoraciones con bastantes aciertos, aunque echa de menos las causas que motivaron tal procedimiento, tanto españolas como extranjeras; Miguel Sancho considera su ejercicio breve en la exposición, muy ajustada; Olariaga juzga excelente el primer ejercicio, donde ha demostrado su capacidad para la investigación, así como su buena preparación teórica; por último, Areilza, considera también excelente el ejercicio. En general, los juicios sobre el primer ejercicio son también muy favorables a Torres Martínez, que había presentado una amplia lista de trabajos entre ellos: su libro sobre *La economía valenciana* y su tesis doctoral *El impuesto sobre la renta.* Mientras a los jueces les parece que Paredes se encuentra aún en formación. Y el resto, Castañeda, Muñoz y Sardá reciben duras críticas por sus trabajos precipitados, superfluos o de carácter periodístico, con falta de rigor científico. De Sardá opinan que tiene poca literatura científica, se inclina a la parte regional de Cataluña. Todos atacan a Muñoz, salvo el presidente Zumalacárregui que resalta, de la única obra que presenta, el minucioso análisis jurídico que hace del seguro contra el paro forzoso[754]. Entre los candidatos hay también trincas, con acusaciones entre ellos.

Los informes del tribunal son extensos y se fijan en las aptitudes docentes, si son monótonos o claros y metódicos, si leen o no. Si usan bibliografía extranjera, ideas de teólogos o viejos economistas españoles… Vicente Gay

---

754 Muñoz acabaría siendo más tarde catedrático de economía en Zaragoza y director de la escuela de empresariales.

hace referencia al nacionalsocialismo alemán[755]. Había estado con becas en Alemania y Nueva York. A veces son severos los juicios, por ejemplo, Olariaga y Areilza dicen de Muñoz que carece de formación científica y ni siquiera tiene vocabulario técnico. Algo impropio para aspirar a una cátedra en la universidad. Para Zumalacárregui la memoria de Sardá resulta improvisada, vulgar desde el punto de vista mercantil y por tanto inadmisible, demuestra, dice, confusión mental.

No obstante, el tribunal declara a los opositores aptos para pasar al *segundo ejercicio* sobre la memoria, concepto y método de la asignatura. Me detendré en el de Andrés Álvarez por ser el que ganará el primer puesto. Zumalacárregui considera la memoria de Andrés Álvarez la más completa y extensa de las presentadas; mientras Gay ve simples abstracciones; Sancho valora bien elaborado el concepto de economía; Olariaga, juzga bueno el segundo ejercicio, pero observa que ha formado su concepto de la economía siguiendo la reciente literatura de revistas profesionales inglesas, entregándose sin precauciones a uno de los economistas jóvenes más brillantes, pero menos consagrados en Inglaterra (como el británico John Richard Hicks, uno de los economistas más influyentes del XX, en 1972 galardonado con el premio Nobel). Pero, consideran que no cita a ninguno de los clásicos, causando la impresión de no haberlos estudiado, por lo que da una visión simplista del concepto de economía; Areilza, juzga bueno el segundo ejercicio porque demuestra suficiencia y conocimiento de la moderna bibliografía económica. El tribunal después de deliberar ampliamente acuerda declarar al aspirante apto para la prueba del tercer ejercicio, así como al resto.

Puede observarse como se juzga de manera diferente. Hay desigualdades en las opiniones de los jueces. El *tercer ejercicio* consiste en el desarrollo de la lección elegida por el opositor de su programa con el número 56, se ven también desigualdades de las opiniones: Zumalacárregui dice que acierta en los problemas históricos y teóricos; Gay considera acertada su descripción reposada y didáctica que da una idea exacta de la economía nacional; Sancho, dice que baja en la forma en este ejercicio, por salir del terreno en que se mueve mejor. Resulta monótona y poco concisa su exposición. Solo brilla a ratos en su genio y hasta gana estilo. Pero el hecho de

---

755 Según se desprende de su expediente de depuración Gay fue espía alemán en la guerra del 14. Mariano Castro-Valdivia, *El pensamiento económico en la Cátedra de Economía Política de la Universidad de Granada (1807-1842): personajes e ideas*, tesis doctoral, Universidad de Jaén, 2012.

llevar la lección escrita y leerla en su mayor parte hace que le quite brillantez. No tiene reparos en cuanto al carácter histórico; Olariaga, por el contrario, juzga excelente su tercer ejercicio, porque estudia con profundidad la formación de las economías nacionales, etc.; Areilza también ve bueno este ejercicio que ha explicado el candidato con buen estilo pedagógico, soltura y rigor en el concepto y con concisión. Por lo que por unanimidad acuerdan pasarlo al siguiente ejercicio. En *cuarto ejercicio* Zumalacárregui considera que la lección 46 que se le había asignado, la explicó con todo provecho, confirmando así el bueno juicio que del opositor se había formado en las otras pruebas: Gay opina que el opositor concibe los gastos sin carácter de necesidad, como condición recibida, porque solo alude a la fijeza a diferencia de los ingresos, y no distingue el presupuesto de ejercicio del de gestión. Por lo que no revela mucho dominio de la terminología financiera, aunque demuestra claridad de exposición. Sancho opina de nuevo que baja también en este ejercicio al desenvolverse en el terreno de derecho positivo sobre hacienda. Además, tiene omisiones y no distingue la gestión del ejercicio. Para Olariaga en cambio el ejercicio es excelente y también para Areilza que lo juzga bueno. Continuará el *ejercicio cuarto* para proceder a suertes las 10 lecciones del programa del opositor, eligiendo el tribunal el impuesto de sucesiones. Se ponen a disposición los libros solicitados. En general, para el tribunal estuvo acertado, aportando muchos datos y siendo original en su tratamiento estadístico... Los que le objetaban antes, ahora piensan que este ejercicio resultó mejor que en los anteriores, sistemático, completo, bien hecho, bueno, demuestra conocimientos, con acopio de datos y conocimiento de causa. Por lo que es declarado apto para pasar al siguiente ejercicio. También el resto de los opositores van pasando por unanimidad. En los demás ejercicios la tónica general es la misma, realizan alabanzas a Andrés Álvarez y a Torres Martínez y menos a los otros. El *quinto ejercicio* trató un caso práctico que incidía en la situación del país:

> Se desea saber que disposiciones concretas monetarias y complementarias deben adoptarse para financiar sin inflación, un plan urgente de creación de trabajo por el Estado en un país de patrón fiduciario y que no cuente con reservas de oro ni con préstamos extranjeros, teniendo en cuenta estos dos casos:
>
> 1° Que el objetivo del plan sea el de ocupar una masa de obreros parados.
>
> 2° Que el objetivo consista en llevar a ejecución un proyecto de rearme en momento en que todas las fuerzas normales de trabajo se hallen ocupadas; partiendo del supuesto de que para la ejecución del plan de la creación de trabajo se precisan capitales superiores a los que aporta el ahorro voluntario nacional.

Por la tarde daba comienzo el ejercicio. Al día siguiente se juzgaron. Para Zumalacárregui Andrés Álvarez acertó el caso propuesto, ciñéndose al tema. Para Gay, éste no desarrolla las medidas, porque para crear dinero, opina el opositor, hay que hacer efectos descontables en el mercado: como bonos del tesoro, letras de trabajo. No alude al plan alemán nacional socialista... A Sancho le parece el mejor, el más sistemático y completo. Olariaga juzga excelente su quinto ejercicio. Y Areilza opina que hizo una esquemática respuesta en la que se tocaban todos los problemas planteados, pero demasiado concentrado y sintético. También recibió alabanzas Torres Martínez. Mientras el resto no fueron tan apreciados.

Por fin, el *ejercicio sexto*, el último, en el que son designadas a suerte las lecciones del cuestionario, dos de economía política y una de hacienda pública: tema 29 "La preparación financiera de la guerra actual y su diferencia de la preparación clásica. La guerra total" y de economía tema 19 "El crédito. Sus clases. Diferencia fundamental entre el crédito a corto y el crédito a largo plazo. Mercado de dinero y mercado de capital. Organización de dichos mercados en los principales países" y tema 36 de economía: "Salario justo. Salario mínimo. Salario familiar". Los aspirantes disponen de 6 horas para el desarrollo. Al día siguiente, serán llamados los opositores para emitir el tribunal sus juicios: en el caso de Valentín Andrés Álvarez, el presidente Zumalacárregui opina que es acertado; según Gay trata las líneas generales, bien; Sancho también opina que está bien, sistemático y documentado; Olariaga, lo juzga excelente, con extraordinaria precisión y visión histórica; Areilza por su parte lo juzga muy bueno, su disertación irreprochable, precisa el concepto... También Torres es alabado, el resto menos. Se procedió a la votación: 1° Valentín Andrés Álvarez por unanimidad; 2° Manuel Torres Martínez, por unanimidad; 3° Miguel Paredes Marcos por tres votos.

El presidente firma los informes. Veamos extractos de los que consiguen plaza:

> 1° Sobre Valentín Andrés Álvarez: "Su tesis doctoral sobre "Las valoraciones del comercio exterior de España", es un trabajo muy apreciable con aportaciones originales. Solamente es de lamentar que no lo haya completado con un estudio tan lógicamente enlazado con ella que sería su complemento natural, permitiendo una valoración estadística y dineraria de los saldos efectivos de la balanza española, antes y después de la reforma.
>
> El "Indicador del mercado" es una monografía que, aunque fundamentada en un trabajo antiguo de un siglo, de Cournot, está puesto al día con arreglo a las más nuevas investigaciones inglesas y suecas. La aportación personal del señor Andrés Álvarez es sin embargo apreciable y el tratamiento sistemático del tema digno de aprobación, constituyendo en conjunto un buen trabajo.

Continuación suya es el "Nuevo análisis de las repercusiones e incidencias de un gravamen". Más original que el anterior, aunque pueden discutirse algunas de las conclusiones a que llega, ofrece un tratamiento matemático muy interesante, conclusiones nuevas y sugestiones de interés.

El "Nuevo concepto de la teoría económica del valor" es una pequeña nota bien hecha y aunque escasamente original, al día.

"La economía como ciencia y como arte" es un trabajo ligero de revista, tal vez más literario que técnico, de una literatura de divulgación científica.

Las "Notas biobibliográficas sobre el manual de Hacienda Pública de Ballesteros y sobre la Política económica de Weber, en su género y dentro de su brevedad están bien hechas"

2º De Manuel Torres Martínez: "Su tesis doctoral *Studi sulle' imposta di successione* (Tesis doctoral en la Universidad de Bolonia) hecho bajo la dirección de los profesores Flora y Einaudi, es un trabajo serio y completo que en muchos extremos agotó para su tiempo la materia.

"El impuesto sobre la renta" es un estudio bien hecho, aunque no de gran originalidad ni profundidad excesiva.

"Una contribución al estudio de la economía valenciana" es una monografía de verdadero valor científico en que se estudian temas muy poco trabajados hasta entonces y algunos completamente inexplorados con el auxilio de una técnica estadística matemática depurada y rigurosa llegándose mediante su empleo a conclusiones nuevas y originales de importancia.

Esta misma dirección ha seguido el señor Torres en una serie de trabajos consagrados a temas de Economía agraria. La serie comprende los trabajos siguientes: "La economía valenciana y la solidaridad económica nacional", "La fertilidad de la tierra", "La ley del mínimo" y "La ley de rendimiento decreciente", "El problema triguero", "El equilibrio de la agricultura", "Coyuntura agraria", "Producción valenciana", "Sobre la técnica de las experiencias agronómicas".

Toda esta serie de trabajos constituyen una aportación de positivo valor, desde luego la más densa de las presentadas por todos los opositores."

3º Sobre Miguel Paredes Marcos: "Su tesis doctoral, "Las ideas económicas de Juan Güel y Ferrer" es una buena monografía juzgada naturalmente en relación con las posibilidades del tema que no se presta a grandes desarrollos científicos ni sobre todo a investigaciones originales.

Las "Notas para un estudio de las formas de mercado" es un trabajo digno de aprecio por su orientación, por las condiciones personales que revelan en su autor y por el valor mismo del tema elegido. Sin embargo, se observa en él una gran precipitación, falta de madurez y asiento definitivo en las opiniones del autor, y lo que es más grave, un error de bulto, precisamente al tratar de rectificar a un economista de la talla de Schneider sobre un punto de equilibrio en el monopolio, y el no haber manifestado explícitamente que varios de los gráficos y desarrollos analíticos son reproducidos de autores contemporáneos".

El vocal Vicente Gay Forner ofrece los siguientes resultados:

El señor Álvarez demuestra en ellos una verdadera disciplina científica, claridad de exposición y fondo económico, condiciones que ha revelado también en el transcurso de los ejercicios ...

El señor Torres ha hecho investigación matemática, pero con más acierto en ciencia económica, sobre todo en Hacienda, siendo recomendable por su claridad ...

El señor Paredes revela conocer los métodos matemáticos en su investigación (en la del mercado, sobre todo) y tiene formación científico-económica, con muy buena disciplina didáctica.

El otro vocal, Miguel Sancho Izquierdo opina lo siguiente:

Don Valentín Andrés presenta, aparte la Memoria y los Programas sobre lo que ya versó el correspondiente ejercicio y la tesis doctoral que, presentaba para la obtención del grado de doctor exigible al opositor, tiene un valor relativo al volverse a presentar ahora, los siguientes trabajos:

1°. "El indicador del mercado" (separata de "Anales de Economía" marzo, 1941- Intento de hallar una función posible de representar en fórmulas matemáticas y que, reuniendo las características representadas en la función o curva de demanda y en la función o curva de oferta, sirva para fijar los precios y para otras varias cuestiones relacionadas con aquella; trabajo interesante y de aplicación práctica que acredita al opositor como conocedor de esta técnica.

2°. "Nuevo análisis de las incidencias y repercusiones de un gravamen". -Incidencia que no depende directamente de las "variables" de la oferta y la demanda, sino de una "variable" que es un compuesto de las dos: del "indicador de mercado" de cuyo trabajo es este una continuación y a la vez, aplicación práctica.

3°. "La Economía como ciencia y como arte" (abril, 1941). Interesante artículo con caracteres de "ensayo" motivado por dos libros de Eucken acerca de si se han agrietado los cimientos de la Economía o está toda ella en ruinas. Pero el problema fundamental que el autor dice tener planteada la Economía -el de encontrar sus fundamentos- creo hallarse resueltos, bien que no por caminos como los que el autor traza con sus bellas frases de ensayista.

4°. "Nuevo concepto de la teoría económica del valor" (Revista de Estudios Políticos, octubre, 1941). Exposición de las nuevas aportaciones de Pareto, Hicks y Allen, partiendo de la teoría del equilibrio general de Walzas y de los de los equilibrios parciales de Marshall. Trabajo de vulgarización, pero técnico; de empaque científico.

El Sr. Torres presenta -aparte Memoria, Programas y tesis doctoral- los siguientes trabajos:

1°. *Una contribución al estudio de la Economía valenciana,* libro (o librito, como modestamente lo llama el autor) que tiene, ante todo el mérito de su elaboración personal del autor que ha tenido que comenzar por el acopio de datos, completarlos luego y principalmente, sacar de ellos interesantes conclusiones de orden práctico concreto, pero valor científico absoluto.

2º. *El impuesto sobre la renta,* libro publicado con ocasión de la ley de 20 de diciembre de 1932, en colaboración con Beneyto que escribió la historia y el Derecho comparado. Torres comenta la mencionada ley hallando con perspicacia sus abundantes fallos. Como obra de revisión no tiene el valor de la anterior, pero es muy estimable.

3º y 4º. Dos conferencias dadas, en Valencia la una, sobre el problema arrocero, y la otra en Madrid en la Unión Nacional Económica, sobre "La agricultura valenciana y la solidaridad económica nacional".

5º. "La fertilidad de la tierra, la ley del mínimo y la ley del rendimiento decreciente".

6º. Varios trabajos publicados en las Revistas *Agricultura, Producción valenciana* y *Revista de Tabacos.*

En conjunto, todo lo presentado por este opositor, de valor muy estimable, muestra su vocación y su preparación especial en un sector de la Economía …

En cuanto a los trabajos que presenta el Sr. Paredes, una "Separata" de Revista (al parecer, de *Anales de Economía*) sobre las ideas económicas de Juan Güell y Ferrer es un extracto de su tesis doctoral que no presenta.

Sus "Notas para un estudio de las formas de mercados" son esto: "notas", para luego, con ellas, realizar un estudio que no está hecho. El mismo habla, al principio de su trabajo, de su "estado embrionario". De ahí, la objeción que se le hizo de la copia literal, pues son notas sacadas de los autores que cita y que luego el elaborará.

Más, con independencia de ello y apreciando lo que supone como promesa, el trabajo es valioso y acreditativo de la preparación y aún más de las condiciones del opositor.

Por su parte, el vocal Olariaga:

--Las obras presentadas por Don Valentín Andrés Álvarez y Álvarez, me merecen el siguiente concepto:

1º Memoria y Programa.- El Sr. Álvarez revela profundo conocimiento y originalidad en su ideas sobre el objeto y método de la Economía Política y sus programas revelan completo dominio de las materas.

2º *Nuevo análisis de las repercusiones e incidencias de un gravamen.*

3º "Notas bibliográficas sobre Manual de H. Pública de Ballesteros y sobre Política Económica de Weber", *Revista de Estudios Políticos,* julio de 1941.

4º "Nuevo concepto de la teoría económica del valor", *Revista de Economía Política,* octubre 1941.

5º *Las valoraciones del comercio exterior de España* (tesis doctoral).

6º *La Economía como ciencia y como arte* (monografía).

7º *El indicador del mercado* (monografía), publicada en *Anales de Economía,* nº. 1, marzo 1941.

En todas y cada una de estas obras el opositor demostró profundo conocimiento de la Economía Política, originalidad en la investigación de sus problemas y extraordinaria cultura general ...

-Las obras presentadas por Don Manuel Torres me merecen el siguiente concepto:

1° Memoria y Programa.- En su Memoria y Programa el Sr Torres Martínez demuestra gran afición a los problemas económicos y cultura científica de la matera, pero bastante desigualdad en el conocimiento de los diversos temas que componen dicha ciencia.

2° *Studi Sull' imposta di successione* (tesis doctoral de la Universidad de Bolonia.

3° *El impuesto sobre la renta* (con J. Beneyto), Barcelona, 1933.

4° *Una contribución al estudio de la economía valenciana,* Valencia, 1930.

5° La economía valenciana y la solidaridad económica nacional.

6° Folleto de conferencia pronunciada en el Ateneo Mercantil de Valencia en 7 de julio de 1933.

7° La fertilidad de la tierra, la ley del mínimo y la ley del rendimiento decreciente.

8° Trabajos publicados en la Revista "Agricultura": El problema triguero, marzo, abril, mayo, agosto 1934, enero-julio-octubre 1935, enero 1936; "El equilibrio de la agricultura", junio, 1932, febrero, abril, julio, agosto, noviembre, 1935. Febrero-abril 1936, marzo 1940, diciembre 1941; Varios trabajos, noviembre, 1930, abril 1932, abril-julio, 1933, septiembre-diciembre 1935, marzo, mayo, junio 1936; "coyuntura agraria" julio a diciembre 1934, febrero a agosto 1935; En la Revista "Producción Valenciana": conferencia pronunciada en la Federación Industrial de Valencia en 25 de mayo de 1935. En la Revista de Tabacos, junio-noviembre 1932 sobre la técnica de las experiencias económicas.

Todos y cada uno de estos trabajos del Sr. de Torres son muy meritorios, aunque descubren algunos fallos de sistema en el conocimiento de la Economía Política.

-Las obras presentadas por Don Miguel Paredes Marcos me merecen el siguiente concepto:

1° Memoria y Programa. -Tanto en su Memoria como sus programas, este opositor revela bastante solidez de estudio y capacidad sistemática, siguiendo fielmente su formación los cauces sistemáticos de la ciencia económica y demostrando capacidad poco común para seleccionar las doctrinas y franca penetración en los problemas técnicos de la Economía Política. Tiene, por otra parte, suficiente preparación matemática.

2° Notas para un estudio de las formas de mercado

3° Las ideas de Juan de Güel y Ferrer

En cada uno de estos dos trabajos el Sr. Paredes demuestra su capacidad para la investigación y su afán de hallar nuevos rumbos en problemas de Economía Política.

José María Areilza sostiene la siguiente opinión sobre los trabajos de los que obtienen plazas:

> --El Sr. Andrés Álvarez presenta una tesis doctoral algo anticuada acaso en su propósito central -hoy menos interesante que cuando se redactó- hecho con seriedad científica y método riguroso. Sud trabajos de revista son muy interesantes y seguramente el más logrado desde el punto de vista de nota original es el de la *Revista de Economía Política* sobre la teoría del valor. El estilo literario es en todos ellos excelente. También campea en todos ellos una probidad científica.
>
> --El señor Torres Martínez presenta una serie de trabajos de diversa índole. El de la economía valenciana es interesante y se puede considerar como de aportación original y nueva en orden a la aplicación de métodos modernos. El trabajo de A. de E. es algo más desvaído y las Memorias adolecen de excesiva carga de erudición innecesaria y a veces farragosa.
>
> --El señor Paredes Marcos presenta un artículo sobre Güell y Ferrer que apunta excelentes condiciones de precisión y exposición, analizando los aspectos más interesantes de aquella personalidad. Su trabajo para el estudio de las formas de mercado es incompleto y no cabe pronunciarse sobre él. Lo que se adivina es una buena orientación científica y rigor metodológico en la exposición.

El día 9 de julio de 1942 son llamados los tres que han logrado los votos: 1° Valentín Andrés Álvarez y Álvarez, eligió la cátedra vacante de la universidad de Oviedo, 2° Manuel Torres Martínez, eligió la de Valencia y 3° Miguel Paredes la de Zaragoza.

El 28 de septiembre de ese mismo año en la universidad de Valencia, el decano Salvador Salom, en la primera reunión celebrada después de las vacaciones de verano en que concurrieron catedráticos y auxiliares de la junta de facultad, recordaría que se encontraba vacante la auxiliaría del grupo 5° de economía y hacienda, por haber sido nombrado catedrático el auxiliar Manuel Torres Martínez[756]. Por lo que el grupo 5° era anunciado el 5 de diciembre para la provisión de la vacante. No cesa la convocatoria de plazas.

1943-1944. Cátedra de Madrid

La plaza de economía política de la facultad derecho en Madrid había estado ocupada por el catedrático exiliado Jesús Prados Arrarte (1909-1983),

---

756 Actas de la Facultad de Derecho de la Universidad de Valencia, 28 de septiembre de 1942, p. 39.

acusado de izquierdista, organizador de la FUE y de actividades comunistas. Se exilió a Buenos Aires donde tras ocupar muy variopintos trabajos acabó de economista en una compañía. Después estaría en la ONU en la Comisión económica para América Latina[757]. Dispone de un gran volumen de obras sobre economía. También Agustín Pardo Viñuales (1881-1959) que había ocupado en 1933 la cátedra de elementos de hacienda pública en Madrid, cesando como ministro de hacienda, se exilió[758].

En 1943 se convoca y anuncia la provisión de la cátedra de hacienda pública en la central, por orden 27 de octubre[759]. Terminará el plazo el 8 de enero del año siguiente. El tribunal será designado por orden 26 de enero de 1944[760]. La lista provisional el 18 de febrero[761] y la definitiva el 9 de marzo[762].

Los *aspirantes*: Mariano Sebastián Herrador y Valentín Álvarez y Álvarez, que ya se habían presentado a la oposición anterior. Pero finalmente sería declarada desierta, por orden 2 de enero de 1945[763]. También repiten muchos de los miembros del *tribunal*, incluyendo algún opositor ahora ya catedrático. Así, el presidente era José Zumalacárregui del CSIC; los vocales, Manuel Torres Martínez, de la universidad de Valencia, Miguel Paredes Marcos, de la universidad de Zaragoza, que actúa como secretario, Sabino Álvarez-Gendín y Blanco, de la universidad de Oviedo, y José María Areilza del CSIC.

El 24 de noviembre se abre sesión pública y no comparece Valentín Álvarez y Álvarez. Por lo que solo habrá un opositor, Sebastián Herrador. Los ejercicios transcurren como en otras oposiciones… El *quinto ejercicio* sobre temas que le han correspondido en el sorteo, y logra pasar al sexto. Los jueces entregan un informe de los trabajos presentados por el opositor: opinan en general que los trabajos son enteramente históricos y descripti-

---

757 Regresaría a España y en 1959 obtuvo la cátedra en la complutense de Madrid. Trabajó en el Centro de Estudios del Banco Central. Sobre este profesor, AGA, 32/19725, legajo 15888, expediente 61.

758 AGA, sección Educación, 16947, legajo 1557-35; (05) 20, 32/14704, legajo 7480-114; 31/5710, legajo 13818-13. Carolina Rodríguez López, *La universidad española en el primer franquismo: ruptura y continuidad (1939-1951)*, Madrid, Dykinson, 2002.

759 BOE 9 noviembre de 1943.

760 BOE 16 de febrero de 1944.

761 BOE 25 febrero de 1944.

762 AGA, sección Educación, legajo 1478-2.

763 BOE 17 de enero de 1945.

vos, acusan una preparación de tipo histórico. Respecto al ejercicio dicen que no añade nada nuevo, el tono general es de una conferencia. Además, la exposición y comentario de la memoria tampoco aporta elementos nuevos. Insisten que mantiene un tono literario de conferencia, la lección magistral no acusa punto de vista que parta del opositor o interpretaciones y ampliación que valga destacar, por ser descriptivo y coincidir de modo visible con la Escuela Histórica moderna de Alemania. Otros miembros piensan que su lección no acometió el estudio general de la estructura del impuesto, ni tampoco el análisis y la investigación de sus bases económicas y su repercusión dentro de la economía nacional.

Por lo que se refiere al tema del ejercicio quinto al tribunal le parece que fue tratado sin orientación. El del *sexto ejercicio,* que correspondió por sorteo al opositor, tuvo deficiencias en algunos puntos. Finalmente, el 14 de diciembre de 1944, se reunieron y votaron a favor de la no provisión; Paredes, Torres y Zumalacárregui, obtuvo los votos de Álvarez-Gendín y Areilza. Se declaró no haber lugar a la provisión de la cátedra de la universidad de Madrid.

En 1945, como se cita, Manuel Torres Martínez volvería a opositar a la cátedra de teoría económica de la facultad de ciencias políticas y económicas de Madrid, y junto con José Castañeda y Valentín Andrés los tres llegarían a ser catedráticos y decanos de esta facultad.

VI. Un cambio de rumbo: 1945-1946

Al estudiar los concursos y oposiciones patrióticas de la posguerra se ha intentado caracterizar, en general, a los personajes que intervienen, aspirantes y tribunales, para ver los movimientos de otros grupos que se daban, Falange, *Opus Dei*, ACNdP..., que presentaban un gran componente político[764]. Todo ello contrastado con los antiguos propietarios de las cátedras, muchos de ellos exiliados, que antes habían participado en la política con distintos nombramientos en la República. Los vencedores trataron de conquistar el poder intelectual y para ello hubo que ocupar las cátedras.

A nivel internacional, la política española de posguerra de 1940-1945 supuso un alineamiento con el eje en la segunda guerra mundial. Durante el periodo 1939-1942, en España se da una aceleración de la fascistización, que también se advierte en la provisión de las cátedras universitarias en manos de falangistas, como hemos visto a lo largo de estas páginas. A partir de 1942 a 1945 este proceso se paralizará un tanto[765], puesto que en la universidad el predominio de falange comenzó a dar paso a una mayor presencia de grupos católicos adeptos al régimen, con el dominio del Opus dei. Sin embargo, resulta difícil etiquetar a aquellas asociaciones de forma escueta[766], porque su pertenencia es muy diversa, hay cercanías o simpa-

---

764 Las oposiciones que se dieron en 1945 están recogidas en el Apéndice final de este libro.

765 Hartmut Heine, *La oposición política al franquismo. De 1939 a 1952*, Barcelona, Crítica, 1983. Julián Casanova, *República y Guerra civil*, 8 vols. de la *Historia de un afán político*, Madrid, Catarata, 2007. Santos Juliá, *Un siglo de España. Política y sociedad*, Madrid, Marcial Pons, 1999. Enrique Moradiellos, *La España de Franco (1939-1975). Política y sociedad*, Madrid, Síntesis, 2000.

766 Armando de Miguel, *Sociología del franquismo. Análisis ideológico de los ministros del régimen*, Barcelona, Editorial Euros, 1975, p. 146. También Manuel de Puelles Benítez., *Educación e ideología en la España Contemporánea*, Madrid, 1980; Ricardo Montoro Romero, *La universidad en la España de Franco (1939-1970). (Un análisis sociológico)*, Madrid, Centro de Investigaciones Sociológicas, 1981. Alicia Alted Vigil, "Notas para la configuración y el análisis de la política cultural del franquismo en sus comienzos: la labor del Ministerio de educación Nacional durante la guerra, en *España bajo el franquismo*, Josep Fontana (ed.), Barcelona, Crítica, 2000.

tías, pero no son excluyentes entre sí[767]. Con el final de la guerra mundial y con el nuevo orden internacional, relegada ya la falange, se reforzó más la presencia de los propagandistas, pero sobre todo de miembros del *Opus dei* que fueron copando las plazas universitarias, salvo excepciones como Josep Maria Font i Rius y otros. Mientras los miembros de la ACNdP quedarían más bien para los altos cargos de la administración[768]. En el 45 los que consiguen ascensos de plazas por concursos de traslado u oposición son ya aspirantes de sobra conocidos -como puede verse en el apéndice para este periodo-, salvo algunos nuevos como: Antonio Serra Pinar, que será catedrático de derecho administrativo en La Laguna, especializado en derecho municipal[769], y Ángel López-Amo Marín, miembro del Opus dei, catedrático de historia del derecho en Valencia, que después pasará a Oviedo, Santiago y Navarra. En el contexto de 1945-1946, comenzará una nueva etapa hasta 1951. España sufrió el rechazo internacional, el periodo de aislamiento del régimen…

En la universidad el mecanismo seguido en las oposiciones se hizo bajo una aparente legalidad, pero solo respondía a los intereses dominantes, no deja de ser mera arbitrariedad[770]. Más importante que la imparcialidad misma es la apariencia de imparcialidad. Una cosa es la ley y otra la realidad de su funcionamiento. Solo hay que ver las exposiciones de motivos de las leyes para darnos cuenta… También, en 1946, en la universidad de Valencia se dio cuenta del proyecto del reglamento del profesorado universitario, conforme a la vigente ley universitaria, y dada su importancia se nombra una ponencia para su estudio, que formarán los catedráticos Viñas, Santa-Cruz, Galvañ y auxiliares, para mandar un informe al rector.

---

767 Onésimo Díaz Hernández, "Las oposiciones a cátedras de profesores miembros del Opus Dei en la posguerra española (1939-1945)", *Actas del IX Encuentro Internacional de investigadores del Franquismo: 80 años de la Guerra civil Española*, Granada 10 y 11 de marzo de 2016, 2017, pp. 482-492, en Biblioteca Virtual Josemaría Escrivá de Balaguer y Opus Dei; *Posguerra. La primera expansión del Opus Dei durante los años 1939 y 1940*, Madrid, Rialp, 2018.

768 Yolanda Blasco Gil, "La Asociación Católica Nacional de Propagandistas de Valencia en la Universidad de posguerra"…

769 En 1952 será asesor técnico ministerio de información y turismo, en el gabinete del ministro Gabriel Arias Salgado, principal teórico y artífice de la censura franquista. Justino Sinova, *La censura de prensa durante el franquismo*, Barcelona, Debolsillo, 2006.

770 Acta de la facultad de derecho de la universidad de Valencia, Junta del 12 de febrero de 1946, pp. 60 y 60v.

Cada una de las universidades debía elaborar un proyecto, pero o bien no salieron los trabajos o no se llegó a dar ese reglamento[771].

Con el fin de la segunda guerra mundial, comenzará la operación maquillaje del régimen y el acercamiento al americanismo en la universidad[772]. El exilio, por lo menos desde 1943, preveía ese final de la guerra y, por tanto, trabajaba para que las potencias aliadas restablecieran el orden constitucional roto. España que ya no cuenta con ayuda de Alemania e Italia procura una cierta apertura internacional. En 1945, ante el aislamiento en el que se encuentra el régimen fascista, Franco intentará una solución monárquica para preparar su sucesión, y la falange lo verá como único desenlace para procurar la supervivencia política[773]. Por otra parte, Franco, que ya había copiado el texto fascista *Carta di Lavoro* italiana (1927) en el *Fuero del Trabajo* en 1938 y la ley de cortes de 1942, a imitación de la Asamblea de Primo de Rivera y demás elementos italianos; será ahora, en 1945, cuando se alinea con los acontecimientos internacionales y reconoce los derechos de los españoles. Aunque cercenados sin que puedan alegarse en los tribunales. De este modo, enmascara la dictadura en su beneficio y, a través de leyes fundamentales, va adaptándose a la nueva situación internacional[774].

En las universidades se pretende dar cierta apertura, se promueve la historia colonial de América y se abren cátedras sobre esta materia, formándose un grupo de historiadores americanistas... Ese año se publicarán los *Planes de estudios en España*, a partir de los decretos de 1944 para orde-

---

771 Acta junta de facultad de derecho de la universidad de Valencia, de 31 de mayo de 1946.

772 Daniel Artigues, *El Opus Dei en España 1928-1962...*, en particular pp. 35-63, el capítulo “El Opus Dei de 1939 a 1947. Desarrollo de la Obra. Implantación en el CSIC y en la Enseñanza Superior”: en pp. 36-43 el epígrafe “La evolución del Opus Dei de 1939-1947”, en el camino a la conquista de la “intelectualidad”; el epígrafe “El Opus Dei y el CSIC”, en pp. 43-52; “El Opus Dei y la conquista de las cátedras universitarias (1939-1947)”, pp. 52-63, señalan el esfuerzo universitario de la Obra al querer imitar a la ILE, sin especialistas con obras importantes, p. 63 final.

773 La actuación de mediador del *Opus Dei* de Rafael Calvo Serer entre Don Juan de Borbón y Franco en Sheelag Ellwood, *Prietas las filas, Historia de la Falange española, 1933-1983*, Barcelona, Crítica, 1984, p. 156. Ricardo Pérez Monfort, *Hispanismo y Falange. Los sueños imperiales de la derecha española*, México, FCE, 1992.

774 Yolanda Blasco Gil, “El exilio republicano español a la luz del movimiento por los derechos humanos en Naciones Unidas. Notas para su estudio”, *Cuadernos electrónicos de filosofía del derecho*, 39 (2019), pp. 172-189, en particular p. 184.

nar las facultades y dar a conocer en el extranjero los estudios superiores españoles, en especial en Latinoamérica. Pretenden, según dicen, solucionar cualquier problema de derecho internacional que surja en cuestión de estudios y política docente. El ministerio de asuntos exteriores publica los planes y los edita la Junta de relaciones culturales, en esa operación de apertura y maquillaje del régimen[775]. De otra parte, los estudios sobre América contaban con una gran trayectoria en las universidades españolas; desde el 98, cuando el historiador del derecho Rafael de Altamira y Crevea reivindicó el americanismo en su discurso leído en la solemne apertura del curso académico de 1898 a 1899 en Oviedo. Altamira dedicó su discurso al patriotismo y a la universidad, tras el año del desastre. Era un llamado regeneracionista de carácter abierto, que reclamaba una mayor y mejor investigación sobre América. En palabras de Mariano Peset subrayaba la buena salud de la ciencia, al mencionar a Valera, Menéndez Pelayo, Hinojosa, Fernández Vallin, Costa, Pedrell, Jiménez de la Espada, Laverde, Federico de Castro [illegible] Peset lo analizó en el *Anuario de historia del derecho* (1997)[776]. En 1914, recordemos, Altamira había llegado a Madrid a la cátedra de estudios de doctorado de "Historia de las instituciones políticas y civiles de América", común para derecho y filosofía y letras. Allí estuvo hasta su jubilación en 1936. Publicó la *Historia de España y la civilización española*[777], como hemos visto, donde introduce el nuevo enfoque inspirado en la historiografía francesa de enlazar el elemento jurídico, económico y literario a los acontecimientos bélicos y políticos[778]. Altamira había viajado en 1909-1910, con 43 años, a Latinoamérica, que dejó impronta en su formación. Visitó Argentina, Uruguay, Chile, Perú, México, Cuba, Estados Unidos… e impartió más de 300 conferencias[779]. A su regreso fundó un seminario de historia de

---

775 R. Sáez Soler (recopilados y extractados), *Planes de Estudio de España*, prólogo de Carlos Sánchez Perguero, Barcelona, Junta de Relaciones Culturales del Ministerio de Asuntos Exteriores, Tipografía Emporium, s. a., 1945.

776 Mariano Peset, "Rafael Altamira y el 98", *Anuario de Historia del Derecho Español*, 67, 1 (1998), pp. 467-483. Yolanda Blasco Gil y Fernanda Peset Mancebo, "Dialogo con Mariano Peset sobre historia del derecho"…, p. 557.

777 Su obra ya citada, Rafael Altamira Crevea, *Historia de España y de la civilización española*, 4 vols., Barcelona, Juan Gili, 1900-1911, con varias ediciones. Su bibliografía puede verse en Javier Malagón y Silvio Zavala, *Rafael Altamira y Crevea, El historiador y el hombre*, México, UNAM, 1986.

778 Yolanda Blasco Gil, "Reflejos de la independencia de Nueva España en la historiografía española"…, en particular 371-372.

779 Jaime del Arenal Fenochio, "Las conferencias de Rafael Altamira en la Escuela Nacional de Jurisprudencia", en Rafael Altamira, *La formación del jurista*, núm. 30,

América y contemporánea de España en el Centro de estudios históricos de España, que dirigía Menéndez Pidal. A dicho centro acudió en el curso 1914-1915 José María Ots Capdequí, donde redacta su tesis "Los derechos de la mujer casada en la legislación de Indias", que dirige Altamira. En 1917 intervino en una ponencia en la cátedra de Rafael Altamira sobre la importancia del derecho indiano en los estudios de historia del derecho, sería su obra *Cuestiones del derecho*[780]. En 1924 participó en la creación del *Anuario de Historia del Derecho Español,* a la memoria de Eduardo de Hinojosa. Tanto Altamira como Ots Capdequí se exiliaron, uno en México y el otro en Colombia, hasta el regreso del segundo en 1962 a España, reincorporándose al escalafón universitario poco antes de su jubilación[781].

Aquella tradición americanista no iba a diluirse durante la posguerra, aunque sus más ilustres representantes estuvieran en la otra orilla. Por el contrario, será absorbida y transformada por el régimen totalitario y tendrá una de sus más importantes muestras en el CSIC: en el instituto Fernández de Oviedo, que en su primera época estuvo dominado por falangistas, y en la Escuela de estudios hispanoamericanos de Sevilla. Estos centros, junto con la *Revista de Indias,* restauraron el pasado imperial… La creación de la Escuela de estudios hispanoamericanos había sido también herencia de Ots Capdequí. En la universidad, los estudios sobre Latinoamérica venían a apoyar las expresiones americanistas del CSIC. El régimen financió la historia de América, al valor cultural se agregaron las connotaciones políticas del discurso de la hispanidad[782]. De otra parte, por ley 31 de diciembre de 1945, se funda el Instituto de cultura hispánica, como parte de la reorgani-

---

México, UNAM- Facultad de Derecho, 2008, pp. 7-28. Rafael Altamira, *Spain Sources and Development of Law,* edición y estudio preliminar de Carlos Petit, Madrid, Dykinson, 2018. María de Lourdes Alvarado, "Por la defensa de la universidad: Justo Sierra y Rafael Altamira (1909-1910)", *Los costes de la libertad intelectual…*, pp. 249-282.

780 José María Ots Capdequí, *Cuestiones de historia del derecho. Alcance que debe darse al estudio histórico de nuestra legislación de Indias en un programa universitario de historia general del derecho español,* Sevilla, Asociación Española para el Progreso de las Ciencias, Sección 6ª, Ciencias Históricas, 1917.

781 Un estudio de parte de su obra, Mariano Peset, "Estudio preliminar a José Mª Ots Capdequí", *Obra dispersa,* Valencia, Generalitat Valenciana, 1992, pp. IX-XLIX. Su biografía en Mauricio Valiente Ots, *José María Ots Capdequí. El Americanista de la Segunda República,* Madrid, Renacimiento, 2022.

782 Tomás Saorín y Yolanda Blasco Gil, "Universidad e Hispanidad. Tres décadas de trayectorias entrecruzadas del ministro José Ibáñez Martín y el catedrático exiliado Mariano Ruiz-Funes", *Revista de Indias,* LXXVII/269 (2017), pp. 263-304.

zación del ministerio de asuntos exteriores. Tendría el objetivo de asesorar al ministro, en sustitución del consejo de hispanidad.

Empiezan a crearse cátedras de especialidad sobre historia de América, como ejemplo, continuaba en 1944 la de doctorado: "Historia de las instituciones políticas y civiles de América", que había ocupado Altamira mucho antes y se le facilita a Alfonso García-Gallo, como también se indicó, cuando ya habían suprimido que las cátedras de doctorado fueran exclusivamente en Madrid, pasando a las facultades de derecho. Un escaparate de cara al exterior.

Mientras, desde la otra orilla, en el exilio forzoso, los otros protagonistas, víctimas de la guerra y la represión, gracias a sus sólidas trayectorias académicas, en la mayoría de los casos con carácter internacional; gracias a los países de acogida; y a su vinculación con diferentes universidades europeas, americanas y latinoamericanas; pudieron continuar la labor desempeñada en España y avanzar en sus carreras. En este sentido destaca México y sus instituciones de educación superior como La Casa de España en México, la UNAM o el Instituto Politécnico Nacional (IPN). Los profesores exiliados crearon colegios invisibles, una red de redes desde el exilio. Se convirtieron de manera involuntaria en agentes de transferencia de sus conocimientos, como gusta decir ahora -con firme voluntad, en decanatos y rectorados- de los profesores actuales.

Entonces, desde el exilio, denunciaron a la universidad franquista y planearon la reconstrucción del país, una vez creían acabado el fascismo con el final de la segunda guerra mundial; algo que no sucedió[783]. Aunque no cesaron en sus esfuerzos de hacerse oír[784]. Ellos fueron la pérdida de capital humano y científico que sufrió la universidad española. Ésta quedó sumida en un profundo letargo del que tardaría años en salir[785]. Y algunas de las escuelas que se formaron entonces han perdurado demasiado tiempo...

---

783 Milagrosa Romero Samper, *La oposición durante el franquismo. El exilio republicano*, Madrid, Ediciones encuentro, 2005.

784 Yolanda Blasco Gil, *1943: La Transición Imposible...;* "La universidad de Franco y las propuestas de reconstrucción desde el exilio"... y "Esfuerzos de participación de los profesores españoles exiliados en las conferencias internacionales por los derechos humanos y el nuevo orden internacional (1943-1948)", *Revista de la Inquisición, intolerancia y derechos humanos,* vol. 26 (2022), pp. 311-334.

785 Algunos estudiantes adeptos continuaron adoctrinándose o adoctrinando. De nuevo el jefe del SEU, Rafael Cerezo Enríquez, leerá el "Discurso en la solemne apertura del curso académico 1945-1946", Anales de la Universidad de Valencia, año XXII, 1945-1946, Valencia, Imprenta Diana (antes Vives Mora), 1945, pp.

Como refiere Peset, el derecho no es solo la ley, es la realidad que se descubre en su funcionamiento, en la práctica. Y en una universidad adoctrinada, con adeptos al régimen y sin posibilidad de crítica, donde los disidentes habían sido depurados, estaban en el exilio o muertos, eso significó la gran pérdida de la universidad española.

Aquel año de 1945, el 17 de agosto, se reunían en la sala del ayuntamiento de la Ciudad de México las cortes de la II República española en el exilio. Se eligió a Diego Martínez Barrios como presidente en el exilio... El activismo republicano no cesaba, pero necesitaba contar con el apoyo de las grandes potencias internacionales para derrocar a Franco. Desde el sector educativo, cuando a partir de 1945 comienza el proceso de constitución de la Unesco, se producirá otro campo de batalla para los profesores universitarios exiliados y para la legitimación del franquismo. Aquellos no pararon en sus esfuerzos de participación en las conferencias internacionales, pues era la única vía de la que disponían, la diplomática, a través de sus contactos fundamentalmente mexicanos, que desempeñaron un papel importante en sus reivindicaciones a nivel internacional[786]. Los profesores de la Unión de Profesores Universitarios Españoles en el Extranjero (UPUEE) procuraron mantener su activismo de denuncia contra el régimen. Intentaron aprovechar las oportunidades que parecían abrirse para el futuro de España, una vez, creían, acabado el fascismo. Cuando se dieron las primeras reuniones para la formación de Naciones Unidas,

---

7-18. Una vez más propaganda franquista, donde se dirige a sus "camaradas" exhortando las grandezas de la victoria franquista, del Sindicato del SEU al servicio del Estado, la salvación de las aulas con el franquismo "bajo una prieta y única disciplina", con mención a la clase media como la única que nutre los Centros Superiores de Enseñanza, por lo que reclama mayores refuerzos económicos para el SEU... Cita a José Antonio, necesitan más apoyos, dice, "para rendir sus conocimientos y su valía al supremo interés de España", "depurando sus manifestaciones externas" en contraposición con "la peligrosidad" y "tremenda convulsión roja"... y acaba con el exhorto: "Por Franco, ¡Arriba España¡". Pero desde otra parte, los estudiantes también sufrieron la dura represión de Franco, Mariano Peset, "Los estudiantes contra Franco"..., pp. 97-116. Benito Sanz Díaz, *L'oposició universitaria al franquisme: València. 1939-1975*, Universitat de València, Departamento de Derecho Constitucional y Ciencia Política y de la Administración, 2ª edición 2013. Gonzalo Pasamar (ed.), *Ha estallado la memoria. Las huellas de la Guerra civil en la Transición a la Democracia*, Madrid, Biblioteca Nueva, 2014.

786 Yolanda Blasco Gil, "La supresión de los heterodoxos. Defensa de las libertades universitarias desde el exilio republicano español", *Autonomía universitaria y exilio académico*, Armando Pavón Romero y Yolanda Blasco Gil (coords.) México, Bonilla Artigas, 2018, pp. 123-151, en particular p. 140.

los exiliados pensaron que habría una representación de la República española. Entonces, podrían reivindicar el orden legalmente constituido y plantear la reconstrucción de España, que habían planeado en la Primera -y última- Reunión de los Profesores Universitarios Españoles Emigrados, celebrada en 1943, conocida como la Reunión de La Habana. El final del franquismo resultaba palpable para el exilio desde 1943, cuando la segunda guerra mundial parecía llegar a su fin y se decantaba al lado aliado. Por eso se centraron en planificar o diseñar la reconstrucción del país, pero sin que en los papeles de la UPUEE se plantearán cómo acabar con la dictadura[787]. Tan solo les quedaba la vía diplomática. Ante la derrota la diplomacia intelectual.

Dos meses antes de finalizar la guerra mundial, la UPUEE dirigirá unas extensas reflexiones a su junta directiva, a raíz del encuentro en la capital cubana:

> Que los altos intereses nacionales e internacionales exigen habilitar un organismo, cuyo fin principal sea cooperar a la liberación de los españoles y preparar su decorosa convivencia en un régimen de libertad y justicia social, mediante una delegación de la legitimidad republicana, abierta, no obstante, a colaboraciones sinceras de aquellos que, libres de responsabilidad grave en la suplantación de la soberanía, estén exentos de contagio de las ideas nazi-fascistas[788].

Sin duda, la guerra había provocado también una mayor preocupación por la dimensión internacional de los derechos humanos. En el libro *1943: La Transición Imposible...* recojo como momentos claves de esas fases de internacionalización, las asambleas o conferencias que se realizaron, desde la Carta del Atlántico en 1941, la Reunión de Chapultepec en 1945 y la Conferencia de San Francisco en la misma fecha, y donde los exiliados creyeron tener otra oportunidad para expresar sus ideas concebidas en La Habana dos años antes y hacer un llamamiento de esperanza y justicia. Pero la

---

787 Jorge de Hoyos Puente, *La utopía del regreso. Proyectos de Estado y sueños de nación en el exilio republicano en México*, Santander, Editorial Universidad de Cantabria, 2013, pp. 243-245. Clara E. Lida (comp.), *México y España en el primer franquismo, 1939-1950*, México, El Colegio de México, 2001. Yolanda Blasco Gil, *1943: La Transición Imposible...*, pp. 70-76.

788 Archivo Universitario de la Universidad de Murcia-Fondo Mariano Ruiz-Funes (AUUM-FMRF), caja 52, "A la Junta Directiva de la Unión de Profesores Universitarios Españoles en el Extranjero", México 20 de marzo de 1945. En el exilio en México, sus datos de profesor de la UNAM en Archivo de la Dirección General de Personal Académico de la UNAM, expediente 9686.

realidad fue distinta a la esperada, la guerra fría cambió las expectativas de las potencias aliadas. Ellos sintieron como un nuevo fracaso su no comparecencia a estas reuniones. La España de la República, legítimamente constituida, no pudo asistir. Tuvo que apoyarse y, en buena medida, perderse en la voz de los diplomáticos mexicanos. Mientras, la hábil capacidad del régimen de Franco nadaba entre dos aguas en política exterior... El final no llegó con el fin de la guerra mundial, lo que si llegó fue la decepción de los exiliados al ver la actitud mostrada por la ONU hacia el régimen franquista, y el olvido de España por el movimiento europeo[789]. Se truncó la esperanza de los exiliados de volver a España.

El mundo académico ha seguido estudiando los concursos y oposiciones patrióticas, separado del exilio republicano. Pero solo al comparar la universidad domeñada con la emigración experimentada tras la guerra civil puede verse la dimensión de la pérdida sufrida. Este libro se ha desarrollado siguiendo dos líneas metodológicas: por una parte, investiga el entramado político de las primeras oposiciones de posguerra en las diferentes disciplinas de derecho, lo que posibilita la perspectiva comparada y, por otra, establece como necesario contexto el origen de las vacantes, a menudo a causa del exilio de los propietarios. Considero que así se logra una mejor comprensión de aquel capítulo de la historia de la universidad española y que alcanzó de manera especial a la mexicana, pero también a otras universidades latinoamericanas. Así se puede avanzar en la valoración del caudal científico que perdió la española y que ganó, fundamentalmente, la mexicana...[790] Estudiar solo la parte de los franquistas arroja una luz limitada sobre los acontecimientos. Es necesario estudiarlos junto a los exiliados. Es obvio que los universitarios fusilados no pudieron fructificar produciendo más obras o creando escuela, sus huesos quedaron en las tumbas

---

789 Yolanda Blasco Gil, *1943: La Transición Imposible...*, pp. 70-76. Yolanda Blasco Gil y Fernanda Peset Mancebo, "Dialogo con Mariano Peset sobre historia del derecho"..., ya citado.

790 Héctor Fix-Zamudio y Eugenio Hurtado Márquez, "El Derecho", en *Las humanidades en México 1950-1975*, México, UNAM- Consejo Técnico de Humanidades, 1978, pp. 307-352. Héctor Fix-Zamudio, "Los juristas españoles exiliados y la ciencia jurídica mexicana, *El exilio español y la UNAM*, México, UNAM-Centro de Estudios sobre la Universidad, 1987, pp. 51-63; "Los juristas", en *Cincuenta años del exilio español en la UNAM, México*, UNAM- Coordinación de Difusión Cultural, 1989, pp. 57-72. Tomás Pérez Vejo, "España en el imaginario mexicano. El choque del exilio", *De Madrid a México. El exilio español y su impacto sobre el pensamiento, la ciencia y el sistema educativo mexicano*, Agustín Sánchez Andrés y Silvia Figueroa Zamudio (coords.), Morelia, UMSNH/Comunidad de *Madrid*, 2001, pp. 23-93.

o fosas comunes, pero los que se marcharon sí que dejaron rastro. Después de instalarse en los países de acogida, de transterrarse, retomaron sus carreras lo mejor que pudieron y produjeron libros, artículos, conferencias, formaron escuela, discípulos… Con las dos partes se examina realmente la miseria de la universidad española de posguerra. En definitiva, todos los españoles salimos perdiendo.

VII. Los mecanismos de la universidad franquista

Me permitiré una recapitulación final. Los cambios realizados por Francisco Giner de los Ríos y la ILE para la renovación de la universidad fueron sustituidos por el ministerio de educación nacional de Sáinz Rodríguez -31 de agosto 1938 a 27 de abril 1939- y con la depuración de maestros y profesores. Se favoreció el pensamiento de Marcelino Menéndez Pelayo, su *Historia de los heterodoxos españoles* apoyado con una literatura apasionada y no exacta, que venía en los libros de Enrique Suñer o Antonio de Gregorio Rocasolano[791]. Un ambiente en el que se moverán algunas agrupaciones católicas de la posguerra[792]... En este libro y en otros trabajos vemos cómo en los primeros años del franquismo la vida de la universidad española dejó de lado los criterios académicos para dar paso a criterios eminentemente políticos: depuraciones, represión y censura. Los nuevos intelectuales vencedores ocuparon las cátedras, rectorados y decanatos; mientras muchos de los que tenían las plazas en propiedad tuvieron que exiliarse, fueron excluidos o silenciados. Es cierto que estos últimos también habían participado en política, pero no cabe duda de que sus nombramientos en la universidad respondían a criterios científicos y a sólidas trayectorias académicas. Criterios éstos que son los más importantes.

Los nuevos tiempos fueron de crueldad, de cárcel y silencio, bajo los pilares de la falange e iglesia, del nacionalcatolicismo del régimen franquista... Una depuración feroz, que como se ha señalado alcanzó cerca de la tercera parte del escalafón de catedráticos. En 1935 comprendía 510 titulares. La mayoría correspondía a los claustros de Madrid y Barcelona; no sólo por ser los más numerosos, sino por la mayor atención que la República había concedido a estas universidades. Congregó en ellas a profesores republicanos prestigiosos. Madrid reunía a la élite que formaba el Centro de Estudios Históricos y otros centros dependientes de la JAE, mientras

---

791 Enrique Suñer, *Los intelectuales y la tragedia española*, Burgos, Editorial Española, 1937; VV.AA., *Una poderosa fuerza secreta. La Institución Libre de Enseñanza*, San Sebastián, Editorial Española, 1940.

792 Alberto Reig Tapia, *Ideología e Historia (sobre la represión franquista y la guerra civil)*, Madrid, Akal, 1984.

en Barcelona estaba el *Institut d'Estudis Catalans*. Todas ellas instituciones perseguidas con odio por el nuevo régimen. Por otra parte, el gobierno de la República y la *Generalitat* fueron centros políticos, y contaron con numerosos catedráticos implicados.

Aparte de Madrid y Barcelona, también las otras universidades sufrirían bajas, a excepción de las que desde el primer momento cayeron en manos de los sublevados golpistas, tal es el caso de Sevilla, Salamanca o Santiago. Serían asesinados los rectores de Granada y Oviedo[793]. En la de Valencia partieron al exilio el rector Puche, Ots Capdequí, decano de derecho; Niceto Alcalá-Zamora Castillo, catedrático de procesal… Otros muchos fueron sancionados. El rector republicano Juan Peset Aleixandre fue fusilado en Alicante en 1941.

En el escalafón de 1935 figuran las plazas que dejaron vacantes, por el exilio interior o exterior, depuraciones o muertes, que se cubrieron de manera urgente en los primeros concursos de traslado y oposiciones a cátedra tras la guerra incivil, con las llamadas por la historiografía "oposiciones patrióticas"[794].

El desarrollo y los resultados de las oposiciones a cátedras de derecho, celebradas en los primeros años del franquismo, presentan particularidades específicas en cada caso, como se ha podido comprobar. Sin embargo, el conjunto nos revela con claridad los mecanismos que puso en marcha el régimen franquista para controlar a la universidad y que ésta cumpliera con los fines del régimen.

Algunos de estos mecanismos derivan del nuevo reglamento puesto a punto en abril de 1940 por José Ibáñez Martín, segundo ministro de educación nacional de Franco. Otros son consecuencia de la propia dinámica que originaron tanto las modificaciones reglamentarias como el clima político vigente.

---

793 Jaume Claret Miranda, *El atroz desmoche…*, se desmanteló la universidad española.

794 Su estudio está basado en los expedientes personales y de concursos y oposiciones del AGA y en sus expedientes académicos del Archivo de la Dirección General de Personal Académico de la UNAM, en Yolanda Blasco Gil, "De España a México. Fuentes para el estudio del profesorado universitario tras el exilio español", *Fuentes para la historia de la Facultad de Filosofía y Letras*, México, Facultad de Filosofía y Letras-UNAM, 2010. Las fuentes consultadas para el exilio de los profesores han sido, además del Archivo Histórico de la UNAM y el de la Dirección general de personal de la UNAM, el Archivo del Ateneo Español de México, serie UPUEE y el Archivo General de la Nación (AGN).

En resumen, los mecanismos de la universidad franquista fueron los siguientes:

1. *Formar cuadros para la burocracia o ideologías que legitimen el régimen*

A pesar de ser un periodo corto el estudiado en este libro, apenas cinco años realmente, son muchas las oposiciones y concursos que se dieron. Sin perjuicio de alguna otra que no se haya recogido. Esa abundancia se debe a dos presupuestos: en cualquier universidad del periodo hay facultades de derecho, en cambio, por ejemplo, no todas tenían carreras de historia -que fue mi primer libro sobre esta cuestión-, había pocas, por eso hay más cátedras jurídicas que proveer; por otra parte, las facultades de derecho interesan a cualquier régimen porque ahí se forman, en buena parte, los cuadros para la burocracia o para elaborar ideologías que los legitimen.

Interesaba, pues, al régimen franquista controlar las aulas de derecho.

2. *Incorporación de los méritos patrióticos*

La obligación de presentar el certificado de depuración y la adhesión al movimiento, en los concursos y oposiciones, constituía ya una barrera infranqueable para los candidatos no afines al régimen franquista, que quedaban descartados de inmediato. Pero fue la posibilidad de incorporar méritos ajenos a la propia carrera académica el elemento que probablemente se conformó como uno de los más importantes para el desarrollo de la universidad española durante el primer franquismo; un fenómeno que distorsionó la vida universitaria y la hizo más monolítica, radical e ideologizada, al tiempo que la empobrecía desde el punto de vista del conocimiento.

Los aspirantes tienen que presentar certificado de falange, de adhesión al régimen, y certificado de depuración favorable para firmar la convocatoria. Pero también presentaban como un aval decisivo los "méritos de guerra", si habían sido combatientes, si habían resultado heridos, si fueron prisioneros o habían hecho aportaciones de distinto tipo al ejército nacional; si habían quedado en la zona republicana narraban su resistencia a las convocatorias hechas por el ejército republicano o mediante la no participación si habían sido enrolados, premios de campaña, y declaraban, más o menos detalladas, sus vicisitudes y la persecución de que habían sido objeto en el periodo republicano, y durante la guerra por el "ejército rojo". Algunos narran incluso sus delaciones, que afectaron a sus propios compañeros profesores.

Campo de concentración de Horta (Barcelona), 1939-1940 (?)
Actual Universidad de Barcelona
Proyecto "Cartografías silenciadas"

Junta para Ampliación de Estudios, 1907-1939
Hospital de Santa Creu i Sant Pau
Actual Biblioteca Nacional de Catalunya
Proyecto "Lugares del saber y exilio científico"

Es un grupo de opositores homogéneo, aunque algunos ya se habían presentado antes de la guerra. Al principio de la posguerra predominaron falangistas y personas de la derecha católica tradicional, y otros intelectuales de la ACNdP[795], como el profesor de derecho internacional Juan Manuel Castro-Rial Canosa, o miembros del *Opus dei*[796]. Las tres principales familias del franquismo intelectual del momento. En todo caso afectos al glorioso movimiento. Aunque los propagandistas participaron en menor medida en el asalto a las cátedras, porque con mayor frecuencia se les destinó a altos cargos de la administración.

Salvo excepciones, podemos decir que en general los nuevos aspirantes fueron personas menos preparadas que aquellos a quienes se había despojado de sus cátedras.

Es cierto que estos méritos políticos e ideológicos no se citan en ningún caso en las valoraciones finales, realizadas por parte de los diversos tribunales. Pero es lógico pensar que los excombatientes, militares, capellanes y héroes del bando nacional, que hemos visto aspirar a las diversas cátedras de derecho, podían esperar mayor consideración que otros candidatos en función del tiempo pasado en el frente, las medallas ganadas o el tiempo en prisión.

Los méritos patrióticos, presentados junto a los académicos, no fueron garantía de éxito en estas oposiciones, desde luego, pero acabaron por convertirse en una condición casi imprescindible para avanzar en la carrera universitaria. En este sentido, el caso más relevante es el que se ha relatado del traslado a las codiciadas cátedras de Madrid. A las que todos los candidatos concurrieron con un listado ejemplar y muy detallado de lealtades y méritos políticos, como es el caso del historiador del derecho Alfonso García-Gallo. Ejemplo de arbitrariedad fue la provisión de la cátedra

795 Yolanda Blasco Gil, "La Asociación Católica Nacional de Propagandistas de Valencia en la Universidad de posguerra", *De la movilización estudiantil a la reforma social. La Asociación Católica de Propagandistas en Valencia,* Juan Carlos Valderrama Abenza (ed.), Valencia, Tirant lo Blanch, 2023, pp. 169-174. Con el cual he colaborado, demostrando éste una mentalidad abierta entre lo que supuso el pasado y el presente.

796 Yolanda Blasco Gil y María Fernanda Mancebo, "Las primeras oposiciones "patrióticas" a cátedras de historia en 1940-1941", *Spagna contemporanea,* núm. 36 (2009), pp. 119-141. Acerca de las familias del franquismo, Amando de Miguel, *Sociología del franquismo...* Sobre la historiografía, Gonzalo Pasamar Alzuria, *Historiografía e ideología en la posguerra española...*; también "Oligarquías y clientelas en el mundo de la investigación científica: el Consejo Superior en la universidad de posguerra", *La Universidad española bajo el régimen de Franco (1939-1975)...,* pp. 305-340.

de doctorado de Madrid en 1944, que el profesor de historia del derecho Rafael Altamira, exiliado, tuvo en propiedad: "Historia de las instituciones políticas y civiles de América". Esta plaza, suprimida por la ley de ordenación universitaria de 1943, sería ahora abierta y otorgada a García-Gallo, vinculado al *Opus dei* y figura prominente del franquismo en historia del derecho, informante del régimen contra colegas de derecho, como en el caso del penalista Mariano Ruiz-Funes, compañero en la universidad murciana[797]. La cátedra que le conceden es representativa de la forma de actuar de la universidad nacionalcatólica.

No solo fueron patrióticos los primeros concursos, sino también las primeras oposiciones que se celebraron, porque como se ha insistido, además de incluir un documento de adhesión al régimen, se exponían con detalle y, por tanto, como méritos los servicios patrióticos prestados durante la contienda. La vehemencia con que se narran estos servicios contrasta, en numerosos casos, con la escasa producción científica de los candidatos.

Contaron más los méritos de adhesión al movimiento nacional que las publicaciones de los candidatos. En ese afán por cubrir las plazas que habían quedado desocupadas por sus anteriores propietarios, muchos de ellos en el exilio, se hace patente el contraste de trayectorias académicas sólidas, productivas, con otras precarias -académicamente hablando- pero enriquecidas por haber sido combatiente, delator o prisionero...

Queda evidente la pérdida que para España supuso la depuración y el exilio republicano y el subsiguiente reparto de sus cátedras, mediante "oposiciones patrióticas" en beneficio de los intelectuales falangistas y nacionalcatólicos[798].

Al comparar los perfiles de quiénes estaban ya ocupando cátedras e impartiendo docencia con aquellos que se incorporan por primera vez, tras el alzamiento militar, se advierte que en unos casos pesan más los méritos patrióticos que en otros. Ocurre con más frecuencia entre los recién llega-

---

797 La figura del profesor García-Gallo en historia del derecho ha sido estudiada con detalle por Mariano Peset en varios trabajos. La provisión de la cátedra de doctorado ya mencionada, AGA, legajo 1476/2. Esta oposición fue analizada por Bartolomé Clavero, "Ignorancia académica por España (1944) y privación indígena por América (1831)"... Acerca de las delaciones, Yolanda Blasco Gil y Tomás Saorín, *Las universidades de Mariano Ruiz-Funes...*, pp. 93-98.

798 Puede verse la producción de los exiliados en Julián Amo y Charmion Shelby, *La obra impresa de los intelectuales españoles en América, 1939-1945*, prólogo de Alfonso Reyes, Stanford University Press, 1950.

dos que en otros que ya estaban desempeñando cátedra y tienen muchas publicaciones, pero ahora aprovechan para ascender a otras universidades de mayor prestigio o a la universidad central de Madrid. Pero en conjunto podemos decir que tanto en unos como en otros el peso patriótico al nuevo estado es muy fuerte para lograr sus objetivos en las cátedras. A través de estas oposiciones patrióticas consiguieron, pues, domeñar a una universidad cercenada por la guerra.

3. *Configuración de tribunales adeptos*

Como se ha podido comprobar, el desarrollo de las oposiciones patrióticas es, formalmente, muy similar a los procesos de selección anteriores a la guerra civil. Después de todo, los reglamentos de oposiciones establecían desde antiguo los pasos a seguir para cubrir las plazas en la universidad pública: cómo se realizaba la convocatoria, cómo se nombraba y componía el tribunal, cuándo firmaban los aspirantes, qué documentación debían acompañar, cuándo se iniciaban los ejercicios y cómo se realizaba la votación final.

Hay que ir al detalle para confirmar quiénes formaban el tribunal y observar que se trataba de manera invariable de hombres profundamente implicados en el desarrollo del régimen franquista. Entre los que abundan mandos de falange, miembros del Opus dei, como D´Ors, Puigdollers Oliver o cercanos como García-Gallo…

Sus nombres en los expedientes no son casualidad, sino el resultado de la nueva norma franquista de 1940, que revisaba la anterior -fechada en 1931-. Hasta entonces se elegían los tribunales con varios sistemas, en que entraba el ministro, pero también las academias o los claustros. En este nuevo reglamento se mantenía la mayoría de los detalles organizativos heredados de la tradición. Pero se revisaba de manera profunda la composición de los tribunales, otorgando al ministro la capacidad de designar tanto al presidente como a los vocales del tribunal. Y exigiendo que el primero de ellos proviniera del CSIC o del Instituto de España, instituciones previamente ordenadas siguiendo directrices netamente franquistas. Por supuesto, entre los vocales, muchos de ellos también pertenecen a institutos del consejo. La pertenencia al CSIC es destacada y muy claro el papel tan importante que juega en la provisión de cátedras.

El ministro de educación nacional, el propagandista Ibáñez Martín, con la nueva ley de 1943 nombra directamente cada tribunal, formados por personas de indudable confianza, con lo que ejerce una poderosa influencia; rompiendo las reglas a las que el propio ministro debía sujetarse para designar las comisiones o tribunales. En la presidencia del tribunal, que suele repetirse, figuran los más adictos, mandarines de las asignaturas, unos jueces parciales y fieles al nuevo estado, al adoctrinamiento del nacionalcatolicismo. El presidente, como se ha señalado, era además miembro del CSIC, controlado por el ministerio, y muy pronto dominado por el *Opus dei.* Todo quedaba bien sujeto a control.

Los expedientes muestran un simulacro de legalidad, conforme a la nueva legislación, que dejaba todo el poder, insisto, en manos del ministro.

Desde los tribunales, las instancias que daban apoyo al dictador se ocuparon de ir formando esa universidad católica, conservadora y adoctrinadora que el régimen pretendía. Una universidad domeñada en la que muchos de los nuevos catedráticos proceden en principio de falange.

El CSIC será ahora órgano rector, que emergerá sobre las cenizas de la JAE... Las oposiciones y concursos de traslado de los primeros años cuarenta son ejemplo del férreo control ministerial, más todavía con la ley de reforma universitaria de 1943.

4. *Escasa relevancia otorgada a la investigación científica*

En paralelo al fenómeno de los méritos políticos, en los concursos analizados nos encontramos con que el sistema concede muy escasa importancia a la investigación.

Los opositores se presentan, en su mayoría, dispuestos a ocupar las cátedras con escasa obra, con pocas publicaciones, y más si se comparan con las de los profesores exiliados. Además, la mayoría siguen los principios del movimiento y el nacionalcatolicismo imperante.

Tienen mayor peso las influencias, como suele pasar, y sobre todo, como se ha venido insistiendo, la adhesión al régimen y la adscripción ideológica, los méritos patrióticos al movimiento -medallas, condecoraciones-, fruto de la participación en el bando nacional, ayudando al régimen franquista, así como las delaciones a compañeros. En general las oposiciones que se han venido estudiando confirman estas realidades.

Uno de los casos más significativos de los que se repasan en estas páginas es la presencia del capellán y excombatiente Pedro Ramón Lamas Lourido, aspirante a una cátedra de derecho canónico, que se presentó a la oposición con un bagaje formado por poco más de un puñado de artículos de opinión sobre moral cristiana y temas de actualidad política, publicados en la prensa generalista. Pesaron más las abundantes condecoraciones militares que su tarea académica cuando le fue concedida una de las plazas.

Es cierto que la importancia de la investigación en la carrera universitaria en España había sido históricamente muy limitada, pero la situación se había comenzado a revertir con los reglamentos de oposiciones de Romanones (1910) y de la República (1931). Frente a estos avances, la nueva política universitaria instaurada por Franco sería la antítesis hegeliana. Oponía a la universidad anterior una sin pensamiento crítico y escasos avances en el conocimiento.

En cuanto a la ciencia jurídica, no se trata de ver solo la lucha de los diferentes grupos políticos y religiosos, también el grado de avance o aportaciones científicas. El resultado es una ciencia pedestre y una doctrina que se importa, como la italiana y alemana, pero en su vertiente más conservadora en la mayoría de las asignaturas, salvo algunos casos como en derecho mercantil y civil...

5. *Exigua incorporación de corrientes doctrinales nuevas y extranjeras*

El contenido general de los ejercicios que se presentan en estas oposiciones revela también que hay escasa innovación por parte de los candidatos en sus respectivas materias. La ciencia jurídica se aleja de las influencias intelectuales de Europa[799].

Los conceptos y doctrinas utilizados son arcaicos, citas de manuales o textos clásicos. Pocos opositores recogen en sus trabajos las influencias de las nuevas corrientes doctrinales que se desarrollan y extienden internacionalmente[800]. En algunos casos, incluso ni siquiera incorporan los cambios que ya se están poniendo en marcha en el nuevo estado franquista.

Evidentemente, es un entorno académico que ni estimula la investigación ni tolera bien la crítica. Resulta mucho más práctica la estrategia de tantos opositores de la época, que se ciñen a los manuales escritos por los miembros del tribunal. Aun sin haber escrito éstos una gran obra doctrinal, y más si la comparamos con la producida por los profesores anteriores ahora exiliados.

---

799 Fritz K. Ringer, *El ocaso de los mandarines alemanes. Catedráticos, profesores y la comunidad académica alemana, 1890-1933*, Barcelona, Ediciones Pomares-Corredor, 1995.

800 Gonzalo Pasamar Alzuria, *Historiografía e ideología en la posguerra española: La ruptura de la tradición liberal*, Zaragoza, Prensas Universitarias de Zaragoza, 1991, pp. 121-132, en particular pp. 122-124. He de agradecer a Gonzalo Pasamar sus oportunos comentarios, siempre constructivos, a algunos de mis trabajos; buen maestro, excelente investigador.

Frente a la ciencia jurídica española sometida a la ideología nacionalcatólica y alejada, en general, de las nuevas corrientes europeas del momento, lejos quedó el caudal científico de algunos de los mejores profesores universitarios que se perdió con el exilio y que ganaron los países de acogida.

Supuso un proceso de destrucción de la universidad española y del país que tardaría décadas en recuperarse[801].

6. *Importancia de la elocuencia expositiva*

Con una construcción como la descrita hasta aquí, donde al catedrático no se le exige una buena metodología investigadora, ni pensamiento crítico, ni generar ideas, ni producir un claro avance del conocimiento, es lógico entender que los tribunales destaquen con frecuencia otras capacidades, como las dotes de elocuencia de los candidatos.

En los ejercicios que se realizan en la oposición prevalecen las cualidades oratorias y memorísticas sobre las científicas. De ese modo, en muchos casos, quienes forman el tribunal valoran las dotes de exposición y comentan si el aspirante se expresa con espontaneidad o si, por el contrario, lee el ejercicio; si es sistemático, si se pasa de la hora establecida o si es o no confuso.

Así, y puesto que los candidatos no son juzgados como investigadores ni como impulsores de nuevos caminos para la ciencia, terminan siendo valorados como oradores. En definitiva, se atiende más a las aptitudes memorísticas docentes que a la propia investigación...

De esta manera se cierra el círculo de la nueva universidad para la nueva España de Franco: la cátedra universitaria se ha convertido en un espejo complementario del púlpito eclesiástico. De aguijón e impulso para el conocimiento ha pasado a ser tribuna doctrinal.

Acaba aquí parte de nuestra historia, la de los primeros años de posguerra en la provisión de cátedras de derecho[802].

---

801 Jaume Claret Miranda, *El atroz desmoche...*, sus páginas muestran el cuadro general de la tragedia que supuso la represión franquista y que llevó a un proceso de destrucción de la universidad, con graves consecuencias para la ciencia y para el país.

802 Con este trabajo cumplo un proyecto en el que he ido trabajando durante años y agradezco a muchas personas queridas su apoyo para realizarlo. A María Fernanda Mancebo, a mi maestro Mariano Peset, también a Bartolomé Clavero. A mis amigos:

Apéndice

Concursos y oposiciones a cátedras de derecho en 1943-1945 (BOE)*

FECHA BOE	UNIVERSIDAD	CÁTEDRAS	INFORMACIÓN
8 de enero de 1943	Universidad de Valladolid	Derecho Internacional; Público y Privado	Admitidos provisionalmente: Eusebio Díaz Morera, Ramón Sedó Gómez, Vicente Ramírez de Arellano Marcos. Excluidos: Antonio Poch Gutiérrez de Caviedes, Jesús Esperabé de Arteaga, Eduardo Pérez Griffo.
28 de abril de 1943	Universidad de Valladolid	Derecho Internacional Público y Privado	Tribunal de oposiciones a cátedra (turnos auxiliares).
5 de junio de 1943	Universidad de La Laguna	Derecho Internacional Público y Privado	Orden 26 de mayo de 1943 agrega a la convocatoria que se cita la cátedra de La Laguna.
26 de agosto de 1943	Universidad de La Laguna	Derecho Internacional, Público y Privado	Admitidos provisionalmente: Fernando Rodríguez-Porrero Chavarri y Ramón García-Trelles Domínguez. Exluidos: Miguel Arjona Colomo y Mariano Aguilar Navarro.
30 de septiembre de 1943	Universidades de Valladolid y La Laguna	Derecho Internacional Público y Privado	Admitidos: Eusebio Díaz Morera, Antonio Poch Gutiérrez de Caviedes, Ramón Sedó Gómez y Vicente Ramírez de Arellano Marcos. Admitidos, solo a las oposiciones a La Laguna: Miguel Arjona Colomo, Mariano Aguilar Navarro, Fernando Rodríguez-Porrero Chavarri y Ramón García-Telles Domínguez.
24 de octubre de 1943	Universidades de Valladolid y La Laguna	Derecho Internacional Público y Privado	Tribunal de oposiciones a las cátedras (turno auxiliares) Señala fecha, hora y local en que han de presentarse los aspirantes ante el tribunal. El presidente: José Yanguas Messía.

aquí, Fernanda Peset, Tomás Saorín, Pilar Montañana, Concha Baeza, Ana Teresa Ortega, José Luis Monzón, Salvador Vives, por supuesto, a mi colega Jorge Correa, que dirigió los programas del ministerio que comenzó Mariano Peset, y a Margarita Serna Vallejo por su amabilidad; en la otra orilla, Armando Pavón, con quien he colaborado en sus diferentes proyectos CONACYT y PAPIIT codirigiendo VII seminarios internacionales sobre historia de la universidad, a Clara Ramírez, Claudia Llanos, Carolina Narváez, Belén Santos, Mariano Mercado, Aurora Díez-Canedo y José Ramón Cossío. De todos ellos recibí ayuda en el momento necesario, formando una red de redes, pero de colaboración y cooperación de trabajo en equipo, como debe pretenderse sea una universidad. Al menos como nosotras la entendemos.

15 de enero de 1944	Universidad de La Laguna	Derecho Internacional Público y Privado	Orden 16 de diciembre de 1943 declara desierta la oposición.
15 de enero de 1944	Universidad de Valladolid	Derecho Internacional Público y Privado	El ministerio nombra a Antonio Poch Gutiérrez de Caviedes catedrático.
10 de enero de 1943	Universidad de Madrid	Historia del Derecho Internacional (Doctorado en la Facultad de Derecho)	Orden 24 de noviembre de 1942 nombra catedrático a Fernando M. Castiella y Maiz.
10 de enero de 1943	Universidad de Murcia	Derecho Civil	Anuncio a concurso previo de traslado.
26 de marzo de 1943	Universidad de Murcia	Derecho Civil	Orden 3 de febrero de 1943 nombra catedrático a Antonio Reverte Moreno.
12 de febrero de 1943	Universidades de La Laguna y Salamanca	Derecho Mercantil	Orden 29 de enero de 1943 anuncia oposición, turno libre.
12 de junio de 1943	Universidades de Salamanca y La Laguna	Derecho Mercantil	Orden 24 de mayo de 1943 nombra el tribunal de las oposiciones. Presidente: Felipe Clemente de Diego, del CSIC. Vocales: Joaquín Garrigues Díaz-Cañabate, Ricardo Mur Sancho, Juan Ossorio Morales y Agustín Vicente Gella, catedráticos de Madrid, Valencia, Granada y Zaragoza, respectivamente. Presidente suplente: José Viñas Mey, del CSIC. Vocales suplentes: José María González de Echávarri Vivanco, Alfonso de Cossío Corral, Ignacio Serrano y Serrano y Francisco Candil Calvo, catedráticos de Valladolid, el primero y tercero, respectivamente, y de Sevilla, los dos restantes.
25 de junio de 1943	Universidades de Salamanca y La Laguna	Derecho Mercantil	Admitidos provisionalmente: Rodrigo Uría González, José Girón Tena y Julián Aparicio Ramos.
20 de julio de 1943	Universidades de Salamanca y La Laguna	Derecho Mercantil	Admitidos: Rodrigo Uría González, José Girón Tena y Julián A. Aparicio Ramos.
21 de octubre de 1943	Universidades de Salamanca y La Laguna	Derecho mercantil	Tribunal de oposiciones a las cátedras vacantes. Convoca a los opositores para el día y hora en la central. El presidente del tribunal: Felipe Clemente de Diego.
24 de enero de 1944	Universidad de Salamanca	Derecho Mercantil	El ministerio resuelve nombrar a Rodrigo Uría González catedrático.

28 de enero de 1944	Universidad de La Laguna	Derecho Mercantil	El ministerio nombra a José Girón Tena catedrático.
17 de febrero de 1943	Universidad de Valencia	Derecho Administrativo	Orden 3 de febrero de 1943 declara desierto el concurso de traslado.
11 de abril de 1943	Universidad de Valencia	Derecho Administrativo	Orden 3 de abril de 1943 anuncia a oposición, turno libre, la cátedra.
9 de junio de 1943	Universidad de Valencia	Derecho Administrativo	Orden 24 de mayo de 1943 nombra el tribunal de las oposiciones. Presidente: José Gascón y Marín, del CSIC. Vocales: Carlos García Oviedo, Sabino Álvarez Gendín y Blanco, Recaredo Fernández de Velasco y Segismundo Royo Villanova Fernández Cavada, catedráticos de Sevilla, Oviedo, Valladolid, los tres primeros, respectivamente, y excedente el último. Presidente suplente: Carlos Ruiz del Castillo y Catalán de Ocón, del CSIC. Vocales suplentes: Gregorio de Pereda Ugarte, José María Pi y Suñer, Antonio Mesa Segura y Eugenio Pérez Botija, catedráticos de Zaragoza, Barcelona y Granada los tres primeros, respectivamente, y excedente el último.
30 de junio de 1943	Universidad de Valencia	Derecho Administrativo	Admitidos provisionalmente: Juan Galvañ Escutia y Laureano López Rodó. Excluido: Manuel Ballbé Prunés.
20 de julio de 1943	Universidad de Valencia	Derecho Administrativo	Admitidos: Juan Galvañ Escutia, Laureano López Rodó y Manuel Ballbé Prunés.
17 de octubre de 1943	Universidad de Valencia	Derecho Administrativo	Tribunal de oposiciones a la cátedra. Señala fecha, hora y local en que han de presentarse los aspirantes. El presidente del tribunal. José Gascón y Marín.
10 de noviembre de 1943	Universidades de Valencia y Salamanca	Derecho Administrativo	Orden 2 de noviembre de 1943 agrega a las oposiciones anunciadas, a la cátedra de derecho administrativo de Valencia, la de igual denominación de Salamanca.
3 de febrero de 1944	Universidad de Valencia	Derecho Administrativo	Orden 31 de diciembre de 1944 por la que se nombra catedrático a Juan Galvañ Escutia.
3 de febrero de 1944	Universidad de Salamanca	Derecho Administrativo	Orden 31 de diciembre 1943 declara desierta la oposición a la cátedra de Salamanca. Anunciadas a oposición, turno libre, las cátedras de Valencia y Salamanca, órdenes 3 de abril y 2 de noviembre de ese año, fue propuesto unanimidad del tribunal para ocupar la de Valencia Juan Galvañ Escutia, quedando sin adjudicar la de Salamanca.

22 de marzo de 1943	Universidad de Santiago	Derecho Penal	Admitidos provisionalmente: Manuel Serrano Rodríguez y Joaquín Bastero Archanco. Excluidos: Antonio Peláez de las Heras, Eleuterio González Zapatero, Antonio Huerta Ferrer.
5 de junio de 1943	Universidad de Santiago	Derecho Penal	Orden 24 de mayo de 1943 nombra el tribunal de oposiciones. Presidente: Eugenio Cuello Calón, del CSIC. Vocales: Isaías Sánchez-Tejerina y Sánchez, Octavio Pérez Vitoria, Antonio Ferrer Sama y José Ortego Costales, catedráticos de Madrid, Barcelona, Murcia y La Laguna, respectivamente. Presidente suplente: Eloy Montero Gutiérrez, del CSIC. Vocales suplentes: José Guallart y López de Goicoechea, José A. Rodríguez Muñoz, Antonio Mesa Moles y Juan del Rosal Fernández, catedráticos de Zaragoza, Valencia, Granada y Valladolid, respectivamente.
25 de junio de 1943	Universidad de Santiago	Derecho Penal	Admitidos: Antonio Peláez de las Heras, Eleuterio González Zapatero, Manuel Serrano Rodríguez, Joaquín Bastero Archanco.
11 de septiembre de 1943	Universidad de Santiago	Derecho Penal	Tribunal de oposiciones. Convoca para el 15 de octubre a los opositores. El presidente del tribunal: Eugenio Cuello Calón.
22 de noviembre de 1943	Universidad de Santiago	Derecho Penal	Se nombra catedrático a Manuel Serrano Rodríguez.
30 de marzo de 1943	Universidad de Valladolid	Derecho Romano	Se convoca a concurso de traslado.
30 de mayo de 1943	Universidad de Valladolid	Derecho Romano	Orden 11 de mayo de 1943 se nombra a Juan Iglesias Santos catedrático.
16 de abril de 1943	Universidad de Granada	Derecho Romano	Orden 3 abril de 1943 anuncia a oposición, turno libre, la cátedra.
7 de junio de 1943	Universidad de Granada	Derecho Romano4	Orden 22 de mayo de 1943 nombra el tribunal que juzgará las oposiciones. Presidente: Manuel Torres López, del CSIC. Vocales: Ursicino Álvarez Suárez, Francisco Pelsmaeker Iváñez, Isidro Martín Martínez y Antonio Reverte Moreno, catedráticos de Madrid y Sevilla los dos primeros respectivamente, y de la Murcia los siguientes. Presidente suplente: Eusebio Díaz González, del CSIC. Vocales suplentes: José Pon de Foxá, José Santa-Cruz Teijeiro, Juan Iglesias Santos y Juan Ossorio Morales, catedráticos de Zaragoza. Valencia, Oviedo y Granada, por este orden.

15 de junio de 1943	Universidad de La Laguna	Derecho Romano	Orden 24 de mayo de 1943 agrega a las oposiciones que se indican la cátedra de romano de La Laguna.
25 de junio de 1943	Universidades de Granada y La Laguna	Derecho Romano	Admitidos provisionalmente: Francisco Hernández-Tejero y Álvaro D´Ors Pérez-Peix. Excluido: Faustino Gutiérrez Alviz.
20 de julio de 1943	Universidades de Granada y La Laguna	Derecho Romano	Admitidos: Francisco Hernández-Tejero, Álvaro D´Ors Pérez-Peix y Faustino Gutiérrez Alviz.
2 de octubre de 1943	Universidades de Granada y de La Laguna	Derecho Romano	Tribunal de oposiciones. Señala la presentación de los opositores.
30 de enero de 1944	Universidad de La Laguna	Derecho Romano	El ministerio nombra a Faustino Gutiérrez Alviz catedrático.
3 de febrero de 1944	Universidad de Granada	Derecho Romano	El ministerio resuelve nombrar a Álvaro D´Ors catedrático.
30 de julio de 1944	Universidades de Granada y Santiago	Derecho Romano	Este Ministerio resuelve acceder a la permuta de las respectivas cátedras, solicitadas por Álvaro D´Ors y Faustino Gutiérrez Alviz, catedráticos de Granada y Santiago, respectivamente. Nombra a D´Ors para la cátedra de Santiago y a Gutiérrez Alviz para la de Granada.
29 de abril de 1943	Universidad de La Laguna	Derecho Civil	Se nombra catedrático a José María Valiente Soriano.
29 de abril de 1943	Universidad de Santiago	Derecho Civil	Nombra catedrático a Amadeo Fuenmayor Champín.
29 de abril de 1943	Universidad de Granada	Derecho Civil	Nombra catedrático a Antonio Hernández Gil.
5 de junio de 1943	Universidad de Santiago	Derecho Político	Orden 24 de mayo de 1943 nombra el tribunal de oposiciones. Presidente: Fernando María Castiella Maíz, del CSIC. Vocales: Enrique Gómez Arboleya, Luis Sánchez Agesta, Segismundo Royo-Villanova Fernández, catedráticos, los dos primeros y el último, de Granada y Salamanca, respectivamente y el tercero, catedrático excedente. Presidente suplente: Carlos Ruiz del Castillo Catalán de Ocón, del CSIC. Vocales suplentes: Gonzalo del Castillo Alonso, Luis Legaz Lacambra. Ignacio M. Logendio Irure y Valentín A. Álvarez y Álvarez, catedráticos de Santiago, Sevilla y Oviedo, respectivamente, el segundo, tercero y cuarto, y catedrático jubilado, el primero.

5 de junio de 1943	Universidad de Santiago	Derecho Político	Admitidos provisionalmente: Francisco Javier Conde García, José Luis Santaló Rodríguez de Viguri, Antonio Seiquer Velasco. Excluido: Antonio Asorey Andaluz.
25 de junio de 1943	Universidad de Santiago	Derecho Político	Admitidos: Francisco Javier Conde García, José Luis Santaló Rodríguez, Antonio Seiquer Velasco.
3 de octubre de 1943	Universidad de Santiago	Derecho Político	Tribunal de oposiciones a la cátedra de político de Santiago (turno libre) Señala la presentación de los aspirantes ante el tribunal.
11 de diciembre de 1943	Universidad de Santiago	Derecho Político	Orden 18 de noviembre de 1943 nombra catedrático a Francisco Javier Conde García.
12 de junio de 1943	Universidades de Madrid y Murcia	Derecho Procesal	Orden 24 de mayo de 1943 nombra el tribunal de las oposiciones. Presidente Felipe Clemente de Diego, del CSIC. Vocales: José Serrano Suárez, Mauro Miguel Romero, José Viñas Mey y Pedro de Apalategui, catedráticos, los tres primeros de Oviedo, Valladolid y Valencia, respectivamente, y profesor encargado de curso en Madrid el último. Presidente suplente: Ignacio de Casso Romero, del CSIC. Vocales suplentes: Juan Ossorio Morales, José Guallart y López de Goicoechea, Miguel Fenech Navarro, catedráticos de Granada, Zaragoza y Granada, respectivamente, y Manuel de la Plaza, magistrado.
25 de junio de 1943	Universidad de Madrid	Derecho Procesal	Admitidos: Ángel Enciso Calvo, Jaime Guasp Delgado y Leonardo Prieto Castro. Excluido: Emilio Gómez Orbaneja.
25 de junio de 1943	Universidad de Murcia	Derecho Procesal	Admitido provisionalmente: Antonio Martínez Bernal.
17 de agosto de 1943	Universidad de Madrid	Derecho Procesal	Admitidos: Àngel Enciso Calvo, Jaime Guasp Delgado, Emilio Gómez Orbaneja y Leonardo Prieto Castro.
30 de octubre de 1943	Universidades de Madrid y Murcia	Derecho Procesal	Tribunal de oposiciones a las cátedras vacantes. Cita a los opositores. El Presidente del tribunal: Felipe Clemente de Diego.
5 de diciembre de 1943	Universidad de Murcia	Derecho Procesal	Tribunal de oposiciones a la cátedra vacante. Se convoca al único opositor. El Presidente del tribunal: Ignacio de Casso.
14 de marzo de 1944	Universidad de Murcia	Derecho Procesal	El ministerio resuelve nombrar a Antonio Martínez Bernal, catedrático.

14 de marzo de 1944	Universidad de Madrid	Derecho Procesal	El ministerio resuelve nombrar a Jaime Guasp Delgado, catedrático.
28 de septiembre de 1943	Universidad de Oviedo	Derecho Penal	El ministerio nombra para la cátedra de Oviedo, al catedrático de procesal de Sevilla, Valentín Silva Melero.
9 de noviembre de 1943	Universidad de Madrid	Hacienda Pública, Facultad de Derecho	Convoca oposiciones para proveer la cátedra vacante. Se dispone que se anuncie según el artículo 58 de la Ley de 29 de julio de 1943, para su provisión por oposición, turno único, la cátedra.
16 de febrero de 1944	Universidad de Madrid	Hacienda Pública	Orden 26 de enero de 1944 nombra el tribunal de las oposiciones a la cátedra. Presidente José María Zumalacárregui Prat, del CSIC. Vocales: Manuel Torres Martínez, Miguel Paredes Marcos, Sabino Álvarez Gendín y Blanco, catedráticos de Valencia. Zaragoza y Oviedo, respectivamente, y José María Areilza y Martínez Roda, del CSIC. Presidente suplente: Luis Jordán a de Pozas, del CSIC. Vocales suplentes: Jaime Alfageme Postius, Miguel Sancho Izquierdo, Segismundo Royo-Villanova y Fernández Cavada, catedráticos de Barcelona y Zaragoza los dos primeros, respectivamente, y excedente el tercero, y Pedro Gual Villalbí, catedrático de la Escuela de Altos Estudios Mercantiles de Barcelona.
14 de marzo de 1944	Universidad de Madrid	Hacienda Pública	Dirección de Enseñanza Universitaria, declara admitidos definitivamente a los opositores a la cátedra: Mariano Sebastián Herrador y Valentín Andrés Álvarez y Álvarez.
17 de enero de 1945	Universidad de Madrid	Hacienda Pública	Orden 2 de enero de 1945 declara desierta la provisión de la cátedra.
24 de enero de 1945	Universidad de Madrid	Hacienda Pública y Derecho Fiscal	Orden 8 de enero de 1945 anuncia, para su provisión a concurso de traslado, la cátedra de Madrid. Convoca a oposición para proveer La Laguna.
16 de diciembre de 1945	Universidad de Madrid	Hacienda Pública y Derecho Fiscal	Orden 28 de noviembre de 1945 nombra a Vicente Gay Forner catedrático.
22 de noviembre de 1943	Universidades de Valladolid y Oviedo	Derecho Canónico	Orden 5 de noviembre de 1943 dispone se anuncien a oposiciones para proveer las cátedras.
22 de noviembre de 1943	Universidades de Valladolid y Oviedo	Derecho Canónico	Se convocan oposiciones para proveer las cátedras.

5 de enero de 1945	Universidad de Oviedo y Valladolid	Derecho Canónico	Orden 13 de diciembre de 1944 abre nuevo plazo para solicitar las oposiciones a las cátedras de canónico en Oviedo y Valladolid.
25 de mayo de 1945	Universidades de Oviedo y Valladolid	Derecho Canónico	Orden 1 de mayo de 1945 nombra el tribunal de oposiciones. Presidente: Jesús Mérida Pérez, obispo de Astorga, del CSIC. Vocales: Eloy Montero Gutiérrez, Teodoro Andrés Marcos, Nicolás de Otto Escudero, catedráticos de Madrid, Salamanca y Zaragoza, respectivamente, y R. P. Lorenzo Miguélez Domínguez, rector de la Pontificia de Salamanca. Presidente suplente: José López Ortiz, obispo de Tuy, del CSIC. Vocales suplentes: José Escobedo González Alberú, Pedro Ramón Lamas Lourido, José Pou de Foxá, catedráticos de La Laguna, Valencia y Zaragoza, respectivamente, y José Luis Cabreros de Anta (R. P. del Corazón de María).
8 de julio de 1945	Universidades de Oviedo y Valladolid	Derecho Canónico	Admitidos: José Maldonado Fernández del Torco, Miguel Hernández Ascó, Manuel de Pablo Aguilera, José Bernal Montero, Luis Horno Liria y Teodoro Ruiz Josué.
1 de octubre de 1945	Universidades de Valladolid y Oviedo	Derecho Canónico	Tribunal de oposiciones a las cátedras vacantes. Convoca a los opositores y señala fecha, hora y lugar de presentación. El presidente del Tribunal, Jesús, Obispo de Astorga.
17 de diciembre de 1945	Universidad de Valladolid	Derecho Canónico	Orden 1 de diciembre de 1945 nombra a Miguel Hernández Ascó catedrático.
17 de diciembre de 1945	Universidad de Oviedo	Derecho Canónico	Orden 1 de diciembre de 1945 nombra a José Bernal Montero catedrático.
22 de noviembre de 1943	Universidad de Barcelona	Derecho Canónico	Orden 3 de noviembre de 1943 convoca concurso de traslado.
22 de noviembre de 1943	Universidad de Barcelona	Derecho Canónico	Convoca concurso de traslado para proveer la cátedra vacante. Pueden optar a la traslación los catedráticos numerarios y excedentes de disciplina igual o análoga legalmente a la vacante y auxiliares numerarios que tengan reconocido este derecho. El orden de preferencia de los aspirantes será el que establece la ley de 1943 y real decreto de 17 de febrero de 1922 en cuanto no esté derogado por aquella, teniéndose en cuenta además los servicios prestados al nuevo estado. Los aspirantes que sean eclesiásticos presentarán expresa autorización de su Prelado para tomar parte en el concurso.

21 de diciembre de 1943	Universidades de Zaragoza, Oviedo y La Laguna.	Derecho civil	Orden 7 de diciembre de 1943 anuncia a oposición las cátedras.
21 de diciembre de 1943	Universidades de Zaragoza, Oviedo y La Laguna.	Derecho civil	Convoca a oposición la cátedra de civil en cada una de las facultades, según artículo 58 de la ley de 1943.
5 de enero de 1945	Universidades de La Laguna, Oviedo y Zaragoza	Derecho Civil	Orden 18 de diciembre de 1944 abre nuevo plazo para solicitar las oposiciones a las cátedras.
17 de enero de 1945	Universidad de Oviedo	Derecho Civil	Orden 3 de enero de 1945 convoca a oposición para la provisión de la cátedra.
20 de febrero de 1945	Universidades de Zaragoza, Oviedo y La Laguna	Derecho Civil	Orden 31 de enero de 1945 nombra tribunal para la provisión de las cátedras. Presidente: Felipe de Clemente de Diego, CSIC. Vocales: Juan Ossorio Morales, Martín L. Sancho Seral, José María Serrano Suárez y Alfonso Cossío Corral, catedráticos de Granada, Zaragoza, Oviedo y Sevilla, respectivamente. Presidente suplente: Manuel Batlle Vázquez, del CSIC. Vocales suplentes: Esteban Madrugo Jiménez, José Viñas Mey, Antonio Hernández Gil y Amadeo Fuenmayor Champín, catedráticos de Salamanca, Valencia, Granada y Santiago, respectivamente.
30 de marzo de 1945	Universidades de Oviedo, La Laguna y Zaragoza	Derecho Civil	Admitidos: Diego E. Espín Cánovas y Cristóbal Navajas Tirado. Excluidos: Miguel Royo Martínez (falta certificado negativo de antecedentes penales). Guillermo García-Valdecasas y García-Valdecasas (falta declaración jurada o certificado de depuración, en su caso, y una póliza de tres pesetas). Gregorio Ortega Pardo (falta declaración jurada o certificado de depuración y. certificado de firme adhesión a los principios fundamentales del estado) y José Fernández Santa Eulalia (certificado de adhesión a los principios fundamentales del estado). Admitidos para opositar a las tres cátedras primeramente anunciadas -orden de 7 de diciembre de 1943-, por reunir las condiciones exigidas en la convocatoria, los aspirantes: Pedro Rocamora Valk y Luis Martín-Ballesteros Costea. Excluido (por falta de presentación de declaración jurada o certificado de depuración y del trabajo científico) Manuel Albadalejo García, con derecho a opositar solo a civil en Oviedo, anunciada por orden 3 de enero de 1945.

24 de abril de 1945	Universidades de Oviedo, La Laguna y Zaragoza	Derecho Civil	Admitidos: Miguel Royo Martínez, Guillermo García-Valdecasas y García-Valdecasas, Diego E. Espín Cánovas, Gregorio Ortega Pardo, Cristóbal Navajas Tirado, José Fernández Santa Eulalia. Se declaran admitidos con derecho a opositar solo a las tres cátedras primeras anunciadas -orden 7 de diciembre de 1943-. También: Pedro Rocamora Valls, y Luis Martín-Ballesteros Costea. Admitido, pero con derecho a opositar solo a la cátedra de civil de Oviedo, anunciada por orden 3 de enero de 1945, Manuel Albaladejo García.
3 de diciembre de 1945	Universidades de Oviedo, Zaragoza y La Laguna	Derecho Civil	Tribunal de oposiciones a las cátedras. Convoca a los opositores y señala fecha, hora y lugar de la presentación. El Presidente del tribunal: Manuel Batlle.
21 de enero de 1944	Universidades de Murcia, Oviedo y Sevilla	Filosofía del derecho	Orden 7 de enero de 1944 se dispone se anuncie a concurso de traslado las cátedras.
21 de enero de 1944	Universidades de Murcia, Oviedo y Sevilla	Filosofía del derecho	Dirección de Enseñanza Universitaria auncia a concurso de traslado las cátedras. El orden de preferencia de los aspirantes será el que establece la Ley 29 de julio de 1943 y el real decreto 17 de febrero de 1922, en cuanto no esté derogado por aquélla, teniéndose en cuenta los servicios prestados al nuevo estado. Los aspirantes eclesiásticos presentarán la autorización del Prelado.
1 de febrero de 1944	Universidades de Murcia, Oviedo y Sevilla	Filosofía del Derecho	Orden 8 de enero de 1944 anuncia a oposición las cátedras.
1 de febrero de 1944	Universidades de Murcia, Oviedo y Sevilla	Filosofía del Derecho	Dirección de Enseñanza Universitaria anuncia a oposición las cátedras.
2 de marzo de 1944	Universidades de Murcia, Oviedo y Sevilla	Filosofía del Derecho	Orden 15 de febrero de 1944 declara desiertos los concursos de traslado a dichas cátedras, y deja subsistente la orden por la que se anunciaban a oposición.

14 de marzo de 1944	Universidades de Murcia, Oviedo y Sevilla	Filosofía del Derecho	Orden 29 de febrero de 1944 nombra el tribunal de las oposiciones a las cátedras. Presidente: Eduardo Callejo de la Cuesta, del CSIC. Vocales: Wenceslao González Oliveros, Miguel Sancho Izquierdo, Luis Legaz, Lacambra y Enrique Luño Peña, catedráticos de Madrid, Zaragoza, Santiago y Barcelona, respectivamente. Presidente suplente: Mariano Pingdollers Oliver, del CSIC. Vocales suplentes: Juan Zarágüeta Bengoechea, José Corts Grau, Enrique Gómez Arboleya y Ramón Pérez Blesa, catedráticos de Madrid, Valencia, Granada y Valladolid, por ese orden.
4 de mayo de 1944	Universidades de Murcia, Oviedo y Sevilla	Filosofía del Derecho	"Dirección de Enseñanza Universitaria declara admitidos y excluidos provisionalmente a los opositores a las cátedras, Admitidos: Eustaquio Galán Gutiérrez, Torcuato Fernández Miranda Hevia y Salvador Lissarrague Novoa, Excluidos: Joaquín Ruiz-Giménez Cortés (por falta del certificado de antecedentes penales y del trabajo científico exigido), Antonio Truyol Serra deberá justificar su nacionalidad española, Celso Vázquez Álvarez por faltarle toda la documentación y José Viani Caballero (por presentar la instancia fuera del plazo reglamentario y faltarle certificado de antecedentes penales, de depuración, recibo de derechos, certificado de adhesión a los principios del nuevo estado y el trabajo científico).
25 de mayo de 1944	Universidades de Murcia, Oviedo y Sevilla	Filosofía del Derecho	Declara admitidos definitivamente a los opositores: Eustaquio Galán Gutiérrez, Joaquín Ruiz-Giménez Cortés, Torcuato Fernández-Miranda Hevia, Salvador Lissarrague Novoa y Antonio Truyol Serra.
1 de noviembre de 1944	Universidades de Murcia, Oviedo y Sevilla	Filosofía del Derecho	Tribunal de oposiciones a cátedras. Convocan a los opositores en el local, día y hora que se señalan. Los opositores entregarán en el acto de presentación los trabajos científicos y la exposición escrita del concepto, método, fuentes y programa de la asignatura, conforme al artículo 13 del Reglamento. El Presidente del Tribunal: Eduardo Callejo.
29 de diciembre de 1944	Universidades de Murcia, Oviedo y Sevilla	Filosofía del Derecho	Nombrado Joaquín Ruiz-Giménez para Sevilla; Eustaquio Galán para Murcia; Salvador Lissarrague para Oviedo.
28 de enero de 1944	Universidad de Madrid	Historia de las Instituciones Políticas y Civiles de América	Convoca a oposición la cátedra de doctorado de las Facultades de Derecho y Filosofía y Letras de la Universidad de Madrid.

3 de junio de 1944	Universidad de Madrid	Historia de las Instituciones Políticas y Civiles de América	Tribunal de oposiciones a la cátedra. Aspirante único García-Gallo. Se convoca al opositor para el día 5 de junio, a las seis de la tarde en el salón de grados de derecho. Presidente del tribunal, José López Ortiz.
30 de julio de 1944	Universidad de Madrid	Historia de las Instituciones Políticas y Civiles de América, Doctorado de las Facultades de Derecho y Filosofía y Letras	En virtud de oposición, el ministerio resuelve nombrar a Alfonso García-Gallo catedrático del doctorado de las facultades de derecho y filosofía y letras de Madrid.
15 de febrero de 1944	Universidad de Santiago	Derecho Romano	Orden 6 de enero de 1944 dispone se anuncie a concurso de traslado la cátedra.
15 de febrero de 1944	Universidad de Santiago	Derecho Romano	Dirección General de Enseñanza Universitaria, convoca a concurso de traslado la cátedra.
30 de mayo de 1944	Universidad de Santiago	Derecho Romano	Orden 12 de mayo de 1944 nombra catedrático a Faustino Gutiérrez Alviz.
30 de julio de 1944	Universidades de Granada y Santiago	Derecho Romano	Este Ministerio resuelve acceder a la permuta de las respectivas cátedras, solicitadas por Álvaro D´Ors y Faustino Gutiérrez Alviz, catedráticos de Granada y Santiago, respectivamente. Nombra a D´Ors para la cátedra de Santiago y a Gutiérrez Alviz para la de Granada.
22 de febrero de 1944	Universidades de La Laguna y Oviedo	Historia del Derecho	Orden 14 de febrero de 1944 dispone se anuncie a oposición las cátedras.
22 de febrero de 1944	Universidades de La Laguna y Oviedo	Historia del Derecho	Dirección de Enseñanza Universitaria convoca a oposición las cátedras.
25 de junio de 1944	Universidades de Oviedo y La Laguna	Historia del Derecho	Orden 5 de junio de 1944 abre nuevo plazo de dos meses para solicitar tomar parte en las oposiciones.

26 de junio de 1944	Universidades de Oviedo y La Laguna	Historia del Derecho	Orden 5 de abril de 1944 nombra el tribunal de oposiciones. Presidente: Manuel Torres López, del CSIC. Vocales: Alfonso García-Gallo, Juan Beneyto Pérez, José Maldonado y Fernández del Torco y Antonio de la Torre y del Cerro, catedráticos de Valencia, Salamanca, Valladolid y Madrid, respectivamente. Presidente suplente: Juan S. Minguijón Adrián, del CSIC. Vocales suplentes: Luis García de Valdeavellano, José Orlandis y Rovira, Juan Manzano y Manzano y Álvaro D´Ors Pérez, catedráticos de Barcelona, Murcia, Sevilla y Granada, en ese orden.
19 de septiembre de 1944	Universidades de Oviedo y La Laguna	Historia del Derecho	Dirección de Enseñanza Universitaria declara admitidos provisionalmente a: Alfonso Guilarte Zapatero, Ignacio de la Concha Martínez, Ángel López-Amo Marín y Josep Maria Font Rius.
1 de octubre de 1944	Universidades de Oviedo y La Laguna	Historia del Derecho	Declara admitidos definitivamente a los siguientes: Alfonso Guilarte Zapatero, Ignacio de la Concha Martínez, Ángel López-Amo Marín y Josep Maria Font Rius.
6 de octubre de 1944	Universidades de Oviedo y La Laguna	Historia del Derecho	Tribunal de oposiciones a las cátedras. Convoca a los opositores, señala día y lugar. Los opositores entregarán al tribunal los trabajos científicos y la exposición escrita del concepto, método, fuentes y programa de la disciplina sobre que han de versar los dos primeros ejercicios. Entregarán recibo de haber satisfecho los derechos reglamentarios para opositar. Presidente del tribunal Manuel Torres López.
17 de enero de 1945	Universidad de Oviedo	Historia del Derecho	En virtud de oposición el ministerio nombra catedrático a Ignacio de la Concha Martínez.
17 de enero de 1945	Universidad de Laguna	Historia del Derecho	En virtud de oposición el ministerio nombra catedrático a Josep Maria Font Rius.
25 de mayo de 1944	Universidad de Oviedo	Derecho Romano	Dirección General de Enseñanza Universitaria convoca a concurso de traslado la cátedra.
22 de julio de1944	Universidad de Oviedo	Derecho Romano	Orden 22 de junio de 1944 declara desierto el concurso de traslado a la cátedra, por falta de aspirantes al concurso de traslado.
7 de junio de 1944	Universidades de Salamanca y Santiago	Derecho Administrativo	Dirección de Enseñanza Universitaria convoca a concurso de traslado las cátedras.
7 de junio de 1944	Universidad de Murcia	Derecho Canónico	Convoca a concurso de traslado la cátedra.

7 de junio de 1944	Universidad de La Laguna	Derecho Internacional Público y Privado	Convoca a concurso de traslado la cátedra.
7 de junio de 1944	Universidad de Oviedo	Derecho Político	Convoca a concurso de traslado la cátedra.
7 de junio de 1944	Universidades de Barcelona, Santiago y Valencia	Derecho Procesal	Convoca a concurso de traslado las cátedras.
29 de julio de 1944	Universidad de La Laguna. Universidad de Murcia. Universidad de Oviedo. Universidades de Salamanca y Santiago. Universidades de Santiago y Valencia.	Derecho Internacional Público y Privado Derecho Canónico Derecho Político Derecho Administrativo Derecho Procesal	Por falta de aspirantes el ministerio resuelve declarar desiertos los concursos de traslado.
7 de junio de 1944	Universidad de Barcelona	Derecho Mercantil	Convoca a concurso de traslado la cátedra.
7 de junio de 1944	Universidades de Barcelona, Santiago y Valencia	Derecho Procesal	Convoca a concurso de traslado las cátedras.
29 de agosto de 1944	Universidad de Barcelona	Derecho Procesal	Orden 12 de agosto de 1944 nombra para la cátedra a Miguel Fenech Navarro.
13 de junio de 1944	Universidad de La Laguna	Derecho Romano	Orden 2 de junio de 1944 convoca a concurso de traslado la cátedra.
27 de julio de 1944	Universidad de La Laguna	Derecho Romano	Orden 11 de julio de 1944 declara desierto el concurso de traslado para proveer la cátedra.
13 de junio de 1944	Universidad de Granada	Derecho Canónico	Orden 8 de junio de 1940 anuncia a concurso de traslado la cátedra; termina el plazo el 14 de julio. Solo solicita tomar parte el reverendo Jesús Mérida Pérez, catedrático de Murcia, declarado excedente voluntario por ser nombrado obispo de la diócesis de Astorga. El ministerio resuelve declarar desierto el concurso.
30 de junio de 1944	Universidades de Barcelona y Murcia	Derecho Político	Orden de 3 de junio de 1944 dispone se anuncien a oposición las cátedras.

30 de junio de 1944	Universidades de Barcelona y Murcia	Derecho Político	La Dirección de Enseñanza Universitaria convoca oposiciones para proveer las cátedras.
17 de enero de 1945	Universidades de Barcelona y Murcia	Derecho Político	Orden 9 de enero de 1945 nombra el tribunal para las cátedras. Presidente: Femando María Castiella Maíz, del CSIC. Vocales: Manuel Torres López, Salvador Lissarrague Novoa, Luis Sánchez Agesta y Luis del Valle Pascual, catedráticos de Madrid, Oviedo, Granada y Zaragoza, respectivamente. Presidente suplente: Mariano Puigdollers Oliver, del CSIC. Vocales suplentes: Antonio Poch Gutiérrez de Caviedes, Segismundo Royo-Villanova Fernández Cavada, Ignacio María Lojendio Irure y Nicolás Rodríguez Aniceto, catedráticos de Valladolid, el primero; esperando destino el segundo, y de las de Sevilla y Salamanca, respectivamente, los dos restantes.
18 de marzo de 1945	Universidades de Barcelona y Murcia	Derecho Político	Admitidos: José Luis Santaló y Rodríguez de Viguri, Diego Sevilla Andrés, Carlos Ollero Gómez, Torcuato Fernández-Miranda Hevia, José María Hernández-Rubio Cisneros y Eustaquio Galán Gutiérrez.
3 de abril de 1945	Universidad de Oviedo	Derecho Político	Orden 26 de marzo de 1945 agrega la cátedra de político de Oviedo a las oposiciones anunciadas para proveer las de igual denominación en Barcelona y Murcia.
25 de mayo de 1945	Universidades de Barcelona, Murcia y Oviedo	Derecho Político	Admitidos: José Luis Santaló y Rodríguez de Vigurí, Diego Sevilla Andrés, Carlos Ollero Gómez, Torcuato Fernández-Miranda Hevia, José María Hernández-Rubio Cisneros y Eustaquio Galán Gutiérrez.
25 de agosto de 1945	Universidad de Barcelona	Derecho Político	Orden 27 de julio de 1945 nombra a Carlos Ollero Gómez catedrático.
28 de agosto de 1945	Universidad de Murcia	Derecho Político	Orden 27 de julio de 1945 nombra a José María Hernández Rubio Cisneros catedrático.
29 de julio de 1944	Universidad de Murcia	Derecho Administrativo	Orden 5 de julio de 1944 convoca oposiciones para proveer la cátedra.
29 de julio de 1944	Universidad de Murcia	Derecho Administrativo	Dirección de Enseñanza Universitaria convoca oposiciones para proveer la cátedra.
5 de octubre de 1944	Universidad de Murcia	Derecho Administrativo	Orden 20 de octubre de 1944 se agrega a las oposiciones la cátedra de Derecho Administrativo de Murcia.

24 de noviembre 1944	Universidad de Murcia	Derecho Administrativo	Orden 30 de octubre de 1944 nombra el tribunal para juzgar las oposiciones a la cátedra. Presidente: José Gascón y Marín, del CSIC. Vocales: Carlos García Oviedo, Eugenio Pérez Botija, Segismundo Royo Villanova Fernández Cavada y Sabino Álvarez-Gendín y Blanco, catedráticos de Sevilla y Oviedo, el primero y último, respectivamente, y en excedencia los dos restantes. Presidente suplente: Luis Jordana de Pozas, del CSIC. Vocales suplentes: Gregorio de Pereda Ugarte, José María Pi y Suñer, Antonio Mesa Segura y Juan Galvañ Escutia, catedráticos de Zaragoza, Barcelona, Granada y Valencia, respectivamente.
6 de diciembre de 1944	Universidades de Murcia y Santiago	Derecho Administrativo	Dirección de Enseñanza Universitaria declara admitidos provisionalmente a: Laureano López Rodó y Manuel Ballbé Prunés.
30 de diciembre 1944	Universidades de Murcia y Santiago	Derecho Administrativo	Declara admitidos definitivamente a los opositores: Laureano López Rodó y Manuel Ballbé Prunés.
3 de junio de 1945	Universidades de Santiago y Murcia	Derecho Administrativo	Tribunal de oposiciones a las cátedras Convoca a los opositores. El Presidente del tribunal, José Gascón y Marín.
14 de agosto de 1945	Universidad de Murcia	Derecho Administrativo	Orden 13 de julio de 1945 nombra a Manuel Ballbé Prunés catedrático.
15 de agosto de 1945	Universidad de Santiago	Derecho Administrativo	Orden 13 de julio de 1945 nombra a Laureano López Rodó catedrático.
16 de agosto de 1944	Universidad de Zaragoza	Historia del Derecho	Dirección de Enseñanza Universitaria convoca concurso de traslado para proveer la cátedra.
8 de enero de 1945	Universidad de Zaragoza	Historia del Derecho	Orden 21 de diciembre de 1944 nombra al catedrático José Orlandis Rovira.
27 de septiembre de 1944	Universidad de Granada	Derecho Procesal	Orden 21 de septiembre de 1944 anuncia concurso para proveer la cátedra.
27 de septiembre de 1944	Universidad de Granada	Derecho Procesal	Convoca concurso de traslado para proveer la cátedra.
27 de noviembre de 1944	Universidad de Granada	Derecho Procesal	Orden 6 de noviembre de 1944 declara desierto el concurso de traslado para la provisión de la cátedra.
1 de noviembre de 1944	Universidad de Madrid	Derecho Administrativo y Ciencia de la Administración	Convoca oposiciones para proveer la cátedra en la Facultad de Ciencias Políticas y Económicas, de Madrid.

15 de mayo de 1945	Universidad de Madrid	Derecho Administrativo y Ciencia de la Administración	Admitido el único aspirante a las oposiciones: Segismundo Royo Villanova y Fernández Cavada.
29 de noviembre de 1944	Universidades de Murcia y Santiago	Economía y Hacienda Pública de la Facultad de Derecho	Orden 7 de noviembre de 1944 anuncia, al turno de oposición, la cátedra.
29 de noviembre de 1944	Universidades de Murcia y Santiago	Economía y Hacienda Pública de la Facultad de Derecho	Convoca oposición, para proveer las cátedras.
1º de agosto de 1945	Universidades de Murcia y Santiago	Economía Política y Hacienda Pública de la Facultad de Derecho	Tribunal de oposiciones a la cátedra. Convoca a los opositores y señala fecha, hora y lugar de presentación. Presidente del Tribunal: José Mª Zumalacárregui.
29 de noviembre de 1944	Universidad de Zaragoza	Derecho Internacional Público y Privado	Orden 4 de noviembre de 1944 anuncia a concurso de traslado la cátedra de Zaragoza.
29 de noviembre de 1944	Universidad de Zaragoza	Derecho Internacional Público y Privado	Convoca concurso de traslado para proveer la cátedra.
24 de enero de 1945	Universidad de Valencia	Historia del Derecho Español	Orden 8 de enero do 1945 convoca oposiciones para proveer la cátedra.
25 de mayo de 1945	Universidad de Valencia	Historia del Derecho Español	Orden 1 de mayo de 1945 nombra el tribunal de las oposiciones. Presidente: José López Ortiz, obispo de Tuy del CSIC. Vocales: Alfonso García-Gallo, Juan Manzano Manzano, Ignacio de la Concha Martínez y José Mª. Lacarra y de Miguel, catedráticos de Madrid, Sevilla, Oviedo y Zaragoza, respectivamente. Presidente suplente: Juan Salvador Minguijón Adrián, del CSIC. Vocales suplentes: Manuel Torres López, José Maldonado y Fernández del Torco, Josep Maria Font Rius y Ángel Canellas López, catedráticos de Madrid, Valladolid, La Laguna y Santiago, respectivamente.
26 de junio de 1945	Universidad de Valencia	Historia del Derecho Español	Admitidos: Ángel López-Amo Marín y Alfonso, Guilarte Zapatero.
29 de junio de 1945	Universidad de Valencia	Historia del Derecho Español	Tribunal de oposiciones a cátedra. Se convoca a los opositores. El Presidente del tribunal: fray José López Ortiz, obispo de Tui.
28 de agosto de 1945	Universidad de Valencia	Historia del Derecho Español	El ministerio resuelve nombrar a Ángel López-Amo Marín catedrático.

24 de enero de 1945	Universidad de Madrid	Hacienda Pública y Derecho Fiscal	Orden 8 de enero de 1945 anuncia, para su provisión a concurso de traslado, la cátedra de Madrid. Convoca a oposición para proveer La Laguna.
16 de diciembre de 1945	Universidad de Madrid	Hacienda Pública y Derecho Fiscal	Orden 28 de noviembre de 1945 nombra a Vicente Gay Forner catedrático.
24 de enero de 1945	Universidad de La Laguna	Derecho Natural y Filosofía del Derecho	Orden 8 de enero de 1945 anuncia la oposición, para la provisión de la cátedra.
27 de mayo de 1945	Universidad de La Laguna	Derecho Natural y Filosofía del Derecho	Orden 7 de mayo de 1946 nombra el tribunal de las oposiciones. Presidente: Mariano Puigdollers Oliver, del CSIC. Vocales: Wenceslao González Oliveros, Miguel Sancho Izquierdo, Luis Legaz Lacambra y Enrique Luño Peña, catedráticos de Madrid, Zaragoza, Santiago y Barcelona, respectivamente. Presidente suplente: Carlos Ruiz del Castillo y Catalán de Ocón, CSIC. Vocales suplentes: Juan Zaragüeta Bongoechea, José Corts Grau, Enrique Gómez Arboleya y Ramón Pérez Blesa, catedráticos de Madrid, Valencia, Granada y Valladolid, respectivamente.
17 de junio de 1945	Universidad de La Laguna	Filosofía del Derecho y Derecho Natural	Tribunal de oposiciones a la cátedra. Señala día y hora de comienzo oposiciones.
20 de agosto de 1945	Universidad de La Laguna	Derecho Natural y Filosofía del Derecho	Se nombra a Antonio Truyol Serra catedrático.
24 de enero de 1945	Universidad de Murcia	Historia del Derecho Español	Orden 9 de enero de 1945 anuncia a concurso de traslado para proveer la cátedra.
24 de enero de 1945	Universidad de Murcia	Historia del Derecho Español	Orden 9 de enero de 1945 convoca a concurso de traslado para proveer la cátedra.
27 de mayo de 1945	Universidad de Murcia	Historia del Derecho Español	Orden 22 de mayo de 1945 nombra al catedrático Josep Maria Font Ríus.
31 de enero de 1945	Universidad de Sevilla	Derecho Público y Privado	Orden 19 de enero de 1945 dispone se anuncie a concurso de traslado la cátedra.
28 de marzo de 1945	Universidad de Sevilla	Derecho Internacional Público y Privado	Orden 2 de marzo de 1945 declara desierto el concurso.
22 de mayo de 1945	Universidad de Sevilla y La Laguna	Derecho Internacional Público y Privado	Orden 7 de mayo de 1945 agrega la cátedra de internacional público y privado de Sevilla a las oposiciones para la provisión de la cátedra de la misma denominación de La Laguna.

20 de febrero de 1945	Universidad de Oviedo	Derecho Romano	Orden 29 de enero de 1945 convoca oposición para proveer la cátedra.
25 de mayo de 1945	Universidades de Oviedo y de La Laguna	Derecho Romano	Orden 4 de mayo de 1945 nombra el tribunal de las oposiciones. Presidente: Ursicino Álvarez Suárez, CSIC. Vocales: José Santa-Cruz Teijeiro, Isidoro Martín Martínez, Juan Iglesias Santos y Álvaro D'Ors Pérez-Peix, catedráticos de Valencia, Murcia, Salamanca y Santiago, respectivamente. Presidente suplente: Eusebio Díaz González, CSIC. Vocales suplentes: Pascual Galindo Romeo, Francisco Pelsmaeker e Iváñez, Antonio Reverte Moreno y Faustino Gutiérrez Alviz, catedráticos de Madrid, Sevilla, Murcia y Granada, en ese orden.
2 de junio de 1945	Universidad de Oviedo	Derecho Romano	Admitidos provisionalmente: Francisco Hernández-Tejero y Manuel de la Higuera Rojas. Excluidos: José Pérez Leñero, Benjamín Ortiz Román.
17 de junio de 1945	Universidad de Oviedo	Derecho Romano	Admitidos: Francisco Hernández-Tejero, José Pérez Leñero y Manuel de la Higuera Rojas.
27 de junio de 1945	Universidad de La Laguna	Derecho Romano	Admitidos provisionalmente: Francisco Hernández-Tejero y José Pérez Leñero. Excluidos: Manuel de la Higuera Rojas, Benjamín Ortiz Román.
12 de julio de 1945	Universidad de la Laguna	Derecho Romano	Admitidos: Francisco Hernández-Tejero, José Pérez Leñero y Manuel de la Higuera Rojas.
19 de septiembre de 1945	Universidad de La Laguna	Derecho Romano	Tribunal de oposiciones a la cátedra. Señala fecha, hora y local en que han de presentarse ante el tribunal los aspirantes.
24 de noviembre de 1945	Universidad de La Laguna	Derecho Romano	Tribunal de oposiciones a la cátedra. Señala fecha, hora y local en que han de presentarse ante el tribunal los aspirantes. El Presidente del tribunal: Ursicino Álvarez.
4 de marzo de 1945	Universidades de Santiago y Valencia	Derecho Procesal	Orden 3 de febrero de 1945 convoca las oposiciones.
4 de marzo de 1945	Universidad de Santiago	Derecho Procesal	Se convoca a oposición.
4 de marzo de 1945	Universidad de Valencia	Derecho Procesal	Se convoca a oposición.
30 de marzo de 1945	Universidad de La Laguna	Derecho Administrativo	Orden 15 de marzo de 1945 resuelve se dote la cátedra.

25 de mayo de 1945	Universidad de La Laguna	Derecho Administrativo	Orden 1 de mayo de 1945 nombra el tribunal de las oposiciones. Presidente: José Gascón y Marín, del CSIC. Vocales: Carlos García Oviedo, Sabino Álvarez Gendín Blanco, Segismundo Royo-Villanova Fernández-Cavada y Gregorio de Pereda Ugarte, catedráticos de Sevilla, Oviedo y Zaragoza, respectivamente, el primero, el segundo y el cuarto, y en espera de destino el tercero. Presidente suplente: Luis Jordana de Pozas, del CSIC. Vocales suplentes: José María Pi y Suñer, Eugenio Pérez Botija, Antonio Mesa Segura y Juan Galvañ Escutia, catedráticos de Barcelona, Granada y Valencia respectivamente, el primero, tercero y cuarto, y excedente el segundo.
29 de junio de 1945	Universidad de La Laguna	Derecho Administrativo	Admitido provisionalmente: Antonio Serra Piñar. Excluido: Laureano López Rodó.
20 de julio de 1945	Universidad de la Laguna	Derecho Administrativo	Admitido: Antonio Serra Piñar.
8 de septiembre de 1945	Universidad de La Laguna	Derecho Administrativo	Convoca al único opositor admitido a estas oposiciones, para el 18 de septiembre próximo, a las cinco de la tarde, en el Salón de Grados de la Facultad de Derecho de Madrid, para dar comienzo a las oposiciones. El presidente del Tribunal: José Gascón y Marín.
7 de noviembre de 1945	Universidad de La Laguna	Derecho Administrativo	Orden 9 de octubre de 1945 nombra a Antonio Serra Piñar catedrático.
12 de mayo de 1945	Universidad de Madrid	Derecho Administrativo	Orden 16 de abril de 1945 anuncia la cátedra a concurso de traslado.
15 de agosto de 1945	Universidad de Madrid	Derecho Administrativo	Orden 13 de julio de 1945 nombra a Segismundo Royo-Villanova catedrático.
22 de mayo de 1945	Universidad de Sevilla	Derecho Civil	Orden 28 de abril de 1945 por la que se dota la cátedra.
19 de junio de 1945	Universidad de Sevilla	Derecho Civil	Orden 11 de junio de 1945 convoca concurso de traslado.
18 de junio de 1945	Universidad de Valladolid	Derecho Natural y Filosofía de Derecho	Orden 6 de junio de 1945 convoca a concurso de traslado.

28 de agosto de 1945	Universidad de Valladolid	Derecho Natural y Filosofía del Derecho	En virtud de concurso de traslado y cumplidos los trámites a que se refiere el apartado a) del artículo 58 de la Ley de julio de 1943, el ministerio resuelve nombrar catedrático de la misma asignatura de la de Murcia a Eustaquio Galán Gutiérrez.
19 de junio de 1945	Universidad de la Laguna	Historia del Derecho Español	Orden 6 de junio de 1945 anuncia concurso de traslado.
16 de agosto 1945	Universidad de la Laguna	Historia del Derecho Español	Se declara desierto el concurso de traslado a la cátedra por falta de aspirantes.
8 de agosto de 1945	Universidad de Valladolid	Derecho Mercantil	Orden 20 de julio de 1945 convoca a concurso de traslado la cátedra.
8 de agosto de 1945	Universidad de Valladolid	Derecho Mercantil	El ministerio convoca a concurso de traslado la cátedra.
8 de noviembre de 1945	Universidad de Valladolid	Derecho Mercantil	Orden 25 de octubre de 1945 nombra a José Girón Tena catedrático.
16 de agosto de 1945	Universidad de Madrid	Derecho procesal	Orden 14 de julio de 1945 anuncia a concurso de traslado la cátedra.
16 de agosto de 1945	Universidad de Madrid	Derecho Procesal	El ministerio convoca concurso de traslado para proveer en propiedad la 2ª cátedra.
19 de octubre de 1945	Universidad de Murcia	Derecho Natural y Filosofía del Derecho	Orden 17 de septiembre de 1945 anuncia a concurso de traslado la cátedra.
19 de octubre de 1945	Universidad de Murcia	Derecho Natural y Filosofía del Derecho	Anuncia para su provisión en propiedad, la cátedra.
19 de diciembre de 1945	Universidad de Murcia	Derecho Natural y Filosofía del Derecho	Orden 6 de diciembre de 1945 nombra catedrático a Antonio Truyol Serra.
19 de octubre de 1945	Universidad de Sevilla	Historia del Derecho Indiano	Orden 24 de septiembre de 1945 dota la cátedra.
22 de octubre de 1945	Universidad de Madrid	Derecho Municipal Comparado, Derecho Administrativo	Orden 8 de octubre de 1945 convierte la cátedra de Derecho municipal comparado, de la Facultad de Derecho de Madrid, en la de Derecho Administrativo de la misma Facultad.
8 de noviembre de 1945	Universidad de La Laguna	Derecho Canónico	Orden 16 de octubre de 1945 anuncia a concurso de traslado la cátedra.

8 de noviembre de 1945	Universidad de La Laguna	Derecho Canónico	Convoca a concurso de traslado la cátedra.
19 de diciembre de 1945	Universidad de La Laguna	Derecho Canónico	Orden 11 de diciembre de 1945 declara desierto el concurso de traslado a la cátedra por falta de aspirantes.
28 de noviembre de 1945	Universidad de La Laguna	Derecho Mercantil	Orden 9 de noviembre de 1945 anuncia a concurso de traslado la cátedra.
28 de noviembre de 1945	Universidad de La Laguna	Derecho Mercantil	Convoca a concurso de traslado para proveer la cátedra.

*Fuente: BOE, 1943-1945. Oposiciones y concursos con la nueva ley de reforma universitaria. Elaboración propia. El sombreado muestra las cátedras que salen a concurso u oposición, con el anuncio y convocatoria. A continuación, su desarrollo: opositores admitidos y excluidos, los miembros del tribunal y la resolución del nombramiento de catedrático o la declaración desierta de la cátedra. Algunas oposiciones o concursos de 1945 no finalizarán ese año.